חסידים עד הקצה

אברהם יהושע השל

חסידיםעדהקצה

סיפורם של גיבורי קוצק:
מלובלין ועד איזביצה

מיידיש:
דניאל רייזר איתיאל בארי

ערך והוסיף פתח דבר:
דרור בונדי

מגיד

Hasidim beyond the Limits
The Story of the Central Figures of Kotzk: From Lublin to Izbica

אברהם יהושע השל

חסידים עד הקצה,
סיפורם של גיבורי קוצק: מלובלין ועד איזביצה

מהדורה ראשונה בעברית, 2023

פורסם במקור ביידיש כקאצק – **אין גערAנגל פאר אמתדיקייט** (פרקים ט–יח)

עורך אחראי: ראובן ציגלר
עורכת ראשית: אוריה מבורך
עורכת משנה: אפרת גרוס
הגהה: שרה המר
עימוד: תמי מגר
תמונת כריכה: אליה שור
עיצוב כריכה: שמואל לעסרי

הספר יוצא לאור בתמיכת:
הקרן הלאומית למדע

מחקר זה (מס' 2453/20) נתמך על ידי הקרן הלאומית למדע,
כחלק מפרויקט מורחב העוסק בחקר החסידות המאוחרת

בית שלום עליכם
האיגוד העולמי למדעי היהדות

הקרן הלאומית למדע
المؤسسة الإسرائيلية للعلوم
Israel Science Foundation

בית שלום עליכם

האיגוד העולמי למדעי היהדות

ספרי מגיד, הוצאת קורן
ת"ד 4044 ירושלים 9104001
טל': 02-6330530 פקס: 02-6330534
www.korenpub.co.il

מסת"ב ISBN 978-965-526-347-3

נדפס בישראל Printed in Israel 2023

מלאכת התרגום מוקדשת כתרומה לזכרו של אבינו

גרשון (חנוך) טננבוים

פולין 1913 - חיפה 2004

חלוץ, איש ספר וערכים, מבוני חיפה

תוכן העניינים

פתח דבר

ניגון חדש מול מכותיו של הקוזק

דרור בונדי

זהו עבורי הציווי החסידי העליון: אל תהיה זקן. אל תהיה עבש. ראה את החיים כמלאי דלתות. חלקן פתוחות, חלקן סגורות. עליך לדעת כיצד לפתוח אותן. אך מה המפתח? המפתח הוא שיר.

כפי שאירע ליהודי מהסיפור החסידי, שהופתע פתאום כאשר קוזק בא לביתו ואמר: ״שמעתי שאתה חזן. שיר לי שיר!״. היהודי המסכן לא הבין רוסית, אך למרבה המזל אשתו הבינה. ״הוא רוצה שתשיר לו ׳ניגון׳ [במלעיל; לחן חסידי ללא מילים]״, אמרה לבעלה. היהודי היה מפוחד, אך עדיין שר ׳ניגון׳; לא לחן עצוב, אלא רווי כנות. ואולם, כאשר היהודי סיים, הקוזק הכה אותו. ״למה הוא מכה אותי?״, הוא שאל את אשתו במבוכה. היא הפנתה אפוא את שאלתו לקוזק, שהשיב שהוא לא אוהב

> את ה'ניגון' הזה, הוא רוצה אחר. היהודי שר לו 'ניגון' אחר, אך הקוזק לא אהב גם אותו. והיהודי חטף עוד מכות.
> אולי אלו חיי שלי. אני תמיד מנסה לשיר 'ניגון'. אני כותב ספר אחד, והקוזק נותן לי מכה. אז אני מנסה לכתוב ספר אחר. הקוזק עשוי להיות גומל־החסד הגדול ביותר שלי.[א]

כך כתב אברהם יהושע השל ב־1971, בשעה שעבד על כתיבת עמודי הספר שלפניכם. לא לגמרי ברור כאן כלפי מי רומז השל בדברו על ה"קוזק" ששב ומכה בו, ומה בכלל תפקידה של האישה בסיפור, אך לפחות ה"מכה" שהניעה את השל לכתוב את הספר הזה - כמעט שגלויה. עמודים אלו נכתבו בין שני התקפי לב שהכו בהשל: הוא הספיק למסור את כתב היד למו"ל שלושה שבועות בלבד לפני שנפטר מהתקף הלב השני, בדצמבר 1972 (ח"י בטבת תשל"ג); והוא החליט לכתבם כאשר יצא מטיפול נמרץ, כמה שבועות לאחר שלקה בהתקף הלב הראשון, בסוף אוגוסט 1969.

השל ביקש אפוא לפתוח את "הדלת" שכמעט סגרה את חדרי ליבו באמצעות "ניגון" אחר. נראה שהוא מדייק כאן ברמזיו, שכן ה"מכה" הזו אכן אירעה בשעה שהשל יכול היה להעיד על עצמו שהוא כותב "ספר אחד". הוא עמד לסיים את כתיבת הספר השלישי של יצירתו העברית **תורה מן השמים באספקלריה של הדורות**, אך כיוון שלקה בליבו הניחו מידיו והחליט להקדיש את שנותיו האחרונות ל"ספר אחר".

כך היה ה"ניגון" של רבי מנחם מנדל מקוצק (1859–1787), מנהיגו הרדיקלי של המרד הפנימי שאירע בחסידות - ל"ניגון" האחרון של השל. למרות שרופאיו אמרו להשל שלא נותר לו זמן רב לחיות, הוא הקדיש ל"ניגון" האחרון שלו קומפוזיציה מורכבת, וכתב במקביל שתי יצירות: אחת באנגלית - *A Passion for Truth* (**להט לאמת**); ואחת ביידיש - **קאצק: אין גערא‎ַנגל פא‎ַר אמתדיקייט**.

א. **גדולה מוסרית**, עמ' 227–228. לרשימת הקיצורים הביבליוגרפיים ראו בסוף הספר.

זאת ועוד, אף שכדרכו השל אינו מציין זאת, כל אחת מיצירותיה של הקומפוזיציה הזו מורכבת בעצמה משני חלקים ברורים. **להט לאמת** כוללת שתי השוואות: הראשונה פנים חסידית - בין דרכו של הרבי מקוצק לבין הדרך שכנגדה מרד, דרכו של הבעל שם טוב, אבי תנועת החסידות (נפטר ב־1760); והשנייה בין־דתית - בין דרכו של הרבי מקוצק לבין דרכו של סרן קירקגור (1813–1855), הפילוסוף האקזיסטנציאליסט שהוביל באותן שנים מרד מקביל בממסד הנוצרי.

קאצק, לעומת זאת, כוללת שני חלקים שונים לגמרי זה מזה: הגותי וסיפורי. החלק ההגותי נפתח בגרסה יידית של ההשוואה בין הרבי מקוצק לבעש"ט (בפרק המקביל אפוא לחלק הראשון של **להט לאמת**), אך הוא כולל עוד שבעה פרקים לניתוח תורתו של הרבי מקוצק. החלק הסיפורי מוקדש להנכחת גיבוריו של המרד הפנים חסידי, לסיפורם של גיבורי קוצק: מלובלין ועד איזיביצה.

חלק שני זה מונח עתה לפניכם בתרגום עברי. החלק פותח בילדותו של הרבי מקוצק ובסיפור הצטרפותו למרד של "היהודי" (או היהודי הקדוש, יעקב יצחק מפשיסחה; נפטר ב־1813), נגד "החוזה" (יעקב יצחק מלובלין; נפטר ב־1815); ממשיך ומתאר את תקופת המרד תחת מנהיגותו של רבי שמחה בּוּנֶים מפשיסחה (נפטר ב־1827); מרחיב על הקצנת המרד בהובלת הרבי מקוצק עצמו; וחותם בהסבר קיצו של המרד - עקב הסתגרות הרבי מקוצק בחדרו למשך עשרים שנה, ונוכח המרד נגד המרד שהוביל תלמידו, רבי מרדכי יוסף מאיזביצא (נפטר ב־1854).

אכן, "גמילות חסדים" הייתה כאן מצדו של ה"קוזק", שהוביל ליצירה ענפה כל כך, אך למכתו האחרונה היה גם מחיר. השל לא הספיק להשלים את חלקה השלישי של **תורה מן השמים**, ולא היה שותף לתהליך ההפקה של ספריו על הרבי מקוצק. נראה שרק **להט לאמת** זכתה לגימור ראוי (אף שנראה שהשל עצמו התכוון לקרוא לה בשם שונה מזה שנתנו לה עורכיה).[ב] לעומת זאת, עורכיה השונים של

ב. השל העדיף את השם *A Passion for Sincerity*. ראו Edward K. Kaplan, *Abraham*

תורה מן השמים שיבשו לגמרי את כוונתו של השל והשמיטו ממנה פרקים שלמים, וגם עורכיה של **קאצק** עשו עבודה חלקית ביותר, בייחוד בהערות השוליים.[ג]

לפני כשבע שנים תרגמנו את חלקה הראשון של **קאצק**, וכללנו בתרגומנו תיקונים רבים על בסיס כתבי היד שהגיעו לידינו. עקב עיכובים כלכליים, מלאכת התרגום של חלקה השני נדחתה, ורק עתה הוא רואה אור. כדי לאפשר קריאה (וקנייה) נפרדת של שני החלקים, החלטנו, בהסכמת בתו של השל, ובעצת קרובם הרב נפתלי פלינטנשטיין, להעניק לחלקה השני את הכותרת "חסידים עד הקצה".[ד]

כך אכן השל עצמו כתב על בסיס דברי הרבי מקוצק:

> העיקר הוא לעמול על האמת. בשיטה זו החל "היהודי הקדוש", אבל בקוצק עיינו בה יותר ויותר, "עד הקצה".[ה]

מכות חייו של השל – ו"ניגוניו"

> את שטראגי בחיי אין לי כוח אלא להסתיר. את שרומנטי לא יכול הייתי להדחיק אלא לעוות. לעתים קרובות הייתי לירי למרות פחדיי. שאיפתי האמיתית הייתה לשיר מחשבות מתוך

Joshua Heschel: Spiritual Radical, New Haven & London 2007, p. 465, n. 44 (להלן: קפלן, **רדיקל רוחני**).

ג. דוגמה קטנה ומביכה: באחת מהערות השוליים הופיעה הפניה לעמ' קקו בספר מסוים. עיון בכת"י הבהיר את הטעות: השל כתב "עמ' 177", אך בכתב ידו צורתם הגרפית של המספרים הללו דומה לצורתן של האותיות קקו... עורך בעל ידע בסיסי היה אמור להבין שלא ייתכן שהשל כתב "קקו", ועורך אחראי היה אמור לתקן טעות זו.

ד. בהתאם לכך, מספרנו מחדש את פרקי הספר (מפרק א). עבור הקורא הזקוק למספור הפרקים המקורי, הוספנו אותו בסוגריים בכותרות הפרקים שבהערות השוליים המובאות בסוף הספר.

ה. **קוצק: במאבק למען חיי אמת**, עמ' 33.

> דיוק, לשמור על רגישות לָאַחֵר בעיצומה של פאניקה פנימית, ראשונית ובוערת. מטרתי העליונה הייתה להפציר בכולנו לשמוע שאלוהים חי, אוהב ושומע, למרות הסתר פניו הגמור.[ו]

כך כתב השל בדפים אישיים שלא פרסם בחייו, ושפורסמו רק לאחרונה על ידי בתו. גם כאן ראה את יצירתו כ"לירית", את מחשבתו כשירה - ואת היותן הדרך שבה התמודד עם ייסוריו ומבוכותיו. אכן, חייו היו רצופים בטרגדיות, שטלטלו את נפשו ואת אמונתו. כפי שפירטתי בפתח דבר של **קוצק: במאבק למען חיי אמת**, השל ספג במהלך חייו "מכות" רבות, ונראה שהוא אכן תיעל אותן ליצירה מגוונת של "ניגונים".

האם מכת מות אביו (האדמו"ר רבי משה מרדכי שהקים חצר רוז'ינאית בוורשה) לפני יום הולדתו העשירי של השל היא שהניעה אותו לכתוב את שירת נעוריו?[ז] האם מכת ביטול האירוסין לבת דודתו בהיותו בן 15 היא שהניעה אותו לעזוב את יצירתו התלמודית[ח] ולפתח כתיבה אקדמית בווילנה ובברלין? האם מכת עליית הנאציזם היא שהניעה אותו להקדיש את עבודת הדוקטורט שלו ל"הכרה הנבואית"? האם מכת חוקי נירנברג וחרדת הגירוש מגרמניה היא שהניעה אותו להקדיש אז מונוגרפיות לרמב"ם ולאברבנאל שנאלצו לעזוב את חצי האי האיברי?[ט] האם מכות מעצרו בידי הגסטפו, גירושו חזרה לפולין

ו. **כתבי יסוד**, עמ' 49.

ז. השל הקדיש את ספר השירה שפרסם ב־1933, **השם המפורש: אדם**, לזכר אביו.

ח. לניתוח המאמרים הלמדניים שהשל כתב בנעוריו ראו Michael Marmur, "Abraham Joshua Heschel, Teenage Halakhist", in: *Abraham Joshua Heschel: Philosophy, Theology and Interreligious Dialogue*, edited by Stanisław Krajewski and Adam Lipszyc, Wiesbaden 2009.

ט. ראו את פסקת הסיום של הביוגרפיה הקצרה על דון יצחק אברבנאל שהשל פרסם ב־1937 בהיותו בפרנקפורט: "היהודים - אשר מילאו תפקיד מרכזי בפוליטיקה, בכלכלה ובעניינים החברתיים של ארצם - מוכרחים היו לעזוב

והגירתו כפליט לארה"ב - הם שגרמו לו להפוך להוגה אמריקני, הכותב באנגלית כה פיוטית? האם מכת ההבנה שכשל בביקורתו החריפה על הציונות היא שהניעה אותו לרצות לעלות ארצה ולכתוב את **תורה מן השמים** בעברית השרה בלשון המשנה? האם מכת דחייתו על ידי האקדמיה, הן במוסד שבו לימד והן בישראל, היא שהשפיעה עליו לצאת מן הספרייה אל הרחוב האמריקני ולכתוב מסות ונאומים פוליטיים וחברתיים? והאם מכת רציחתן של אמו ושלוש אחיותיו על ידי הנאצים היא שהניעה אותו להיאבק בגזענות ולמען השלום?

אך מיהו הקוזק?

כאשר רב אחד שאל מדוע הוא כותב כל כך הרבה ספרים, השל הגיב באמצעות הסיפור על היהודי שצווה על ידי קוזק לשיר. "יהודי! שמעתי שאומרים שיהודים יכולים לשיר. שיר לי שיר!". כאשר הקוזק הציע שכל שיר הולך, היהודי התחיל לשיר כדי להציל את חייו. "אני לא אוהב את השיר הזה, יהודי!", צעק הקוזק. "שיר לי משהו אחר!" - והוא שר. הקוזק התלונן פעם נוספת, בהמשיכו להכות אותו באלימות. המעגל חזר על עצמו.

השל נשם לרגע והסביר לרב: "אני הקוזק של עצמי. כל פעם שאני קורא את מה שכתבתי, אני אומר לעצמי, 'אני לא אוהב את זה. זה לא טוב מספיק. כתוב משהו אחר'. וכך אני כותב וכותב וכותב".

את ספרד, מולדתם... לוּ נשארו בחצי האי האיברי, ודאי היו שותפים למעשי הכובשים הספרדים. כאשר הללו הגיעו להאיטי, הם מצאו שם יותר ממיליון תושבים. עשרים שנה לאחר מכן נותרו מהם רק אלף. היהודים הנואשים של 1492 לא יכלו לדעת מה נחסך מהם" (**בשעה זו**, עמ' 140).

כך מובא בשמו של השל בביוגרפיה החדשה על חייו, שהתפרסמה השנה.[י] יש כאן גרסה שונה של הסיפור, ומיניה וביה גם פרשנות אחרת לגמרי. גרסה זו משמיטה מן הסיפור את האישה (שאכן תפקידה בגרסה הקודמת אינו ברור), אך דווקא משום כך היא נראית פשטנית יותר. האם יש כאן עדות להתלבטות של השל ביחס לגרסת הסיפור הנכונה, או על שינויו הדרשני בהתאם לצורך? או שמא לפנינו עדות נוספת למחיר העברתה של מסורת בעל פה (כפי שאירע הרבה פעמים לסיפורי החסידים עצמם), כאשר הפעם האדם שסיפר "תיקן" את דבריו של השל?

מכל מקום, הפרשנות החדשה מעוררת: עתה לא מדובר ב"דלתות הסגורות", או כפי שפירשתי, בייסורי חייו של השל, אלא בביקורת העצמית החריפה שלו, ששבה ותובעת ממנו יצירה חדשה ומדויקת יותר. אם אכן אלו הם דבריו של השל, נראה שהוא לא התכוון להתוודות כאן על פרפקציוניזם, אלא על תובענות קוצקאית שבעבעה בתוכו מאז נעוריו ולא נתנה לו מנוח עד יום מותו. בווידוי על תובענות זו הוא פתח את יצירתו **קאצק**:

י. Julian E. Zelizer, *Abraham Joshua Heschel: A Life of Radical Amazement*, New Haven & London 2021, p. 102. הציטוט הזה מובא שם על בסיס עדות שניתנה ב־1975. העובדה שעדות זו מובאת שם ללא ההפניה שאני עורך כאן למקבילות הסיפור ביצירותיו של השל היא דוגמה קטנה לדלותה של הביוגרפיה מבחינה הגותית. ביוגרפיה זו תורמת הבנה חדשה לפועלו החברתי של השל, בייחוד כנגד מלחמת וייטנאם, אך היותו הוגה מקורי אינה זוכה בה להתייחסות מעמיקה. גם ילדותו ונעוריו של השל מוצגים בביוגרפיה זו בחיוורון רב, לעומת הצבעוניות הרבה שבה הוצגו בביוגרפיה של דרזנר וקפלן. לדוגמה, סיפור ביטול השידוך של השל אינו מוזכר כלל, וכך גם טענתם להשפעתו הרבה של פישל שניאורסון על הכרעתו של השל לעזוב את וורשה. ברם, ייתכן שהדבר מעיד על יצירתיות שדרזנר וקפלן נטלו לידם. לדוגמה, בבחינת ארכיון דרזנר שערכתי לאחרונה התברר לי שספק רב אם סיפור הטיפול הפסיכולוגי של השל על ידי שניאורסון מסתמך על עדות מהימנה.

> כל ימיי רגשו בקרבי דבריו של הרבי מקוצק. אף על פי שלא תמיד הסכמתי עם דבריו, חשתי שוב ושוב בדחף הפנימי האדיר שבהם. לא קלה הייתה דרכי, אבל בחושבי על אודות הרבי מקוצק, הכול נהיה קשה יותר וקל יותר כאחד. ר׳ מנדל חשף בעיות שמייסרות אותנו, ביודעים או שלא ביודעים, עד עצם היום הזה. לעתים קרובות יתקשה בן דורנו לקבל את תשובותיו. אך מבטו - נורא, ומטלטל את המצפון. מי שחי במחיצתו, ולו גם שעה אחת, לא יחוש עוד לעולם בטעמה של שביעות רצון עצמית.

האם אפוא הקוזק אינו אלא הקוצקאי, המכה את השל בתוכו? כפי שהסברתי בפתח דבר של **קוצק: במאבק למען חיי אמת**, השל נועד להמשיך את אביו כאדמו״ר רוז׳ינאי, הקורן את אהבת ה׳ לברואיו ולעמו, ורק עקב מותו של אביו, מינה לו דודו, רבי אלטר פרלוב, מורים פרטיים קוצקאיים ואף הכניסו לישיבת חסידות גור.[יא]

בחלק הראשון של **קאצק**, השל מתאר בחדות את תובענות האמת הרדיקלית של הרבי מקוצק, ואף מביא סיפור חסידי שבו הרבי וחסידיו מכונים ״רוצחים״ בשל נטייתם לביקורת עצמית בלתי פוסקת:

> חסיד אחד שב מנסיעה לטומשוב [מקום מושבו הראשון של הרבי מקוצק]. שאל אותו ר׳ חנוך מאלכסנדר: ״מה נשמע בטומשוב?״. ״הוא רוצח״, השיב החסיד. ״מה זאת אומרת הוא רוצח?״. ״לא

יא. ״רבי ישראל מרוז׳ין סבר שמול כל שיטה ניצבת דרך נגדית. ׳נגד סבי, ר׳ אברהם המלאך, ניצב רבי נחמן מברסלב; נגדי - הרבי מקוצק׳״ (להלן עמ׳ 297). בהערה קטנה זו, השל מצטט את דברי רבי ישראל מרוז׳ין, אך כיוון שהוא היה סבה של סבתו של השל ניתן לשמוע אותה כדברי השל על סבו הגדול ועל עצמו. הרבי מקוצק, שניצב כנגד סבו הגדול של השל, חדר לראשו ואִתגר את ליבו, וכך אמנם חתם השל את הקדמת **קאצק**: ״אני הנני האחרון מדור, אולי היהודי האחרון מוורשה, שנשמתו חיה במז׳יבוז׳ [עירו של הבעש״ט ושל אבי אביו של השל] ומוחו בקוצק״ (**קוצק: במאבק למען חיי אמת**, עמ׳ 7).

הוא, הם, החסידים, רוצחים". "לְמה אתה מתכוון בדבריך?".
"אהה, גם אתה כל הזמן חוזר ושואל! מכאן שגם אתה טומשובי".
ר' חנוך בא לקוצק וסיפר לרבי על השיחה הנ"ל, ור' מנדל אמר
לו: "מי שבאמת חש שייכות לקוצק - חוזר ושואל את עצמו".[יב]

דוגמה נוספת לאלימות הרוחנית שחוו החסידים מהרבי מקוצק מובאת על ידי השל בהמשך החלק השני שלפנינו, ומחזקת את הפרשנות שהקוזק אינו אלא הקוצקאי. לפי גרסתו של השל, מיד לאחר פטירת רבם, שרו חסידיו של הרבי מקוצק על המכות שחוו מתביעת האמת שלו:

השבת הראשונה לאחר הפטירה. סעודה שלישית.
חשוך בבית המדרש. חשוך בעולם.
הרבי בעולם האמת, וכל אחד מהחסידים נמצא יחידי לבדו
בעולם השקר.
שקט, הַס.
לפתע, נשמע ניגון, והמילים [בפולנית]:

Umarl, umarl stary kowal,
Kowal ktory bil nas.
מת, הסתלק הנפח הזקן,
הנפח שהיה מכה בנו וצורף אותנו.[יג]

מעניין לציין שהשל מפנה על־אתר למקור הסיפור הזה בספרו הנודע של מאיר אוריין, **סנה בוער בקוצק** (שפורסם בשנת 1962), מבלי לציין ששם מובאת גרסה אחרת בשורתו השנייה של השיר: "שאת המגפיים לנו פירזל". מה אפוא מקור גרסתו של השל לשורה זו?

יב. **קוצק: במאבק למען חיי אמת**, עמ' 104.
יג. ראו להלן עמ' 227.

תורה שבעל פה וגרסאותיה

> מבין כישרונותיו של הרבי מקוצק בלטה יכולתו הכבירה לנסח את רעיונותיו בקצרה, בחריפות ובשנינות. מספר "דיבורים" שלו - שהשתמרו כפי שאמר אותם ביידיש - עוצמתיים בצורה בלתי רגילה... בנעוריי שמעתי חלק גדול מהדיבורים הללו כתורה שבעל פה ביידיש, ולכן פעמים רבות אני מסוגל להבין את ניסוחם המעורפל של התרגומים שבכתב... רוב ה"וואָרטים" [התורות שבעל פה] של הרבי מקוצק הועלו על הכתב שנים רבות לאחר פטירתו... דיבורים רבים השתמרו גם בעל פה, והאמת היא שדיבורים אלה השתמרו טוב יותר בעל פה מאשר בכתב. בעל פה - השתמרו הדיבורים באותה צורה שנשמעו ביידיש מפי הצדיקים; בכתב - קיימים הדיבורים בכלי שני, מתורגמים ל"לשון הקודש".[יד]

זה אפוא ההסבר - המהווה את עיקר הקדמתו של השל **לקאצק** - לפער שבין גרסתו ל"שיר הנפח" לבין המקור הטקסטואלי שאליו הפנה: ההערה שולחת את קוראיו ל"תורה שבכתב", אך בגוף הטקסט הוא מוסר להם את "התורה שבעל פה", הנכונה בעיניו. מדוע השל מעדיף את מהימנות מסורות החסידים שעוברות בעל פה על פני ספרי החסידות שרק אליהם ניתן להפנות? מפני שהתורות והסיפורים המקוריים (ובייחוד אלו הנוגעים לרבי מקוצק) נאמרו במקור בעל פה וביידיש, והם עלו על הכתב רק שנים רבות לאחר מכן, וזאת תוך תרגום, שפעמים רבות היה לקוי, ל"לשון הקודש". ואכן, אין כאן אלא דוגמה לתופעה רווחת בשני חלקיה של **קאצק**: פעמים רבות השל מפנה את קוראיו למקור שבו פורסמו התורות והסיפורים, אך מביא

יד. **קוצק: במאבק למען חיי אמת**, עמ' 3–5.

בפועל גרסה יידית שונה (מבלי לציין זאת, וכך להותיר לקוראיו את מלאכת הלימוד).[טו]

ואולם, אין כאן רק שאלה בנוגע לדרך הנכונה לבירור המהימנות ההיסטורית. בעבר כבר הרחבתי על הגישה הפרשנית שהשל פיתח לפרשנותה של "תורה שבעל פה", וכיצד היא מוחה כנגד תביעת המחקר הפילולוגי־היסטורי לבירור טקסטואלי כתנאי לכל דיון מהותי.[טז] אדרבה, טוען השל, ניתוח טקסטואלי ואנליטי עלול להחמיץ את העומק הנוכח רק ב"תורה שבעל פה". הבנת "תורה שבעל פה" נדרשת לפיתוח קשב לנוכחות המחבר במילותיו, להיענות דיאלוגית לתורתו החיה - ובלעדיהם ההבנה חסרה. בהקדמת **קאצק** השל מחדד את הכרחיותה של הגישה הזו ביחס לחסידות:

> מי שבא לחקור חסידות על פי המקורות הכתובים בלבד, ואינו דולה מן ה"תורה שבעל פה", נסמך על חומר מלאכותי, ומַעְיָניו נעלמים מעיינות חיים. בלי "תורה שבעל פה" ושימוש תלמידי חכמים, כמעט ואי אפשר לחקור חסידות... על מנת להבין חסידות חייבים ללמוד כיצד לשמוע, ולהימצא בקרבת אנשים החיים חסידות.[יז]

בעיית ה"תורה שבעל פה" מציבה אתגר בפני כל לימוד החסידות - תנועה רוחנית שנבנתה על הקשר הבין־אישי שבין הצדיק לחסיד יותר מאשר על ספרות טקסטואלית - אך היא חריפה במיוחד במקרה של הרבי

טו. לדוגמה נוספת הפניתי בפתח דבר של **קוצק: במאבק למען חיי אמת**, עמ' xxxvii, הע' מט.

טז. ראו באחרית דבר שהוספתי ל**תורה מן השמים**.

יז. **קוצק: במאבק למען חיי אמת**, עמ' 5. בכת"י שהגיע לידינו (המשקף כאן שלב ביניים של הכתיבה) השל ניסח את ביקורתו באופן ישיר: "מי שרוצה לאמץ מתודה ביקורתית־היסטורית קפדנית - בקושי יכול לחקור חסידות".

מקוצק, כמו גם של "היהודי" ושל ר' שמחה בונים, שכלל לא הותירו אחריהם ספרים.

ואכן, בעבר נעשו מגוון ניסיונות ספרותיים ומחקריים להתמודד עם אתגר "התורה שבעל פה" של חסידות פשיסחה־קוצק. ההתמודדות הראשונה נעשתה על ידי הספרות החסידית עצמה, אך כפי שהסביר השל, השנים הרבות שחלפו עד ש"התורה שבעל פה" הודפסה, והעובדה שמדובר בתרגומים מיידיש ל"לשון הקודש", אינם מאפשרים לנו לקבל את "התורה שבכתב" הזו כ"תורה מן השמים"...

נוכח הקושי המחקרי לעסוק בחסידות זו, הציעו מרטין בובר ופנחס שדה לגשת אליה באמצעות מתודות נרטיביות, והם בחרו ופירשו את המסורות על פי ערכן הספרותי בעיניהם ולא על פי מהימנותן ההיסטורית.[יח]

גישות אלו נדחו כמובן על ידי החוקרים, ואלו הציעו במהלך עשרות השנים האחרונות מגוון מתודות מחקריות שביקשו להתמודד עם אתגר זה. הניסיון הבולט בחקר הרבי מקוצק עצמו נעשה על ידי יעקב לוינגר, שהציע מדרג של קטגוריות אובייקטיביות למיון מהימנות התורות (שכמובן, הפך את הרבי מקוצק לדמות חיוורת ביותר).[יט] הניסיון הבולט בחקר המסורת הזו בכלל נעשה על ידי מיכאל רוזן, שהציע גישה קונטקסטואלית הבנויה על התאמה תמטית בין התורות המיוחסות למנהיגי פשיסחה־קוצק (כמובן, במחיר אובדן

יח. ראו מרטין בובר, **אור הגנוז**, ירושלים ותל אביב תשל"ז, עמ' 8–13 (להלן: בובר, **אור הגנוז**); פנחס שדה, **איש בחדר סגור, לבו שבור ובחוץ יורדת אפלה: אמרות, תורות וסיפורי חיים של רבי מנחם מנדל מקוצק**, ירושלים תשנ"ג, עמ' 15–16.

יט. יעקב לוינגר, "אמרות אותנטיות של הרבי מקוצק", **תרביץ**, נה, א (תשמ"ו), עמ' 109–135. ראו גם איתמר אלדר, "ר' יעקב יצחק רבינוביץ, 'היהודי הקדוש מפשיסחא': התחדשות ולימוד תורה" (עבודת גמר), רמת גן תשע"ב, שביקש להחיל את דרכו העקרונית של לוינגר על "היהודי", אך טען שיש להרחיב את טווח המסורות הנחשבות כמהימנות.

הייחודיות של כל אחד מהם).[כ] לעומתם, שבו ונשאו את קולם מצדדי הגישה ההיסטורית הקפדנית, עד כי בשנים האחרונות אוריאל גלמן שב וטען שייחודיותה של פשיסחה אינה אלא מיתוס שנוצר על ידי "משכילים" ושאין לו ביסוס במקורות ראשוניים.[כא] כנגד גלמן, קמה ציפי קויפמן והדגימה כיצד דווקא ניתן לבסס את ייחודו של ר' שמחה בונים במקורות ראשוניים.[כב]

להבנתי, השל מציע התמודדות ייחודית מול אתגר "התורה שבעל פה". שלא כהיסטוריון המנסה לשחזר על בסיס תעודות כתובות את העבר, השל מבקש להיענות לצדיקים, כפי שהם נוכחים במסורות החסידים שבעל פה, בהווה מתמשך. הוא יודע, כמובן, שיש מסורות פגומות, ובייחוד בספרות החסידית מעצם היותה בכתב. ואולם, עבורו האתגר אינו שחזור הגרסה שניתן לבססה היסטורית אלא החייאתה מחדש של המסורת המתרחשת כהיענות החסידים לצדיק, וממשיכה והולכת עם חסידי חסידיו.[כג]

זהו פשר כתיבת ספרנו ביידיש, השפה החיה והעסיסית שבה נאמרו התורות שבעל פה; זוהי הסיבה לכך שהרבה תורות וסיפורים שמובאים בספרנו לא הודפסו בספרים שקדמו לו, והשל מסתפק

כ. Michael Rosen, *The Quest for Authenticity: the Thought of Reb Simhah Bunim*, Jerusalem 2008, p. 297 (להלן: רוזן, **חיפוש האותנטיות**).

כא. ראו גלמן, **השבילים היוצאים מלובלין: צמיחתה של החסידות בפולין**, ירושלים 2018, עמ' 283 (להלן: **השבילים**).

כב. ציפי קויפמן, "'והנה בקהלת מהביל הכל ובשיר השירים היפוך מזה': לדרכו של ר' שמחה בונים מפשיסחה", **תרביץ** פב, ב (תשע"ד), עמ' 372–335 (להלן: קויפמן, "קהלת ושיר השירים"). לסקירה מקיפה של ספרות המחקר בנושא ראו בפתח המאמר.

כג. בכתב היד שהגיע לידינו השתמרה בין עמודי הטיוטה פסקה שמחדדת אמירה זו גם לגבי הסיפורים על הרבי מקוצק: "אלו הן, כמובן, מעשיות שחסידים סיפרו שנים לאחר מכן. אין צורך לחפש בהן עובדות בטוחות. ואולם, זו עובדה שסופרו על ר' מנדל מעשיות שכאלה, ושבאמצעותן העלו החסידים את דמותו כפי שנראתה בעיניהן".

בהערה "על פי השמועה" (ופעמים רבות יותר אפילו נמנע מעצם ההפניה); וזוהי הסיבה לכך שאף כשהשל מפנה למקור, מתגלה פער בינו לבין הנוסח המובא בספרנו.

ומכל מקום, דוגמת "שיר הנפח" קיצונית: היא עלתה על הכתב רק בספר עברי שמציע עיבוד לתולדות הרבי מקוצק, ואין לה עדות קודמת בספרי החסידות עצמם. אציג אפוא עתה דוגמה נוספת - באמצעות סיפור "הקוזק והניגון" עצמו.

הקוזק וה"ניגון" - גרסת הספר החסידי

ר' אברהמ'ילי נתכבד בכבוד רב בבואו לאלכסנדר. ואף בשעה שדלת הרבי היתה סגורה לחסידיו, היתה פתוחה לפני ר' אברהמ'ילי. ביומו האחרון סיפר הרבי ר' העניך, שהיה נוהג להלביש את דבריו במעטה סיפורים, לר' אברהמ'ילי על אותו קוזק שבא לחסיד ופנה אליו ברוסית: "גוספודין" (אדון). החסיד שלא ידע לשון העמים לא הבין את דברי הקוזק, אולם אשתו שידעה רוסית הסבירה לו, לבעלה, שהקוזק סבור שאתה חזן ועליך לשיר לפניו. משפתח החסיד בשירה, נתקצף הקוזק והחל להכותו. הוסיפה אשתו של החסיד להסביר לבעלה "הוא אינו רוצה בניגון זה, כי אם בניגון חדש"... [שלוש הנקודות במקור]. ובמילים אלה החזיר הרבי ר' העניך את נשמתו הטהורה ליוצרה, כשר' אברהמ'ילי ואתו מזקני תלמידיו עומדים ליד מטתו.[כד]

גרסה זו של סיפורנו מופיעה בספר **היכל קאצק** המהווה ליקוט חסידי מאוחר (משנת 1959) של מסורות קוצקאיות ב"לשון הקודש". היא שונה מאוד משתי הגרסאות שכבר פגשנו, והיא מובאת כאן בתוך עדות המבקשת להגביר את מהימנותה.

כד. **היכל קאצק**, כרך א, עמ' רנג.

הדבר לא נאמר כאן במפורש, אך נראה שר׳ אברהמ׳ילי, הלא הוא רבי אברהם מפוריסוב (נפטר ב־1912), הוא מוסר העדות הראשון. כפי שהעדות עצמה מדגישה מדובר באדם מקורב מאוד. ואכן, הוא היה נכדו של ״היהודי״ וחסיד של הרבי מקוצק, ומאוחר יותר אדמו״ר בפני עצמו (החל משנת 1905). זאת ועוד, הוא אף ידע לספר על הרגע המדויק שבו זכה להיות בין היחידים ששמעו את הסיפור מפי יוצרו החשוב: רבי העניך, הלא הוא רבי חנוך מאלכסנדר, שסיפר את הסיפור ברגעיו האחרונים (כלומר ביום י״ח באדר ב׳ תר״ל, 1870).

עצם ייחוס הסיפור לרבי חנוך מגביר את מהימנות הגרסה ואת חשיבותה. לרבי חנוך היה תפקיד מרכזי לאורך כל תולדות המרד: בצעירותו הוא התקרב ל״יהודי״, לאחר מכן היה לחסיד של רבי שמחה בונים והרבי מקוצק, ולבסוף הוביל את חסידות גור לאחר פטירת מייסדה, רבי יצחק מאיר (ששכל את כל בניו בחייו), תוך שהוא מכשיר לתפקיד את נכד הרי״מ - הלא הוא רבי יהודה אריה לייב (1847–1905), ה״שפת אמת״.[כה] כבר ציינתי בעבר שבעיני השל רבי חנוך הוא מוסר השמועות המהימן ביותר של תורות הרבי מקוצק, ושהוא מעדיף את מסורותיו ופרשנותו לקוצק על פני אלו של הרי״מ.[כו]

מהימנותה של גרסה זו גוברת אף לאור תכניה. היא מפורטת יותר משתי הגרסאות הקודמות, ובייחוד מבהירה את תפקידה האקטיבי של האישה בסיפור. לפי גרסה זו, האישה אינה סתם מתרגמת לבעלה את דברי הקוזק אלא עושה זאת באופן שגוי וכך מחוללת את כל התפנית הטרגית של העלילה. עתה מתברר שהקוזק בכלל לא חיפש חזן; הוא פנה אל החסיד בלשון כבוד: ״גוספודין״ (אדון), אך האישה תרגמה זאת בטעות ״חזן״ והחסיד הגיב בשירה. עתה גם ברור למה הקוזק כועס כל כך, אף שכמובן אין כאן הצדקה למכות, אך כך קוזק מגיב לשיר שהוא כלל לא ביקש. האישה אף מוסיפה ומעצימה את

כה. ה״שפת אמת״ סירב לרשת את סבו כאדמו״ר בהיותו בן 19, ונענה לכך רק לאחר פטירת רבי חנוך, שאירעה ארבע שנים לאחר מכן.

כו. **קוצק: במאבק למען חיי אמת**, עמ׳ xxxviii, הע׳ נ.

ייסוריו של בעלה כאשר היא שוגה בשנית ושוב מסבירה בעצמה (ולא רק מתרגמת את הסברו של הקוזק) שכעסו של הקוזק נובע מכך שהוא רוצה "ניגון חדש".

תפקידה החד של האישה מחדד אפוא את אופיו הקפקאי של הסיפור, המבקש עתה להנכיח את חוויית האבסורד המייסרת, המיוצגת באמצעות השילוב שבין האישה לקוזק. בדומה לחסיד המסכן, אף אנו מנסים למצוא משמעות לחיינו באמצעות שירת "ניגון" חיינו, ואף יצירת "ניגון חדש", אך כל ניסיונותינו מבוססים על אי־הבנה: החיים מלאי אבסורד ושום "ניגון" לא יעזור...

אין לדעת אם השל הכיר את הגרסה המודפסת הזו בשעה שסיפר את שתי הגרסאות הקודמות, אף שמסתבר שאמנם הכיר אותה בגרסה מ־1971, לפחות שנה לאחר שהחליט לכתוב על הרבי מקוצק. אם אכן כך, נראה שבאותה עת השל דחה את הגרסה הטקסטואלית, המהימנה והמפותחת יותר, פשוט מפני שהיא אינה הולמת את אופיו של רבי חנוך לוין הכהן מאלכסנדר.[כז]

עוד גרסה?!

רבי חנוך, תלמידו [של הרבי מקוצק], אהב לספר סיפורים פיקנטיים. אלה שלא הכירו אותו היטב נקרעו מצחוק. אבל ר' יחיאל מאיר מגוסטינין העיר, "חנוך מקונן על חורבן ירושלים - והם צוחקים".

כאשר רבי חנוך שכב על ערש דווי, חברו, רבי אברהם מפוריסוב, בא לבקרו. רבי חנוך סיפר לו את הסיפור הבא:

> כאשר רוסיה כבשה את פולין ב־1792, יהודים מעטים בלבד ידעו רוסית. פעם אחת, קוזק ביקר בעל־בית יהודי ושאל אותו: "האם אתה ה"כַאזַאין" (הבעלים)"?

כז. אולי יותר את אופיו של נינו שנקרא על שמו - חנוך לוין (1943–1999), המחזאי הישראלי הנודע והרדיקלי.

> היהודי לא הבין. אשתו תרגמה לו בטעות: ״הקוזק אומר: ׳האם אתה חזן? שיר לי!׳״.
>
> היהודי החל אפוא לשיר את הפיוט ״בני היכלא״. הקוזק איבד את שלוותו והחל להכות אותו.
>
> אז אשתו הסבירה: ״הוא ממש לא אוהב את השיר הזה. הוא רוצה שיר אחר. שיר חדש!״.
>
> במילים אלו נפח רבי חנוך את נשמתו.
>
> האם רבי חנוך הרגיש שהקוזק, כלומר ה׳, כעס ולכן היה קשה איתנו? האם הייתה זו הודאה על כך שהוא נכשל מלהבינו? האם בכלל ביכולתנו לשיר את השיר שהקוזק מייחל לשמוע? הקוצקאי לימד את חסידיו שאמונה באלוהים אינה משחק, שכן ה׳ עלול לממש את דברו ״בכוח הרסני״. שמא ה׳ הכל יכול מכוון את העולם באמצעות זעמו מפני שהוא סולד מן הדרך שבה אנו עובדים אותו עם ניגונינו השחוקים והישנים? האם ר׳ מנדל היה אפוא בחיפוש אחר שיר חדש, נתיב חדש, שהוא לא הצליח למצוא?[כח]

גרסה זו נוסחה על ידי השל באנגלית בספרו **להט לאמת**. כאן ברור שהשל מכיר את ה״תורה שבכתב״ של **היכל קאצק** - ומבקש לתקנה. על בסיס מה? מסתבר שאין כאן מסורת בעל פה שהוא שמע בנעוריו, שכן אחרת היה מביאה כבר בגרסה שניסח ב־1971, כשנה לפני שמסר את **להט לאמת** למו״ל. האם הוא פגש בינתיים חסיד קוצק נוסף שמסר לו את ה״תורה שבעל פה״ הזו? ואולי השל ניסה לתקן אותה בעצמו נוכח מבטו של רבי חנוך לאחר שתהה על בעיה הקיימת ב״תורה שבכתב״?

התיקון המשמעותי כאן אכן פותר בעיה בגרסת **היכל קאצק**. הלא אם האישה ידעה רוסית, כפי שכתוב שם, מדוע נכשלה בהבנת מילה בסיסית כמו ״גוספודין״ (אדון), וכיצד תרגמה אותה בטעות

כח. **להט לאמת**, עמ׳ 284.

דווקא כ"חזן"? גרסתו החדשה של השל מציעה תיקון פשוט: הקוזק לא אמר "גוספודין" (אדון) אלא "כאַזאַין" (בעל בית). מילה רוסית זו נשמעת דומה למילה העברית "חזן", ולכן האישה שגתה. ואכן, כאן גם לא נאמר שהיא "ידעה רוסית", ולכן ברור למה כשלה בתרגומה.[כט]

עם זאת, גרסת הסיפור האחרונה כוללת שתי תוספות קטנות וייחודיות שלא מסתבר שהשל יצר אותן מעצמו, ללא "תורה שבעל פה" שנמסרה לו. התוספת הראשונה מספרת כי החסיד שר בהתחלה את הפיוט "בני היכלא". פיוט זה חובר על ידי האר"י, וזכה למגוון לחנים חסידיים, הקדום שבהם מיוחס לאדמו"ר הזקן מחב"ד (ולעתים אף לבעש"ט) והוא אכן מושר פעמים רבות כ"ניגון" בלבד.[ל] התוספת השנייה מספרת על מועדו והקשרו המלחמתי של הסיפור ב־1792. האם זו תוספת שלא נועדה אלא להבהרה מדוע היהודים עוד לא ידעו רוסית, ומהו ההקשר המלחמתי המאיים שבו אירע ה"ביקור"? וכי זה "סיפור אמיתי"? ייתכן שיש בה יותר מכך. תוספת זו מעידה על רצונו של רבי חנוך לקשר את הסיפור למסורת חסידית על אירוע דומה שאירע בדיוק אז: רבי שלמה מקרלין נרצח על ידי קוזק רוסי שירה בו בשעה שעמד בתפילה, כאשר הרוסים כבשו את עירו לודמיר מידי הפולנים.[לא]

אך חשוב מכך, השל מוסיף לגרסה הזו פרשנות חדשה, ואף הקדמה שאומרת דרשני. חשיבותה של ההקדמה נעוצה במילים "אלה שלא הכירו אותו" – הנראות כרומזות כלפי גרסת **היכל קאצק**. רק

כט. תיקון זה מסייע להבין כיצד השתבשה הגרסה: גם חלק מחוליות מעבירי המסורת לא ידעו רוסית וכך נשכחה עם הזמן המילה המקורית. כאשר ביקשו עורכי היכל קאצק להעלות לראשונה את הסיפור על הכתב, כמעט תשעים שנה לאחר שסופר בעל פה, הם ניסו לשחזר מה הייתה המילה הרוסית שנשכחה. נראה שהם ידעו רק את משמעותה: פנייה בסיסית של קוזק המגיע לביתו של יהודי – וכך התחלף לו "בעל הבית" ב"אדון".

ל. לשמיעת שירת ה"ניגון" ראו, למשל, באתר יוטיוב "ניגון בני היכלא בהתוועדות הרבי מליובאוויטש".

לא. תובנה זו זכיתי לשמוע מפי מורי ארט גרין.

מי שלא מכיר את רבי חנוך יכול לקרוא את סיפורו כקפקאי, ואולי אף לצחוק ממנו, וזאת בשעה שעבור רבי חנוך עצמו, הסיפור הוא קינה ומקור לבכי פנימי.

על מה קונן רבי חנוך בסיפורו? השל בא ומציע פירוש רדיקלי: הקוזק אינו אלא ה'. רבי חנוך קונן על כך שהוא עצמו נכשל מלהבין את ה' (והאישה מייצגת אפוא את הבנתו השגויה של רבי חנוך עצמו), ולכן הוא עצמו סובל מכות מידי ה'. מהו בדיוק כשל ההבנה של רבי חנוך ומהן ה"מכות" שספג? השל מציע כאן כמה הסברים, המצטרפים זה לזה: א. קיומי - האם בכלל ניתן להבין מה ה"ניגון" שאלוהים רוצה? ב. מהפכני - אלוהים רוצה דווקא "ניגון" חדש! (ומואס ב"בני היכלא", הניגון החסידי הקלאסי!). ג. אישי - רבי חנוך בכה על כישלון רבו, הרבי מקוצק, למצוא "ניגון" חדש עבור אלוהים, ולחדש את החסידות (הביטוי "בני היכלא" משמש בספרות החסידית גם ככינוי לחבורת החסידים הקרובה לצדיק).[לב]

ואם כן, מתבהרות גם "מכותיו" של רבי חנוך. הוא חזה בכאב כיצד הרבי מקוצק הלך וננעל בחדרו, וכיצד חבריו שלו נטשו את רבם ואת דרכו המהפכנית לחיפוש מתמיד של האמת: הרבי מאיזביצה מרד ושב לדרך האהבה, ורבי יצחק מאיר מגור מיסמס את הרדיקליות של קוצק ושב לצעוד בדרך התורה השמרנית.[לג]

לב. ראו, למשל, אהרון סורסקי, **בלבת אש**, תל אביב תשמ"ה, כרך א, עמ' לה: "מאה ועשרים בני היכלא, צדיקים בבגדי משי לבנים, ישבו באימה וביראה לפני החוזה מלובלין". וכן ראו מאיר אוריין, **סנה בוער בקוצק**, ירושלים תשס"ז, עמ' 50 (להלן: אוריין, **סנה בוער בקוצק**), ביחס לחסידי הרבי מקוצק: "רבי מנדל ובני ההיכלא שלו נכנסו לטומאשוב ברעש ובסערה".

לג. או בלשונו של השל, בעמודי החתימה של ספרנו: "חסידות קוצק הייתה מהפכנית, ואילו חסידות גור היא 'בעלבתית'".

ה"ניגון" החסידי לנוכח הייסורים

גם לפירוש הזה ניתן למצוא חיזוק בתורה של הרבי מקוצק עצמו, המובאת על ידי השל בחלק הראשון של **קאצק**:

> הגמרא אומרת שכשנבוכדנצר רצה לומר שירה, בא מלאך וסטר לו [סנהדרין צב ע"ב]. שאל הקוצקאי: הייתכן?! מדוע מגיעה לאדם סטירה בפניו בגלל שרצה לומר שירה?! אלא שהתירוץ הוא: מה החכמה לומר שירה כשכתר לראשך? רצוני לשמוע כיצד תאמר שירה לאחר שקיבלת סטירה - הֵא לך מכה, ועכשיו אמור שירה.[לד]

אף כאן המלאך, נציגו של אלוהים, מכה באדם, ואף כאן האתגר האנושי הוא להמשיך לומר שירה גם במצב של ייסורים.

> "הצעקה הגדולה ביותר בעולם הזה היא השתיקה", אמר ר' מנדל. אבל קיימת מדרגה רוחנית גבוהה יותר מהשתיקה - הניגון. כשאדם נמצא בצער, פתוחות לפניו שלוש דרכים. מי שנמצא במדרגה פשוטה - בוכה; מי שניצב במדרגה גבוהה יותר - שותק; מי שניצב במדרגה גבוהה מאוד - הופך את צערו לניגון...
>
> הזמנים קשים. עגמת נפש לא חסרה. כל אחד סוחב "פקלֶה" משלו, וגם יודע שעל צרות אין "ברכה אחרונה". כשהלב מלא, העיניים מוצפות. אך חסידי קוצק לא בוכים. "יַעְלְזוּ חֲסִידִים בְּכָבוֹד יְרַנְּנוּ עַל מִשְׁכְּבוֹתָם" (תהלים קמט, ה) - אמר ר' שמחה בונים: "חסידים, אפילו כשהם מרותקים למיטה - ממשיכים לשיר".
>
> חסיד - שר; ושירה חסידית משמעה להלל את בורא עולם. שירה חסידית היא כמו ריקוד בחתונה של אלוהים וכנסת ישראל. מי

לד. **קוצק: במאבק למען חיי אמת**, עמ' 152.

> שבא לחתונה עושה שמח, וגם נותן מתנה. אך מה אפשר להביא כמתנה לחתונה כזו? - "ניגון", והחיים הם "ניגון". בורא העולם רוצה לשמוע "ניגון" טוב...
> לשיר אין משמע להביע שמחה ולחזור על תווים... לשיר משמע להעלות את עצמך, גבוה יותר ויותר מכל המילים ומכל הרעיונות... אי אפשר לשיר באמיתיות אם חוזרים על זמר ישן. "אלוהים אוהב חדשות", אמר ר' מנדל, ובכל פעם יש לשיר מחדש, לשיר "ניגון" חדש.[לה]

כך הקדים השל להבאת גרסה אחרונה זו של הסיפור הן בלהט לאמת והן **בקאצק**, ועל רקעה מתחדדת פרשנותו האחרונה עוד יותר: נוכח הייסורים, הרבי מקוצק שתק ואף שר שיר חדש - אך רבי חנוך מקונן על כישלון רבו.

ומה עוד ניתן לומר על מילות השירה הזו של השל? "כאן שרים" - כשייסורינו לנגד עינינו - שכן רק מתוך שירה ניתן להבין את המילים הללו לעומקן. רק הערה אחת הכרחית כאן: השל טוען כאן כי הרבי מקוצק קרא לשיר 'ניגון' חדש, ולא הסתפק בשתיקה, אך בהקדמת **להט לאמת** הוא שיתף את קוראיו בכך שאת שירתו שלו הוא למד דווקא מהבעש"ט:

> הבעש"ט לימדני על מכרות משמעות בלתי-נדלים; מהקוצקאי למדתי להבחין בהררי אבסורד עצומים הניצבים על אם הדרך. האחד לימדני שיר. האחר - שתיקה.[לו]

אך מה לגבי רבי חנוך, חסידם הגדול של "היהודי", ר' שמחה בונים והרבי מקוצק? למה ברגעי חייו האחרונים הוא אינו שר ואינו שותק אלא מקונן באמצעות סיפור על כישלונו הטרגי של הניגון?

לה. ראו להלן עמ' 244–245.

לו. **להט לאמת**, עמ' XIII–XV.

פרשנות חדשה!

> הטרגדיה קשה עוד יותר. האישה כלל לא הבינה את דבריו של הקוזק. תרגום המילה הרוסית ״כאַזאַין״ הוא לא ״חזן״, אלא **בעל הבית.** הקוזק רוצה לדעת מיהו בעל הבית, והאדם פוסח על השאלה ומזמר ׳ניגון׳.
> מיהו בעל הבית?[לז]

פרשנות חדשה זו לא נמסרה על ידי השל אלא ליודעי ח״ן, או לפחות יידיש, שכן היא נוספה כסיום לדיון בסיפור רק בספרו **קאצק**, וחסרה ממקבילתה האנגלית שציטטתי לעיל. ואכן, נראה שהיא רדיקלית ביותר, ואינה מתבהרת אלא לאור הגרסה האחרונה. עתה מתחדד שאמנם האישה לא הבינה את דברי הקוזק, הלא הוא אלוהים, אך רבי חנוך עצמו אמנם הבין אותם! הקוזק לא סתם אמר ״אדון״, הוא דפק על דלתו של יהודי במהלך מלחמה, ושאל ״אתה בעל הבית?״.

מדוע זו טרגדיה קשה יותר? השל אינו ממצה את פירושו, אלא חותם אותו בשאלה המופנית אלינו, ומותיר את מלוא משמעותו כרמז עבורנו. כפי שהוא יצטט בהמשך הספר: ״׳וואָרט׳ חסידי אומר: את הלהט של ה׳וואָרט׳ אי אפשר לכתוב, ואת ה׳קונץ׳ של ה׳וואָרט׳ איננו רוצים לכתוב״.[לח] האתגר אפוא של הבנת מלוא משמעות דבריו מונח לפתחנו.[לט]

נראה אפוא שלשם פענוח פירושו, נדרש קצת דמיון מודרך, הקשוב לשאלת הקוזק שעמה השל שב וחותם. שוו נא בנפשכם שקוזק

לז. ראו להלן עמ׳ 246.

לח. להלן עמ׳ 145.

לט. וראו **להט לאמת**, עמ׳ 318: ״הקוצקר עדיין ממתין לחסידיו, ליחידים אשר יבהירו בשפה ברורה את שהצביע לעברו ברמיזה עדינה. הם יהיו נכונים לסכן את קיומם למען הפצת רעיונותיו מאדם לאדם, מדור לדור, בשמרם עליהם מפני הפיכתם לחלולים או מחוללים״.

דופק על דלת ביתכם באמצע מלחמה ושאלה זו בפיו - מה הייתם עושים? כיצד הייתם מגיבים לשאלתו?[מ]

מ. יש מן הסתם קוראים ישראלים שמעלים בדעתם את האפשרות להכות את הקוזק בחזרה ולהראות לו מי בעל הבית, לנקום. אך עבור החסיד, לא קיימת אופציה כזו. הוא לא מעלה אותה על דעתו, וודאי שאינו רואה בכך תגובה קיומית הכרחית, כז'אן אמרי, למשל. החסיד אינו "הולך כצאן לטבח", הוא אכן מוכה ולא משיב מלחמה, אך שתיקתו צועקת אמונה ושירת "אני מאמין" על שפתיו.

ראו גם את ההבדל בין יחסם השונה של הרב סולובייצ'יק והשל לנושא הנקמה, בנאומיהם משנות החמישים (כשברקע פעולות התגמול). כך כתב (למרבה הצער) סולובייצ'יק, "קול דודי דופק", **איש האמונה**, ירושלים תשכ"ח, עמ' 81: "אסורה היא הנקמה כשאין לה מטרה, אבל אם מתרוממים על ידה להגנה עצמית, הרי היא זכותו האלמנטרית של האדם באשר הוא אדם לנקום את נקמתו". ולעומתו, השל, **אלוהים מאמין באדם**, עמ' 248: "הכוונה־מחדש של עבודתנו החינוכית... מוכרחת להתרחש... נתעוררה פעם בכיתה זו השאלה, אם הנקמה מותרת לפי היהדות. 'ודאי שכן', אמרו... לא שמעו כלל על הלאו של 'לֹא תִקֹּם וְלֹא תִטֹּר'".

בהקשר זה, אין מנוס מלהפנות לטענתה של גאולה כהן על ויכוח שאירע בינה לבין השל במסגרת ראיון שערכה עמו. השל עצמו טען שדבריו בראיון זה הוצאו מהקשרם, ואף מצאתי בארכיון כתבי היד שלו טיוטת מכתב לעיתונאית ישראלית שמוחה על כך. ומכל מקום, כך כתבה גאולה כהן: "כתבת שאם זו תהיה הברירה שתעמוד בפניך, תהיה מוכן ללכת שוב לאושוויץ ולא להמיר את דתך. המשפט הזה שכתבת מקומם אותי. אני הייתי כותבת אותו אחרת. אילו זה היה המוצא היחיד שהיו מותירים לי לחיות, הייתי מנסה לשלוח אותם לאושוויץ" (**אלוהים מאמין באדם**, עמ' 187). מעניין לציין שכמה שנים לפני כן אלי ויזל סיפר על דיאלוג דומה, שהוא שם בפיהם של אילנה, בת דמותה של גאולה כהן בסיפורו "השחר", ואלישע (בן דמותו באותו סיפור?): "היא המשיכה... 'זו מלחמה, אנו אומרים לעצמנו. צריך להרוג. ואנו הורגים. יש ההורגים בידיהם כמוך, ויש ההורגים בקולם כמוני... אך מה לעשות? למלחמה חוקים משלה. אם אתה שולל אותם, אתה שולל את ערכה של המלחמה ומעניק את הניצחון לאויב. אין אנו יכולים להרשות זאת לעצמנו. הפעם הזו אנו זקוקים לניצחון שבמלחמה, אנו זקוקים כדי לחיות'... אילנה ראתה בוודאי נכונה: יבוא יום ואשכח את הכול. אבל המתים יזכרו. הם אינם שוכחים דבר,

האם לתת לו וודקה, ולקוות שיילך? האם פשוט להשיב לו "אני בעל הבית", ולראות אם ניתן לדבר אתו? ואולי פשוט לשתוק? דומני ששלוש התגובות הללו שגויות, ועבור היהודי רק תגובה אחת אפשרית לשאלה כזו של קוזק באמצע מלחמה:

"אתה בעל הבית?".
"לא, אתה בעל הבית".

אם הבנתי נכון את רמזיו של השל, מתגלה כאן ביקורת חריפה של רבי חנוך על הרבי מקוצק, ועל תנועת החסידות בכלל. אכן, גדולתו של החסיד ניכרת בשירה נוכח הייסורים, וגדולתו של הרבי מקוצק ניכרת בחיפוש אחר ניגון חדש, אך רבי חנוך מקונן לפני מותו בהבנה שכל ההרואיות הרוחנית הזו מבוססת על טעות - שהאישה בסיפור אינה אלא שגיאה קשה שאירעה לחסידות עצמה!

החסידים שרים, אך רבי חנוך מקונן בתוכו. הוא מבין שאלוהים לא זקוק דווקא לניגונים, אף לא לניגון חדש, וודאי שלא לוודקה (ההלכה כריצוי לשרירותיות אלוהית?). רק מענה אחד אפשרי להתגלות הרדיקלית של אלוהים על פתחה של האנושיות, לשאלתו כלפי האדם.

מיהו בעל הבית?[מא]

המתים. בעיניהם אהיה תליין לנצח. אין אלף דרכים להיות תליין: אתה תליין או אינך תליין... 'אינני רוצה להיות תליין', אמרתי לאילנה" (מתוך סיפורו "השחר", שצורף לספרו **הלילה**, תל אביב 2005, עמ' 169; להלן ויזל, **הלילה**).

מא. ארט גרין, מורי ושותפי לאהבת השל, העיר שלאור פרשנות זו מתחדדת הזיקה לניגון "בני היכלא" - כלומר בני היכלו, או ביתו, של אלוהים! אך, אם כן, הפרדוקס חריף ביותר: למרות שהחסיד לא הבין את שאלת הקוזק, הוא שר שהוא אכן לא בעל הבית, אך הקוזק לא מבין את שירתו ומכה אותו. קיימת אפוא אי־הבנה הדדית בין אלוהים לאדם!

להשלמת מורכבות התמונה, ראו שבאותו פרק שבו מופיע סיפורנו השל מביא גם את פרשנותו של הרבי מקוצק למדרש "בירה דולקת". לפי פרשנות

כשהשל בכה ואלי ויזל ניגן

> בוקר אחד שנים לפני כן טלפן אלי השל. הוא ביקש לראות אותי בדחיפות. קפצתי למונית וחשתי לסמינר. השל פתח את דלתו ובלי לומר מילה, השעין את ראשו על כתפי והתייפח כילד. רק לעתים נדירות ראיתי בוגר בוכה כך. בעודי עומד בפתח, ראיתי כי שולחנו הנתון כרגיל באי־סדר היה מסודר למופת. נפרדנו בלי להחליף מילה. השל מת למחרת.[מב]

כך העיד אלי ויזל, חברו הקרוב של השל.[מג] נראה שביומו האחרון, השל לא ניסה להפוך את צערו לניגון, אף לא לשתוק, אלא דווקא קונן כרבי חנוך. אף שהשל כתב כי "חסידי קוצק לא בוכים", נראה שאף בכך הוא היה בסופו של דבר קרוב יותר לבעש"ט, שהיה "בעל בכי".[מד] שתי עדויות נוספות על מצבים שבהם השל בכה מחזקות

זו, אברהם אבינו ראה ארמון **שעולה בלהבות**, ושאל: "'תאמר שהבירה הזו בלא מנהיג?'. הציץ עליו בעל הבירה, אמר לו: 'אני בעל הבירה'". והשל מסביר שם: "ר' מנדל מזכיר לנו, ללא הרף, קושיה אחת: האם ניתן להעלות על הדעת שכל העולם הגדול, השמיים והארץ, הם ארמון בלי בעל בית? הקושיה הזו רודפת ומייסרת את האדם" (להלן עמ' 236). כלומר, כפי שאלוהים שואל את האדם "אתה בעל הבית?", כך גם האדם תוהה שמא אין כאן בעל הבית.

מב. אלי ויזל, **כל הנחלים הולכים אל הים: זיכרונות** (תרגמה: נעמי כרמל), תל אביב 2005, עמ' 383–384.

מג. על הקשר הקרוב בין שני האישים ועל הזיקה הרוחנית שביניהם, בעיקר בהקשר השואה, ראו אביעד הכהן, "'בעל תשובה' ו'בעל שאלה': כשאברהם (יהושע השל) פגש את אליעזר (ויזל)", בתוך: בנימין איש־שלום ודרור בונדי (עורכים), **לך לך: עיונים ביצירתו של אברהם יהושע השל**, רמת גן 2018, עמ' 75–128.

מד. ראו למשל באיגרת הבעש"ט לרבי גרשון מקיטוב: "ורציתי להרחיב הדיבור ולטייל באריכות, אך מחמת הדמעות אשר נזכרתי פרידתך ממני, לא יכלתי לדבר". גם בשבחי הבעש"ט מסופר על כמה אירועים שבהם בכה. רבי גרשון מקיטוב עצמו כתב לבעש"ט: "אמרת לי פעם אחת שרואה אתה במראה שבא

זו את זו ומלמדות שהשל אמנם היה בוכה, לעתים אף בפני אנשים שכלל לא הכיר.[מה]

חכם לירושלים ממדינת מערב והוא ניצוץ של משיח רק שהוא בעצמו אינו יודע והוא חכם גדול בנגלה ובנסתר **ובעל בכי**" (יעקב ברנאי, **איגרות חסידים מארץ ישראל**, ירושלים תש"ם, עמ' 40; הדגש שלי, ד"ב). תודתי נתונה לחברי נתנאל לדרברג על הפניה זו, וכן גם לתורה של המגיד ממזריץ' (שהשל היה דור שביעי שלו) הרואה בדמעות ביטוי הכרחי ליראת ה': "רק היראה העיקרית כשתפול עליו חיל ורעדה, ומחמת פחד אינו יודע היכן הוא, והמוחין נזדככו, ויורדין דמעות מאליהם. אבל כשאינו כך, אף על פי שנראה לו שהוא עובד ואוהב את השם יתברך, בוודאי הוא אינו כלום. כי 'זה השער לה'' - יראה היא השער לאהבה, ואם אינו בשער זה הנקרא יראה איך אפשר לבוא לאהבה" (**אור תורה**, ויחי, תורה נט). ראו גם **קוצק למען חיי אמת**, עמ' 176, שם מביא השל את פרשנותו של רבי אברהם המלאך, בנו של המגיד, לסיפור בכיו של רבן יוחנן בן זכאי לפני מותו.

מה. תלמידו אברהם יצחק גרין העיד בכמה הזדמנויות, האחרונה שבהן בראיון משותף עמי לתכנית הרדיו "נפלא פה" ביום 20/5/22, כיצד ראה את עיני השל זולגות דמעות לנוכח שריפת ספריית ה-JTS, שהעלתה באש גם את כוונתו לכתוב ספר על הבעש"ט. חברי ספי דהן, מנהל הקבוצה "אברהם יהושע השל בישראל", סיפר לי על עדות נוספת ששמע מפי זאב יגר, על מפגש שהיה לו עם השל, כנראה בסוף שנות השישים, בעת ביקורו של השל בתל אביב. יגר, שהיה אז בחור צעיר, יצא מההרצאה ומצא את השל יושב על ספסל לבדו. הוא אזר אומץ ופנה אליו: "ברשותך, אפשר לשאול אותך שאלה קצרה?". "כמובן", ענה השל. יגר המשיך: "האזנתי להרצאתך והעברית המדוברת שלך כל כך טובה ועשירה בביטויים מן המקורות. למה אינך כותב את ספריך בעברית, היינו יכולים ליהנות מהם מיד עם הדפסתם ולא לחכות לתרגום ממקור אנגלי? תרגום, ואפילו משובח, לעולם אינו משתווה למקור". וכך העיד יגר על תגובתו של השל: "בתגובה לשאלתי השל החל לבכות, בכי חרישי ללא מילים או הסבר מילולי כלשהו. עמדתי שם נבוך, לא ידעתי את נפשי מרוב צער, הבינותי שגרמתי לאיש היקר הזה צער רב שלא במתכוון, מלמלתי כל מיני פסוקי התנצלות אבל לא זכיתי לשמוע תגובה מילולית ממנו".

למה בכה השל ביומו האחרון על צווארו של אלי ויזל? אכן, סיפור הקוזק והניגון מופיע להלן במהלכו של פרק ט בספרנו, שבו השל שב ומרמז כלפי השואה,[מו] ובסופו אף עוסק בה באופן ישיר.[מז] השל מפרש בפרק את הסתגרות הרבי מקוצק בחדרו כמחאה נגד הנהגת ה׳ את עולמו, ומתוך כך הוא מנסח את תגובתו שלו לשואה. אם כן, השל לא רק שתק נוכח השואה, אלא גם בכה ואף שר,[מח] כנראה בהשפעתו הישירה של אלי ויזל. בהקשר זה, מרתקת הזיקה בין סיפור הקוזק והניגון לבין עדותו הנודעת של אלי ויזל:

> האפשר לישון כאן? כלום אין סכנה בעלפון חושים ולו לרגע, בעוד המוות עומד עליך לכלותך כל רגע. חשבתי על כל זה כאשר שמעתי צליל של כינור. צליל כינור בחשכת הצריף, מקום שנערמו המתים על החיים. מי היה המטורף המנגן בכינור על סף קברו? או שמא היו אלה תעתועי דמיון? היה זה ודאי יוליק... אפלה. אין קרן אור. שמעתי את הכינור בלבד, כאילו היתה נפשו של יוליק לקשת. הוא ניגן את חייו. כל חייו נאצרו במיתרים. תקוותיו האבודות, עברו השרוף, עתידו הכבוי. הוא ניגן את אשר לעולם לא יוכל לנגן. לעולם לא אוכל לשכוח את יוליק... המנגן בכינור תפילת פרידה לפני קהל גווע. אינני יודע כמה זמן ארכה

מו. לפרק זה קיים פרק מקביל בספר **להט לאמת**, שלניתוחו הקדשתי את מאמרי ״על מות אלוהים ותחיית המתים בהגותו של השל״, **אקדמות** כג, עמ׳ 87–110. במאמר זה התרכזתי במדרש ״החביות המחוררות״, והראיתי כיצד השל רומז על זיקה הקיימת בין פרשנותו של הרבי מקוצק למדרש זה לבין פרשנותו של קאמי למיתוס של סיזיפוס בספרו ״האדם המורד״.

מז. הנוסח באנגלית כולל התייחסות ארוכה ומשמעותית לשואה שחסרה ממקבילתה ביידיש, והוספתי אותה כאן בתרגום לעברית כנספח לפרק.

מח. וזאת, בניגוד לטענה רווחת בין חוקרי השל שהוא ממעט לעסוק בהגותו בשואה.

נגינתו. השינה גברה עלי. כאשר התעוררתי עם אור־יום ראיתי את יוליק, מוטל לידי, מת. לידו נח כינורו השבור...[מט]

בחזרה לחסידות החיה

איך אפשר עוד לדבר על חסידות אחרי השואה? הנה, באתי להדגים באמצעות סיפור הקוזק והניגון כיצד השל מתמודד עם הפער הקיים במסורת החסידות בין "התורה שבכתב" ל"תורה שבעל פה", ולא יכולתי להתעלם מהשאלה כיצד השל התמודד עם השואה.

ואולם, לא רק השואה אירעה בפולין; הייתה שם גם חסידות חריפה, מרדנית ומהפכנית. וכי אפשר לדבר על השואה בלי לדבר על החסידות שהושמדה בה? ואולי הציווי "לא תשכח" ראוי לו שיכוון בעיקר לחיים היהודיים העשירים שהיו לפני בואו של המוות?

ואכן, כאמור, גם השל מקדיש את עיקר הספר שלפנינו לסיפור גלגוליו של המרד הפנים־חסידי שאירע בחסידות בפולין לארכה של המאה ה־19, ואולי זו דרך נוספת שלו להתמודדות עם השואה. במובן זה, פרקי הספר שלפנינו אינם אלא נרות זיכרון, שהשל מדליק עבורנו. ואכן, בתודעה כזו חתם את הקדמת **קאצק**: "אני הנני האחרון מדור, אולי היהודי האחרון מוורשה, שנשמתו חיה במז'יבוז' ומוחו בקוצק".[נ]

לפרקי הספר אין כותרות, וגם כותרות המשנה שלו לקוחות משפתו הפנימית. אולי כדי שהקורא יבוא בשעריהם בלא שום ידע מוקדם, וכך יוזמן למפגש בלתי אמצעי עם גיבוריהם, כדרכו של השל. ואולם, כדי להקל קמעא על הקורא שאינו רגיל בחסידות, וכן כדי להפנות את הקורא המעמיק לנקודות הדיון החשובות (וכמובן,

מט. ויזל, **הלילה**, עמ' 99. יואל רפל סיפר לי כי מזכירו האישי של השל, יואל אורנט, מסר לידו עותק של המהדורה היידית של הספר, הכולל הערות רבות בכתב יד, המשקפות שיחות שהיו לו עם השל על הספר.

נ. **קוצק: במאבק למען חיי אמת**, עמ' 7.

לפעמים מדובר באותו אדם), אומר עתה מעט מילים על כל פרק, בבחינת "עת לעשות לה' הפרו תורתך".

פרק א, הפרק הקצר ביותר בספר, מציג את אישיותו של הרבי מקוצק באמצעות הנגדה לדרכו של "החוזה". הפרק נפתח בתיאור ילדותו ונעוריו של מנדל הצעיר, שכבר בהם התגלה כתובע אמת אלוהית, עד כדי חריגות חברתית; אך אז ממשיך בתפנית חדה ועובר להציג את "החוזה", שעיניו קרנו חמלה אלוהית, וראו לנפשו של כל אדם. פרק המשנה השלישי משלים את ההנגדה בסיפורים על אודות הגעתו של הרבי מקוצק הצעיר ל"חוזה", וכיצד הניגוד ביניהם הורגש מתחילה והביא את הרבי מקוצק להצטרף לחבורה המורדת של "היהודי". החלק השני של **קאצק** נפתח, אם כן, בהדהוד פתיחת חלקה הראשון, שהוקדשה להנגדה דומה בין תורתו של הרבי מקוצק לתורת הבעש"ט.

פרק ב מוקדש למרד של "היהודי" ברבו "החוזה". בפרק הארוך יחסית מובאים סיפורים חסידיים רבים, הקוראים להשוואה לרומן של מרטין בובר, **גוג ומגוג**, שנכתב לאורם.[נא] השל אינו מתייחס לספרו של בובר, שפורסם כבר ב־1944, אך התעלמות זאת אומרת דרשני ומחדדת את הקריאה להשוואה בין המסורות והפרשנויות של שני ההוגים הקרובים.[נב]

לדוגמה, ניתן להשוות בין הפרשנויות ששני ההוגים מעניקים לסיפור "הכותונת". לפי סיפור זה, "החוזה" העניק ל"יהודי" כותונת אישית שלו, שנתפסה כקדושה על ידי החסידים, אך "היהודי" נתן אותה כצדקה לעני שיכור, והלה מישכן אותה מיד תמורת שתייה חריפה. בעיבוד הרחב שבובר עורך לסיפור, "היהודי" חש כי "החוזה" העניק לו את הכותונת מתוך כוונה לשכפל את עצמו באמצעותה,

נא. לסקירה ביקורתית של **גוג ומגוג**, ושל השיח המחקרי והספרותי שהגיב לספר, ראו אצל גלמן, **השבילים**, עמ' 226–230. יצירתו של השל כמעט ואינה מוזכרת בספרו של גלמן.

נב. ככל הידוע לי, השוואה זו טרם זכתה לבחינה מחקרית.

ולכן הוא מסרב ללבשה שמא תגרום לו לאבד את האותנטיות שלו ולהפנים את אישיותו של "החוזה". השל, לעומת זאת, משבץ את הסיפור בהקשר של רתיעת "היהודי" מעיסוק בחיצוניות, ונראה אפוא שהוא דוחה את פרשנותו של בובר.

חלקו הראשון של הפרק (הכולל את חמשת פרקי המשנה הראשונים) מוקדש להסברים שונים לשאלה מדוע פרץ המרד. לפי ההסבר הראשון, חבורה נבחרת של חסידי "החוזה" התלכדה סביב "היהודי" מתוך תחושה שהתמסרות "החוזה" להמוני העם מרדדת את החסידות. ההסבר השני טוען שהמתח הזה בין חסידות רוחנית לחסידות חברתית התנקז למחלוקת ירושה: חצרו של "החוזה" ביקשה למנות את בנו כיורשו, מתוך הבנת תפקידו המלוכני־שושלתי של הצדיק, ואילו הצעירים נהרו אחר "היהודי" עוד בחיי "החוזה", מתוך ראיית הצדיק כמדריך רוחני, הנבחר בשל אישיותו. ההסבר השלישי טוען שהמחלוקת הגיעה לשיאה סביב שאלת ההתייחסות למלחמת רוסיה־צרפת: "החוזה" וצדיקים נוספים ראו בנפוליאון את מבשרם של ימות המשיח, שבהם ייגאלו המוני היהודים מהדיכוי הרוסי, והם ביקשו לסייע לו בכוחם המיסטי; לעומתם, "היהודי" התנגד לכל השיח המשיחי־מיסטי, וביקש להדגיש את גאולתו הרוחנית של היחיד.

חלקו השני של הפרק מוקדש לתיאור דרכו ואישיותו של "היהודי". בתיאור הדרך השל מדגיש את קריאתו של "היהודי" להתחדשות מתמדת, ומחדד את סוג ההתחדשות המתמדת ש"היהודי" קרא לה באמצעות רמיזה ברורה:

> אי אפשר לערוך רפורמה במצוות; יש לערוך רפורמה באדם. כיצד ניתן לקבל כוחות חדשים להשתפר, להרגיש כל יום כאדם חדש? – רפורמה באדם היא התרופה היחידה... העצה היא: **להשתנות ליהודי** שוב ושוב. "כשהיהודי הקדוש", סיפר ר' מנדל, "בירך בכל יום את ברכת 'שלא עשני גוי', הוא הרגיש את השינוי

מלא־יהודי ליהודי. בכל יום הוא השתנה ליהודי. שום דבר לא התיישן אצלו. כל יום הוא התחיל מחדש".[נג]

הרמיזה לסוג הרפורמה שהשל אינו מתכוון לה ברורה, אך נראה שיש כאן גם התנגדות לקיבוע הזהותי שיוצרת הבנה אתנית, או ציונית, של היהדות. יהדות היא התרחשות רוחנית שכל יום עליך לעבור מחדש. "היהודי" לא היה כזה כי אמא שלו יהודיה, אף לא בשל אחד מארבעת הורי הוריו; הוא כל יום התעורר גוי ורק כשבירך "שלא עשני" הוא הפך ליהודי.

בתיאור אישיותו של "היהודי" השל מדגיש את מידת הענווה שלו, ומביא מסורת נוספת לפשר כינויו: כיוון שחידושיו עוררו התפעלות, הוא טען ששמע אותם ממישהו אחר, "מהיהודי ההוא", וכך דבק בו הכינוי.[נד]

פרק ג מוקדש לר' שמחה בונים מפשיסחה, שהנהיג את המרד בתקופת הביניים שבין מורו "היהודי" לבין תלמידו הרבי מקוצק. גם כאן השל נוקט עמדה המצויה בפולמוס, הפעם מול גישות מחקריות־היסטוריות. כאמור, כיוון שמדובר בתקופת ביניים, קיים רצף הגותי בין שלושת מנהיגי פשיסחה־קוצק, וכיוון שתיעודה עבר כ"תורה שבעל פה", חוקרי החסידות התקשו לעמוד על ייחודו של כל אחד מן הצדיקים. לעומתם, השל מצביע הן על מקומו של ר' שמחה בונים בתוך הרצף והן על ייחודן של אישיותו ושל תורתו.

נג. ראו להלן עמ' 29.

נד. ראו גלמן, **שבילים**, עמ' 199, הע' 14, המביא מסורות חסידיות נוספות לפשר הכינוי. כאן אפוא דוגמה לדרכו המורכבת של השל. מחד, הוא עשוי להביא מסורות חסידיות שונות ולעתים אף סותרות, ומאידך, הוא אינו עסוק בליקוט כל המסורות החסידיות אלא בורר מהן את אלו הנראות לו כהיענות לאישיותו של הצדיק.

כך, למשל, השל מציג את ייחודיות האישיות של ר' שמחה בונים בהתאם למסורות החסידיות כמי ששילב בין חכמה ליראת שמיים, ובין הומור לדבקות. לדוגמה, ר' שמחה בונים היה מצוי היטב בחיי החול של העולם המערבי ואף התייחס לעושר באופן חיובי (שלא כמורו "היהודי" ותלמידו הרבי מקוצק), ובה בעת עסק בקבלה וחווה חוויות של "איון".[נה] השל שב ומדגיש את נטייתו ההומוריסטית של ר' שמחה בונים ואת חותמו האירוני הטבוע במשלים המיוחסים לו (לעומת הסרקסטיות של הרבי מקוצק).[נו]

בין המשלים הללו מעניין להצביע במיוחד על הזיקה הקיימת בין משל האנשים שנפלו לבור (המתכתב כשלעצמו עם משל "המערה" של אפלטון) לבין פרפרזה שהשל עורך לו בנאומו "משמעותה של שעה זו", שנישא במקור בגרמנית בשנת 1938 בפרנקפורט. בדומה למשל המקורי, המספר כיצד האדם החכם אינו מתמודד עם המציאות החשוכה שנוצרה בבור אלא חושב כיצד להביא לשם אור, השל מדמה את עצמו לאדם החכם, שבמקום להיאבק בנחשים (הנאצים) שבבור, חושב איך לחלץ את נשמות בני העולם המערבי מחשכת הבור אל אורו של אלוהים.[נז]

המוכר שבמשלים הללו הוא סיפור "האוצר מתחת לגשר", אך הנועז והרדיקלי שבהם פחות מוכר. משל אירוני זה, המובא רק בסוף

נה. והשוו רוזן, **חיפוש האותנטיות**, עמ' 85–92, הטוען שמסורת פשיסחה־קוצק התנגדה ללימודי קבלה, וקבלת האר"י בפרט, ולכן יש לדחות את מהימנותם של המקורות הטוענים לעיסוקו החשאי של ר' שמחה בונים בקבלה, וזאת – בניגוד לטענתו של השל, **קוצק: במאבק למען חיי אמת**, עמ' 57. לדחייה בהירה של גישתו של רוזן בעניין זה ראו ציפי קויפמן, "קהלת ושיר השירים", עמ' 348.

נו. המשלים הללו הודפסו רק בספרות המאסף המאוחרת, אך השל מציין, להלן עמ' 51, גם לעדות המובאת ב"רמתים צופים" (ספר שחובר על ידי תלמידו הקרוב של ר' שמחה בונים) על התלבטותו של ר' שמחה בונים אם לספר מעשייה מצחיקה וכיצד הכריע לבסוף לספרה.

נז. ראו להלן עמ' 56, והשוו **התפילה**, עמ' 225.

הפרק, טוען בחריפות כי חלק מצדיקי החסידות כלל אינם ראויים למעמדם, והריהם כאיכר אנאלפבית ושיכור החושב שהוא כומר רק בגלל אנשים שמעריצים עליו ומתייחסים אליו ככזה.

השל מציג בפרק גם את ההתנגדות לפשיסחה, ולרבי שמחה בונים בפרט, ואף מסביר כיצד התעצמה לנוכח התנהגותם הרדיקלית של חבורת חסידיו. ואולם, הוא יודע היטב ומציין במפורש ש"כיום, קשה לקבוע אילו מהשמועות על פשיסחה היו אמיתיות, ואילו מהן פרי הדמיון".[נח] מעניין לציין שמיד לאחר אמירה זו השל מזכיר את הסיפור המפורסם של "החתונה באוסטילה", אך אינו מרחיב לגבי פרטיו שרבים מהם אכן הוטלו בספק בחקר החסידות.[נט]

פרק ד שב לעסוק ברבי מקוצק. הפרק הקצר פותח בתיאור תקופת היותו תלמידו של ר' שמחה בונים, בהדגשת שונותו משאר התלמידים הקרובים, ובהסבר הקשר המיוחד שנוצר בין הרבי לתלמידו. בהמשך הפרק הקצר השל מתאר כיצד לאחר פטירת ר' שמחה בונים, חסידים רבים לא רצו לבחור ברבי מקוצק כממשיך, וכיצד לבסוף הוא נהיה לרבי בטומשוב הודות לתמיכתו של ר' יצחק מאיר.

לנוכח סתירות מסוימות הקיימות בתורת הרבי מקוצק בנוגע לאופי הנהגתו של הצדיק, השל מאמץ מסורת חסידית לפיה בראשית דרכו בטומשוב - שם שהה כשנתיים בלבד - נהג הרבי מקוצק בחדות יתרה, שהלכה והתרככה מאוחר יותר בקוצק (עד שהגיעה לידי משבר). השל ממשיך ומתאר את אופיים של חסידי הרבי בראשית דרכו, וטוען שאז דבקו בו בעיקר צעירים, או צעירים ברוחם, שביקשו התחדשות רדיקלית.[ס]

נח. להלן עמ' 82.

נט. ראו אוריאל גלמן, "החתונה הגדולה באוסטילה: גלגוליו של מיתוס חסידי", **תרביץ** פ (תמוז-אלול תשע"ב), עמ' 567-594.

ס. השוו לדברי אלי ויזל, "הרהורים על הקהילה החסידית", בתוך: אביעד הכהן, חנה עמית וחיים באר (עורכים), **מנחה למנחם: קובץ מאמרים לכבוד הרב מנחם כהן**, רעננה 2007, עמ' 258: "טומשוב וקוצק היו בירות הנוער של חסידות המאה התשע עשרה. ואולם ראוי להזכיר כי הבערה שניצתה בטומשוב

בפרק ניתן לראות התמודדות נוספת ואופיינית של השל עם סתירות בין מסורות חסידיות. לעתים, השל מעדיף להביא מסורות סותרות מאשר להכריע ביניהן, גם כאשר הוא תוהה בקול על מהימנותה ההיסטורית של אחת מהן. כך, למשל, השל נותן הסבר טכני לשאלה מדוע הרבי התיישב דווקא בקוצק לאחר שנאלץ לעזוב את טומשוב, ואז מוסיף "לפי סיפור חסידי, המעבר אירע באופן שונה לגמרי...",[סא] ומצטט סיפור שספק רב אם התרחש אך מביע אמירה חריפה ומשמעותית.[סב]

פרק ה מביא מגוון עדויות על קוצק, מפי מבקריה ומפי חסידיה. הפרק פותח בתיאור הביקורת החריפה שהופנתה כלפי הרבי מקוצק וחסידיו, ובתגובתו של הרבי מקוצק לביקורת הזו. בהקשר זה, מובאת (בפרק המשנה "רגש ההערכה כלפי ר' מנדל") תורה בשמו של ר' אריה לייבוש מאופולה (המכונה כיום מאוז'רוב), הכוללת ביקורת מורכבת על הרבי מקוצק. התורה משלבת הערכה ודחייה, כתובה בשפה קבלית־חסידית מובהקת, ומלווה במקור נוסף, שניסה לפרשה באופן שירכך את חריפותה. לתורה זו חשיבות יתרה הן בשל תוכנה המרתק, והן בשל היותה עדות מוקדמת לביקורת פנים־חסידית על הרדיקליות של הרבי מקוצק. היא אמנם הודפסה לראשונה רק בשנת 1910, אך היא מיוחסת למועד מוקדם ביותר, וליתר דיוק, לעשור הראשון מאז שני האישים החלו להנהיג חצר ב־1827, שכן הרבי מאופולה נפטר בשנת 1838. כמובן, היסטוריון הכבול לקטגוריות נוקשות יפקפק במהימנותה של תורה שעברה בעל פה כשמונים שנה, אך השל נענה לאותנטיות החסידית של תוכנה וסגנונה, ומקבלה כמסורת מהימנה.

והייתה שם לאור גדול הפכה בקוצק לאפלה ולחרדה – קוצק הייתה שונה, וקוצק נותרה שונה בחסידות".

סא. להלן עמ' 110.

סב. כך גם השל כותב בפרקנו כבדרך אגב "עלייתו של ר' מנדל לקברו של 'היהודי', **אם אמנם התרחשה...**" (הדגש שלי, להלן, עמ' 112).

הפרק ממשיך ומתאר את מושאה העיקרי של הביקורת: חבורת החסידים הקוצקאית. הציטוט הבולט בחלק זה של הפרק מובא מהספר "כתר כהונה" שחיבר המשכיל צדרבוים - אחד המקורות הקדומים לתיאור קוצק, שמהימנותו נתונה במחלוקת בין החוקרים. בהמשך הספר, השל יבהיר שיחסו לספר מורכב,[סג] אך כאן הוא מבטא זאת באמצעות דילוג של שלוש נקודות על קטעים שלדעתו אינם מהימנים (והבאנו בהערות על־אתר).[סד]

בהמשך לתיאורי החבורה הקוצקאית, השל מקדיש כמה פרקי משנה למאפייניה הבולטים. חלק מן המאפיינים נאמרו כבר בהקשר של תורת הרבי מקוצק בחלק א של ספרנו, אך בתוכם משובצים סיפורים חדים על חסידיו. הנה אחד מן החריפים שבהם על מידת השמחה של קוצק:

> ר' משה מיכל מביאלה, חסיד שפרנס את הרבי מקוצק שנים רבות, עמד למות. החסידים הקיפו את מיטתו. אך הוא עצמו היה שרוי בשמחה והורה להביא יי"ש.
> אחד מהחסידים שראה שהוא שמח כל כך, אמר: "אולי כדאי לברך 'שהחיינו'? הלא מתים רק פעם אחת".

סג. ראו להלן, עמ' 206: "תיאורו את חצר הרבי מקוצק הוא תערובת של אבחנות נכונות ובדיות מגמתיות".

סד. ראו ציפי קויפמן, "קהלת ושיר השירים", עמ' 337, הע' 13: "רוזן ראה ב'כתר כהונה' מקור מהימן בנוגע לר' שמחה בונים, ואילו גלמן הדגיש מאוד את הטייתו השיפוטית של צדרבוים, שצייר 'כחומר ביד היוצר' את ר' שמחה בונים בדמות משכיל שנאבק בהזיה החסידית, דמות שעמה הזדהה צדרבוים... לעומת שתי גישות קוטביות אלו אפשר לבחון את דבריו של צדרבוים לאור מקורות מהימנים נוספים, לבור את הבר מן התבן מבלי להכריע 'כולו זכאי' או 'כולו חייב'".

> השיב לו ר' משה מיכל: "שוטה שכמוך, על פרי האדמה לא מברכים 'שהחיינו', כי זה לא דבר חשוב" (וההולך למות אינו אלא "עפר מן האדמה").[סה]

שוב מדובר בסיפור מאוחר שהודפס רק לאחר השואה, אך איך אפשר לוותר עליו? הוא טבוע בחותמה של הקוצקאיות, ושוב מספר על אדם ברגעיו האחרונים. האם ריבוי הסיפורים הללו בספרנו מעיד על הקוצקאים שהרבו לעסוק בעמידה נוכח המוות, או שאולי על השל עצמו, המודע לכך שגם עבורו לא נותר זמן רב לחיות (והנה כאן מנסה בעצמו לצחוק ברגעיו האחרונים)?

בשלב זה בפרק השל בוחר להקדיש דיון קצר למסורת החסידית על אודות שריפת הכתבים בקוצק, לפיה אין בידינו כתבים של הרבי מקוצק כיוון שהוא שרף אותם. הדיון מתחיל בסיפור על ר' יצחק מאיר ששרף ספר עב כרס שכתב מפני שכך הורה לו הרבי מקוצק, ומשתלב אפוא בתוך הקשר הדיון באופיים של חסידי קוצק. האם בחירה זו של השל משקפת את דעתו שהמסורת על שריפת הכתבים של ר' יצחק מאיר אמינה יותר מזו שעל הרבי מקוצק?

הפרק מסתיים בתיאור הרושם שעשה הרבי מקוצק על צדיקים ועל החסידים, ובסוג המופתים שחסידים האמינו שהוא מסוגל לחולל (לאור האמרה המיוחסת לו "מי שמאמין במופתים הוא טיפש, ומי שאינו מאמין שצדיקים מסוגלים לחולל מופתים - אפיקורוס").[סו] במסגרת הדיון מצוטטת עדות אישית ונדירה של חסיד על המפגש שלו עם הרבי מקוצק, שפורסמה על ידו בשנחאי בשנת תש"ו, בעלון שהוציאו בחורי ישיבות שנמלטו לשם במהלך השואה.

פרק ו שב ומתמקד בקצרה באישיותו של הרבי מקוצק, וכולל נושאים ותורות שכבר הובאו בחלק הראשון של **קאצק**. האימה שהוא הטיל בחסידיו, הקפדנות שבה נהג כלפיהם, הדרך שבה תפס את עצמו

סה. להלן עמ' 139.

סו. להלן עמ' 152.

ואת אחרותו, הגבורה הרוחנית והחירות הפנימית שלו - שבות מוצגות בפני הקורא, עתה בהקשר סיפורי. ייתכן שהשל מבקש גם להדגיש כאן תכונות מסוימות של הרבי מקוצק, לקראת הסבריו להסתגרותו, שבה יעסוק בפרק הבא.

במהלך הפרק, השל גם אוסף יחדיו מספר עדויות לגבי המראה הפיזי של הרבי מקוצק, למשל, על כך ש"הוא היה בנוי חזק, רחב כתפיים, היו לו גבות ארוכות", עדות שעליה השל מעיר: "שמעתי בילדותי מחסיד שהיה נוהג לנסוע לקוצק".[סז]

פרק ז עוסק בשאלה למה הרבי מקוצק הסתגר בחדרו במשך עשרים שנות חייו האחרונות. בפתח הפרק השל טוען לסיבה כפולה:

> במשך שנים רבות מטרתו הייתה **לרומם את האנשים**. עד שראה: זה לא הולך. "אין לי כוח אליכם!", הוא נהג לומר, והוא הגיע לשתי מסקנות: א. "הרחק מן הכיעור ומן הדומה לו" [חולין, מד ע"ב], יש להתנתק מהעולם; ב. יש **להגביה את השמיים!**

הפרק עצמו מוקדש לפירוט המסקנה הראשונה, ורואה בה את סיבת ההסתגרות, בעוד שהמסקנה השנייה תידון באריכות רק בפרק ט. חלקו הראשון של הפרק מתאר כיצד לרבי מקוצק נמאס מהמוני החסידים הפשוטים והשוטים הצובאים על דלתותיו, כאשר בלב התיאור מופיע המשל המפורסם על "התיש הקדוש".

גרסת המשל של השל קרובה לגרסה המובאת על ידי בובר בספרו **אור הגנוז** (בשם א"מ הברמן).[סח] מעניין לציין שכמקור לגרסתו השל מציין בהערה: "סופר על ידי ר' אברהם מרדכי אלתר, הרבי מגור" - ה"אמרי אמת", שהשל למד בישיבה שלו בנעוריו. הבדל התוכן המשמעותי בין שתי הגרסאות הוא המשפט "הציבור לכד אותו וקשר אותו בחבל", שאינו מופיע אצל בובר ומשתלב היטב בפרשנות

סז. להלן עמ' 304, הע' 48.

סח. בובר, **אור הגנוז**, עמ' 443-444.

המשל של השל. קרבת הגרסאות מדגישה את ההבדל החד בסגנונן: של בובר בעברית מתפייטת, של השל ביידיש עסיסית.[סט]

בהמשך הפרק, השל מוסיף וטוען שהמסקנה הזו הביאה את הרבי מקוצק לדיכאון עמוק, שהעמיק את סיבת ההסתגרות (הן מעצם הדיכאון והן לעתים כאשר קרוביו של הרבי חשו שהדיכאון כה עמוק עד שעליהם למנוע ממנו לצאת). במסגרת דיון זה השל מצטט אמירות של הרבי מקוצק בנוגע לעצבות והוא מעלה את האפשרות שאלו מהן המתנגדות לעצבות משקפות רגשי אשם על נטייתו הדיכאונית.

הפרק נחתם בפרשנות של השל לכך שההסתגרות נועדה גם לעורר את החסידים כ"סטירה בפנים", או כצעקת גועל. בדומה לאמירה המיוחסת לרבי מקוצק כי "הצעקה החזקה ביותר בעולם היא השתיקה", השל בעצם טוען כי הנוכחות החזקה ביותר היא ההסתגרות.

פרק ח עוסק בפרשת עזיבתו של ר' מרדכי יוסף, חברו וחסידו הקרוב של הרבי מקוצק, את רבו. בפרק זה השל נוטה דווקא לשיח ההיסטורי־מחקרי, ומנסה לברר טענות ועובדות הנוגעות לפרשה. השל טוען כי האירוע המכונן של הפרשה אירע בשמחת תורה של שנת

סט. ראו רבקה דביר־גולדברג, **הצדיק החסידי וארמון הלויתן: עיון בסיפורי מעשיות מפי צדיקים**, תל אביב 2003, שבמסגרת פרשנותה לסיפור מעירה: "סיפור זה הוא הסיפור היחיד שהובא בלא שמצאתי לו מקור חסידי אותנטי בכתובים". ומה על מקור חסידי אותנטי בעל פה?

שתי הגרסאות משובצות בתוך מסורת החסידית, לפיה הרבי מקוצק סיפר את המשל לר' יצחק מוורקי, ואמר לו במפורש "וכי אינך יודע שאני תיש?". והשוו אוריין, **סנה בוער בקוצק**, עמ' 165–166, המביא את המשל בהבדלי גרסאות משמעותיים ובפרשנות אחרת, ואף מפרש: "שכאילו יצא מפיו כלפי ר' יצחק". לעומתו, ראו הרב שג"ר, **לוחות ושברי לוחות: הגות יהודית נוכח הפוסטמודרניזם**, תל אביב 2013, עמ' 256: "את משל התיש סיפר הקוצקר על עצמו; כמדומני שהוא מבטא נאמנה את המתח בין הרדידות וההתנהגות העדרית של הציבור לבין איש הרוח (כמו הרבי עצמו), שנאלץ לגדוע את קרניו המגיעות עד הכוכבים כדי לספק את צרכיו של הציבור".

1839. כאשר החסידים הרבים שהגיעו לקוצק התאכזבו מהסתגרות הרבי, ערך ר׳ מרדכי יוסף ״הקפות״ ו״טיש״ בעצמו, ומיד לאחר החג עזב לאיזביצה עם חסידים רבים.

השל מונה מספר סיבות לעזיבה, המצטרפות זו לזו. הוא טוען שהסתגרותו של הרבי מקוצק החלה לפני העזיבה, בתהליך מתמשך של כמה שנים שהגיע לשיאו בחורף שלפניה (בליל שבת של פרשת ״תולדות״ או ״פרשת ״וישלח״). להסתגרות הצטרפה סיבה נוספת, והיא עצם רצונו של ר׳ מרדכי יוסף להנהגה, שהלך והבשיל לאורך השנים, ובמיוחד מאז מינה אותו הרבי מקוצק למורם של תלמידים נבחרים. ולכך הצטרפה סיבה נוספת: ר׳ מרדכי יוסף חלק על שיטתו הרוחנית של רבו וביקש לקדם גישה רוחנית אחרת (וכמובן, גם עצם פיתוחה של השיטה החל שנים רבות לפני העזיבה).

בירור היסטורי זה חשוב להשל, שכן הוא מבקש להציב תיאור חלופי לטענה שהוא מתנגד לה, לפיה עזיבתו של ר׳ מרדכי יוסף היא תוצאה של סיפור ״כיבוי נרות השבת״ (הטענה מחזקת את מהימנותו). לפי סיפור זה, שנוסח כטענה היסטורית ב־1920, הרבי מקוצק הושפע מ״משכילים״ או ממיסיונרים, ובעקבות כך הביע דעות כפירה ואף כיבה את נרות השבת כדי לזעזע את חסידיו.

השל אינו מסתפק בהצבת תיאור חלופי, ובהמשך הפרק מקדיש דיון היסטורי ביקורתי לשלילת מהימנותו של הסיפור. ביקורתו של השל מבוססת בעיקר על העדרו של הסיפור מכתבי משכילים ורבנים בני זמנו של הרבי מקוצק, שתקפו את הרבי מקוצק בחריפות אך לא השתמשו בסיפור הזה. השל מוסיף על כך את העובדה שחבריו וגדולי תלמידיו של הרבי מקוצק, שהיו אנשי אמת ויראי שמיים, המשיכו לדבוק בו, ושאפילו באיזביצה המשיכו לדבר עליו בהערכה. מתוך כך, השל כולל בפרק גם עדויות על מערכות היחסים שבין הרבי מקוצק לר׳ יצחק מוורקי ולר׳ יצחק מאיר, וחותם בסיפור פטירתו של הרבי ובהעברת מנהיגותו לר׳ יצחק מאיר.

במסגרת הבירור הזה, השל מביא מספר מסורות חסידיות לאירוע הדרמטי שהביא לשיאו את תהליך ההסתגרות. אחת מן המסורות

מסבירה גם כיצד נוצר בטעות סיפור "כיבוי הנרות" באמצעות הגזמה מכוונת של אירוע ממשי. לפי מסורת זו, בליל שבת פרשת "תולדות" בשנת 1839, הרבי מקוצק הטיח דברים כנגד אלוהים במחאה על סבלו של עם ישראל בגלות, התעלף מעוצמת המחאה, ומשום "פיקוח נפש" הדליקו נר כדי לטפל בו.

במהלך הפרק, השל מעלה גם טענה עקרונית, לפיה המרד של ר' מרדכי יוסף אינו חריג בתולדות החסידות, ואף אופייני לה בהיותה תנועה דינמית ומהפכנית. "ההיסטוריה חוזרת", טוען השל, שכן כבר "החוזה" מרד ברבו, ר' אלימלך מליז'נסק, וכמובן אחר כך תלמידו "היהודי" מרד כנגדו.[ע] טענה עקרונית זו מלמדת הן על זיקתו ופרשנותו של השל לחסידות והן על עצמו: השל לא ראה את החסידות כתנועה שמרנית אלא כתנועה מהפכנית, וביקש ללכת בדרכה ולהיות בהתחדשות רוחנית מתמדת.

פרק ט מוקדש למסקנתו השנייה של הרבי מקוצק, כפי שהשל ניסחה כבר בפתח פרק ז: יש להגביה את השמיים! השל מצטרף בפרק לרבי מקוצק הנעול בחדרו, ומשער ש"בבדידותו הוא התייסר במאבק עם החידה העמוקה: מדוע אלוהים מאפשר ייסורים רבים בעולם הזה?". כפי שהסברתי לעיל, עבור השל, החידה העמוקה הזו הופיעה בדמותה הנוראה של השואה, ואכן בפרק הזה השל מנסח באופן הישיר ביותר את התמודדותו הרוחנית עם משמעותה. לפרק זה קיים פרק מקביל **בלהט לאמת**, ושם השל מבהיר (וצירפתי זאת לכאן כהערת פתיחה), שהפרק אינו נושא אופי היסטורי אלא מהווה "מסה על בעיית אמונה מרכזית הפוסעת בעקבות אמירותיו". פרק זה קורא ללימוד מחשבתי, וכדוגמה לכך הקדשתי את רוב דבריי כאן לסיפור "הקוזק והניגון".

ע. והשוו גלמן, **שבילים**, עמ' 203, המטיל ספק בכל סיפור המרד של "היהודי" ב"חוזה", וטוען שנוצר כדי להוות תקדים, המעניק לגיטימציה למרד של ר' מרדכי יוסף ברבי מקוצק.

פרק י מוקדש לשיטתו הרדיקלית של ר' מרדכי יוסף מאיזביצה ולספרו "מי השלוח". ואולם, כפי שהשל מבהיר בפתח הפרק, הוא אינו מבקש לעסוק בשיטה זו כשלעצמה, אלא להציג אותה מתוך הנגדה לשיטת קוצק. פרק זה משלים אפוא מסגרת ספרותית ליצירה הכוללת, שנפתחה בהנגדת תורת קוצק לתורת הבעש"ט.[עא] הצגה דו־קוטבית זו מביאה את השל לקריאה ייחודית של "מי השלוח", המאירה תורות רבות בספר כתגובות לתורות של הרבי מקוצק.

כך מתפרשים יסודות הגותו של ר' מרדכי יוסף - אהבת ישראל, ההתנגדות לכעס ולקיצוניות, והיחס החיובי למיניות - כריאקציות ליסודות הגותו של הרבי מקוצק. בדומה לכך, השל שב ומתנגד לפרשנות לפיה הרדיקליות של האיזביצר משקפת אנטינומיות או נאו־שבתאיות, וטוען שיחסו החיובי לעוברי עבירה נובע מלימוד זכות כריאקציה לשיפוטיות הקוצקאית. כך גם הדטרמיניזם של "מי השלוח" מתפרש על ידי השל מתוך הנגדה לדגש החריף של הקוצקאיות על גבורת הרצון האנושי.

נראה שבדוגמאות רבות כאן השל מגלה טפח ומכסה טפחיים, כשהוא מותיר את הרדיקליות של מקורותיו להערות השוליים ואת מלוא משמעות דבריו כרמז. כך, לדוגמה, הפרשנות הרדיקלית של "מי השלוח" לסיפור זמרי בן סלוא ופנחס נותרת בהערות השוליים; ופרשנותו של השל לפרשנות זו, לפיה "מי השלוח" עוסק כאן במתח בין הרבי מקוצק לבינו ("פנחס" ו"זמרי" כשמות קוד לשניהם!), אינה נאמרת במפורש ונותרת כרמז בלבד.

השל מתייחס גם לנושא שבו הייתה הסכמה חסידית בין שני האישים - המתח שבין אלוהים להלכה (נושא שגם השל הקדיש לו כמה פרקים בחלקה השלישי של **תורה מן השמים**). ואולם, השל מדגיש שגם הסכמה זו עולה מתוך פרשנות הפוכה. הרבי מקוצק

עא. בכת"י שלפנינו (המשקף כאן שלב ביניים בתהליך הכתיבה) סדרם של שני הפרקים האחרונים הפוך, ופרק ט חותם את הספר כעין נספח הגותי לאחר המסגרת הספרותית.

הדגיש כמה האדם מרוחק מאלוהים עד כי אפילו קיום מצוות עלול להפוך לעבודה זרה,[עב] ואילו ר׳ מרדכי יוסף הדגיש כמה אלוהים קרוב לאדם עד כי אפילו עבירה עשויה להפוך למצווה.

בסוף הפרק, השל חותם את היצירה כולה בסיכום קצר למורשתו הרוחנית של הרבי מקוצק, ומסיים את דבריו במילים: ״דבריו מטלטלים עד היום הזה, והכאב שלו מעיק עלינו ומציק לנו״. מילים אלו מהדהדות את שורות הפתיחה של היצירה,[עג] אך גם את משפט הפתיחה של ספרו **הנביאים**: ״ספר זה נכתב על אודות כמה מן האנשים המעיקים ביותר שחיו אי פעם״, שאני ניגש למלאכת תרגומו בימים אלו.

תודות

לא אחזור עתה על הסבריי (שבסוף פתח הדבר של החלק הראשון) לסוג העברית שבחרנו עבור תרגומנו (בהתאם לאופייה העסיסי של היידיש, ושל היידיש הקוצקאית בפרט); אף לא על פירוט כתבי היד, מקורם ומצבם.[עד] שם גם תוכלו למצוא את תודותיי העמוקות לכל מי שסייעו לי במציאת כתבי היד, לכל מארחיי בארצות הברית, ולכל מי שיזמו את פרויקט התרגום.

אסתפק אפוא עתה בתודות למי שאפשרו את הוצאת החלק השני שלפניכם. תודתי הראשונה נתונה לגברת יעל קראוס, שאלמלא היא הספר שלפניכם לא היה רואה אור. כאשר יעל שמעה על העיכוב הכלכלי שהביא לפרסום החלק הראשון בלבד, היא פתחה את ליבה ותרמה בנדיבותה את מלאכת התרגום של החלק השני. יעל, בשמי

עב. ראו בפרק האחרון של **קוצק: במאבק למען חיי אמת**, ושוב אפוא מתקיימת הקבלה בנושא החותם את שני חלקי הספר.

עג. ראו **קוצק: במאבק למען חיי אמת**, עמ׳ 3.

עד. ראו **קוצק: במאבק למען חיי אמת**, עמ׳ xl ואילך.

ובשם הקוראים, "אילו פינו מלא שירה... אין אנחנו מספיקים להודות לפנייך".

כן אודה בכל לב לתומכים הנוספים בהוצאת הספר: הקרן הלאומית למדע, בית שלום עליכם, האיגוד העולמי למדעי היהדות, ורשות המחקר של מכללת הרצוג.

זכיתי בשנים האחרונות להוציא כמה מספרי השל בהוצאת מגיד, ואני מלא הודיה להוצאה ולאנשיה על כך. יהושע, ראובן ואוריה, אמונכם לא יסולא בפז, והמקצועיות שלכם ניכרת בכל עמוד. תודה רבה גם לשאר העוסקים במלאכה: לאפרת גרוס על ההפקה המקצועית והנעימה, לתמי מגר על העימוד המוקפד, לשרה המר על ההגהה המדויקת, ולאליהו משגב ושמואל לעסרי על עיצוב הכריכה המאירה.

אשוב ואודה לידידי ורעי פרופ' דניאל רייזר, ראש החוג למחשבת ישראל וראש המכון לחקר החסידות של מכללת הרצוג, על החידוש הלא מובן מאליו של החברותא והחברות שלנו בתרגום הספר. דני, פשוט תודה מקרב לב.

תודתי נתונה לכל מעסיקיי־חבריי על תמיכתם המתמדת, ובייחוד לבית המדרש "חברותא", שעל יד האוניברסיטה העברית, בראשות חברי בן־ציון עובדיה, שאפשר לי ללמוד את טיוטות תרגום הספר עם חבורת הלומדים. תודה, חבר'ה!

שושנה השל, כולי הודיה והוקרה עמוקה, על אמונך, תמיכתך ועצתך הטובה - ועל אורו של אביך הנוכח ממבטך.

משפחתי וחבריי, כל זה לא היה קורה בלעדי האמון העמוק שלכם. איריסי, ילדינו האהובים, והורינו היקרים - הנני שלכם, ומלאכתי שלכם היא. אבא ואמא, את מלאכת התרגום של חלק זה אני מקדיש לכם.

דרור בונדי

קיץ תשפ"ב

פרק א

שנות ילדותו של ר' מנדל

ר' מנדל נולד בעיירה בִּילגורַיי, שליד לובלין, בשנת תקמ"ז (1787).

כילד קטן הוא היה בורח מהבית לא פעם למשך כמה ימים. כשהוריו היו יוצאים לחפש אותו, הם היו מוצאים אותו לעתים מסתובב ביערות או בשדות, כשהוא משחק עם הרועים בעודם רועים את צאנם, או יושב תחת עץ ושר ניגונים יהודיים לילדי האיכרים. ועדיין, הוא עלה ב"לימוד" על כל חבריו.[1]

מספרים שכבר בתור נער בער בו רגש אהבת ה'. לעתים קרובות היה ממלמל: "לִבִּי וּבְשָׂרִי יְרַנְּנוּ אֶל אֵל חָי" (תהלים פד, ג). תכופות היה מרקד בשדות, ומרוב ההתלהבות לא שם לב שהוא יורד לתוך אדמת בִּיצה. אם היה חסר לו משהו, נהג לומר: "אני אבקש מאלוהים שלי, והוא יעשה זאת בשבילי". וכך היה.[2] הוא חי בבדידות, ובתוך תוכו נבדל אפילו מהקרובים אליו ביותר.

לפי סיפורי מעשיות, כבר כילד קטן, נתגלו בו לא רק מעלות רוחניות נעלות, אלא גם מסימניה של ההשקפה שהוא עתיד לפתח בשנים מאוחרות יותר:

כשר׳ מנדל חזר הביתה מנסיעתו הראשונה לרבי מלובלין, שאל אותו אחיו הבכור, שהיה ״מתנגד״ חריף: ״מנדל נפלת על השכל? מה לך ולחסידים?״.

״אתה זוכר את העץ שפעם עמד אצלנו בחצר?״ - הזכיר לו ר׳ מנדל - ״ילדים נהגו לטפס עליו ולקטוף תפוחים. אפילו בשבת הם לא יכלו להתגבר על החשק שלהם לקטוף תפוחים. פעם אחת גם אני טיפסתי למעלה וכבר החזקתי תפוח בידי. אך אז נזכרתי: שבת היום, ואני לא קוטף. עלה אז בדעתי הרעיון שאם אקטוף בעזרת הפה שלי, אולי זו לא תהיה ׳כזו׳ עבירה... שיניי ננעצו בתפוח, והתחלתי לחשוב: שמא גם זה אסור? ירדתי מהעץ והשארתי את התפוח תלוי עליו. מאז איני עושה שום דבר לפני שאני חושב היטב על מה שאני רוצה לעשות״.

אחיו של ר׳ מנדל היה נוהג לספר שפעם רוכלת אחת מן השוק באה בריצה אל אביו של מנדל (האב, ר׳ אריה לייבוש היילפרן, היה אדם חשוב בעיר, נכדו של ר׳ דוד היילפרן, רבן של זסלב ואוסטרו שבווֹהלין ומקורב לבעל שם טוב), ובפיה תלונה: מנדל הפך את סל התפוחים שלה, שבו הציגה את הסחורה שלה בשוק. לאחר שאביו נזף בו, אמר לו מנדל הקטן: ״כשעברתי לידה, ראיתי כיצד היא מסדרת את התפוחים היפים למעלה ומכסה את התפוחים הרקובים. לא יכולתי לסבול זאת. הפכתי את הסל - שכולם יראו זאת, וכך היא תפסיק לרמות״.[3]

מטבעו של מנדל, הוא לא סבל שקר. כשראה שמישהו אמר דבר שקר, היה מוכיח אותו בפניו. לכן כולם שנאו אותו.[4] בימי נערותו הכול סברו שהוא מוזר בשל דרכיו המשונות. אחרי חתונתו כינו אותו ״הצעירון הפרוע״. כך גם כינו אותו ״מנדל השחור״.[5]

נוסף על כך, ר׳ מנדל עצמו היה תקיף כלפי אחרים. עוד בהיותו ילד קטן היה לו ויכוח עם המלמד שלו. הוא אמר למלמד: ״אתי אתה מתווכח? אני זוכר כיצד עמדתי על הר סיני כאשר ה׳ יתברך אמר ׳אָנֹכִי ה׳ אֱלֹהֶיךָ׳״...[6]

הוא היה עילוי, והלך לזמושץ' ללמוד שם אצל הרב, הגאון ר' יוסף הויכגלרנטר, מחבר הספר "משנת חכמים" (למברג, תקנ"ב). העיר הייתה בחלק של פולין שהשתייך אז לאוסטריה (1808-1755), לפני החלוקה השלישית של פולין. באותה עת נחקק שם חוק שכדי לקבל היתר להתחתן חייב כל צעיר ללמוד את השפה הגרמנית ואף מקצוע, כדי שיוכל לפרנס את אשתו. לכן ר' מנדל למד גרמנית, רוקחות[7] וגם חייטות.[8]

הוא התחתן רק כשמלאו לו עשרים שנה - מאוחר בהרבה ממה שהיה נהוג אז. אשתו, גליקל, הייתה בתו של בעל בית עשיר מטומשוב, וכך היה סמוך על שולחנו ועסק בלימוד תורה. היה לו גם שותף למסחר בעורות, אבל לא הייתה לו הצלחה בכך.

הסביבה הייתה "מתנגדית". למרות שאביו של ר' מנדל היה נין לחסיד של הבעל שם טוב, הוא עצמו היה "מתנגד". ואולם דרכה של החסידות - שנוסדה בפודוליה ובווהלין - חיבקה בחזקה את פולין. החוזה מלובלין (נפטר בשנת תקע"ה, 1815), המגיד מקוז'ניץ (נפטר בשנת תקע"ה, 1814) ומאוחר יותר ה"אוהב ישראל" מאפטא (נפטר בתקפ"ה, 1825) - נהיו למנהיגים הרוחניים של נשמות היהודים.

ר' מנדל הפך לחסיד הודות ליהודי זקן שהיה מספר מעשיות על צדיקים קדושים. "הוא סיפר ואני שמעתי".[9] כשאביו הוכיח אותו על שעזב את דרכי אבותיו, השיב לו ר' מנדל: "תחילה נאמר, 'זֶה אֵלִי וְאַנְוֵהוּ' (שמות טו, ב) - אלוהים שמצאת בעצמך - ורק לאחר מכן: 'אֱלֹהֵי אָבִי וַאֲרֹמְמֶנְהוּ' (שם)".[10]

לפי גרסה אחרת, לאחר החתונה ר' מנדל נטל את תכשיטיה של אשתו, והלך עם צעיר אחר אל הרבי, מבלי להיפרד מאשתו ומחותנו. בדרך הם עצרו בעיירה שברשין, נכנסו לאכסניה, התפללו מנחה ומעריב, ואכלו ארוחת ערב. בדיוק באותו זמן נמצאו באכסניה אנשים פשוטים ביותר שאהבו להתקוטט עם חסידים. הם התחילו להקניט את שני הצעירים ונהייתה מהומה. הגיעו שוטרים עירוניים ודרשו לראות את הדרכונים שלהם. כיוון שלא היו בידיהם דרכונים, הם נשלחו למעצר. בינתיים קיבל יהודי מחשובי שברשין מכתב מחותנו

של ר׳ מנדל, ובו בקשה לשלוח את ר׳ מנדל בחזרה לטומשוב, אם יגיע אליהם. כיוון שכך, הם הפעילו שתדלנות אצל מושל העיר, ושני הצעירים שוחררו ונסעו בחזרה לטומשוב.[11] בסופו של דבר, נסע ר׳ מנדל ללובלין ונהיה לחסיד של החוזה מלובלין.

החוזה מלובלין

ר׳ יעקב יצחק מלובלין הוא המפיץ החשוב ביותר של החסידות בפולין. עוד לפניו היו חסידים בפולין, אבל הצדיקים שלהם לא גרו בפולין אלא באוקראינה, בפודוליה ובגליציה. תולדות החסידות בפולין מתחילות בר׳ יעקב יצחק מלובלין ובר׳ ישראל, המגיד מקוז׳ניץ.

ר׳ יעקב יצחק, שהיה תלמיד של המגיד ממזריץ׳ ומאוחר יותר של ר׳ אלימלך מליז׳נסק, התחיל לשבת על כיסא הרבי עוד בחיי רבו, ר׳ אלימלך, ועד מהרה התפרסם שמו בכל רחבי פולין.

לאחר פטירת ר׳ אלימלך מליז׳נסק, תלמידיו רצו שאחיו, ר׳ זושא מאניפולי, יקבל עליו את ההנהגה. אמר ר׳ זושא: ״וְנָהָר יֹצֵא מֵעֵדֶן לְהַשְׁקוֹת אֶת הַגָּן וּמִשָּׁם יִפָּרֵד וְהָיָה לְאַרְבָּעָה רָאשִׁים״ (בראשית ב, י). ״עדן״ הוא הבעל שם טוב, ״נהר״ - המגיד ממזריץ׳, ״גן״ - זהו אחי, ר׳ אלימלך. ״ומשם ייפרד והיה לארבעה ראשים״ - אלה הם: ר׳ יעקב יצחק מלובלין, ר׳ ישראל המגיד מקוז׳ניץ, ר׳ מנדל מרימנוב, ור׳ אברהם יהושע השל, הרב מאפטא.

לפי סיפור אחר, לפני הסתלקותו של ר׳ אלימלך הוא מסר את עיניו לר׳ יעקב יצחק מלובלין; את ליבו - למגיד מקוז׳ניץ; את מוחו - לר׳ מנדל מרימנוב; ואת פיו - לר׳ אברהם יהושע השל מאפטא.[12] בהשתלשלות הדרמה פשיסחה־קוצק, נועד לשניים מהצדיקים הללו חלק חשוב: החוזה מלובלין הוא רבם של ״היהודי״ ושל ר׳ שמחה בונים; הרב מאפטא הוא שגילה את ״היהודי הקדוש״, ומאוחר יותר, כשעמדו להטיל חרם על ר׳ שמחה בונים ועל תלמידיו, הוא מנע זאת בכוח השפעתו.

החוזה מלובלין היה המלך של החסידים בפולין באותה תקופה. כינו אותו "החוזה" מפני שבעיניו המאירות הוא היה מסוגל לראות את שנסתר מעיני שאר בני האדם. מחבר אחד אפילו העניק לו את התואר "נביא האמת".[13] היה בו אור שמשך אליו נשמות גבוהות מכל קצווי פולין. היו לו כוחות מיסטיים פלאיים, שפע של רוח הקודש, והוא היה מסוגל לזהות, כך אומרים חסידים, אם מקור נשמה מסוימת מקין או מהבל.

"עיניים כמו של הלובלינאי לא היו כביכול גם לר' אלימלך", אמר ר' הירש מזידיצ'וב.[14] ממעשיו של החוזה מלובלין, כמו מתוך ספריו, קורנת אהבה עמוקה לבני אדם. דאגותיו של כל מי שבא אליו נגעו לליבו כמו היו דאגותיו שלו.

"כשהצדיק רואה ש'הולך טוב' למישהו", כתב "החוזה", "זה לא חידוש בשבילו. אבל כשהוא רואה שלמישהו חסר דבר־מה - זה מטריד אותו. הייתכן שלבניו של אל חי יחסר משהו?! אוי לו לאב, שגירש את בניו שלו משולחנו... זה כואב לצדיק בדיוק כפי שכואב לו כשהוא רואה שילדיו שלו סובלים".

ישנם צדיקים שדעתם נתונה כל חייהם למטרה אחת בלבד: איך לפאר את כבוד ה' על ידי זיכוך נשמתם שלהם. אבל כיצד לעזור לציבור ולסייע לו בענייני העולם הזה - בעניין הפרנסה, למשל - זה לא נוגע להם. "החוזה", לעומתם, סבר שתפקידו של הצדיק אינו מתבטא בכך שהוא מרומם את עצמו למדרגות גבוהות באופן אישי. השאיפה לעדן ולזכך את עצמך היא אמנם מדרגה נאה, אבל ישנה מדרגה גבוהה יותר: לפעול בדרך שתועיל לטובת כל בני האדם, ובמיוחד ליהודים. שכן "בְּכָל צָרָתָם לוֹ צָר" (ישעיהו סג, ט) - כשאדם סובל, זה כואב, כביכול, **לה' עצמו**.[15]

"החוזה" בטבעו היה בעל אישיות חמה, נוח לבריות, טוב לב, ואדם פתוח, שאפילו סיפר לתלמידיו על חוויותיו המיסטיות. אופיינית לו האמרה שהיה נוהג לומר על עצמו: "אוי לו לדור שאני הוא מנהיגו!".

האהבה של ה׳ יתברך ליהודים כה גדולה, הוא סבר, שכאשר יהודי חוטא, חס ושלום, ה׳ יתברך אומר: ״מתי יפסיק השוטה הזה לחטוא, כדי שאוכל לאהוב אותו כמקודם״.

לפי ״החוזה״, הצדיק מצטיין באהבת ישראל כי מי שאוהב את האב, אוהב גם את בנו. הוא מגיע לידי אהבת ישראל מכוח אהבת ה׳ העצומה שלו.[16] הצדיק מרגיש ברחמנותו של ה׳ על כל אחד, ולכן אינו מסוגל לראות שום צער אצל אף אחד, ומבקש רחמים על כל אחד. יש לבקש רחמים אפילו על יהודי העובד עבודה זרה.[17] עבודה רוחנית כזו של הצדיק גורמת לביטול תורה. הוא מזניח אפילו את משימתו לתקן את עצמו, את נשמתו שלו.[18]

הצדיקים מקדישים אפוא את עצמם ליהודים, מגנים עליהם מפני הגויים ופועלים למענם בשתדלנות אצל שרי הממשלה. הצדיק מרומם את תפילות העם ומעשיו הטובים, מאחד אותם עם ה׳ יתברך, ומוריד מה׳ יתברך כל מיני שפע, כגון רפואות ופרנסה, וכן ״בָּנֵי, חַיֵּי וּמְזוֹנֵי״. יהודים זקוקים לפרנסה ברווח, מפני ש״אם אין קמח אין תורה״.[19]

לצדיק יש השפעה רבה גם מבחינה רוחנית, והיא נוסכת בחסיד רוח גבורה עצומה. כאשר החסיד קרוב לצדיק - שהוא מעין שבת ומנוחה - אין החסיד צריך לעשות שום מעשה או להיאבק נגד תאוותיו; אורו של הצדיק מגן עליו.[20]

אחד מתפקידיו של הצדיק הוא לחולל נפלאות, ובאמצעות הניסים הוא עוזר להשריש את האמונה בקרב האנשים.[21] חל עליו הכלל שבדיוק כפי שאלוהים ברא את הכול יש מאין, כך גם הצדיק עושה תמיד ניסים ונפלאות, כמענה לכל מי שמתפלל באמת.[22]

אפילו לסיפורי מעשיות על אודות ניסים יש חשיבות רבה. לאותיות ולמילים הנאמרות בהשמעת הסיפור יש כוח להחיות את שורש הסודות שממנו יוצאים כל הניסים, וכך מתחוללים ניסים דומים.[23]

״החוזה״ אחז באותו עיקר של הבעל שם טוב, שלפיו אפשר להתעלות באמצעות התפילה יותר מאשר באמצעות לימוד תורה. כך פירש ״החוזה״ את הביטוי ״אינה דומה שמיעה לראייה״: אין

להשוות בין מה שאנחנו לומדים מן התורה הקדושה לבין מה שנודע לנו בעצמנו באמצעות תפילותינו.[24]

הוא התנגד לסגפנות, והשקפתו על העולם הזה דומה לזו של הבעל שם טוב. כשרוצים להצית אש, מניחים מעט קש ומדליקים אותו כדי שהעץ יבער, והאש מתפשטת ומקיפה את העץ מסביב. תענוגי העולם הזה הם הקש, ולכן טוב לפעמים להידלק בתענוגי העולם הזה, והאש תאחז מיד בנשמה בלהט,[25] אל ה' יתברך. כך לימד המגיד ממזריץ', ובדעה זו החזיק גם החוזה מלובלין.

ר' מנדל אצל "החוזה"

כשר' מנדל הגיע ללובלין, "החוזה" קיבל אותו בחמימות רבה ואפילו בכבוד. ר' מנדל, אף שהיה עדיין צעיר מאוד, הוכנס מיד למניין יחידי הסגולה שעמם התפלל "החוזה". חותנו נתן לר' מנדל כסף להוצאות שהייה של שבוע אחד בלובלין, אבל הוא נשאר שם חצי שנה.

החוזה נהנה מאוד מה"קוויטל"[א] שר' מנדל הגיש לו. ר' שלמה לייב מלנצ'נה ראה זאת וביקש מר' מנדל שיכתוב גם בשבילו "קוויטל", אך ר' מנדל אמר: לא. יש אומרים שהנימוק לכך הוא שר' שלמה לייב ניסה להוציא ממנו במרמה מידה רוחנית, ור' מנדל הרגיש בכך "אז הוא לא הלך שולל".[26]

החוזה מלובלין אמר עליו: "הצעיר הזה, מנדל מטומשוב, קיבל על עצמו דרך ששרפים ואופנים רועדים ממנה".[27]

לפי הסיפור הבא, היה זה החוזה מלובלין שמשך אותו לחסידות:

בבילגוריי חי מלמד אחד, חסיד של "החוזה". פעם אחת, "החוזה" אמר לו שעיניו המאירות רואות מה שמתרחש במרחקים:

א. פתק שעליו רושמים החסידים את שמם ואת שם אמם, והרבי קורא בהם ומברכם.

"בבילגוריי ישנו ניצוץ מאיר, הבֵא אותו אלי". בשובו לביתו, רִחרח המלמד, גילה את ר' מנדל, והביא אותו ללובלין.
בהגיעם ללובלין הלך המלמד אל "החוזה", ואילו ר' מנדל יצא קודם לתור את העיר, ותוך כדי הליכתו ברחובות קנה לו אולר. מאוחר יותר, כשנכנס ר' מנדל אל "החוזה" וקיבל ברכת "שלום עליכם", קרא אליו "החוזה": "האם בשביל זה באת ללובלין - לקנות אולר?".
ר' מנדל לא התרשם וענה בחריפות: "וודאי שלא באתי ללובלין כדי לקנות רוח הקודש!".[28]

אף שמבחינה היסטורית הסיפור הזה מוטל בספק, הוא מתיישב היטב עם אופיו של ר' מנדל. צעדו הראשון בחסידות היה אי־התרשמות מרוח הקודש, מניסים ונפלאות. וצעדו השני היה דיבור בצורה "לעומתית", ללא משוא פנים, מבלי להיכנע לאיש. דרכו מראשיתה הייתה בנטייה מן הדרך, בהפניית עורף.

הדרך שבה התנהלה החסידות בלובלין לא נראתה בכלל לליבו של ר' מנדל. הרבי מלובלין היה מפורסם ב"מופתים" שלו; כינו אותו בתואר "החוזה" מפני שהוא ראה מה שמתרחש במרחק מאות מילין; הוא קרא "קוויטל" של יהודי, וראה ברוח הקודש את כל מה שאותו יהודי עשה במשך כל ימי חייו - אבל חסידות שכזאת, עם מופתים, אינה מה שר' מנדל חיפש. בהיותו אדם שמהותו מתבטאת במילים "לִבִּי וּבְשָׂרִי יְרַנְּנוּ אֶל אֵל חָי", הוא הסתכל בבוז על הבלי העולם הזה. בעיניו, מופתים אינם אלא מהתלות, תופעה לא רצינית, הם אינם התכלית.

ר' מנדל לא היה זקוק לרבי שיש לו רוח הקודש. הוא חיפש מוח, נועזות, אמת. הגמרא אומרת: "חכם עדיף מנביא" - "החכמה היא נבואה", אמר ר' מנדל שנים רבות לאחר מכן.[29]

פעם אחת נכנס ר' מנדל ל"חוזה" ומסר לידיו "קוויטל". "החוזה" קרא את הכתוב ואמר: "הדרך שלך מובילה למרה שחורה. עזוב את דרכך, היא אינה מוצאת חן בעיני".

ר׳ מנדל יצא בזעם וברוגז, וכפי הנראה הרהר לעצמו: בעיניו - היא לא מוצאת חן, אבל זאת היא הדרך שלי.[30]

לפי גרסה אחרת אמר לו ״החוזה״: ״החיטוט שלך הוא יותר מרה שחורה מאשר חסידות״. על כך ענה לו ר׳ מנדל: ״עבור מרה שחורה הרב אינו רביי!״. ואז ר׳ מנדל יצא מרוגז, ומן הסתם הרהר לעצמו: בעיניו - זה לא מוצא חן, אבל זאת היא הדרך שלי.

ר׳ מנדל נסע למגיד מקוז׳ניץ, אבל גם בקוז׳ניץ הוא לא מצא את שורשו. הדרכים של לובלין ושל קוז׳ניץ היו בשבילו פשרניות מדי, רכות מדי, מתונות מדי. וכך, הוא הסתפח לחבורה של תלמידי ״החוזה״ שקיוו למצוא הדרכה אצל ר׳ יעקב יצחק מפשיסחה, היהודי הקדוש.

כשר׳ מנדל התקרב לפשיסחה, כך מספרים, הוא לפתע חלה מאוה. חברו חשש שמא ה״קפידא״[ב] של ״החוזה״ הזיקה לר׳ מנדל, והוא הלך אל היהודי הקדוש כדי לבקש ממנו ברכה.
ענה לו היהודי הקדוש: ״אמור לר׳ מנדל שיקבל על עצמו להתפייס עם החוזה מלובלין, ותבוא לו רפואתו״.
שאל החבר: ״אבל ר׳ מנדל יאמר ׳אפילו שזה יעלה לי במחיר חיי, לא אעשה זאת׳?״.
״אם עד כדי כך הוא יעמוד על דעתו, ממילא תהיה לו רפואה״, אמר היהודי הקדוש.[31]

ב. ״קפידא״ - המקור ההלכתי של המונח בתחושת טינה הנלווית למחלוקת כספית. המסורת המיסטית החריפה את משמעות המונח כאשר מדובר בתחושה שעלולה להיות לצדיק כלפי מי שלא נהג בו כבוד.

פרק ב

"היהודי" בלובלין

"בגנזי מלכים", סיפר ר' שמחה בונים, "ראיתי שיבולת זהובה, הן הקליפה והן הגרעינים היו עשויים מזהב טהור. היהודי הקדוש הוא השיבולת הזהובה. אילולא ראיתי את הדבר במו עיני, לא הייתי מאמין בזה. כל מהותו היא זהב. אין בו שום פסולת".

הוא נולד בפז'דבוז', בסביבות שנת תקכ"ו (1766),[1] עם כישרונות מופלאים של עילוי, וכוחות קדושה נדירים. בתחילה הוא התגורר באפטא כאחד האדם, עד שהרב מאפטא, רבי אברהם יהושע השל, חש באור שבו, ושמו התפרסם בעולם.

"היהודי" השתוקק לנסוע ללובלין, והלך להיפרד מהרב מאפטא. אבל הרב מאפטא הרגיש כי אל לו ל"יהודי" לנסוע ללובלין. הוא עיכב אותו, סעד ביחד עמו, וכך "היהודי" נשאר כמה שבועות בבית. אבל החשק לנסוע ללובלין התעורר שוב, והוא הלך להיפרד מרבו. שוב ביקש ממנו הרב מאפטא שיאכל אתו לפני שיצא, ואולם הפעם "היהודי" סירב, נפרד מעל פני הרב ונסע ללובלין.

כנראה, הרב מאפטא הרגיש מראש שתהיינה מתיחויות חמורות בין חברו הקרוב, "החוזה", לבין התלמיד הצעיר, והוא רצה למנוע את ההתנגשות הטרגית, אך "היהודי" לא ציית לו. "היהודי" נהיה לחסידו של "החוזה" ונקשר אליו מאוד, וגם "החוזה" חש אהבה עמוקה לתלמידו.

פעם אחת, "החוזה" התעניין ושאל בשמיים מי יבוא אחריו וימלא את מקומו. והתשובה הייתה: שמו יהיה כשמך, יעקב יצחק. כש"היהודי" הגיע, "החוזה" שמח מאוד. היה ל"יהודי" מוח עמוק ונדיר, ובה בעת הוא היה ספוג בקדושה, עניו ובורח מן הכבוד. "החוזה" גילה קרבה והערכה עמוקה אל "היהודי", אפילו בפומבי. מעתה, כשבא חסיד חדש, הוא הורה לו לקבל הדרכה וחינוך בחסידות מ"היהודי". כך נעשה "היהודי" מעין "משנה למלך" בלובלין; "החוזה" בעצמו הפך אותו למנהיג.

המרד

ההשפעה של הרבי מלובלין וההערכה כלפיו היו עצומות, אבל בשקט בשקט התחילה לצמוח התנגדות לדרכו. איש לא ערער על קדושתו, אבל כמה יחידים החלו לחשוב: לא זו הדרך.

החסידות הפכה ליריד. מכל קצות הארץ מיהרו ללובלין. אם הייתה זו, חלילה, עת צרה, או פרנסה דחוקה - באו ללובלין כדי לרכוש ישועה. הרבי מלובלין סבר שבאמצעות עשיית מופתים הוא יפעל למען ליהודים, וגם יקרב אותם אל ה' יתברך.

המנהג לבקש מצדיקים עצות וברכות בענייני מסחר ובדברים גשמיים נוספים הונהג על ידי ר' אלימלך מליז'נסק. אצל המגיד ממזריץ', כנראה, זה לא היה. למזריץ' היו נוסעים חסידים שביקשו התעלות נפש. ר' יצחק מאיר מגור סיפר שהמנהג הזה הרגיז מאוד את ר' שניאור זלמן מלאדי, מתלמידיו של המגיד ממזריץ', שכן התכלית של הצדיק היא לעזור ברוחניות, בתורה, תפילה ומצוות. בניגוד אליו,

ר׳ יצחק מאיר סבר שתלמידיו של ר׳ אלימלך היו צריכים להתעסק גם בשאלות שבענייני גשמיות.[2]

הרבי מלובלין כלל לא סבר ש"עליך להשליך את העולם".[א] כשחסיד בא עם דאגות גשמיות של בריאות או פרנסה, על הרבי לעזור לו בעצה או במתן ברכה. ר׳ ישראל, המגיד מקוז׳ניץ, סבר שעשירות אינה טובה ליהודיות (ל"יידישקייט").[ב] כשחיים בדוחק, אפשר לעבוד את ה׳ טוב יותר. הרבי מלובלין סבר שהעשירות דווקא כן יפה ליהודיות, והמשיך לבקש מן השמיים עשירות ליהודים. אך נראה שהיהודי הקדוש הסכים עם המגיד מקוז׳ניץ.[3]

למרות אהבת הרבי לתלמידו, ויראת הכבוד של התלמיד לרבי, התפתחה אצל "היהודי" אי שביעות רצון מדרכו של רבו. הוא התחיל לפתח את השיטה שלו עצמו, והיה מוקף בצעירים שהקשיבו לדבריו והחלו לראות בו את מורה הדרך שלהם.

החסידות בלובלין נראתה להם זקנה ותשושה. ה"דיבורים"[ג] שנאמרו לעסו מחדש רעיונות ישנים. והלא עיקר כוונתו של הבעל שם טוב הייתה לא להניח ליהדות לטבוע ולשקוע ב"מצוות אנשים מלומדה".

הם סברו שהחסידות נועדה ליחידי סגולה. על מנת להשיג את עומק הדרך, חייבים להיות חזקים ברוחניות. אנשים פשוטים לעולם לא יצליחו להגיע לידי כך. ואולם, החסידות בלובלין הייתה דבר השווה לכל נפש. ההמון נוסעים אל הרבי - וכל אחד משלה את עצמו שהוא חסיד.

א. בניגוד לרבי מקוצק, וראו **קוצק: במאבק למען חיי אמת**, פרק ז.

ב. "יהודיות" - תרגום ל"יידישקייט". כלומר, יהדות כחיים, על מגוון היבטיהם, שמעבר ל"יהדות" כתיאוריה.

ג. "דיבורים" - מילה עברית זו משמשת לכל אורכו של המקור היידי כמונח המציין לאמירותיו החיות של הצדיק.

אכן, המוני יהודים זרמו ללובלין וביקשו ברכות וישועות מהרבי, אך חוץ מהמון העם, "החוזה" קיבץ סביבו מספר רב של "בני עלייה", שלאחר פטירתו נהיו מנהיגים בעלי השפעה עצומה על היהודים. בין היחידים הנעלים הללו נמצאו כאלה שלמרות שהרגישו התעלות לנוכח קדושתו של "החוזה", לא היו מרוצים מדרכו ומהשפעתו, והתקרבו ל"יהודי". אחד מהם היה ר' מנדל מטומשוב.

"החוזה" עצמו נאלץ להתמסר לאלפי היהודים שזרמו ללובלין עם דאגותיהם ובקשותיהם, והיה כה עסוק, עד שלא היה לו זמן להתפנות לצרכים הרוחניים של היחידים הנעלים. כמה תלמידים חריפים ששאפו להעמיק את היכולת הרגשית שלהם ולרומם את נשמותיהם, וכמה תלמידים מבריקים שחיפשו חריפות, נועזות ואינדיבידואליזם, התחילו להיבדל מההתקהלות הזו של היהודים הפשוטים. היהודי הקדוש הפך למנהיג החבורה. יחידי סגולה נאספו סביבו בפשיסחה כדי לייסד שם דרך רוחנית חדשה.

הקמת דרך חדשה בזמן שמנהיג הדרך הקודמת עודנו חי - נתפסה כמרידה במנהיג. תלמידי פשיסחה לא הפסיקו לנסוע ללובלין, אך בכל זאת הורגש שכוח המשיכה של פשיסחה תולש חסידים מעל לובלין.

באותה עיירה, פשיסחה, שבה גר היהודי הקדוש, חי גם ר' שמחה בונים, אדם שעורר פליאה באופן חריג, שהיה חסיד של "החוזה" ונהיה לתלמידו של "היהודי". כש"היהודי" אסף סביבו תלמידים־חסידים, ר' שמחה בונים נהיה ליד ימינו.

מובן שההנהגה העצמאית של "היהודי" וחילוקי הדעות גרמו לחיכוכים רבים, והביאו למתיחות חמורה וטרגית בין "החוזה" לבין תלמידו האהוב. ייסוד חוג של יחידי סגולה, למדנים ומבריקים, עורר קנאה ושנאה בקרב תלמידים אחרים. על כך נוספו טענות בנוגע לפרטים הלכתיים מסוימים. למשל, "החוזה" הקפיד על תפילה בזמנה, ואילו "היהודי" סבר שתפילה אינה יכולה להיות קשורה לשעון.[4] אך גם מעבר לפרטים, הדרך של פשיסחה הייתה במהותה קריאת תיגר.

אף ש"היהודי" היה עדיין צעיר, הוא נהיה לקדוש בעיני אלפי תלמידים. מנגד, חסידים נאמנים של "החוזה" סברו שהשפעתו של

"היהודי" מפחיתה מכבודו של צדיק הדור, "אין שני מלכים משתמשים בכתר אחד". ממש כמו שכאב לתלמידו של משה רבינו שאלדד ומידד התנבאו כשהרבי שלו היה המנהיג, כך הייתה לתלמידיו של "החוזה" ול"חוזה" עצמו תרעומת על "היהודי". משה השיב: "וּמִי יִתֵּן (והיה) כָּל עַם ה' נְבִיאִים" (במדבר יא, כט), אך הלובלינאי פירש מילים אלה: "וּמִי יִתֵּן" - איזו טובה יכולה כבר לצמוח מזה; "והיה כָּל עַם ה' נְבִיאִים" - שכל אחד יחשיב את עצמו לנביא.

לפי מסורה אחרת, "החוזה" אמר שהוא רואה (ברוח הקודש), שבשמיים הכריעו כי הנהגתו של "היהודי" תימשך שנים ספורות בלבד. הוא רצה אפוא ש"היהודי" ידחה את כהונתו כמנהיג, כדי שתהיה לו אריכות ימים.

עיניו המאירות של "החוזה" הכירו היטב ברוחניות המופלאה שבדרכו של תלמידו: "אנחנו יודעים ש'היהודי' מטפס גבוה מאתנו. אבל מה נוכל לעשות? הרבי ר' אלימלך (הרבי של 'החוזה') הורה לנו לעצור כאן...". ואילו "היהודי", מצדו, נהג לומר: "אנחנו מטפסים גבוה מהרבי שלנו. אבל הוא הרי הרבי של 'העולם'[ד]...".[5] הרבי נשאר רבי, כי הוא היה המעיין של החסידות. ואולם עינו של התלמיד הרחיקה ראות יותר...

פעם אחת נסע "היהודי" אל "החוזה" ונטל עמו את תלמידו האהוב, ר' שמחה בונים. כשנכנסו לחוזה, הוא קיבל אותם בחום ובשמחה רבה. הם הקיפו בשיחתם עניינים רבים, ואז הזכירו את הרכילות על "היהודי" (שהוא מבטל את גדלותו של "החוזה"). קרא "החוזה" [בלשון כבוד]: "האמינו לי, שאני אוהב אתכם מאוד. יש לי תענוג גדול לשהות במחיצתכם ואתם נאמנים עלי כמאה עדים ("היהודי" הכחיש את הרכילות עליו) יותר מאשר יריביכם המלשינים עליכם. אכן, ישנם יריבים הבאים לעתים

ד. נראה שכאן כוונת המילה "העולם" דו־משמעית: הן העולם הזה והן הציבור הרחב, ההמון.

לרכל עליכם. עצתי היא, שתפסיקו לנסוע אליי, שבו לכם בנחת בפשיסחה והתנהגו כרצונכם. כשהייתי בליז'נסק, אירע אותו דבר ביני לבין ר' אלימלך. אז נמלכתי בדעתי והפסקתי לנסוע לליז'נסק. הקשיבו לעצתי ואל תבואו יותר ללובלין".

הם נפרדו לשלום, ולאחר הליכתם החל ר' שמחה בונים לשכנע את היהודי הקדוש שיישמע לעצה. ענה לו: "'וְאֶל מִי תְדַמְּיוּנִי וְאֶשְׁוֶה' (ישעיה מ, כה) - הרבי הקדוש יכול היה לעשות כן אצל הרבי אלימלך, כי הוא לא קיבל ממנו את רוב חוכמתו. הלא לפני כן הוא היה תלמידו של המגיד הגדול ממזריץ'. ואילו אני, הרי קיבלתי את רוב מה שאני מבין מן 'החוזה'...".[6]

מתיחות בין "החוזה" לבין "היהודי"

נראה שהעזיבה של כל כך הרבה תלמידים זעזעה עמוקות את הרבי מלובלין. ר' יצחק מאיר אמר פעם: "כשתלמידים עוזבים את הרבי, מתרחש אחד משני דברים - או שהרבי מאבד את מדרגותיו הרוחניות, או שחס וחלילה הוא מסתלק מן העולם".[7]

"היהודי" החשיב את עצמו לתלמידו של "החוזה" והשתדל להימנע מכך שרבו הקדוש יסבול מחלישות דעת בגללו. ואולם, שני "בעלי מחלוקת", בֶּער ויקותיאל, לא הפסיקו לספר ל"חוזה" רכילות: "היהודי" ממעיט בדבריו בכבודו של "החוזה", ואף רוצה לקחת ממנו חסידים. "החוזה" האמין ללשון הרע שסיפרו לו, ו"היהודי" התפלא: כיצד ניתן להסביר ש"החוזה" - שעיניו המאירות מסוגלות תמיד לראות מה שנעשה מרחוק ומה שנעשה בעומק - מקבל את דברי הכזב הללו? לכן, על אף כל חילוקי הדעות, נשאר "היהודי" נאמן ל"חוזה", וראה בו את רבו. "אני תלמידו של 'החוזה' ומחויב למסור את נפשי למענו"; "האמת היא שאני מטפס במדרגות גבוהות מאלה של 'החוזה', אבל בכל אשר אגיע, הוא הוא הרבי", אמר "היהודי".[8] הוא התמיד בנסיעותיו ללובלין, בהכחישו את כל העלילות שהעלילו עליו, כאילו הוא רוצה ליטול את כתר ההנהגה מרבו. אבל "החוזה" האמין יותר

לשני בעלי הלשון הרע. על שני המלשינים, בֶּער ויקותיאל, קרא "היהודי" את הפסוק "אִישׁ בַּעַר לֹא יֵדָע וּכְסִיל[ה] לֹא יָבִין אֶת זֹאת (תהלים צב, ז)"...[9]

היהודי הקדוש נסע ללובלין לעתים קרובות וניסה להצטדק, אך זה לא עזר; "החוזה" קיבל את מה שסיפרו הולכי הרכיל.[10] כך הסביר "היהודי" את העובדה המתמיהה ש"החוזה" בחוכמתו ובעיניו המאירות לא הרגיש שמתנגדיו מעלילים עליו עלילות: "ה'בעל דבר' [השטן] בעצמו עמל במשך שמונה עשרה שנים, כדי שה'הולך רכיל' יהיה אדם ירא שמיים, ושמר עליו מלשון הרע ודברים בטלים. וכך, כשאדם בעל יראת שמיים שכזו ולשון כל כך נקייה מדבר עלי, אפילו 'החוזה' מאמין לו".[11] לפי נוסח אחר, "היהודי" אמר שה"בעל דבר" עצמו שמר את הרכלן במשך ארבעים שנה אפילו מהרהור עבירה, כדי שרכילותו תתקבל על דעתו של "החוזה".[12]

אפילו בתולדות החסידות, נדירים המקרים שבהם הייתה כזו התעלות רוחנית מהמפגש עם הצדיק כפי שהייתה בקרב חסידיו של "החוזה". "מי שבא ללובלין צריך לתאר לעצמו שלובלין היא ארץ ישראל; שחצר בית המדרש של הרבי - ירושלים; שחדרו של 'החוזה' - קודש הקדשים; ושהשכינה מדברת מפיו...", אמר "השׂרף", ר' אורי מסטרליסק.[13]

תלמידיו ראו בו צדיק, שכוחות הסוד שלו עולים על כל מה שניתן לדמיין; צדיק, שהנהגת העולם ואולי אף ביאת משיח בן דוד - נתונות בידיו. ופתאום, בא איש צעיר מפשיסחה ורוצה, חלילה, להחריב את בית המקדש?! לעכב את הגאולה?! וכי ניתן להרשות זאת?!

תלמידים אחרים ראו בשושלת של "החוזה" את מלכות בית דוד, ולא רצו שהשושלת תיכרת לאחר פטירת "החוזה". הם קיוו שבנו, ר'

ה. השמות "בער" ו"יקותיאל" נשמעים במבטא היידי-פולני קרוב מאוד לאופן שבו נשמעות המילים "בַּעַר" ו"וּכְסִיל".

יוסף מטורצ׳ין, ימשיך את מלכותו של אביו. והנה, מופיע לו צעיר זר ורוצה לקחת לעצמו את המלוכה עוד בחיי ״החוזה״!

עד לאותו דור הייתה ההנהגה עוברת אחרי פטירת הצדיק לאחד מתלמידיו. בלובלין החלו לחשוב כי על כסאו של ״החוזה״ צריך לשבת בנו, כמנהג שנפוץ מאוחר יותר בקרב החסידים, במיוחד ברוסיה.

בין המתנגדים החריפים ל״יהודי״ נמנו אישים חשובים, כמו ר׳ שמעון דייטש מז׳ליחוב, ר׳ צבי הירש מזידיצ׳וב ור׳ יהודה לייב מזקליקוב. באותה עת, פשיסחה, מקום מושבו של ״היהודי״, הפכה למרכז חשוב בפני עצמה. חלק מהתלמידים ניסו להישאר חסידים של ״החוזה״ ושל ״היהודי״ כאחד. אך היו גם חסידים שעזבו את ״החוזה״ וקשרו את גורלם עם ״היהודי״. בייחוד נאספו סביבו ״בעלי מוחות״, צעירים למדנים. אך למרות המחלוקת מצד הצדיקים המפורסמים הללו, צמחה ההערכה ל״יהודי״ מיום ליום.

ר׳ לייבוש מזקליקוב, אחד מראשי המתנגדים ל״יהודי״, כתב בספרו שכאשר הבן ממשיך בעבודתו של אביו, האב אינו מסתלק מן העולם, וגם לאחר פטירתו הוא חי בדיוק כאילו הוא ממשיך בעבודתו הרוחנית.[14] אצל ״היהודי״ עורר הנוהג הזה התנגדות. הוא אמר: ״הם רודפים אותי, מפני שהם רוצים, שר׳ יוסל׳ה ימלא את מקומו של ׳החוזה׳, אבל זה לא יעזור להם״.[15] וכך גם נשמר ה״סדר״ בפשיסחה־קוצק, לפחות במשך דורות אחדים. תלמיד היה יורש העצר, לא הבן.

צעירים רבים עברו מלובלין לפשיסחה. לכן, תלמידים חשובים של ״החוזה״, ביניהם ר׳ מאיר׳ל מאפטא, ר׳ נפתלי מרופשיץ ור׳ שמעון דייטש, התחילו לפעול על מנת שלא יברחו כל החסידים. הם אפילו שלחו מרגלים לפשיסחה כדי לקלוט כל מילת בקורת שנאמרה נגד ״החוזה״ וחסידיו. כל האמירות הללו נרשמו על ידי תלמיד אחד, ר׳ אייזיק׳ל מלנצ׳נה, ששלח גם מכתבים כנגד ״היהודי״ לערים רבות, והזהיר שלא ייסעו אליו.[16]

חוקרי החסידות משתדלים ללמד זכות על ״היהודי״ - שהוא היה עניו, שלא היה בדעתו לקחת תלמידים מרבו, שמחמת הקנאה העלילו

עליו מתנגדיו עלילות ונשאו אותן אל "החוזה". אך אם לומר את האמת, השמועה כי "היהודי" רוצה ליטול את ההנהגה מידי "החוזה" לא הייתה חשד שווא. למשך זמן קצר, השפעתו של "היהודי" כמעט ודחקה את ההשפעה של "החוזה".

ושמא צדקו מתנגדיו? שיטתו של "היהודי" הייתה חריפה, ללא פשרות, קיצונית, כזו שרק צעירים יחידי סגולה מסוגלים להתלהב ממנה. ואולם, היא הייתה עלולה להרחיק אנשים רגילים ואפילו להתעותם מן הדרך.

ר' שמחה בונים החשיב עצמו תמיד כתלמיד - הן של "החוזה" והן של "היהודי".

"מה אעשה אם ייגזר עלי ללכת לגיהינום?", שאל פעם את תלמידו ר' מנדל.

ר' מנדל שמע ושתק.

"אבקש אז שיביאו את הרבי מלובלין ואת היהודי הקדוש, כי "תלמיד שגלה מגלין רבו עמו",[17] אמר ר' שמחה בונים.

קרא ר' מנדל: "לך אין בזה שום "נפקא מינא",[ו] ולי אין בזה שום תועלת".[18]

מתנגדיו של "היהודי" ראו למרחקים. לבסוף, כמעט כל הענפים של חסידות פולין היו ספוגים בהשפעה של "היהודי". השפעתו של "החוזה" נשארה במערב גליציה בלבד.

ו. "נפקא מינה" - בארמית: יוצא ממנה. מונח תלמודי שמשמעותו: השלכה הלכתית, בדרך כלל מעשית. כלומר, נראה שהרבי מקוצק חולק על רבו וטוען שהגליית רבותיו לגיהינום לא רלוונטית. בהקשר זה נראה שמשמעות הדברים היא שבעיני הרבי מקוצק, "היהודי" גדול מרבותיו וכלל לא יילך לגיהנום, ואילו לו עצמו זה לא יעזור.

"החוזה" רוצה להביא את המשיח

"החוזה", שצרות היהודים כאבו לו מאוד, ביקש בכל כוחותיו, בתפילות ובייחודים, "להמתיק את הדינים" ואפילו לגלגל את הדינים בתוך כוחות שישפיעו חסדים. אבל מאמצים כאלה רק ממתנים את הצרות ועוזרים לזמן קצר בלבד. שאיפתו ומטרתו של "החוזה" היו נעלות הרבה יותר: הוא רצה להביא את המשיח, ולכך הקדיש את עיקר עבודתו הרוחנית.[19]

היו שנים מסוימות שבהן "החוזה" ציפה ברגש עז וייחל שבאותה השנה יבוא המשיח. אבל המשיח לא בא. הוא אמר אז ל"יהודי" שהיהודים הפשוטים כבר עשו תשובה גמורה, ואילו היה הדבר תלוי בהם בלבד, המשיח כבר היה מגיע. מקור העיכוב ב"יהודים של צורה" - להם קשה להגיע לשפלות רוח בגלל המעלות שלהם, ובלי שפלות רוח אי אפשר להגיע לתשובה.[20]

מספרים, שחייו של "החוזה" היו המתנה תמידית למשיח. כשהיה נשכב לנמנם במשך היום, הוא היה אומר לשמש שלו: "היזהר והישמר! כשתשמע שהמשיח בא, תעיר אותי תכף ומיד".[21]

רב גדול אחד אמר שכל עוד "החוזה" היה בחיים, תלמידיו לא חשו שיש צורך באליהו הנביא שיבוא להכין את העולם לביאת המשיח. הם ראו בחוש שהרבי שלהם הוא אליהו.[22]

קיימת דעה בחסידות שבכל דור חיים צדיקים שיכולים להביא את הגאולה השלמה. ייתכן שגם "החוזה" סבר כך.[23] המגיד מקוז'ניץ סבר שבכל דור ישנם צדיקים שבכוחם להביא את המשיח, אך הם רואים שאבינו שבשמיים בעצמו סובל ממרירות הגלות (ולכן מחליטים לשאת גם הם בעול הגלות).[24]

ר' חיים מאיר יחיאל ממוגלניצה, תלמיד של "החוזה" ושל "היהודי", האמין שהמשיח חי בכל דור, אך הוא מסתלק מן העולם כי העולם אינו ראוי לכך שיתגלה, לבואו. לכן, עלינו לבקש תמיד שהמשיח לא יסתלק חלילה, אלא יישאר עמנו ויתגלה במהרה.[25]

חסידים מספרים שהשעון בחדרו של "החוזה" צלצל באופן שונה מכל השעונים האחרים. פעם אחת העבירו את השעון הזה

לעיר אחרת. כשחסיד שמע שם את צלצול השעון, הוא מיד זיהה: זהו שעונו של "החוזה". שאלו אותו: "כיצד זיהית?". והוא השיב: "בדרך כלל, כששומעים את צלצולו של שעון נופלת על השומעים מרה שחורה: מותם התקרב בשעה אחת. ואילו השעון של 'החוזה' קורא: ביאת המשיח מתקרבת בשעה אחת!".

מלחמות נפוליון השתוללו בעולם. החסידים חשבו: אלה ימות המשיח. "אם ראית מלכויות מתגרות אלו באלו, צפה לרגליו של משיח".[26] שלושה צדיקים גדולים נדברו יחדיו שקיימת אפשרות לכפות את בואו של ה"גואל צדק" על ידי הכוח של "ייחוד ייחודים". מלחמת נפוליון ברוסיה במיוחד נראתה כמלחמת גוג ומגוג. אם המשיח מחכה לדור של צדיקים גדולים - הרי זהו הדור. ברימנוב יושב ר' מנדל, ובלובלין ר' יעקב יצחק, המאיר לבדו כמו האורים והתומים של הכהן הגדול. חסר עוד בעל תשובה אחד - "אני מוכן לעשות תשובה",[27] קרא המגיד מקוז'ניץ בשעת "כל נדרי". החליטו שלושתם ביחד להביא את המשיח.

את המגיד מקוז'ניץ הטרידה חידה: דעתם של צדיקים נחשבת בשמיים וכל תפילותיהם מתקבלות, אבל אותן התפילות שבהן מבקשים הצדיקים יומם ולילה, עד כלות כוחם, ש"גואל הצדק" יבוא כבר, אינן מתקיימות.[28]

בסוכות תקע"ד (1813) אמר ר' מנדל מרימנוב: "תתפללו שנזכה ונחיה עד סוף השנה הזאת, ואנחנו מבטיחים לכם שתשמעו קול שופרו של משיח". אבל ר' מנדל מרימנוב נפטר בי"ט באייר תקע"ד. חצי שנה מאוחר יותר, בערב סוכות תקע"ה (1814), נפטר המגיד מקוז'ניץ. ובשמחת תורה תקע"ה התרחש עוד אסון: ה"חוזה" נפל מחדרו דרך החלון. הוא ניצל בקושי, ונותר מרותק למיטתו עד לפטירתו, בתשעה באב תקע"ה.

"החוזה" ושני הצדיקים הנוספים לקחו על עצמם לעשות דבר נורא, נועז ומסוכן. הם ידעו היטב שהם מסכנים את חייהם. ואולם, מה יותר חשוב ורציני מאשר לקרב את בוא היום שהשמיים והארץ מחכים ומצפים לו מאז ששת ימי בראשית, את הגאולה השלמה?

ואולם, לשם כך נדרשת גם הסכמתם של צדיקים נוספים. הם חשו כבוד רב ליהודי הקדוש, אך היהודי הקדוש לא הסכים.

נראה שהיהודי הקדוש לא סבר שהדור שלו הוא דור ה"עקבתא דמשיחא". נשתמרה אמירה אירונית שלו: "כשהטורקי ישקה את סוסו מן הבאר של פשיסחה - אז יבוא המשיח".[29] באותה עת, נפוליון כבש כמעט את כל המדינות, והסיכוי שהטורקים יכבשו את פשיסחה היה קלוש ביותר...

תלמיד נאמן של "החוזה" - שכנראה לא היה לו שום ספק ביכולתו של "החוזה" להביא את המשיח - הוסיף עוד נימוק שאולי מילא תפקיד בהתנגדותו של ה"יהודי הקדוש". "גלוי וידוע לפניך" - אמר פעם ר' צבי אלימלך מדינוב - "שלמען הגאולה השלמה היינו מנגחים חומות ושוברים מנעולים. אבל ישנה שבועה: אבינו שבשמיים השביע את בני ישראל 'שלא ידחקו את הקץ' - 'הִשְׁבַּעְתִּי אֶתְכֶם בְּנוֹת יְרוּשָׁלִַם... אִם תָּעִירוּ וְאִם תְּעוֹרְרוּ אֶת הָאַהֲבָה עַד שֶׁתֶּחְפָּץ' (שיר השירים ב, ז)".[30]

"מה דעתך? כיצד ייראו פני הדברים כשהמשיח יתקרב?", שאל היהודי הקדוש את תלמידו ר' שמחה בונים.

השיב לו: "כך: אני אלמד, אתפלל ואסעד עם החסידים שלנו, ואז אלך לתפוס קצת שינה, כשהטלית והתפילין למראשותיי. לפתע, באמצע השינה, תהיה צעקה: 'המשיח בא!'. ואנחנו נרוץ לקראתו".

"סלח לי. כשיהיה זמן 'עקבתא דמשיחא', לא יוכלו בשום אופן להירדם!", השיב לו היהודי הקדוש.[31]

אבל באותן שנים האנשים ישנו כמו תמיד...

בחילוקי הדעות הללו טמון אולי הטעם העיקרי שגרם ליחס הכעוס של "החוזה" כלפי היהודי הקדוש. הוא, הרבי, האמין שהוא מסוגל להביא את המשיח, ואילו תלמידו - לא הסכים! תוכניתם של שלושת הצדיקים הייתה להביא את המשיח בכוחם של הייחודים.

אבל נראה ש"היהודי" לא עסק כלל בייחודים. גם ר' מנדל התנגד לתוכניתו של "החוזה". ר' מנדל, ואולי גם "היהודי" ור' שמחה בונים, לא ממש העריכו את פעולת הייחודים, ואף פקפקו אם לצדיקים יש כוח לכפות את ביאת המשיח באמצעות ייחוד ייחודים. הם סברו שהסוד של ה"קץ", שהוא "מליבא לפומא לא גליא" [מהדברים שהפה אינו מגלה ללב], היה סתום אפילו עבור יעקב אבינו.

המדרש אומר: "ביקש יעקב לגלות את הקץ ונסתם ממנו".[32] לקוצקאי זה נראה מוזר: זמן ביאת המשיח הוא סוד שה' יתברך אמר עליו: "מליבא לפומא לא גליא", וכאן משתמע שיעקב אבינו ידע את הסוד, רצה לגלותו לבניו ושכח אותו?! פירש ר' מנדל את המדרש: יעקב אבינו רצה לדעת את הסוד בעצמו, כדי להעביר אותו לבניו, אך פתאום העניין נשתכח ממנו, והוא החל לדבר איתם על עניינים אחרים.[33] יעקב אבינו עצמו לא ידע את הסוד.

ימות המשיח

גדולי ישראל נחלקו אם המשיח יבוא מפני שהיהודים ירוויחו אותו ביושר, ב"דור שכולו זכאי" [סנהדרין, צח ע"א], או שהוא יבוא כמתנה משמיים, שכן בני האדם לא יהיו זכאים לכך, אך אלוהים ירחם עליהם. לפי השיטה הראשונה, יש להשקיע את כל הכוחות כדי לקרב את הגאולה, וזוהי מטרת העבודה הרוחנית. לפי השיטה השנייה, המטרה הנעלה ביותר היא עבודת אלוהים כשלעצמה, והיא יקרה וקדושה אפילו אם היא לא תסייע לקרב את הגאולה, חלילה. המשיח יבוא בהיסח הדעת, ואף אחד לא צריך לריב על זה עם ריבונו של עולם.

לפי ר' יצחק מאיר, המגיד ממזריטש אמר: "המשיח יבוא כאשר היהודים יעבדו את ה' יתברך מתוך חשק ותשוקה", והיהודי הקדוש אמר שכאשר יבוא המשיח, היהודים ישוטטו ברחובות ויצעקו: "אֵלְכָה וְאָשׁוּבָה אֶל אִישִׁי הָרִאשׁוֹן" (הושע ב, ט)... ור' יצחק מאיר סיים: "כך יהיה, ללא ספק".[34]

ואולם, ר' מנדל סבר אחרת. "הגאונים", הוא אמר, "רצו להביא את המשיח בדרכם, והדבר לא עלה בידם; בעלי התוספות, הפוסקים, המוכיחים וצדיקי החסידות - רצו להביא את המשיח בדרכם שלהם, ולא עלה בידם הדבר. ואני אומר: המשיח יבוא במפתיע. היהודים יהיו טרודים מאוד, ראשם יהיה נתון לדאגות הפרנסה, מוחותיהם יהיו מבולבלים - והמשיח יבוא".[35]

צדיקים אחרים בדורו התאמצו בכל כוחם להביא את המשיח, אבל ר' מנדל סבר שהעיקר הוא לקרב את היהודים אל ה'. בא לקוצק תלמיד של ר' שלמה לייב מלנצ'נו, שאל אותו ר' מנדל: "מה שלום הרבי שלך? אני מחבב אותו מאוד, אבל מדוע הוא צועק אל ה' יתברך שישלח את המשיח? מוטב שיצעק אל היהודים שישובו בתשובה, 'וַיֹּאמֶר ה' אֶל מֹשֶׁה מַה תִּצְעַק אֵלָי? דַּבֵּר אֶל בְּנֵי יִשְׂרָאֵל וְיִסָּעוּ' (שמות יד, טו)".[36]

לקוצקאי התנגדו "מחשבי קיצין", שרצו לחשב לפי ההשגות שלהם את מה שהקדוש ברוך הוא שומר אצלו כסוד. אפילו למי שיודע אסור לגלות. כשיעקב אבינו ביקש מה' יתברך שיגלה לו את הסוד, נסתלקה ממנו השכינה.[37]

כנראה, ר' מנדל לא סבר שהמשיח יבוא בשנת ת"ר (1840) כדברי הזוהר, ופירש אותם כך: אם היהודים יעשו תשובה, ייפתחו לפניהם שערי החכמה; ואם לאו, ייפתחו שערי החכמה למדעים הכלליים, כגון רפואה ומדעי הטבע.[38]

הרבי מקוצק סבר שלפני ביאת המשיח יהיה חושך כה רב בעולם, עד שיתקשו להאמין באלוהים. לפני ביאת המשיח "יזדקקו לובשי בגד עליון לבן וארוך (צדיקי החסידות נהגו ללבוש בגדי לבן) לרחמי שמיים, כדי שלא יפלו לידי מינות".[39]

"על שלושה דברים העולם עומד: על התורה ועל העבודה ועל גמילות חסדים".[40] מידתו העיקרית של אברהם אבינו הייתה גמילות חסדים, מידתו של יצחק - עבודה, ושל יעקב - תורה. הקדוש ברוך הוא הבטיח לאברהם אבינו: "יכול יהיו חותמין בכולם? תלמוד לומר 'וֶהְיֵה בְּרָכָה' (בראשית יב, ב) - בך חותמין ולא בהם"[41] - בטרם

יבוא משיח, יהודים לא יקיימו את המידה של יצחק (עבודה), ולא את המידה של יעקב (תורה). אבל הם ישמרו על מידתו של אברהם אבינו - "בך חותמין".[42]

ר' חנוך מאלכסנדר אמר: "לפני ביאת הגואל יהיה זמן שיהיו בו למדנים ללא תורה, חסידים ללא חסידות, נגידים ללא כסף, קיץ ללא חום, חורף ללא קור. והצמחייה תצמח בלי שיירד גשם". בפעם אחרת, באמצע ההבדלה, הוא הניח את הכוס על השולחן ואמר: "אני רואה עתה את התקופה שלפני ביאת הגואל, שבה ליהודי לא תהיה פרנסה ממסחר. כל אחד ייאלץ לחפש לו פרנסה צדדית. שערות ידי סומרות נוכח התקופה הזאת...".[43]

הדרך החדשה

מה היה החידוש בשיטתו של היהודי הקדוש? לא נשתמרו לנו ממנו "דיבורים" רבים, אך ניתן לשרטט את הקווים העיקריים של דרכו אפילו על סמך מעט ה"דיבורים" שלו ועל פי השפעתו העצומה על תלמידיו, שפיתחו מאוחר יותר את שיטתו.

חסידות, לפי דרכה של לובלין, היא דרך שמתאימה לכולם. כדי ללכת בדרך הזו יש להיות אדוקים במצוות ובעלי אמונת צדיקים. החסידות לפי דרכה של פשיסחה, דורשת הרבה יותר: למדנות, מוח, משמעת. זוהי דרך ליחידים. בלובלין הצדיק יורד אל העם, כדי לעזור לו. בפשיסחה הצדיק רוצה להעלות יחידים אליו, כדי לרומם אותם.

לפי ר' אורי מסטרליסק, דרכו של "היהודי" קוראת לעבוד את ה' יתברך ב"תורה ותפילה יחדיו". מה הכוונה? קיימת מחלוקת ישנה סביב השאלה, איזו מן השתיים ניצבת במדרגה גבוהה יותר: תורה או תפילה? בדרך כלל, ההשקפה השלטת היא שתורה ניצבת במדרגה גבוהה יותר. התורה היא חיי עולם, התפילה - רק חיי שעה. הבעל שם טוב הגביה את ערכה של התפילה, ומעתה ערך לימוד התורה לא ניצב במקום הגבוה יותר. בא "היהודי" ואמר, שתורה ותפילה הן בעלות אותו ערך. "גמרא עם 'תוספות' מטהרות את המוח",[44]

אמר "היהודי", לאו דווקא טבילה במקווה, ולאו דווקא לימוד ספר הזוהר, או ספרי מוסר, אלא דווקא "נִגלה".[ז] זהו חידוש חשוב: להגיע אל הטהרה באמצעות ה"נגלה". בכך, הוא יצא נגד הדעה המקובלת שלימוד הנסתר ניצב במדרגה גבוהה יותר מאשר לימוד הנגלה. נראה שבפשיסחה סברו שגמרא עם "תוספות" הוא הספר החסידי הטוב ביותר, שלימוד "חושן משפט" יכול להביא לדבקות, ושהתנהגות חסידית משמע קודם כול לשבת וללמוד, ואכן - "נגלה", ולא תורת הקבלה. מילותיו של הבעל שם טוב פועמות שירה, המילים של פשיסחה־קוצק זוהרות בחריפותן.[ח]

אצל צדיקים אחרים נהוג שמקבלים לחסידות את כל מי שרוצה בכנות להיות חסיד. ואולם, אצל "היהודי", כדי שמישהו יורשה להיכנס כתלמיד, חובה עליו לעמוד בבחינה. מי שיש לו ראש טוב - אותו קיבלו.[45] כדי להיות חסיד, צריך להיות למדן. זאת ועוד, "היהודי" קירב בעיקר את הצעירים - לא זקנים ו"יהודים של צורה". עבור הדרך החדשה הזו, חשוב להבחין בין עיקר לטפל ביהדות, בין התוך לבין הקליפה. הנקודה היא "שערה אחת של יהדות", כפי שהיהודי הקדוש כינה זאת. "אני מוכן למסור את העולם הזה ואת העולם הבא בתמורה ל'יהודיות בשיעור של שערה'", הוא אמר.[46]

צדיקים אחרים חשו שהם מצליחים בעבודתם הרוחנית, ושהם מצליחים לעורר ולהשפיע, ולכן היה להם קל ללמד זכות על יהודים: "יש רק מעט פושעים, אך יהודים אדוקים יש לרוב, כן ירבו". ואילו הרבי מקוצק - ואולי כבר "היהודי" - חשפו את האסון, המסתתר אפילו בקרב יהודים דתיים: השקר. מי יכול לעמוד על הרגליים לנוכח

ז. "נִגלה" - התורה הגלויה, בדרך כלל החלקים ההלכתיים של הגמרא (וכאן בצירוף הפירוש הלמדני "תוספות", או מיד בדגש על "חושן משפט", כינוי לחלק הממוני של ההלכה), בניגוד ל"נסתר", תורת הסוד.

ח. ראו **קוצק: במאבק למען חיי אמת**, עמ' 44.

אסון שכזה? להיות שבע רצון משמע לרמות את עצמך. וכך החלה תקופה חדשה בחסידות, תקופת חוסר שביעות הרצון הרדיקלית.

היהודי הקדוש חש שהחסידות מצויה בסכנה, שהיא עלולה לקרוס.

ר׳ שמחה בונים נותר פעם לילה אחד עם ״היהודי״ באותו חדר. הוא ראה ש״היהודי״ אינו נרדם, וכל הזמן מהרהר ונאנח.
״מדוע אתה נאנח ככה?״, שאל ר׳ שמחה בונים.
״חשבתי: אחרי משה רבינו באו השופטים, אחר כך הנביאים, אחר כך אנשי כנסת הגדולה, לאחר מכן התנאים, אמוראים ופוסקים. אחריהם באו מוכיחים שהתכוונו לשם שמיים, אך גם זה התקלקל, והופיעו מוכיחים שלא התכוונו לשם שמיים. באו ׳רֶבֶּה׳ס׳ (צדיקי החסידות) - אך אני נאנח מפני שאני רואה שגם זה יתקלקל״.[47]

בדאגה זו כבר הרגיש ר׳ משה חיים אפרים, נכדו של הבעל שם טוב.[48]

״היהודי״ כלל לא התפשר עם העולם הזה, כפי שחסידים אחרים עשו. הוא ידע שהשיטה שלו חייבת לעורר התנגדות, אבל זה לא היה אכפת לו. לצד ענוותנותו, הייתה בו גבורה פנימית. הוא לימד שכאשר אדם מסוגל להפנות ״פייג״[ט] לעצמו, הוא יכול להפנות ״פייג״ לכל העולם. אין להתחשב בהתנגדות. צריך ללכת בדרכו של הרמב״ם: התורה מעוניינת בעיקר באינדיבידואל אחד לפחות שיגדל ״בתכלית השלמות״, ולא אכפת לה אם בגלל זה אלף טיפשים ייתעו בדרך.[49]

ט. ״פייג״ - תאנה. תנועת גנאי יידית באמצעות תחיבת האגודל בין האצבע והאמה, והפנייתה לאחר; מעין מקבילה ל״אצבע משולשת״. יש ששיערו שנקראת ״תאנה״ על שום צורתו ומשמעותו של ״עלה התאנה״.

מחמיר בחסידות

"החוזה" נמנה עם המקלים בחסידות - הוא קירב כל יהודי אל דרך החסידות. "היהודי" היה מחמיר בחסידות - בעל דרישות גבוהות, שתבע מכל אחד להכשיר את עצמו היטב. הרבה עבודה, הרבה הכנות.

"שֵׁשׁ שָׁנִים יַעֲבֹד" (שמות כא, ב) - שש שנים יעבוד לתקן את המידות ולחזק בקרבו תשוקה אחת: לאהוב את אלוהים ולירא מלפניו. ורק אחר כך, "וּבַשְּׁבִעִת יֵצֵא לַחָפְשִׁי חִנָּם" (שם) - בשנה השביעית הוא ישתחרר, ואז ימלוך עליו אבינו שבשמיים ללא מניעות, אמר "היהודי".[50]

כאמור, כשר' מנדל בא בפעם הראשונה ללובלין, קיבל אותו "החוזה" בחמימות רבה והעניק לו כבוד; הוא הכניס אותו למניין של יחידי סגולה שאיתם התפלל. כשר' מנדל בא אל "היהודי", הוא לא קיבל אותו במתיקות אלא ביחס של חומרה. מיד בעת "נטילת שלום"[י] אמר לו: "טוֹב לַגֶּבֶר כִּי יִשָּׂא עֹל בִּנְעוּרָיו" (איכה ג, כז). המילים הללו חדרו לכל איבריו. האכילה והשתייה נהיו לו לדבר מאוס.[51] החומרה של "היהודי" מצאה חן בעיניו. הוא ביקש לו עול, הוא חיפש רבי כזה, שיעשה את הכול לקשה.

כפי שכבר הוזכר, עזב ר' מנדל את לובלין ונהיה לחסיד של פשיסחה. הוא כיבד את "היהודי" במידה רבה כל כך, עד שאמר עליו: "הוא תנא מהגמרא". הוא אימץ את דרכו ונשאר כל ימיו תחת השפעתו. למרות שאמר על עצמו: "אני לא יהודי של קברים", הוא עלה בכל זאת, אפילו לאחר שנהיה רבי, לקברו של היהודי הקדוש, ואמר: "אני רוצה להוביל על פי הדרך של רבינו, 'היהודי'".[52]

בניגוד לחיכוך שנוצר ברגע שבו ר' מנדל פגש את "החוזה", ר' מנדל הרגיש מהרגע הראשון משיכה אל "היהודי". ואולם, כבר כשהיה בפשיסחה פרש מהתלמידים, והלך בדרכים עצמאיות משלו.

י. "נטילת שלום" - מנהג צדיקי החסידות לעבור בין החסידים בזמן ה"טיש" ולברכם באופן אישי.

כש"החוזה" שאל את "היהודי" אם יש בסביבתו בחור טוב השיב לו: "למנדל יש את הרצון להיות טוב".[53]

להשתנות ל"יהודי"

היהודי הקדוש לא התפעל מ"מופתים": "זו לא חכמה גדולה להיות 'בעל מופת', כל מי שיש לו מדרגה רוחנית כלשהי יכול להפוך שמיים וארץ, אבל להיות יהודי - זה קשה".

"קשה להיות יהודי" - על ההנחה או האבחנה הזו בנויה השיטה הזו של החסידות. יש להתמסר ללימוד איך להיות יהודי. אך מה הן המכשלות? וכיצד ניתן לגבור עליהן?

מדי יום ביומו, מדי שנה בשנה, חוזרים על אותן מצוות, על אותן מילים, וכך נהיות המצוות כמו "ערבות הושענות" חבוטות, והמילים - מעופשות ונדושות. המצוות לא יכולות להשתנות מדי יום, אבל האדם יכול להשתנות בכל יום.

אי אפשר לערוך רפורמה במצוות; יש לערוך רפורמה באדם. כיצד ניתן לקבל כוחות חדשים להשתפר, להרגיש כל יום כאדם חדש? - רפורמה באדם היא התרופה היחידה. כיון שזה עניין של פיקוח נפש, היהודי הקדוש ותלמידיו התעמקו בשיטה החדשה גם במחיר ה"קפידא" של הרבי מלובלין, אף שגם לה היה "ריח" של סכנת נפשות.

בראש ובראשונה הם נאבקו נגד הדשדוש במקום - על פי הכלל שלהיות יהודי משמע לקחת סיכון. האדמה עולה ויורדת; אם עומדים בלי לזוז - מחליקים. העצה היא: **להשתנות ליהודי** שוב ושוב.

"כשהיהודי הקדוש", סיפר ר' מנדל, "בירך בכל יום את ברכת 'שלא עשני גוי', הוא הרגיש את השינוי מלא־יהודי ליהודי. בכל יום הוא השתנה ליהודי. שום דבר לא התיישן אצלו. כל יום הוא התחיל מחדש".[54]

בשעת ברית המילה מתפללים: "כשם שנכנס לברית, כן יכנס לתורה ולחופה ולמעשים טובים". בדרך כלל, מפרשים חסידים: בדיוק

כפי שבשעת הברית הרך הנימול הוא נטול "פנייה",[יא] כך גם מאוחר יותר, כשיקיים תורה ומצוות, לא יהיו לו שום פניות. ואילו חסיד קוצק פירש את התפילה כך: בדיוק כפי שהתכלית של ברית המילה היא להשתנות מגוי ליהודי, כך גם תכליתן של התורה ושל החופה.[55]

"אֵלֶּה תּוֹלְדֹת נֹחַ, נֹחַ אִישׁ צַדִּיק" (בראשית ו, ט) - "כל יום הוא השתנה לנח אחר, עם צדיקות אחרת, כל יום קמה בו רוח חדשה. לכן, מוזכר השם 'נח' פעמיים באותו הפסוק", אמר ר' שמחה בונים.[56]

בעניין עבודת המנורה כתוב בתורה "וַיַּעַשׂ כֵּן אַהֲרֹן" (במדבר ח, ג). מפרש רש"י: "מלמד שלא שינה". שואלים "העולם": "הייתכן? וכי דבר שבח הוא שאהרן הכהן לא שינה חלילה מן העבודה ועשה מה שה' הורה למשה רבינו?". המילה "שִׁינה", אמר ר' מנדל, מזכירה לנו את המילה יָשָׁן, ואצל אהרן לא הייתה העבודה ישָׁנה. כל יום הוא התחיל מחדש, ולא התייחס לשום דבר כעניין שבשגרה, כאילו המעשה מיושן בעיניו.

מסקנה רצינית משיטה כזו היא שגם את האמת יש להבין כל יום מחדש. חזרה גרידא על רעיון ישן פירושה לחקות את עצמך, ומה שנעשה מתוך חיקוי - הופך לזיוף.

בכל ראש השנה השיג היהודי הקדוש השגה חדשה איך לעבוד את ה'. ובכל ראש השנה הוא נוכח מחדש לדעת שבשנה שעברה לא הייתה לו שום השגה בעבודת ה'; וכאשר חשב על עבודתו הרוחנית עד כה - היא נראתה לו כמו "גורנישט עם גורנישט".[57]

גם ר' שמואל מקורוב, מתלמידיו של "החוזה", פירש: "כל מקום שנאמר אלה פוסל את הראשונים" [רש"י, ריש משפטים] - זו דרכו של יהודי: הוא מתייחס היום אל מה שעשה אתמול כפסול, והוא הולך ומתחדש כל הזמן.[58]

ר' מנדל האמין בשיטה הזו של "היהודי", וסבר שבכל לילה נוטלים מכל צדיק את כל המדרגות הרוחניות ואת כל ההשגות שהשיג ביום הקודם. כשם שהעולם כולו מתחדש בכל יום ("המחדש

יא. "פנייה" - מניע זר, כוונה צדדית שאינה לגופו של עניין.

בכל יום מעשה בראשית"), כך בדיוק על האדם לעבוד כל יום מחדש כדי לקבל בחזרה את המדרגות הרוחניות ואת ההשגות שהיו לו אתמול.[59]

אישיותו של "היהודי"

היהודי הקדוש היה דמות נגלית ונסתרת כאחד; הוא היה מנהיג שהתכחש לכך שהוא מנהיג. הוא היה ראש ישיבה - וגם רבי של חסידים; מעביר שיעור לתלמידים בחריפות רבה - וגם מזהיר שמי שיש לו "למדנות" עלול לאבד את הענווה.[60]

"היהודי", שברח מן הכבוד והפרסום, ידע היטב בינו לבין עצמו עד כמה הוא נעלה מבחינה רוחנית. מספרים שהוא אמר על עצמו שלושה דברים: "מאז שעמדתי על דעתי לא הסרתי את שם הוי"ה מנגד עיניי; אני ראוי לדבר דברי נבואה בלשון 'כה אמר ה'', אך הדור אינו ראוי לכך; אני יכול לבטל גזר דין של שבעים שנה, בכוחו של שיעור שלי".[61]

מספרים שהיו ל"יהודי" חוויות כבירות והשתוקקויות רוחניות חריגות. "כל שיניו נשרו מפיו, אך לא כתוצאה מסיגופים, כפי שסבורים 'העולם', אלא בשל הרגשת המורא הגדול שחש כשהוציא מפיו את שתי המילים: 'ברוך אתה'", אמר ר' יצחק מאיר.[62] לפי סיפור אחר, כל שיניו של ה"יהודי" נשרו כשאמר קריאת שמע, למעט שן אחת. ואת השן הזו הוא נהג לכנות - "רשעה".[63]

לאחר פטירתו של הרבי מקוצק, כשר' יצחק מאיר החל להנהיג, הוא התנצל לפני אחד מידידיו ואמר שמילוי תפקיד הרבי מזיק לו בלימוד ה"נִגלה". לשם כך זקוקים ממש לשני חושים, חוש ל"נִגלה" וחוש לחסידות. היהודי הקדוש זכה לכך שהיו לו שני החושים, ושאף אחד מהם לא הפריע לאחר.

"היהודי" התפרסם בכל רחבי הארץ כחריף וכלמדן עצום. החידושים שלו עוררו השתאות, אבל כיוון שהוא לא רצה שישבחו אותו, הוא אמר שהחידושים הללו אינם שלו. שאלו אותו: "באילו

ספרים הם מופיעים?", והוא השיב: "שמעתי אותם מהיהודי ההוא". אולי משום כך החלו לכנותו בשם "היהודי".

הוא חי בסך הכול ארבעים וחמש שנים. הוא היה נרדף, עני מרוד, אשתו הייתה כעסנית ביותר, והוא לא כתב שום ספר - ואף על פי כן הייתה לו, יותר מכל הצדיקים, ההשפעה הגדולה ביותר על החסידות בפולין.

ר' יצחק מאיר היה סבור שכפי שרבי עקיבא היה עילוי בין התנאים, כך היה היהודי הקדוש עילוי בין הצדיקים.[64] וכן אמר: "אני מאמין שכאשר היהודי הקדוש נשף עשן מבעד לקנה המקטרת שלו, היו לו בדיוק אותן הכוונות שהכהן הגדול כיוון כשהקטיר את הקטורת לפנַי ולפנים. וכשהכניס לפיו פיסת עוגה כדי לאכלה, הוא תיקן בכך תיקונים רבים, כפי שהכהן הגדול פעל באמצעות קורבנות".[65]

הפשטות והענווה היו תמצית אופיו של "היהודי". הוא פירש פעם: "וַיֵּרָא אֵלָיו ה' בְּאֵלֹנֵי מַמְרֵא" (בראשית יח, א) - אברהם אבינו דימה שאלוהים התגלה אליו בזכות ממרא, ולא בזכות עצמו. זוהי דרך הצדיקים: לראות תמיד את המעלות של זולתם ואת החסרונות של עצמם.

"היהודי" סבר שבדיוק כפי שפרסום אינו מועיל ב"מילי דעלמא", בעניינים גשמיים, כך אין הוא מועיל ב"מילי דשמיא", בעניינים רוחניים. לכן עדיף לפעול בסתר, כדי שלא ישלטו עין הרע וקנאה...[66]

מאז ימי נעוריו, הוא ביקש להשיג אך ורק מטרה אחת: קדושה. הוא ברח מתענוגי העולם הזה, שנא כבוד וכסף, ואף ערך סיגופים.

שואלים מישהו: "מדוע אתה עובד כל כך קשה?".
הלה עונה: "כשלעצמי יכולתי להיות שמח בחלקי, אבל חייבים לחשוב על הילדים, חייבים לדאוג שיהיה לילדים".
כשהילד גדל, הוא גם מתחיל לעמול קשות לשם אותה תכלית - "הכול בשביל הילדים". "הייתי רוצה לראות כבר" - סיים

היהודי הקדוש את דבריו - "את הילד הראוי, שבשבילו דואגים כל הדורות ועובדים קשה כל כך!".

"היהודי" חי במידה יוצאת דופן של סגפנות. "האויב הגדול ביותר שלי", הוא אמר, "הוא הגוף". "אינני שונא את האויב המר ביותר שלי כפי שאני שונא את הגוף".

פעם אחת, מספרים, הוא אכל אחרי התפילה לחם עם חמיצת סלק. לפתע, הוא שם לב שהוא נהנה מהמאכל, וכעונש על כך קיבל על עצמו שיסבול מאפילפסיה. ואכן, באמצע האוכל הוא קיבל התקף של מחלת הנפילה. העיר רעשה, אך ר' שמחה בונים קרא למנגן, וציווה עליו לשיר את "לֹא הַמֵּתִים יְהַלְלוּ יָהּ" (תהלים קטו, יז). עברה שעה שלמה - ו"היהודי" שב לעצמו.
אמר לו ר' שמחה בונים: "הגיע הזמן להתפלל מעריב".
השיב לו "היהודי": "כשהתגוללתי על הקרקע בייסורים נוראים, הרגשתי נקמה גדולה באויבי, הגוף, ואכן, היה אז בכוחי להתפלל מעריב מבלי לחוש שום מניעה בעבודה הרוחנית. האמת היא שלא היה לי חשק לשוב בחזרה מהעולם העליון, אבל זימרו 'לא המתים יהללו יה', ונאלצתי לחזור".

נוסף על כך, הוא קיבל על עצמו לקיים מצווה אחת בשלמות, ומכל המצוות בחר במצוות הצדקה. כל מה שהוא קיבל, כל מה שהוא הרוויח - הוא מסר מיד לידיו של עני. הוא לא רצה להחזיק אצלו שום כסף. פעם אחת, הוא קיבל קצת כסף בשעת ערב מאוחרת. בני ביתו כבר ישנו, אך הוא לא יכול היה להתאפק. לכן, העיר את אחד מבני משפחתו, שימהר ויזדרז באמצע הלילה לחלק את הכסף שקיבל לאנשים עניים. אשתו השנייה לא אהבה את דרכיו - את מסירת כל רכושו לאנשים עניים - וגם ממנה הוא סבל.

התככים והמחלוקת נגדו עלו לו בבריאות. מבחינה פיסית, הוא היה גבה קומה וחסון. פעם אחת, עוד כשהתגורר בבית חותנו שבכפר,

הוא נאבק בעשרה איכרים שהתפרעו ורצו להחריב את בית חותנו. ועם זאת, הוא חי בקושי ארבעים וחמש שנים.

חיצוניות

כוונה, דבקות ו"התלהבות"[יב] - הן יסודות חשובים בחסידות. ואולם, נוסף על המידות הרוחניות, החסידים הכניסו גם הרבה מנהגים חדשים, ואף הרחיבו מנהגים קדומים, שעד אז היו מוּכרים למעגלים מצומצמים בלבד - כגון, לבוש מיוחד לצדיקים ולחסידים; מעילים עליונים בצבע לבן, שטריימלים, קפוטות משי, מאכלים מיוחדים ("הצִימֶס של הבעל שם טוב"), שתים עשרה חלות, וכדומה.

צדיקים סבורים שיש לעשות את עבודת ה' בכל הכוחות, עם כל האיברים. "כָּל עַצְמוֹתַי תֹּאמַרְנָה ה' מִי כָמוֹךָ" (תהלים לה, י) - לא די להיות עובד ה' במחשבה בלבד; לחיצוניות יכולה להיות השפעה על הפנימיות.

ר' אלימלך ור' זושא שוחחו על עבודת הבורא, ועלתה ביניהם השאלה הזו: כשנכנסת השבת, הם חשים את הקדושה שלה ואומרים תורה[יג] לפני החסידים ב'טיש'; ואולם, אולי רק נדמה להם שהם מרגישים את קדושת השבת? אולי כל זה אינו אלא מעשה דמיון, אשליה עצמית?
הם החליטו אפוא לבדוק זאת: הם יעשו סעודה באמצע השבוע, יזמינו חסידים, יערכו את ה"טיש" ויאמרו תורה. אם תהיה להם אותה ההרגשה כמו זו שבשבת - זה יהיה סימן שהרגשתם היא רק אשליה; אך אם לא תהיה להם הרגשה כזו, זה יהיה סימן שהרגשתם בשבת - אמת היא.

יב. "התלהבות" - מונח החסידי המדגיש, במובנו החיובי, את בערת הנשמה בלהבות הכמיהה לאלוהים, באקסטזה.

יג. "אומרים תורה" - כינוי חריף לדרשה שהרבי נושא לפני חסידיו.

הם ציוו להכין סעודה כדת וכדין עם כל המאכלים - באמצע שבוע, בסתם יום רביעי. לבשו את מלבושי השבת שלהם עם השטריימלים, התיישבו לשולחן עם החסידים, אמרו תורה - והרגישו את אותה ההרגשה שהם מרגישים בשבת!
פרץ ר' אלימלך בבכי: "מה נעשה עכשיו?".
אמר לו ר' זושא: "מֶיְלֶך, בוא נלך למזריץ'" (שם גר הרבי שלהם, המגיד ממזריץ').
כשהגיעו למזריץ', שפכו את מר לבם בפני הרבי.
השיב להם המגיד: "אם אתם מתהלכים במלבושים של שבת וחובשים שטריימלים, עליכם אמנם להרגיש את קדושת השבת (אפילו במשך השבוע), שכן מלבושי השבת והשטריימלים אכן עשויים להכניס את אור הקדושה של שבת. אין לכם מה לדאוג כלל".[67]

החסידות הוסיפה צבע וברק להרבה מצוות ומעשים טובים, למשל, לאופן חגיגת השבת והמועדים. התפתחו מנהגים חדשים, ומנהגים ישנים קיבלו משמעות רעננה באמצעות פרשנויות סמליות. למשל, צדיקים ידועים העניקו נימוקים מיסטיים לאכילת קרעפלך שלוש פעמים בשנה (בערב יום כיפור, בהושענא רבה, ובפורים), ולכך שאוכלים בשבת בצלים ושום.[68]

פעם אחת, בסעודת ראש השנה, אכל "החוזה" גרעינים של דגן, וביקש מהתלמידים שיאמרו מה הטעם לכך.
ר' שמחה בונים אמר: כדי להמתיק "דיני קשיא".[יד]
אמר לו "החוזה": "הבנת היטב".[69]

יד. ספר הזוהר (ג, רלא) מתייחס ליום הראשון של ראש השנה כ"דינא קשיא", הדין הקשה, לעומת היום השני, יום הדין הרך. המילה 'קשיא' דומה בהברתה למילה סלאבית שמצויה גם ביידיש ומשמעותה דייסת גריסים, או דגנים מבושלים.

המנהגים החסידיים אכן מלאים חן, אך בדומה לקליפה, הם מכסים לעתים קרובות את הגרעינים. מתפתחת טקסיות שיופייה החיצוני עלול לחנוק את הרגשת הרעדה של הביטול העצמי, את תחושת העמידה פנים אל פנים נוכח הקדושה. פשיסחה הייתה תגובת נגד לטקסים.

"כשהיינו בחורים צעירים אצל היהודי הקדוש", סיפר אחד מהתלמידים, "והגיעה השבת, שאלנו את עצמנו: מהי שבת? האם השטריימל הוא שעושה את השבת? האם זה הקוגל שמכניס הביתה את קדושת השבת? עד שנוכחנו לדעת מה היא השבת".[70]

פעם אחת, קרה המעשה הזה:

"החוזה", שאהב מאוד את "היהודי", נתן לו במתנה כתונת שלו, שהוא עצמו לבש. לעתים קרובות נהג "החוזה" להעניק לאהובים שבמקורביו מתנות - חפצים או בגדים שהוא השתמש בהם בעצמו. כמובן, למתנות כאלה הייתה חשיבות עצומה בעיני החסידים, והם שמרו עליהן כמו על אוצר. "היהודי" קיבל במתנה את הכתונת של הרבי, ש"החוזה" לבש בעבר ושממש נגעה בגופו הקדוש. וכי אפשר לתאר מתנה נאה מזו?

"היהודי" יצא עם המתנה בידו, ובדרך פגש עני שהתאונן שאין לו כתונת לבשרו. מסר לו "היהודי" את הכתונת של "החוזה". אך העני, שהיה שיכור ונוכל, נכנס לבית מרזח ומסר את הכתונת כמשכון תמורת בקבוק יי"ש.

מתנגדיו של "היהודי" הביאו מיד את דבר המעשה אל "החוזה". הלא מלבושיו של הרבי הם כל כך מקודשים, שאפילו ילדיו שלו אינם ראויים ללבשם - ו"היהודי" מסר את הכתונת של הרבי לשיכור?! ועכשיו היא מונחת בבית מרזח!

"החוזה" שלח לקרוא ל"יהודי": "הייתכן?".

"בא אלי עני ואמר לי שאין לו כתונת לבשרו. גם אילו היו לי בגדי כהונה, הייתי מוסר לו אותם!".[71]

נראה ש"החוזה" לא היה שבע רצון מהתשובה הזו. המקרה הזה הבהיר את חילוקי הדעות הרציניים שבין שני הצדיקים הגדולים. "החוזה", כמו צדיקים אחרים, סבר שיש קדושה לחפצים שהרבי משתמש בהם, ושקיים בהם איזה כוח סודי.[72]

כוסו של הרבי, מלבושיו, הגאַרטְל [חגורה], מקלו או כתונתו יקרים מאוד עבור החסידים. הם משמשים ל"שמירה", מסוגלים אפילו להחדיר יראת שמיים, ושווים יותר מכל הון שבעולם. למשל, אצל המגיד ר' מוטל'ה מצ'רנוביל היה שולחן קטן שהיה של הבעל שם טוב, וכשהחסידים התבוננו בשולחנון הזה, הם חוו התעוררות רוחנית.[73]

"היהודי" ביטל את ערכם של חפצים כאלה, ולאחר מכן, אצל ר' שמחה בונים בפשיסחה ואצל ר' מנדל בקוצק, גם זלזלו בדברים חיצוניים. מה חשוב יותר: הכתונת של הרבי, שהיא חפץ מקודש בשל טעמים מיסטיים, היסטוריים ואומנותיים, או לעזור לאדם עני? בעיה זו נותרה בתוקפה עד היום הזה.

במובן מסוים, המעשה עם הכתונת הוא ראשיתו של פרק חדש בתולדות החסידות. סמלים, מעשים סימבוליים, טקסים, קישוטים - מכל אלה סלדו בפשיסחה. מה זה משנה כיצד נראות הכתפיים, או כיצד מעמידים את הרגליים בתפילת "שמונה עשרה"? מה שגלוי לעין - שווה כקליפת השום.

רב "מתנגד" שאל את הרבי מקוצק: "מדוע החסידים מקפצים, מתנענעים ומתרוצצים, בשעת התפילה, והלא הגמרא אומרת: 'המתפלל צריך שיכוון את רגליו, שנאמר וְרַגְלֵיהֶם רֶגֶל יְשָׁרָה' (יחזקאל א, ז)".
השיב לו ר' מנדל: "מה הפשט? שסתם יחזיקו ישר את שתי הרגליים? אלא שלפעמים עומדים עם רגל אחת בשמיים ועם הרגל השנייה בשאול תחתיות...".

הזלזול של ר׳ מנדל בדברים חיצוניים עוזר להבין את דעתו בנוגע לגזירת המלבושים החסידיים שהוטלה על ידי השלטונות, לפיה נאסר על היהודים ללבוש לבוש חסידי והם חויבו לגלח את זקניהם ופאותיהם לא יאוחר מראשית שנת תרי״א (1851).

הגזירה עוררה מהומה. הרבנים לא היו מאוחדים בדעותיהם. חלק מהרבנים סברו שבאמצעות הגזירה הזו רוצים השלטונות לגרום ליהודים להמיר את דתם, ולכן הדין הוא ״ייהרג ואל יעבור, אפילו על ערקתא דמסאנא״.[טו] זו הייתה דעתם של ר׳ אברהם מצ׳חנוב ושל ר׳ יצחק מאיר. רבנים אחרים סברו שהגזירה אינה מבקשת לגרום ליהודים לעזוב את דתם, ולכן אינה כלולה ב״ייהרג ואל יעבור״. בין המקילים היה הרבי מקוצק.

ר׳ מנדל סבר שהלבוש החסידי שהיהודים בסביבתו לבשו היה שינוי בעצמו לעומת לבושי העבר. בשנים עברו נהגו היהודים ללבוש מעיל קצר ועבה או מעיל עליון ארוך, ולאחר מכן הם שינו זאת. וכזכור, ר׳ שמחה בונים לא נהג להקפיד על סגנון בגדיו, ואפילו כשנסע אל הרבי לבש בגדים ״מערביים-מודרניים״.[74]

כאמור, ר׳ יצחק מאיר וצדיקים גדולים אחרים התייצבו כנגד הגזירה, וסברו שזו גזירה שאסור להיכנע לה, ומוטב ש״ייהרג ואל יעבור״. עשרות יהודים נכלאו אז בבית הסוהר. גזזו בכוח את זקניהם ופאותיהם של יהודים. אך היהודים לא נכנעו. כשאסרו את ר׳ יצחק מאיר בבית הסוהר, עורר הדבר מורת רוח בציבור, ובסופו של דבר השלטונות שחררו אותו. ר׳ יצחק מאיר שוחח על העניין הזה עם השתדלן המפורסם משה מונטפיורי, שבא אז לביקור ברוסיה. אבל מונטפיורי לא תפס מדוע לבישת שטריימלים חשובה כל כך ליהדות. ״וכי יש מצווה ללכת עם ׳מצנפות דב׳?״, הוא שאל.[75]

טו. על פי סנהדרין, עד ע״א. וראו רש״י שם: ״ערקתא דמסאנא: שרוך הנעל, שאם דרך הנכרים לקשור כך ודרך ישראל בעניין אחר... אפילו שינוי זה, שאין כאן מצווה אלא מנהג בעלמא, יקדש את השם״.

מופתים

עשיית מופתים הייתה חלק משיטתו של "החוזה". באמצעותם הפגין הצדיק את כבוד אבינו שבשמיים והחזיר את הציבור למוטב.[76]

החבורה שנאספה סביב היהודי הקדוש ביטלה את עניין המופתים. המופתים עושים רושם על בורים ואנשים פשוטים - "אותות ומופתים באדמת בני חם" (מן התפילה, על פי תהלים קה, כז).[77] ואילו בני החבורה - לא התפעלו מזה. "זה לא 'קונץ' להיות בעל מופת", אמר היהודי הקדוש, "כל בעל מדרגה יכול לכופף שמיים וארץ. אבל, להיות יהודי - זה קשה".[78]

באמצעות מופתים ניתן להשפיע על רגשות. אבל בפשיסחה סברו שאין תועלת בהשפעה על הרגש כל עוד הדבר אינו מתקבל על ידי השכל. יש לדבר אל השכל, לא אל הלב.

"החוזה" חולל מופתים רבים, ללא שיעור, וכולם נבהלו והשתוממו. אבל מה יוצא מזה? וכי האדם נעשה ישר יותר, טהור יותר, בראותו ניסים ונפלאות? הניסים אכן גורמים להתפעלות, אבל היא נכבית במהירות, היא דומה לזיקוקין די־נור.

"אילו ידעתי ש'גילוי אליהו' לכל אחד יעשה טוב ליהודים, הייתי מבקש ממנו שיתגלה אל כל אחד", אמר "היהודי".[79] ור' יצחק מאיר הוסיף: "אילו ידע אליהו הנביא שהתגלותו ליהודים מיטיבה עמם, הוא לא היה צריך לחכות ש'היהודי' יבקש ממנו... הרי לו עצמו יש אהבת ישראל".

"מדוע מתפעלים מניסים? מפני שהנס מתרחש מחוץ לגדר הטבע? והלא גם הטבע הוא מחוץ לדרך הטבע; הטבע הרי הוא בריאת יש מאין", אמר ר' יצחק מאיר. ור' שמחה בונים אמר: "אילו ידעתי שבאמצעות מופתים ניתן להחזיר יהודים למוטב, הייתי נוטל את העצים הצומחים בדנציג ומציב אותם ברחובותיה של פשיסחה".[80] ועוד אמר ר' שמחה בונים: "אילו ידעתי שאפשר להביא יהודים לחיי יהדות באמצעות מופתים, הייתי נוסע לגרמניה ומראה מופתים כאלה שהעולם עדיין לא ראה".[81]

ר׳ יצחק מאיר הסביר את העניין: ״כשמתרחשים ניסים ונפלאות, השפעתם על הנשמה זניחה. הרי תמיד אפשר לטעון שזה בדרך הטבע. אבל כאשר ה׳ יתברך עושה מהניסים מצוות, אז יכולים הניסים להשפיע במשהו על הנשמה״.[82]

ייתכן שהיה טעם עמוק יותר להתנגדותם לעשיית מופתים. עשיית ניסים פירושה לעשות דברים שהם בניגוד לדרך הטבע. אך כיוון שלפי המדרשים העולם נברא כהשתקפות של התורה, סטייה מדרך הטבע הינה סטייה מדרך התורה. ובכן, כיצד יכול יהודי לדרוש מאלוהים שיעשה ניסים? יראת הכבוד של היהודים לדרך התורה מניאה אותם מלהתפלל לניסים.

״בתקופה שלנו״, אמר ר׳ יצחק מאיר, ״ניתן לקרב יהודים ליהדות באמצעות התורה ולא דרך מופתים. אפילו משה רבינו אמר: ׳אַתֶּם רְאִיתֶם... הָאֹתֹת וְהַמֹּפְתִים... וְלֹא נָתַן ה׳ לָכֶם לֵב לָדַעַת... עַד הַיּוֹם הַזֶּה׳ (דברים כט, א-ג) - באותו יום משה מסר להם את התורה; הוא נתן להם את ספר התורה כיוון שכל הניסים לא עזרו״.

ר׳ יצחק מאיר סבר: ״אם יראו לנו כיום ניסים ונפלאות - זה יהיה רע״. ואולם, בפעם אחרת אמר: ״כבר ראוי היה להראות ניסים ונפלאות. הניסים והנפלאות [הקודמים] כבר מיושנים...״.

ממה נובע הכוח להיות פועל ישועות? הצדיק אינו מכשף. כוחו אינו טמון בכישרון לשלוט באופן ישיר בכוחות הנסתרים של הטבע; כוחו טמון באהבה, באהבתו של הצדיק ליהודים ובאהבתו של אלוהים לצדיק.

> ר׳ זושא שאל פעם את אחיו, ר׳ אלימלך מליז׳נסק: ״אחי היקר, אתה מחולל ניסים ונפלאות, מעשים מדהימים ממש. למד אותי, כדי שגם אני אוכל לעשות זאת״.
>
> השיב לו ר׳ אלימלך: ״כל המופתים מתרחשים על ידי אחדות, אהבה וידידות בין יהודים טובים״.
>
> ר׳ זושא הסכים ואמר: ״האהבה היא עיקר הכול. אלוהים אוהב מאוד את הצדיק, וכשהצדיק מתחנן בפניו, הוא פועל למענו״.[83]

פעם שאלו את הרב מאפטא, רבי אברהם יהושע השל, כיצד תפילותיו מתקבלות בשמיים הרבה יותר מתפילותיהם של צדיקים אחרים? הוא השיב: "כשיהודי נכנס אליי ומספר לי את צרותיו, זה כואב לי מאוד ונעשה לי חור בלב. אני אדם זקן ושמעתי הרבה צרות, ולבי מחורר כולו. כשאני מתפלל, אני מניח את לבי לפני ה' יתברך, והוא מרחם עליו ומקבל את תפילתי".[84]

לימוד ה"נִגלה"

חידוש חשוב, שהונהג על ידי היהודי הקדוש ובמיוחד על ידי ר' שמחה בונים מפשיסחה, היה הרעיון שכדי להיות חסיד עליך להיות חריף, להשקיע מחשבה, להבין לעומק. לא די להיות בעל לב מזוכך - עליך להגיע להשגות מזוככות. למדרגה רוחנית שכזו אין מגיעים אלא באמצעות לימוד מרובה. אין להתגאות בלמדנות, ואולם אדם בלי למדנות הוא נכה. תחת ההשפעה הזו התרחשה בפולין התעוררות עצומה של למדנות.

לימוד התורה, ודווקא ה"נִגלה" ולא הקבלה, תפס בקוצק מקום מרכזי בעבודה הרוחנית. ועדיין, הם לא ראו את לימוד התורה כמטרה, אלא כאמצעי בלבד. העיקרון של שיטת הבעל שם טוב - שהתורה היא דרך, לא יעד, ושהיעד הוא דבקות באלוהים - היה מקובל גם בקוצק.

ר' מנדל סבר שבאמצעות הלימוד מגיעים לאמונה, להשגות של ה' יתברך. מתעלים מעל העולם, וכך תופסים שבכל דבר קיימת חכמה גבוהה יותר. על ידי לימוד התורה האדם מתחבר אל השכל האלוהי. באמצעות לימוד התורה האדם נוכח לדעת מי הוא אלוהים. העיקר אינו הלימוד כשלעצמו, אלא ללמוד מידות מן התורה.

הצטרפות אל החבורה התאפשרה רק למי שהיה ידען גדול בתורה. ואולם, היהודי הקדוש, בדומה לבעל שם טוב, סבר שאין שום ערך להיות למדן בלי יראת שמיים.

צעיר אחד נכנס ליהודי הקדוש.
שאל אותו הרבי: "אתה יודע ללמוד משהו?".
"כן", ענה הצעיר. בתשובתו הורגש שמץ של גאווה.
"מן הסתם אתה יודע גם לתת עשרים וארבעה תירוצים לקושיה אחת".
הצעיר הבין את הסרקסטיות.
"אבל מה זה שווה שכבר יודעים לתת תירוצים, אם אין יראת שמיים?"...
הצעיר היה ר' חנוך, שהתפרסם מאוחר יותר כרבי חנוך מאלכסנדר.[85]

לא לשגרה

"היהודי" הניח את היסודות שעליהם בנו ר' שמחה בונים ור' מנדל את השיטות שלהם בחסידות. בדרך כלל מקובל שהמידה העיקרית בדתיות היא להישמר ולהיות זהיר בכל דבר שאדם עושה ואומר. יהודי דתי חי עם שומרים פנימיים, המשגיחים על כל חושיו. ואולם, היהודי הקדוש גילה שהאדם יכול לשלוט בכל חושיו, אך לא במוחו. הוא יכול לעצום את עינו עם העפעף, לסתום את אוזנו עם התנוך, ולנעול את פיו עם שפתיו; אבל למוח - אין אוזן ואין שומר. על כן, המוח זקוק לשמירה מיוחדת.

אז מה עושים עם ההפקרות שבמוח? היהודי הקדוש נהג לומר: "חסידים מתרגלים ללשונה של החסידות ומדברים על פרישות מהעולם. אבל העיקר הוא לשתול עמוק ובצנעה - כך שאיש לא יידע על כך - את הנכונות למסור את כל החיים למען עבודת ה'. רק כך יש מגע כלשהו ב'יהודיות'. וכי איזו תועלת יש בדיבור על חסידות, כשזו אינה מושרשת עמוק בלבב? זאת הסיבה לכך שחסידים נוסעים ויושבים זמן ממושך אצל הרבי - ולא יוצא להם מזה כלום".[86]

למרות שהיהודי הקדוש קירב אליו במיוחד את הלמדנים והחריפים, הוא עדיין סבר שבשמיים מעריכים מאוד קורטוב פשטות ויושרה של יהודי פשוט - עיקרון שהבעל שם טוב לימד והפיץ.

פעם אחת, היהודי הקדוש חלה מאוד. גזרו תענית בעיר, התפללו ונתנו צדקה. ולפתע, הגיע יהודי אחד מכפר כלשהו, נכנס לבית המרזח, ודרש שיגישו לו כוסית יי"ש.
קמה צעקה בבית המרזח: "הלא תענית היום, היהודי הקדוש חולה!".
כשהיהודי הכפרי שמע זאת, הוא נעמד לבקש רחמים: "ריבונו של עולם, עזור במהרה ליהודי הקדוש, כדי שאוכל לשתות כוסית של יי"ש".
היהודי הקדוש הבריא ואמר: "תפילתו של היהודי הכפרי התקבלה בשמיים יותר מכל התפילות האחרות, כי הוא התפלל בתמימות וללא שום פנייה".

"היהודי" סבר כי דיבוק חברים - היינו אכילה משותפת, לימוד משותף וחיים משותפים - מטהרים את האדם. "וַיַּקְהֵל" (שמות לה, א) - ההתאספות, ה"צוותא" של החסידים - שווה בגימטריה ל"מִקוה".[87]

משה רבינו לבדו ראה את הענן במדבר. בכל דור ודור, צדיק הדור הוא הרואה את רצון ה' יתברך. "שִׂפְתֵי צַדִּיק יֵדְעוּן רָצוֹן" (משלי י, לב) - על סמך הפסוק הזה אמר ר' מנדל שהיהודי הקדוש ראה בדורו את רצון ה' יתברך.

"לֹא תַעֲשׂוּן כֵּן לַה' אֱלֹהֵיכֶם" (דברים יב, ד) - לעשות "כן", לעשות "כך", משמע לעשות דבר שבשגרה (במחזוריות, בקביעות), בלי "חִיוּת".[טז] אך עבור אבינו שבשמיים לא עושים סתם מתוך הרגל,

טז. "חִיוּת" - מונח חסידי שמשמעותו חיוניות ורעננות, וראו **קוצק: במאבק למען חיי אמת**, עמ' 72-74.

בשביל "לצאת ידי חובה"; לעשות "כך" רק בגלל שמישהו אחר עשה "כך". לכן, "היהודי" סבר שלפני שאדם עומד להתפלל, עליו לאזור את מותניו היטב.[יז] אין לצאת מהמיטה - ומיד להיכנס לתוך טלית ותפילין. הכנה אמנם אורכת זמן, ולכן "היהודי" לא הקפיד על ההלכה של זמן תפילה.

תלמידיו של "היהודי" ראו את העיקרון של "לא תעשון כן" כחידוש חשוב, שהכניס חִיוּת ורעננות בעבודת ה׳. בזכות זה, אמר אחד התלמידים, זרחה נשמתו של "היהודי" בגן עדן. ואולם, אל לה לדרך החדשה להפוך לקביעות, אסור לה להיות להרגל - עם השתנות הזמנים יכולה גם הדרך להשתנות.

פטירתו של "היהודי"

כש"היהודי" נעשה חולה מאוד, ה"עולם" אמרו תהלים והרעישו עולמות, "ואני", סיפר ר׳ מנדל מאוחר יותר, "עמדתי ליד התנור ולא ממש רציתי לומר תהלים. ר׳ שמחה בונים ניגש אלי אז ואמר לי: ׳מה אתה מפציר כל כך?!׳. ואני לא הבנתי מה הוא רוצה".[88]

"לאחר הפטירה (בחול המועד סוכות, י"ט בתשרי תקע"ד, 1814), ר׳ שמחה בונים אמר לי שוב: ׳הלא זה ככר אבוד. הרבי איננו. אך הוא השאיר לנו יראת שמיים. יראת שמיים אינה פחית קטנה. במקום שנשארו הדיבורים של הרבי - שם הרבי נמצא׳. אני לא השבתי לו (כאן, לראשונה, ר׳ מנדל לא הסכים עם ר׳ שמחה בונים)".[89]

"לאחר זמן רציתי למצוא מקום אחר, ולכן שהיתי שנים עשר שבועות אצל ר׳ לייבוש משידלובצה.[90] התגוררתי בעליית גג,

יז. יש כאן משחק מילים ביידיש. משמעות הפועל המקורי כפולה: הן לחגור באופן כללי והן לקשירת ה"גארטל" (חגור חסידי, הנקשר בדרך כלל לפני התפילה). לפי היהודי הקדוש יש לחגור "גארטל" תרתי משמע - פיסית, אך גם - ובעיקר - רוחנית.

וכל יום מישהו היה מביא לי בייגל ומים. התבהר לי שזה לא מקום בשבילי, ונזכרתי באמירתו של ר׳ שמחה בונים שדבריו של הרבי נשארו. אם כך, אפשר שאמצא אותם אצלו. וכך היה... כשהגעתי אל ר׳ שמחה בונים הוא אמר לי: ׳אכן, היכן שמצויים דבריו של הרבי - שם הרבי נמצא׳״.[91]

לפי סיפור אחד, לאחר פטירתו של היהודי הקדוש הוא נגלה לר׳ מנדל בחלומו וניחם אותו: הוא מוכן להמשיך להיות הרבי שלו, למרות שהוא כבר בעולם האמת. השיב ר׳ מנדל: ״רבי מעולם האמת - אני לא רוצה״...

רבי מרדכי מצ׳רנוביל אמר שהיהודי הקדוש היה הגדול ביותר מבין כל הצדיקים בפולין.
שאל אותו בנו ר׳ אברהם, המגיד מטריסק: ״הלא היהודי הקדוש עצמו נכנע לפני הרבי מלובלין?״.
ענה ר׳ מרדכי: ״בעולם האמת יושב ׳היהודי׳ בראש, כי שם האמת גלויה״.[92]

פרק ג

ר׳ שמחה בונים הופך לרבי

ר׳ שמחה בונים נולד בשנת תקכ״ה או תקכ״ז (1765 או 1767) בוודיסלב, בתור בן של ״מגיד״ חשוב, אדם שהרבה במסעות [התעוררות לתשובה] וחיבר שני ספרי דרשות. הוא התגלה כעילוי בנעוריו, ולמד בישיבות הונגריות של שני רבנים גדולים: ר׳ ירמיה ממטרסדורף ור׳ מרדכי בנט מניקולסבורג.[1] לאחר מכן, נשא אישה מהעיר בנדין וחי שם כסמוך על שולחן חותנו. הוא התקרב לדרך החסידות, ונהג לנסוע לר׳ משה לייב מססוב ולמגיד מקוז׳ניץ.[2]

התקופה שבה היה סמוך על שולחן חותנו חלפה, ור׳ שמחה בונים נזקק לפרנסה. באמצעות המגיד מקוז׳ניץ הוא התוודע אל בֶּרְקֶ׳ה [דב בר] זוננברג־ברגסון, בנו של הנדבן המפורסם שמואל זביטקובר. ברק׳ה ורעייתו תמר׳ל, הגבירים הגדולים (שנכדם היה הוגה הדעות הדגול הנרי ברגסון), היו שתדלנים ונדבנים חשובים. הם היו חסידים נאמנים של המגיד מקוז׳ניץ, של הרבי מלובלין, ומאוחר יותר - של ר׳ שמחה בונים וחסידיו.[3]

ר׳ שמחה בונים התחיל לעבוד אצלם בעסקי הובלת עצים, מיערות פולין על פני נהר הוויסלה לדנציג. הוא למד באופן עצמאי פולנית, גרמנית ולטינית - לימודים שיהודים דתיים ראו בשלילה באותה עת. הוא לבש בגדים אירופיים - אפילו בבית וגם כאשר נסע לצדיקים - התנהלות שנתפסה כפריצות. בזמן שהותו בדנציג או בלייפציג שיחק בקלפים והלך לתיאטרון עם חבריו לעסקים, שהיו ״משכילים״. לאחר זמן מה, הוא עזב את המסחר, למד רוקחות בלמברג והוסמך כרוקח, ועבר לחיות בפשיסחה, שם ניהל בית מרקחת.

כאמור, בתחילה נהג ר׳ שמחה בונים לנסוע אל המגיד מקוז׳ניץ. אך פעם אחת פגש איש שאמר לו: ״שורש נשמתך אצל הרבי מלובלין״ - ונסע לשם מיד.

ר׳ שמחה בונים סיפר: ״שהיתי בשבת אצל ׳החוזה׳. בליל שבת הוא אמר ׳תורה׳ ולא הבנתי מילה. אבל דבר אחד כן הבנתי: שהעולם העליון, עולם הבא, קיים כאן בעולם הזה - אצל הרבי. לאחר ברכת המזון, כש׳החוזה׳ עשה את דרכו מה׳טיש׳ לחדרו, הוא חלף על פניי, חיבק אותי בשתי זרועותיו ואמר: ׳בונים מחמדי, הישאר אצלי ותהיה לך רוח הקודש מ׳עולם האצילות׳, ומכל העולם יזרמו אליך׳...״.[4]

ר׳ שמחה בונים הפך לתלמידו של ״החוזה״. אבל כשהיהודי הקדוש החל להנהיג בחשאי, ר׳ שמחה בונים התחבר אליו וגמא אל קירבו את שיטתו.

באותה עת, עוד היה ר׳ שמחה בונים סוחר בדנציג, שם התחבר עם ״יהודים גרמנים״, כלומר חילוניים.
הם שאלו אותו: ״בשביל מה יהודי תלמיד חכם כמוך, הבקי בכל כך הרבה ספרים, צריך **לנסוע** אל רבי כלשהו? וכי אינך מוצא די חכמה ומוסר בספרים?״.
פעם אחת, ביקשו ממנו שילך איתם לתיאטרון, אך הוא לא הלך. כשחבריו שבו מן התיאטרון מלאי התפעלות, הם סיפרו לו שבחיים הם לא ראו דבר כזה.

אמר להם ר׳ שמחה בונים שהוא יודע בדיוק את כל מה שראו.
״מנין לך?״, תמהו היהודים הגרמנים.
״קראתי את התכניה״ (הכוללת את תוכן המחזה ואף תמונות מן ההצגה), ור׳ שמחה בונים תיאר את מה שהתרחש על הבמה.
״אין מה להשוות בין קריאה על ההצגה לבין ראייה במו עיניך!״.
״אכן, משום כך אני נוסע אל הרבי״, השיב להם ר׳ שמחה בונים.[5]

לאחר פטירתו של ״היהודי״, נותרו התלמידים שבורים ומזועזעים. היהודי הקדוש הסתלק בגיל כל כך צעיר. מי יהיה עכשיו המדריך? לחסידים החריפים היה ברור שלמרות שבנו, ר׳ ירחמיאל, היה אדם ישר ואדוק מאוד - הוא אינו בעל שיעור קומה הולם להנהגה כזו. הייתה אפילו סברה שר׳ אבא׳לה ניישטטר, שאצלו למד ״היהודי״ קבלה, יהיה ממלא מקומו. ״החוזה״ אמנם אמר על ר׳ שמחה בונים ש״הוא נקרא ׳שמחה׳ והוא ישמח את לבבות היהודים״, אך האם די בדבר שבח שכזה כדי שיקבלו אותו עליהם?

ואולם, לאחר מכן הם נוכחו לדעת שר׳ שמחה בונים, יד ימינו של ״היהודי״ בימי חייו - שאף אמר עליו: ״הוא השפיץ שבליבי״ - הוא האיש שכנראה ראוי להמשיך את הדרך של פשיסחה. פנו אליו אפוא בבקשת עצה, והוא סיפר להם סיפור:

> היה יום קיץ. רועה אחד רעה את צאנו בשדה ונרדם. כשהתעורר, היה כבר חצות הלילה, הלבנה האירה, האוויר היה קריר, המים היו רעננים, ומן הצאן לא חסרה אף כבשה אחת.
> הוא התחיל לצעוק: ״אלוהים, כיצד אוכל לגמול לך על החסד הזה? הדרך היחידה, אלוהיי הטוב, היא שתתן לי את הצאן שלך, ואני אשמור עליו כעל בבת עיני...״.
> אם יימצא רועה כזה, הוא יהיה הרבי שלכם.

מספר ניכר של אישים מבריקים, שהתפרסמו מאוחר יותר כמנהיגים גדולים, נעשו חסידים של ר׳ שמחה בונים, ביניהם: ר׳ מנדל מקוצק,

ר׳ יצחק מוורקי, ר׳ יחזקאל מקוזמיר, ר׳ יעקעלע מרדזימין, ר׳ מרדכי יוסף מאיזביצה ור׳ יצחק מאיר מגור.

פשיסחה הייתה סגנון חדש. אצל צדיקים אחרים יהודים באו לשבת אחת, לחוות חסידות, וביום ראשון הם נפרדו ונסעו בחזרה הביתה. עבור תלמידיו של ר׳ שמחה בונים, פשיסחה הייתה הבית, ואילו המקום שבו חיו ביחד עם בני משפחתם - היה אכסניה. ואכן, הם שהו פרקי זמן ארוכים אצל הרבי. הם היו קשורים אל רבי שמחה בונים בכזו ״התלהבות״,[א] שהם ממש הפקירו את עצמם, ואפילו לא דאגו לפרנסתם או למשפחתם. ובאמת, ה״מתנגדים״ - וגם חסידים אחרים - נאבקו בו יותר מאשר בצדיקים אחרים.

החתולה אוהבת לאכול דגים, אבל אינה רוצה להרטיב את רגליה. אנשים חושבים שאפשר לשבת בחיבוק ידיים ולהפוך לחסיד. חסידות, סבורים בפשיסחה, באה בעמל ויגע. יש להתחיל בכך כנער מתלמד, כשוליה. רק מתוך מאמץ זוכים להשגות, ולוקח זמן עד שמגיעים למשהו. העיקר הוא: עשה את החלק שלך - והרבי יסייע בידך.

ר׳ שמחה בונים לימד בכל יום שיעור גמרא, ופלפל עם תלמידיו. זה היה מנהג חדש לגמרי. בליז׳נסק או בלובלין לא נשמע כדבר הזה; שהרבי ילמד ״נִגלה״ עם חסידים?!

ר׳ שמחה בונים ותלמידו ר׳ יצחק מזוריק (מאוחר יותר: מוורקי) היו גם עסקני ציבור, שהתמסרו לצרכי ציבור, במיוחד בנוגע להעצמת המחויבות הדתית, ואף פעלו מול השלטונות לבטל גזירות שהוו סכנה ליהדות. ר׳ שמחה בונים נבחר בשנת 1826 לחבר ב־Komitet Starozakonnych [ועד היהודים]. כשהתברר שבכוונת הוועדה לעקור את היהדות, פרסם ר׳ שמחה בונים ביחד עם ר׳ יצחק את הסכנה והאיום שבוועד. הם גם הרעישו עולמות נגד ייסודו של ״בית מדרש לרבנים״ בוורשה, שעיקר מטרתו היה לעודד התבוללות. בראש ״בית

א. ״התלהבות״ - מונח חסידי המדגיש, במובנו החיובי, את בעירת הנשמה בלהבות הכמיהה לאלוהים, באקסטזה.

המדרש לרבנים" עמד, אגב, הכומר קיאריני, שחיבר ספר אנטישמי על התלמוד.[6]

אישיותו של ר' שמחה בונים

ר' שמחה בונים בלט בהומור ובאירוניה שלו. הוא היה אדם נטול גינונים, לבבי, חמים ונוח לבריות, ולא יכול היה לסבול את האנשים המתוחים, המנופחים והשחצנים, הצבועים באדיקותם ומראים עיניים בוהקות. הוא היה אדם עמוק ופיקח מאוד, ולא חיבב במיוחד חומרות יתירות ואדיקות סגפנית ונוקשה. על החסיד להיות נבון, אמיתי וכן.

ר' שמחה בונים היה דומה ל"יהודי" בשילוב של פשטות ועמקות, וכן בכך שלא החזיק מעצמו ושהיה לו ביטול עצמי עמוק ביותר בפני האין־סוף. ואולם, היו לו גם מעלות משל עצמו: חכמה יוצאת מגדר הרגיל, הבנה בענייני העולם, יכולת לבטא רעיונות מרובים בקיצור נמרץ, וחריפות מדהימה.

ר' שמחה בונים שנא התנהגות מעושה, העמדת פנים. אף שהיה רבי של אלפי חסידים, הוא החשיב ישרות לב ללא פשרות יותר מכל כהונת אדמו"רות, והוא העדיף לסכן את שמו מאשר להעמיד פנים ולהתאפק מלספר מעשייה משעשעת ופשוטה.

"פעם אחת התחשק לי לספר מעשייה", אמר ר' שמחה בונים, "אבל הייתה זו מעשייה של חולין, וידעתי שהיא תעורר צחוק גדול בציבור הרב שהיה שם. אמר לי היצר הרע: 'אל תספר, אין זה מתאים לרבי לספר מעשיות של חולין, ואתה תאבד חסידים בגלל זה'. אבל לא יכולתי להתאפק. הלא מה אמר ר' פנחס מקוריץ? - 'כל התענוגים נובעים מגן עדן, אפילו מהתלות וחידודים'. לכן, החלטתי לוותר על חשיבות תפקידי כרבי ולספר את המעשייה הזו. הצחוק היה גדול, אך אחרי זה קיבלתי יותר 'קוויטלך'[ב] מאשר לפני כן...".[7]

ב. "קוויטלך" - פתקאות, שעליהן רושמים החסידים את שמם ואת שם אמם והרבי קורא בהם ומברכם.

ר׳ שמחה בונים, בדומה ל״יהודי״ שלפניו ולר׳ מנדל שאחריו, סבר שהעיקר הוא לשאוף להגיע אל **האמת**. ״**בראשית ברא אלוהים**״ - האותיות האחרונות של מילים אלה הן: אמת. חותָמו של אלוהים הוא אמת, והחותם הזה טבוע כבר בתחילת ספרו.

״מה אתם עושים כזה רעש מהרבי שלכם, ר׳ שמחה בונים? מה סוד כוחו?״, שאל ר׳ ישעיה מפשדביז׳ את ר׳ יצחק מוורקי, תלמידו של ר׳ שמחה בונים.
השיב לו ר׳ יצחק מוורקי: ״אליהו הנביא פגש את אלישע כשהוא חורש שנים עשר צמדי בקר, כאיכר פשוט. ניגש אליו אליהו, השליך עליו את אדרתו, ובאלישע ניצתה ׳התלהבות׳. הוא עזב את הבקר, נטש את ביתו ונהיה קשור לאליהו, כמשרתו. וכשאליהו שאל אותו: ׳מה עשיתי לך?׳, הוא ענה לו: ׳אוי, עשית לי הרבה!׳. הוא עזב את אבא־אמא והלך עם אליהו, ולא יכול היה עוד להיפרד ממנו (על פי מלכים א יט, יט). כשר׳ שמחה בונים רק נגע בידו של יהודי פשוט, הוצתה באותו יהודי ׳התלהבות׳, ׳החלה לבעור בו יהודיות׳, הוא החל להתגעגע ולהשתוקק להקריב את עצמו על המזבח כקורבן לה׳״.[8]

נוסף על כריזמה, היו לר׳ שמחה בונים גם עדינות שקטה וענוותנות, ולא רק חכמה ופיקחות. כשהוא נהיה רבי, חסידים ביקשו ממנו שיאמר ׳תורה׳. השיב להם: ״׳אָחוֹת לָנוּ קְטַנָּה׳ (שיר השירים ח, ח) - אחות משמע חכמה (מלשון ׳אֱמֹר לַחָכְמָה אֲחֹתִי אָתְּ׳, משלי ז, ד), לנו יש מעט חכמה. ׳וְשָׁדַיִם אֵין לָהּ׳ (שיר השירים, שם) - ומקור חדש לינוק ממנו חכמה אין לנו (׳היהודי׳ נפטר). ׳מַה נַּעֲשֶׂה לַאֲחֹתֵנוּ בַּיּוֹם שֶׁיְּדֻבַּר בָּהּ׳ (שם) - מה יהיה כשנדבר את כל מעט החכמה שלנו?!״. והוא לא אמר תורה.[9]

על פי רוב נמנעים חסידים ממפגש עם חילונים, ״אפיקורסים״ ו״בעלי עבירה״. צדיקים אמנם עושים זאת, אך לא החסידים. עוד כשר׳ שמחה בונים היה חסיד, לא רבי, היה לו אומץ להתחבר עם

יהודים חילוניים ואפילו עם "בעלי עבירות" הוללים - לשחק איתם בקלפים, ללכת איתם להצגות תיאטרון ואפילו למקומות בעייתיים יותר - וכך הוא ניסה להחזיר אותם למוטב.

חסידים אחרים חרדים ממגע כזה כמו מאש. ר' שמחה בונים לא פחד מאש. העיקר הוא שתהיה אש. אם כבתה האש, אין שום טעם בעבודת ה'.

ר' שמחה בונים סבר שמאז שאנשי כנסת הגדולה כילו מלב היהודים את האש ואת החשק לעבוד עבודה זרה - התקררו גם האש והחשק לקדושה ולעבודת הבורא. "זה לעומת זה עשה אלוהים" - כשהיצר הרע חזק, יש כנגדו יצר טוב חזק יותר.[10]

לפעמים, ר' שמחה בונים עצמו היה שקוע במחשבות ושרוי בהשתוממות, עד שנדמה היה שהוא בעולם אחר. הפלא בדבר הוא, שהוא היה יכול לשלוט בעצמו עד כדי כך, שאפילו בעת שהיה באקסטזה כזו, או "התפשטות הגשמיות", היה לו גם שיג ושיח עם אנשים שדיברו איתו.

פעם אחת אמר: "כבר שישה שבועות שאיני יודע אפילו אם אני בבית ואם יש לי אישה וילדים. אפילו איני יודע אם אני רבי". ואף על פי כן, גם במצב כזה, הוא נתן תשובה לכל אחד ואחד, ודיבר לעניין.[11]

על האדם להיות שבור ומרוסק בקרבו, שלבו יהיה "לב נשבר", אך עליו לשים לב ביותר שהשבר הזה לא יביא אותו לעצבות ולהזנחה, לחוסר מעש, למחשבה שבין כה וכה אין שום ערך לעשייה שלו. שברון לב כזה הוא חסר תועלת. אדרבה, שברון הלב אמור לגרום לך חשק רב יותר לעבוד על היהודיות שלך. אם עוד לא עשית כלום, הרי שקודם כול עליך להתחיל לעשות משהו.

ר' חנוך, תלמידו של ר' שמחה בונים, פירש: "כָּתִית לַמָּאוֹר" (שמות כז, כ) - מצב של כיתות ושבר צריך להביא לכך שנאיר. "כתית למאור, ולא כתית למנחות" (רש"י) - אל לו לכיתות להביא לכך שנמשיך להיות שקועים בעצבות ואנחה.[12]

"אצל הרבי, ר' שמחה בונים, ראיתי אהבה ויראה, שמחה והכנעה, לב נשבר ושאט נפש; 'לב תם, ודם חם' - הכול ביחד", אמר ר' חנוך.[13]

ר׳ שמחה בונים נהג לומר שבן אדם צריך להיות בעל שני כיסים: בכיס אחד עליו לשאת את הפסוק "וְאָנֹכִי עָפָר וָאֵפֶר" (בראשית יח, כז), ובשני את המימרה - "בשבילי נברא העולם" (משנה סנהדרין ד, ה). במילים ספורות אלה כלולה שיטה שלמה על מהות האדם, על פי מקורות יהודיים עתיקים.[14]

ר׳ שמחה בונים לא יכול היה עוד לראות במו עיניו את השקר של העולם הזה, ומתקבל הרושם שהוא ייחל להיות עיוור. ואכן, הוא התעוור בשנות חייו האחרונות. מספרים, שביום שבו חש כי הוא עומד להתעוור, הוא חזר ברציפות על הפסוק "הַעֲבֵר עֵינַי מֵרְאוֹת שָׁוְא" (תהלים קיט, לז), ובכל פעם ופעם פירש ביידיש: "מוטב שתעביר ממני, ריבונו של עולם, את עיניי, מאשר אראה את השקר".

אחד מתלמידיו של ר׳ שמחה בונים, שגם התעוור לעת זקנתו, התייחס לכך בתחילה כאל ברכה. אבל פעם אחת אמר: "מה יוצא לי מהעיוורון שלי, אם אני ממשיך לראות את ה'עצמי' שלי".[15]

לפני פטירתו של ר׳ שמחה בונים בכתה אשתו הרבנית בכייה גדולה.

אמר לה ר׳ שמחה בונים: "מדוע את בוכה? כל חיי למדתי כיצד למות".[16]

חכמה

יהודי אדוק עסוק כל כך ב"לעשות", ב"לקיים", ב"לצאת ידי חובה" - שאין לו זמן לתת את דעתו על מה הוא עושה, להבין את משמעות מעשיו. זה כמו באותה המעשיה, שבה כל המחותנים נסעו לחתונה - ואת החתן שכחו בבית. ביהודיות - המוח הוא החתן. טיפש עשוי אמנם לאחוז בדעה שחשוב יותר שלאדם יהיו ידיים ורגליים מאשר שיהיה לו שכל; שדי בידיים ורגליים כדי להיות אדוק. אבל ר׳ שמחה בונים סבר, בדומה למגיד מקוז'ניץ, ש"על היהודי להיות טוב,

אדוק ופיקח. טוב בלבד הרי זה נואף, פיקח בלבד הרי זה גנב, אדוק בלבד הרי זה טיפש". יהודיות בלי מוח היא כמו גוף בלי ראש.[17]

ר' שמחה בונים אמר על ר' מאירל מאפטא (מחבר הספר "אור לשמים") שהתנגד לדרכו: "מה ההבדל בינינו? אני אומר: **לב** טוב זה טוב; הוא אומר: **כתפיים** חזקות זה טוב".[18]

אפילו היהודי הקדוש, שתמיד הדגיש כמה חשוב להיות יהודי עם מוח, סבר שהעיקר הוא לשאת את העול על **הכתפיים**. בפעם הראשונה שר' מנדל בא אליו, הוא קיבל את פניו במילים המזהירות אותו בחומרה נגד השתקעות ב"חכמות": "**פֶּן** יֵשׁ בָּכֶם אִישׁ אוֹ אִשָּׁה... אֲשֶׁר לְבָבוֹ פֹנֶה הַיּוֹם מֵעִם ה' אֱלֹהֵינוּ... **פֶּן** יֵשׁ בָּכֶם שֹׁרֶשׁ פֹּרֶה רֹאשׁ וְלַעֲנָה' (דברים כט, יז)" - פירש היהודי הקדוש כך: "כשאדם רוצה לעבוד את ה' באמצעות 'חכמות', הוא מגיע לספקות. עלינו לעבוד את אלוהים כשור לעול וכחמור למשא. פן יש בכם ספק כלשהו - אם 'פן' כלשהו מתגנב אל הלב ['שורש פורה'], זה נובע מכך שרציתם לעבוד את אלוהים ב'חכמה' ['ראש ולענה']".[19]

האמירה הזו, כפי שכבר נזכר לעיל, היא כלל חשוב בשיטתו של "היהודי", אך ר' שמחה בונים לא הסכים עם הכלל הזה והלך בדרכו שלו. הייתה לו הערכה עמוקה בנוגע לכוחות הרוחניים של האדם. האדם יכול להרגיש בנשמתו שלו את כל העולמות שביקום המיסטי. כל הדבק באבינו שבשמיים יכול באמצעות אינטואיציה להגיע אל האמת, אף ללא לימוד.[20]

היהודיות רוצה לחבוק את כל חייו של היחיד, ולשלוט בהם. אכן, גדולי ישראל התעסקו בתיאור כל פרט, ובהתקנת תקנות לגבי כל דבר של מה בכך בהתנהגותו של האדם, ביום ובלילה, בימי החול ובשבת. ואולם, הסכנה הטמונה בכך היא שלפעמים התוך, העיקר, הנקודה - נעלמים מן העין. מרוב עצים לא רואים את היער.

לאחר פטירת השרף ר' אורי מסטרליסק, בא אחד מחסידיו אל ר' שמחה בונים.

"מה למד הרבי שלכם עם החסידים שלו? מה היה העיקר שאותו רצה לנטוע בחסידיו?".

"העיקר שאותו רצה 'השרף' לנטוע בנו הן ענווה ושפלות רוח. היה נהוג אצלו, שכאשר מישהו היה מגיע אליו בפעם הראשונה, אפילו רב חשוב או עשיר גדול, היה עליו קודם כול ללכת אל הבאר ולהביא שני קנקנים גדולים של מים, או לעשות מלאכות שירות אחרות, כדי לנטוע בנו שפלות רוח".

"אספר לך סיפור", אמר ר' שמחה בונים, "מלאך אחד הושיב פעם שלושה אנשים בבית האסורים, בבור אפל ומעופש, ששום קרן אור לא חדרה אליו. שניים מהאסירים היו חכמים, ואחד איש בער, שוטה. כל יום הורידו להם בשרשרת מעט אוכל, אך כיוון שהאפילה החשוכה מפחידה, האסיר חסר הבינה היה מבולבל ולא ידע מה יש לו בידיו: למשל, את הכף הוא חשב לקערה, ולכן לא ידע כיצד להגיש את האוכל לפיו. אחד מהאסירים החכמים ניסה לעזור לו ולימד אותו כיצד להבדיל בין קערה, כוס, כף ומזלג. אך כל פעם הגישו בכלים אחרים, ולכן צריך היה לשוב כל פעם ולשנן עמו מחדש. האסיר השלישי, שגם היה חכם, ישב ושתק ולא לימד אותו דבר. שאל אותו החכם השני: 'מדוע אתה לא עוזר לי ללמד את השוטה הזה כיצד להשתמש בכלים? כל הטרחה מוטלת עלי, ואתה יושב ושותק'. השיב לו הלה: 'אתה מתייגע עמו בכל פעם מחדש, והוא לעולם לא יבין. מחר יגישו בכלים אחרים, ואתה תצטרך שוב להתחיל מאלף־בית. ואילו אני יושב וחושב איך אפשר לפרוץ חור בקיר, כדי שיחדור מעט מאור השמש אל הבור החשוך שלנו.[21]

כאמור, בעודו איש צעיר התגורר ר' שמחה בונים בבנדין. היה לו אז חבר שגם עסק בחסידות. פעם אחת, הגיע אליהם חסיד עני, שנסע לאסוף כספים לצורך "הכנסת כלה" לבתו, ור' שמחה בונים וחברו נתנו לו כפי יכולתם. החבר היה גבאי של "קופת תיקון ספרים" בבית המדרש, ולכן הציע לו ר' שמחה בונים ללוות סכום כסף מתוך

הקופה של תיקון הספרים ולתת אותו לעני, בהבטיחו שבתוך זמן קצר הוא יחזיר את הסכום. כשבעלי הבתים מבית המדרש - שהיו "מתנגדים" ועמי ארצות - שמעו את דבר המעשה, הם רתחו על העוולה שנעשתה כאן: לקחת כסף שנאסף לתיקון ספרים ולתת אותו לאיזה חסיד המחזר על הפתחים?! כינסו אסיפה בין "מנחה" ל"מעריב" כדי להחליט כיצד להעניש את הגבאי של "קופת תיקון ספרים". הם ישבו סביב השולחנות, צעקו עליו וגדפו אותו, כאילו עבר על לאו מעשרת הדיברות. ר' שמחה בונים שמע על כך, הלך לבית המדרש וקרא: "אני אקבל על עצמי להגן על הנאשם לפני שאתם מוציאים את פסק הדין שלו. אבל קודם לכן ברצוני לשאול אתכם מה ה'פשט' של פסוק מסוים. דוד המלך עליו השלום סיים את הפרק 'אַשְׁרֵי תְמִימֵי דָרֶךְ' (תהלים קיט, א ואילך) במילים: "תָּעִיתִי כְּשֶׂה אֹבֵד **בַּקֵּשׁ**" (שם, קעו, בשיבוש המילה האחרונה, בַּקֵּשׁ) כלומר, תעיתי כצאן אובד בגלל קש (הם אכן היו עמי ארצות, ובאמת האמינו שכך יש להבין את הפסוק). מה אפוא ה'פשט'?". והוא הסביר להם במשל:

פעם אחת פרצה מגיפה בין החיות והבהמות שביער. כינסו אסיפה כדי לשקול את מי יש להעניש על כך שבגלל חטאיו פרצה המגיפה. האריה, מלך החיות, נתן פקודה שכל חיה ובהמה שעשתה פשע כלשהו תתוודה על כך בפני בית דין, שיהיה מורכב מהמלך והשרים.

הגיע נמר והתוודה: פעם אחת, כשהיה רעב מאוד ושוטט לו לחפש מעט מזון, בא מולו אדם - והוא תפס אותו וטרף אותו. המלך והשרים קיימו ישיבה והגיעו למסקנה: הוא חף מפשע. הוא היה רעב, לא היה דבר אחר לאכול חוץ מבשר אדם, ונוסף על כך, הרי הוא נמר: עליו לזלול בני אדם.

באו חיות נוספות והתוודו, ולכל אחת מהן פסקו: חפה מפשע. כך, למשל, הגיע זאב אחד, וסיפר שפעם אחת, כשהיה רעב מאוד, ראה פרה ועגל, עקב אחריהם, וזלל את הפרה ואת העגל ביום אחד. לאחר דיונים ממושכים, הגיע בית הדין לכלל החלטה: חף

מפשע. הלא הוא זאב, ולזאב זה לגמרי מתאים לטרוף פרה ועגל. לא בגלל זה הביא אבינו שבשמיים את המגיפה.

אחרונה הגיעה כבשה קטנה, כרעה בנפילת אפיים ארצה בפני השופטים הנכבדים, וסיפרה בהכנעה מרובה שהיא ביצעה עבירה נוראה. היה זה בחורף, הקור בדיר היה כבד מנשוא, בעל הבית ריחם עליה והכניסה לתוך ביתו כדי שלא תמות מהקור. והנה, בחצות הלילה, היא לא יכלה להירדם מרוב רעב, ולבה נעצב. לפתע, חשה בריח העולה מנעליו של בעל הבית, שהיה בהם מעט קש, ומרוב מצוקה, אכלה את מעט הקש. בבוקר, בעל הבית קם משנתו, והנה נעליו ריקות, ומעט הקש איננו.

כשהחיות שמעו על נבזות שכזו, הן רתחו, התחילו לחרוק שיניים וצעקו: "זה נורא! איזה פשע! בגלל הפשע שלך כולנו סובלים מהמגיפה!". כל השופטים התנפלו בכעס רב על החוטאת, וחיש מהר זללו החיות את הכבשה הקטנה.

"אתם כולכם", סיים ר' שמחה בונים, "עוברים עבירות חמורות, ואפילו אינכם מרגישים בכך. אבל את הצעיר הזה אתם רוצים להעניש על שעזר לעני בשעת דחקו!".[22]

האסון הוא שבני אדם חושבים שכדי לעשות צדק מותר לבצע מעשים של נבזות. ר' שמחה בונים סבר שעל זה הזהירה התורה במילים: "צֶדֶק צֶדֶק תִּרְדֹּף" (דברים טז, כ) - עליך לרדוף את הצדק בצדק. גם האמצעים שבעזרתם אתה חפץ להשיג מטרה צודקת חייבים להיות צודקים. וזאת, בניגוד לכלל המפורסם שהמטרה מקדשת את האמצעים.[23]

ר' שמחה בונים לימד שתמצית היהודיות היא הפנימיות, המצויה בעומק המחשבה ובעומק הלב. יש "לעבוד" על מנת להבין. עבודת הבורא צריכה להיעשות בחכמה, לא בגרזן; לא עם הכתפיים, אלא עם המוח, עם הלב; ולא בחריפות, אלא בשילוב של קדושה וחכמה.

כדי להגיע לחכמה כזו לא די בראש טוב. אפשר להרגיש את ה' ואת התורה רק באמצעות חוש אחד: חוש הלב, לא באמצעות שום

כוחות או חושים אחרים.[24] החידוש בשיטתו של ר׳ שמחה בונים הוא הזיקה בין יראת שמיים לחריפות, בין קדושה לחכמה.

היהודים הדגישו תמיד את המצוות המעשיות - אך ר׳ שמחה בונים סבר שהשכל הוא "מקור הכנסה" גדול יותר מאשר הידיים, ושכל אדם צריך ללמוד עד גיל שבעים. ואולם, השכל הוא דבר יקר; השכל והחרטה מגיעים באיחור... שׂכל שאול אינו ראוי. על כל אחד ואחד לחדד את השכל שלו עצמו.

דווקא במה שנוגע ליהודיות אי אפשר להסתדר בלי חכמה. כשיש עניין עם "ניסיונות", עם היצר הרע, אי אפשר לסמוך על ה"שֹׁמֵר פְּתָאִים [ה׳]" (תהלים קטז, ו).

אדם עיוור - חולה בעיניו; האילם - חולה בפיו; אדם טיפש - חולה בכל רמ"ח אברים. לכן, ר׳ שמחה בונים סבר, כפי הנראה, שהאסון הגדול ביותר הוא להיות טיפש. שהרי כיצד אפשר להיות הן יהודי והן טיפש? הלא זה תרתי דסתרי.

תחת הנהגתו של ר׳ שמחה בונים, היוותה פשיסחה המשך לשיטה של היהודי הקדוש. צדיקים אחרים ביקשו למלא את היהודים בהתלהבות, באהבה ויראה. "היהודי" ביקש לזכך את הנקודה, את הכנות הפנימית.

מה יוצא לי מחבית נאה, אם היין חמוץ? עם אדיקות ללא דופי אפשר לשכוח את בורא עולם. העיקר הוא להרגיש את הנשמה: הנשמה שבעצמך, שבתורה, שבעולם. האדם אינו השתקפות גרידא; הוא המקור. אם יסיר מעליו את הקליפות, יוכל להפוך את העולם למקום יפה יותר.

אצל ר׳ שמחה בונים בפשיסחה התמסרו למחשבה יותר מאשר למעשים, להכנות הפנימיות לתפילה יותר מאשר לתפילה עצמה. העיקר הוא כיצד חיים בהשקט, ביחידות. התבודדות היא עניין נאה, אבל היא מתרחשת רק כשנמצאים בין אנשים ואף אחד אינו מבחין בה. התגברות על תאוות האכילה הרי זה נאה, אבל בתנאי שאפילו עוף שפורח באוויר לא ידע על כך; לא מתגברים עליה באמצעות צומות שעושים רושם על אנשים אחרים. מומלץ מאוד לשמור על

טהרת הלשון, אבל לא כאשר יושבים לבד בין ארבעה קירות, אלא דווקא בשעת שיחה עם אנשים. יש לעבוד את ה׳ יתברך בסתר, כגנב בלילה.

חסידי פשיסחה התנהגו כאנשים ארציים לעיני כולם, ועסקו בחסידות בסודי סודות.

״הבנה״ ניצבת במדרגה גבוהה יותר מ״עשייה״

ר׳ שמחה בונים נהיה לרבי כשהפסוק ״אֱמֹר לַחָכְמָה אֲחֹתִי אָתְּ״ (משלי ז, ד) מלווה אותו.[25] החכמה הייתה עבורו כאחות יקרה ומסורה, שתמיד עומדת לצדו וקרובה אליו, והיא קרנה מתוך המשלים והדיבורים שלו.

צדיקים אחרים התפרסמו הודות ליראת השמיים שלהם, טוב לבם או המופתים שחוללו. ר׳ שמחה בונים התפרסם בשל חכמתו. נהגו לכנותו ״בונים הפיקח״.

שיטתו של ר׳ שמחה בונים דרשה בראש ובראשונה לדעת יהודיות ולהבינה. אי ידיעה והעדר הבנה הן חטא, שיש לשוב עליו בתשובה. לפי ר׳ שמחה בונים, מילותיו של בלעם: ״חָטָאתִי כִּי לֹא יָדַעְתִּי״ (במדבר כב, לד) - אינן הצטדקות אלא להיפך: בלעם מודה שחטאו התבטא באי הידיעה שלו.[26]

כלי הנשק החשוב ביותר למאבק נגד היצר הרע הוא החכמה. ״מוכיחים״ ניסו להחזיר יהודים למוטב על ידי תיאורים של ייסורי הגיהינום; ר׳ שמחה בונים שאף להביא את היהודים להתעלות באמצעות טיפוח החכמה.

מוח, שכל ודעת - סבר ר׳ שמחה בונים - הם תנאי מוקדם לחסידות. ללא מוח, היהודיות מתאבנת. כך פירש את מילות התפילה ״אתה חונן לאדם דעת״: ״אתה, ה׳ יתברך, מעניק חנינה - רק לאדם שיש לו דעת ושמגדיר את עצמו באמצעותה [אדם־דעת].[27]

״לְעֹשֵׂה הַשָּׁמַיִם בִּתְבוּנָה״ (תהלים קלו, ה) - ר׳ שמחה בונים שאל: וכי במה עושים שמיים - בחוט ומחט?! אלא הפירוש הוא: אלוהים עשה את השמיים בשביל ה״תבונה״, כדי שיתפסו את גדולת

הבורא באמצעות ההבנה. "שְׂאוּ מָרוֹם עֵינֵיכֶם וּרְאוּ: מִי בָרָא אֵלֶּה?" (ישעיה מ, כו).

"הכי קל זה לקיים מצוות, אבל העיקר בעבודת ה' הוא לדעת את מי עובדים", אמר ר' שמחה בונים. בפשיסחה רצו להדגיש את העיקר, ולהסיט את הדגש מקיום מצוות סתמי, לעבודה על ההבנה את מי עובדים. וזוהי סוגיה קשה.[28]

ר' שמחה בונים סבר ש"הבנה" ניצבת במדרגה גבוהה יותר מ"עשייה". מצוות אינן אלא כלים. כלים אלו מכילים אור רוחני, אך האור מוצנע, ואין רואים אותו בפועל ממש. הבִּינה היא האור עצמו.[29]

"מהרוקחות למדתי, שבדיוק כשם שטיפה מיותרת בתרופה עלולה להרעיל את הגוף, כך גם יכולה טיפה של מחשבה מזויפת להרעיל את הנשמה".[30]

ר' שמחה בונים התפעל מאוד ממוחו החריף של ר' אברהם אבן עזרא, הרציונליסט. "איני מבין כיצד כתפיו לא קרסו תחת משקלה של יראת השמיים שלו".[31] האם זהו רמז שהרציונליזם עשוי להיות מסווה להתלהבות רוחנית עצומה?

לא תחקה

ר' בונים הנהיג "לאו" חדש: "לא תחקה!". כוונתו הייתה להילחם בחלודה, בהתנהגות השחוקה, ביהודיות ישנה־באושה. הכלל הזה מהפכני, ועלול להחריב את אחד מיסודות המסורת. "היזהרו במנהג אבותיכם בידיכם",[32] "לעולם לא ישנה אדם מן המנהג"[33] - הוא יסוד שעליו מבוסס אורח החיים היהודי. יהודים הקפידו ביותר שלא לשבור מסורת ולנטוש מנהג; מי שרצה לנהוג אחרת - נחשב כפורץ גדר.

החסידות הייתה מיסודה דרך חדשה, שחרגה מהדרכים והמנהגים המקובלים. היהודים הקפידו מאוד שלא לשנות שום מנהג - והחסידים הראשונים שברו מסורות ונטשו מנהגים. כשהוכיחו אותם על כך, השיב ר' נחמן מקוסוב: "אַל תִּפְנוּ אֶל הָאֹבֹת" (ויקרא יט, לא) - אל תלכו בעקבי אבותיכם![34]

אבל השנים חלפו להן, והחסידות עצמה נעשתה לשבלונה, להרגל. כמו כן, הצדיקים תיקנו הרבה הנהגות חדשות, שעד מהרה נעשו מקודשות. התלמיד של הרבי, או בנו, התנהגו כמו "הרבי הקדוש" (כמו אביו או סבו הקדושים) - עובדה שנסכה חן והשרתה סגוליות על חצרותיהם של צדיקים שונים. בא ר' שמחה בונים, התייחס לכך בביטול, ורצה כך לעקור את הדבר מן השורש! אכן, דבר זה העלה את חמתם של חסידים אחרים.

רב עוקבא אמר על עצמו: "אנא חלא בר חמרא לגבי אבא" ("בהשוואה לאבי, אני כחומץ בן יין"). אבא שלי לא היה אוכל בשר יום שלם לאחר שאכל גבינה, אבל אני אוכל באותו יום.[35] שאל ר' שמחה בונים: מה הבעיה להמתין עוד כמה שעות ולא לאכול בשר? אלא שלחקות את אבא שלך ולכן להיזהר ולהקפיד ב"חומרה" שאביך נזהר בה - אינך רשאי. תהיה חומץ, ובלבד שלא תחקה!

חסידים אחרים מחקים את ההתנהגות של הרבי שלהם. "הרבי שלנו נוהג כך..." - הפך לכלל המורה כיצד להתנהג. בפשיסחה, בקוצק, לא מחקים אף אחד - גם לא את הרבי.

הכלל "לא תחקה" הוביל ליהודיות אינדיבידואליסטית. "החטא שבגללו חרבה ירושלים", אמר ר' שמחה בונים, "היה שכל אחד מדד את עצמו לפי היכולת של השני. על כל אחד לפעול בהתאם למי שהוא: עני שהוא בן תורה ואין בכוחו לתת לצדקה - שיישב וילמד; ואילו הגביר - שיתמסר בעיקר לעזרה לעניים. הלימוד שלו אינו כה חשוב כמו צדקה. אכן, כשעני מגיע לתלמיד חכם, שופך את ליבו לפניו, ומתאר עד כמה מרה דלותו, אך לתלמיד חכם אין מה לתת לו - הוא מחויב להתפלל עבורו. אך הצרה לפני החורבן הייתה שכל אחד מדד את עצמו לפי היכולת של השני, ועשה דווקא את מה שהזולת צריך לעשות. הגביר אמר לעני שהוא, הגביר, יתפלל עליו, או שבמקום לתת צדקה הוא ילמד למענו כמה דפי גמרא.

כמובן, על כולם מוטלות אותן מצוות, אך בדרכים ובמידות יש לכל נשמה סגנון של עצמה. למשל, צדיק אחד מתמסר לסיגופים; צדיק שני אוכל ושותה - ושניהם גדולים וקדושים באותה מידה.

דרכיהם של הצדיקים שונות זו מזו, מפני שכל אחד מהם הולך בדרך שבאמת הולמת את נשמתו, ואינו מנסה להתעסק בדרך לא לו. "ואם ישאלו אותי: כמה היית נותן כדי שהדרך שלך תהיה כמו הדרך של אברהם אבינו? הייתי משיב: אפילו לא פרוטה...".[36]

"כִּי הַגּוֹיִם הָאֵלֶּה אֲשֶׁר אַתָּה יוֹרֵשׁ אוֹתָם אֶל מְעֹנְנִים וְאֶל קֹסְמִים יִשְׁמָעוּ וְאַתָּה **לֹא כֵן** נָתַן לְךָ ה' אֱלֹהֶיךָ" (דברים יח, יד) - ליהודים ה' נתן את הכלל של **"לא כן"**, לא כך. יהודי אינו רשאי לעשות "כך", תמיד באותה הדרך, אלא היום כך, ומחר - אחרת; "הרגל נעשה טבע" - ויש להיאבק בזה.[37]

האמרה הזו של ר' שמחה בונים עמוקה ביותר, במיוחד כעיקרון ביחס לחשיבה בעניינים אלוהיים. שום רעיון אינו מסביר את האלוהות באופן מוחלט. כל תפיסה על אודות ה' - נדונה לכישלון; על כל מחשבה חייבת לבוא האמירה: "לא כך!".

והנה תורה מפי ר' שמחה בונים: "מה זאת אומרת להיות חסיד? חסיד הוא מי שעושה לפנים משורת הדין. הדין הוא: 'וְלֹא תוֹנוּ אִישׁ אֶת עֲמִיתוֹ' (ויקרא כה, יז); חסיד עושה לפנים משורת הדין - הוא יודע שגם את עצמו אסור לו להונות".

דא עקא, אם העיקר הוא לא לרמות את עצמך, כיצד יכול האדם לשכנע את עצמו שהוא אינו מרמה את עצמו? שהוא חסיד?

"מיהו חסיד?"
"מי שרוצה להיות חסיד".
"וכי מי אינו רוצה?".
"מי שחושב שהוא כבר חסיד!".

הן בפשיסחה והן בקוצק לימדו את חכמת אמירת ה"לא" ל"עצמי", למדרגות הבינוניות, לרעיונות של "מהיכי תיתי".[ג] **לא כן!**

ג. "מהיכי תיתי" - לא משנה, שיהיה.

תפקידו של הצדיק

רבי של חסידים הוא כמו אבא, שבאים אליו לשפוך את הלב, לבקש ברכה, לשאול עצה בעניינים של פרנסה, מסחר, שידוך, או בעניין צער גידול בנים. "דאגה בלב איש ישיחנה" (ע"פ משלי יב, כה) - כשכואב, נוסעים לרבי. הרבי מקשיב כמו אבא נאמן, לוקח ללב את צערם של חסידיו, נותן עצה, מנחם, מעודד, מחזק, ומפיח בנפשם רוח חיים.

אבל בפשיסחה התנגדו לנוהג הזה. הלא זו הייתה הסיבה שבגללה היהודי הקדוש והחבורה שלו פרשו מהדרך של הרבי מלובלין.

גם תפקידו של הרבי משתנה בשיטת פשיסחה. לפי השיטה של ר' אלימלך מליז'נסק והחוזה מלובלין, הצדיק הוא הן מורה דרך ביהודיות והן פועל ישועות בגשמיות. לפי השיטה החדשה, הצדיק הוא בעיקר מורה דרך ביהודיות.

לפי שיטת לובלין, החסיד תלוי ברבי שלו אפילו בתחום הרוחני. ר' מאיר'ל מאפטא, תלמיד של "החוזה", פירש: "קָרוֹב ה' לְכָל קֹרְאָיו לְכֹל אֲשֶׁר יִקְרָאֻהוּ בֶאֱמֶת" (תהלים קמה, יח) - אבינו שבשמיים קרוב למי שדבוק בצדיק.[38] יהודי לא יכול למצוא תיקון לנשמתו ללא עזרתו של הצדיק.[39] אמונה בצדיקים היא יסוד החסידות.[40] ואילו בפשיסחה, ועוד יותר בקוצק, רק לעתים רחוקות דיברו על אמונת חכמים. כל אחד חייב לעמול על היהודיות בעצמו; הרבי רק עוזר.

האמונה בכוחותיו העצומים של הצדיק טומנת בחובה את הסכנה שהחסיד יסתמך יותר מדי על הרבי שלו: הרבי יתקן אותו, יפעל למענו. ר' שמחה בונים - וכבר קודם לכן "היהודי" - הזהירו מפני הרעיון הזה ונלחמו כנגדו. כל אחד צריך לעמול בעצמו, והעיקר הוא מה שאתה עושה בעצמך.[41]

בנוגע לשאלה באיזו מידה יכול חסיד לקבל את ההשפעה של הרבי שלו, נשתמרה שיחה בין ר' שמחה בונים ל"יהודי":

"באמצעות הקשר של החסיד לרבי מקבל החסיד את המדרגות של הרבי", אמר פעם "היהודי", "'כל המחובר... לטהור - טהור'".[42]

> ר׳ שמחה בונים התפלא: "וכי יש צדק בכך שחסיד יקבל בקלות רבה שכזו את מדרגותיו של הצדיק, שלא נהנה מהעולם הזה?".
> "זו עבודה רוחנית גדולה להיות מחובר לצדיק אמיתי. זה קשה יותר מאשר להיות צדיק", ענה "היהודי".[43]

ואולם, כנראה, כבר "היהודי הקדוש" הרגיש שכוחו של הצדיק זוכה להערכת יתר, שקיימת סכנה כשהחסידים אינם עושים דבר בעצמם וסומכים לגמרי על הצדיק. אכן, "צדיק גוזר והקדוש ברוך הוא מקיים", אבל כשהחסידים אינם עושים דבר בעצמם וסומכים לגמרי על הצדיק, אז הצדיק אינו יכול לעשות שום דבר למען החסיד. "עָזֹב תַּעֲזֹב עִמּוֹ" (שמות כג, ה) - עזור לו אתו.[44]

אלוהים שם ולא כאן?

אמונה משמעה הבנה, הבנת הלב, שיש אלוהים בעולם. "שְׂאוּ מָרוֹם עֵינֵיכֶם"! (ישעיהו מ, כו) - "וּרְאוּ מִי בָרָא אֵלֶּה" (שם).

ראייתו של ר׳ שמחה בונים את החכמה הייתה רחוקה מאוד מרציונליזם יבש. הוא לא ראה בעין יפה את אלה שסברו ש"חכמות וחקירות" הן דרך למצוא את ה׳. הרציונליסטים מבקשים להשיג אותו "מִשָּׁם", מעבר. אבל את האמת הטהורה אין למצוא שם, מעבר, אלא בפנים, בתוך עצמך. אנשים מחפשים את אלוהים "מִשָּׁם", במקום אחר, אבל האמת היא שעליך לחפש "כאן", בלב שלך. המזכך את מידותיו מוצא את האלוהות בליבו שלו. ויש לחפש עם כל הלב והנשמה. ר׳ שמחה בונים סבר, כנראה, שהמוח והלב הם זוג, שני צדדים של מטבע אחת. "וּבִקַּשְׁתֶּם מִשָּׁם אֶת ה׳ אֱלֹהֶיךָ וּמָצָאתָ כִּי תִדְרְשֶׁנּוּ בְּכָל לְבָבְךָ וּבְכָל נַפְשֶׁךָ" (דברים ד, כט) - אם תחפשו את אלוהים "משם", תמצאו שלא שם עליך לחפשו, אלא בתוך כל לבבך ובתוך כל נפשך. "תּוֹרַת אֱלֹהָיו בְּלִבּוֹ" (תהלים לז, לא) - יש חוש אחד בלבד, שבאמצעותו אפשר להשיג את תורת ה׳: הלב.[45]

כשחסיד אחד הגיע בפעם הראשונה לפשיסחה, סיפר לו ר' שמחה בונים את המעשייה הבאה:

פעם אחת חלם יהודי מקראקוב - ר' אייזיק בן ר' יעקלס - שבעיר פראג, ליד הגשר הסמוך לארמון המלך, טמון אוצר גדול. הוא התעורר משנתו, וכמובן אמר: "דברי חלומות לא מעלין ולא מורידין".[46] ואולם, לאחר שהחלום חזר על עצמו כמה פעמים, החליט האיש ללכת לפראג ולחפור כדי לגלות את האוצר. הוא היה יהודי עני, והוא נאלץ לגרור את רגליו בדרכים במשך שבועות ארוכים, אבל מה לא עושים בשביל למצוא אוצר?
כשהגיע לפראג, ראה שאכן ליד ארמון המלך יש גשר, ואולם הצרה היא שליד הארמון גם ניצבים שומרים, שלא ירשו ליהודי זר שכמוהו, מקראקוב, להתחיל לחפור ליד ארמון המלך. ר' אייזיק הסתובב ליד הגשר לילות כימים בהרהורים: אולי יסתלקו השומרים? אך כאשר משמרת אחת עזבה את מקומה, מיד התייצבה במקום משמרת אחרת.
בינתיים, בעיני מפקד השומרים נראה הדבר חשוד שיהודי זר מסתובב שם יומם ולילה. הוא קרא לו, והתחיל לחקרו. בתחילה, ר' אייזיק לא רצה לגלות את סודו, אבל כיוון שלא יכול היה לחפור ללא רשותו של המפקד הזה, הוא סיפר לו על החלום.
כשמפקד השומרים שמע את זה, הוא פרץ בצחוק גדול: "כיצד מסוגל אדם מבוגר להאמין בחלומות מטופשים, ולהיסחב בגלל זה מקראקוב עד לפראג? אני, למשל, חלמתי שאצל יהודי אחד מקראקוב, ששמו ר' אייזיק בן ר' יעקלס, נמצא מטמון של זהב ויהלומים מאחורי התנור - וכי בגלל זה אלך לקראקוב לחפש את האוצר?".
ר' אייזיק הבין שהוא היה מוכרח להיסחב עד פראג כדי לשמוע ממפקד השומרים שהאוצר האמיתי אינו טמון בנכר אלא אצלו בבית.[47]

מה היה רצונו של קורח כשהוא התחיל את המרד נגד אהרון הכהן? קורח רצה לזכות להתפלל בקודש הקודשים, שם מתפלל הכהן הגדול פעם אחת בשנה, ביום הכיפורים. הטעות שלו הייתה שהוא לא הבין שתפילה כזו אפשר להתפלל בכל מקום בעולם.[48]

מהי הדרך הטובה ביותר לדבקות מתמדת באבינו שבשמיים? האם מעשים יביאו לכך? כדי לעשות מעשים נדרשים דברים חיצוניים; זה לא תלוי רק באדם עצמו. ולפעמים, האמצעים הדרושים למעשים מסוימים חסרים. למשל, וכי אדם עני יכול לתת צדקה? ומה לגבי דברי תורה? לעתים, ראשו של אדם טרוד ומוחו אינו מסוגל להגות בדברי תורה. מה יעשה אז? תשובתו של ר׳ שמחה בונים היא: תפילה. תמיד אפשר להתפלל; תפילה אינה תלויה בשום עניינים חיצוניים. כדי להתפלל לא נחוץ דבר מלבד האדם עצמו.[49]

ר׳ שמחה בונים דרש שהאדם לא ירמה את עצמו. מה זאת אומרת ״לרמות את עצמו״? ״לרמות את עצמו״ משמע להאמין בכנות בדבר שאינו אמת בנוגע לעצמו. כנות היא תכונה שכוללת סתירה פנימית. האדם מאמין על עצמו, באמת ובתמים, בדבר מה שאינו אמת. וזו היא רמאות עצמית - להאמין על עצמך במשהו שאינו אמת.[50]

בפשיסחה ובקוצק לא רימו את עצמם, תמיד תבעו דין וחשבון, וקראו את עצמם לסדר. אם בודקים בשבע עיניים, מגלים שעל כל גב יושבת לה גיבנת. ואחרי שמיישרים את הגיבנת, מתחילים לסבול מטחורים. מכל תירוץ נולדת קושייה חדשה.

החסידות חידשה מנהג: חסידים עזבו את הבית כדי לנסוע לרבי לשבת או לחג. לעזוב את הבית משמע לעזוב את כל מה שיש לו קשר לעולם הזה: הרגלים, אינטרסים אישיים, רכוש, נוחות וכן הלאה. השהות אצל הרבי העניקה לחסיד רוממות רוח מחודשת, והוא נסע חזרה הביתה כאדם חדש.[51]

ר׳ מנדל רצה לעקור את תלמידיו מהתענוגים ומהנוחות שמרגישים כשגרים בבית. ״הולך ואינו עושה - שכר הליכה בידו״ (אבות ה, ד). שאל ר׳ מנדל: הרי האדם לא עשה כלום, אז עבור מה

מגיע לו השכר? אלא שעצם ההליכה וההתנתקות מהבית היא פעולה טובה, שעבורה אכן מגיע לו שכר.

ר' יצחק מאיר התאונן: המנהג לנסוע לרבי, שנועד כדי לעקור את האדם מן ההרגלים, הפך גם הוא להרגל! עוזבים את הבית, אבל באמת סוחבים איתם את כל הבית.[52]

תורה וחסידות

תורה בלי חסידות - פשוט לא מתאימה.

ר' שמחה בונים ביקר פעם בעיר פוזנן אצל הגאון הגדול, ר' עקיבא איגר. הם נכנסו לחדר פרטי.
"אמור נא לי 'תורה'", ביקש ממנו ר' שמחה בונים.
"אמור אתה", ענה ר' עקיבא איגר.
"אני סגי נהור היושב בבית, ואינו רואה. אכן, יש לי מישהו שמקריא לי את מה שכתוב, ואני אומר על כך 'תורה', דרשנות. אני 'מגיד'. אבל קושיה אחת מטרידה אותי: פוזנן היא מקום שלומדים בו תורה, והתורה 'מגנא ומצלא בין בעידנא דעסיק בה בין בעידנא דלא עסיק בה' (התורה מגנה ומצילה הן בשעת הלימוד, הן שלא בשעת הלימוד). מדוע, אם כן, אין פוזנן ניצלת (מההתבוללות)?".
לר' עקיבא איגר לא היה מענה לשאלה.
המשיך ר' שמחה בונים: "התירוץ שלי הוא שלפני שהחלו ימות המשיח, די היה בלימוד ה'נִגלה'.[ד] אבל כיום, בימות המשיח, לימוד ה'נגלה' אינו מספיק. כיום, חובה להתמסר לעיסוק ב'נסתר', בפנימיות, במה שבלב. ברגע האחרון לפני שהנר עומד

ד. "נִגלה" - התורה הגלויה, בדרך כלל החלקים ההלכתיים של הגמרא (וכאן בצירוף הפירוש הלמדני "תוספות", או מיד בדגש על "חושן משפט", כינוי לחלק הממוני של ההלכה), בניגוד ל"נסתר", תורת הסוד.

להיכבות, הלהבה גוברת וגדלה. אנחנו עומדים על סף הגאולה, ולכן היצר הרע, העומד להיכלות, דווקא מתחזק יותר. בשנים עברו יכלו להסתפק ב'נגלה', אך כיום, כשאנו עומדים לפני בוא הגאולה, כשהיצר הרע עומד להיכחד, הוא מתחזק עוד יותר. לכן עלינו להתמודד ולנצח אותו בפנימיות".[53]

ר' יצחק מאיר שוחח פעם עם רבה של ורשה, ר' בעריש מייזליש, על ר' יהונתן אייבשיץ ועל גדלותו בלימוד וקדושת נשמתו. הוא אמר שאלמלא המחלוקת והרדיפות שהפריעו לו מאוד, הוא היה מגיע למדרגות הרוחניות שהשיג ר' שמחה בונים.[54] אכן, ר' שמחה בונים עצמו היה גדול בתורה, אך גדלותו כללה כוחות הגבוהים מלמדנות.

העמל על העצמי, זיכוך הפנימיות, ההתבוננות באדם בִמקום ב"שמות קדושים", ייחודים ועולמות עליונים - כאן טמון הבדל חשוב בין דרכו של "היהודי" לדרכו של החוזה מלובלין.

"החוזה" כתב שבנעוריו היה לו חשק לכתוב פירוש על "סדר קדשים".[55] תלמידו, ר' צבי הירש מזידיצ'ב, כתב פירוש לספר הזוהר, "עטרת צבי", בשני כרכים. מה היה חלומו של ר' שמחה בונים?

> רציתי לכתוב ספר, בגודל של רבע גיליון נייר, שהייתי נותן לו את הכותרת "אדם", ושבמרכזו היה עומד האדם השלם. אבל התחרטתי ולא עשיתי זאת.[56]

ר' שמחה בונים בלט בין כל הצדיקים בתולדות החסידות בבקיאותו בענייני חולין. הוא הבין את כוח המשיכה של העולם הזה, והכיר היטב את העולם המערבי. אולי משום כך הוא העלה את הרעיון שמבחינה רוחנית כל העולם הזה אינו יותר מאשר השערה, סברה. המסקנה תגיע בביאת המשיח.

בגמרא מוצאים אנו לעתים קרובות שלפני שמגיעים למסקנה כלשהי, מציגים "הוה אמינא", סברה שעתידה להידחות, טיעון שאפשר היה להעלות - יכולתי להעלות סברה כזו וכזו, אבל היא לא הייתה

נכונה. ר׳ שמחה בונים סבר שעלינו להעמיק מאוד כדי להבין כל "הוה אמינא" שבגמרא. כך גם העולם הזה כולו הוא "**הוה אמינא**", והמסקנה תהיה: "אָז אֶהְפֹּךְ אֶל עַמִּים שָׂפָה בְרוּרָה לִקְרֹא כֻלָּם בְּשֵׁם ה׳ לְעָבְדוֹ שְׁכֶם אֶחָד" (צפניה ג, ט).[57]

יש לי די קדושה לכל יהודי

הקיום של היהודי מורכב ממתח מתמיד ומחריד בין שני כוחות: היהודי שבאדם והשטן שבאדם. השטן אינו כוח המצוי במרחקים.

"וַיֹּאמֶר: לֹא יַעֲקֹב יֵאָמֵר עוֹד שִׁמְךָ כִּי אִם יִשְׂרָאֵל... וַיִּשְׁאַל יַעֲקֹב וַיֹּאמֶר: הַגִּידָה נָּא שְׁמֶךָ. וַיֹּאמֶר: לָמָּה זֶּה תִּשְׁאַל לִשְׁמִי?" (בראשית לב, כט-ל) - מאבקו היחיד של יעקב עם המלאך, בדיוק לפני שהיה עליו להיפגש עם עשו הרשע, הוא סיפור מסתורי מאוד בחומש בראשית. ר׳ שמחה בונים סבר כנראה שהמלאך הזה היה השטן, ולכן המלאך לא היה מוכן לגלות את שמו. יעקב אבינו נאבק עם השטן, וזוהי מהותו של היהודי: המאבק עם השטן. השם "ישראל" מבטא זאת: ערכו בגימטריה שווה ל"יעקב" ו"שטן" יחדיו (541).[58]

את הפסוק "הִנֵּה לֹא יָנוּם וְלֹא יִישָׁן שׁוֹמֵר יִשְׂרָאֵל" (תהלים קכא, ד) פירש ר׳ חנוך כך: "אל תישנו - שמרו על היהודיות". ללא שמירה מתמדת, אפשר בקלות להיכחד. "בלגימה אחת של מים רעים - היהודי עלול לטבוע", אמר ר׳ שמחה בונים.[59]

ר׳ שמחה בונים איחד באישיותו הומור ורצינות עמוקה. הוא הרגיש שיהודי מסוגל להגיע למדרגות גבוהות, אך גם יכול להתנפץ לרסיסים על ידי ה"סמך-מם".[ה]

על מה חשבו בפשיסחה? הם נהגו לומר שהמילה "גוף" היא נוטריקון [בעיבוד מהמקור ביידיש]: **גוף בא לו פרוסה, גוף בא לו פיפי, גוף בא לו פיהוק**. והיו משיבים: **גוף סופו פגר, גוף סופו פירור, גוף בא לו חרף**.[60]

ה. "סמך-מם" - כינוי של השטן, סמאל.

ר׳ חנוך סיפר זאת וסיים את דבריו: ״אל דאגה. המצווה היחידה בתורה שמשה צריך לומר ׳אֶל כָּל עֲדַת בְּנֵי יִשְׂרָאֵל׳ היא ׳קְדֹשִׁים תִּהְיוּ׳ (ויקרא יט, ב). אילו אמר זאת משה ׳אֶל רָאשֵׁי הַמַּטּוֹת׳ (במדבר ל, ב) - מנהיגי השבטים - היה יהודי פשוט יכול לומר: ׳מה לי ולקדושים תהיו? - זה מיועד רק לראשי המטות, לגדולי ישראל׳. לכן כתוב: ׳אל כל עדת בני ישראל׳ - כל יהודי יכול להיות קדוש. ככתוב ׳כִּי קָדוֹשׁ אֲנִי ה׳ אֱלֹהֵיכֶם׳ (ויקרא יט, ב) - ישנה אימרה: ׳כשהאבא עשיר, לבנו אין דאגות׳. ׳כי קדוש אני׳ - יש לי די קדושה לכל יהודי״.[61]

״פתחו לי פתח״[62] - ״כיצד פותחים לה׳ יתברך את הדלת? דופקים עליה כל הזמן עד שהיא נפתחת״, אמר ר׳ שמחה בונים.[63]

רבן יוחנן בן זכאי בכה לפני פטירתו: ״אולי יהיה עלי ללכת לגיהינום״.[64] נשאלת השאלה: וכי יהודי קדוש כזה יחשוב כך? אמר ר׳ שמחה בונים: ״אם היה רגע אחד בכל ימי חייו ללא מורא מפני ה׳ יתברך, אז כל הגיהינום כולו אינו מספיק בשבילו. ואם כן, מדוע לא יבכה?״.[65]

ההתנגדות לר׳ שמחה בונים

ר׳ שמחה בונים, ממלא המקום של היהודי הקדוש, לא היה דומה לרבו כלל בכמה פרטים חשובים. ״היהודי״ היה אדם מסוגר ומסויג, ״יושב אהלים״, סגפני, שונא כסף ומרוחק מהעולם הזה. ר׳ שמחה בונים היה אדם שמעורב עם הבריות, מכניס אורחים, מאיר פנים, איש העולם שטייל בהרבה מקומות, רוקח ודובר פולנית וגרמנית. גם בהשקפותיו על הגשמיות, הפרנסה ועניני העולם הזה, היה ר׳ שמחה בונים קרוב יותר לשיטתו של ״החוזה״ מאשר לשיטתו של ״היהודי״.

ר׳ שמחה בונים סבר שהעוני הוא עונש, שכל עני יצטרך פעם לתת דין וחשבון מדוע הוא עני.[66] ״מי שמתפלל על יראת שמיים, ולא על פרנסה - סימן הוא שבקשתו על יראת שמיים לא באה מכל הלב. שכן האחת ללא השנייה - בלתי אפשרית״, אמר.[67]

הוא היה שונה מכל הצדיקים. הוא מעולם לא היה רב או "כלי קודש".[ו] להיפך, כאמור, הוא היה סוחר עצים, והייתה לו תעודת רוקח; הוא הרבה לנסוע ברחבי גרמניה ולעתים קרובות ביקר בדנציג ובלייפציג. הוא אף התלבש בבגדים מודרניים, התרועע עם אנשים קלים ופוחזים, עם פושעים, שיחק עמם קלפים ולפעמים אפילו הלך לתיאטרון. רוקח המכין מרשמים - אדם כזה נהיה לרבי?![68] מי שמע כדבר הזה?! כיוון שכך, היו לו הרבה מתנגדים שירדו לחייו. הם היו מכנים אותו "הסוחר מדנציג", "הנוכל מדנציג". יריביו גם שלחו לו את הספר "שבט מוסר" שנכתב ביידיש [כספרות עממית], כדי לומר לו שעליו ללמוד יהודיות.[69] נוסף על הצרות הללו, ר' שמחה בונים ירש מרבו לא רק תלמידים, אלא גם יריבים ומתנגדים ישנים, שעוד בחייו של ה"יהודי" עשו לו צרות. ואולם, ר' שמחה בונים התפרסם לטובה הודות לחוכמתו, למדנותו וקדושתו, ו"בני עלייה", כמו גם סתם יהודים, חשו את כוח המשיכה שלו. וכמובן, הדבר רק הגביר את הקנאה בקרב יריביו.

אחד ממתנגדיו החריפים של ר' שמחה בונים, ר' שמעון דייטש מז'ליכוב, לא היה מסוגל לתפוס כיצד סוחר יערות, הנוסע לדנציג ולובש בגדי סוחרים כאיש מודרני - נהיה לרבי, מנהיג הדור. הוא שלח הודעה לפשיסחה: על ר' שמחה בונים להכיר בו, כיוון שהוא, ר' שמעון, ניצב במדרגה גבוהה מאוד בשמיים. השיב לו ר' שמחה בונים: "אני אכן במקום נמוך מאוד בשמיים. אבל 'כִּי רָם ה', וְשָׁפָל יִרְאֶה, וְגָבֹהַּ מִמֶּרְחָק יְיֵדָע' (תהלים קלח, ו) - למרות שה' גבוה הוא רואה דווקא את הנמוך, ואילו את הגבוה הוא רק יודע מרחוק".[70]

ר' משה מקוז'ניץ כתב במכתב לר' שמחה בונים: "עיקר תפילתי היא - להשיג 'מוחין', להגיע להשגות ולמדרגות באמצעות לימוד תורה, ולא דרך עשיית עסקים וביקור בתיאטראות בדנציג".[71]

ו. "כלי קודש" - כינוי לאנשים שכל עיסוקם בתחום הדת.

ואולם, המתנגד הוותיק של היהודי הקדוש, ר' מאירל מאפטא, שבו כפי הנראה בחר החוזה מלובלין כממלא מקומו, לא הסתפק בכך ורדף עד חָרמה את חסידי פשיסחה.

שני צעירים נכנסו אליו פעם.
"מאין אתם?", שאל אותם.
"מפשיסחה", ענו.
"לכו לכל הרוחות!", צעק עליהם.[72]

אחד הנימוקים במחלוקת על דרכו של הרבי מפשיסחה התמקד בכך שהחל מזמנו של "היהודי" לא הקפידו בפשיסחה על זמן התפילה.

ר' מאיר'ל מאפטא שאל את ר' שמחה בונים מדוע אין הוא מתפלל מיד בהשכמת הבוקר?
ענה לו: "'לעולם יהא אדם ירא שמיים בסתר ובגלוי, ומודה על האמת ודובר אמת בלבבו' (קטע תפילה הנאמר לאחר ברכות השחר); רק מי שיש בו המידות הללו - 'וישכם ויאמר' (המשך הקטע) - יכול להתפלל בהשכמה".

ר' מאיר'ל מאפטא סיפר: כשנפטר היהודי הקדוש, תקפו אותו אלפי אלפים של נשמות, בטענה שבגללו לא הקפידו על זמן התפילה. "רק משום שהוא היה היהודי הקדוש, הוא הצליח, בקושי, להיחלץ מהן".[73]

ר' אורי מסטרליסק, "השרף", אמר: "היהודי מפשיסחה רצה 'להמשיך'[ז] מלמעלה דרך חדשה לעבוד את ה' יתברך בתורה ותפילה. דבר כזה עוד לא היה. אך הוא נפטר באמצע משימתו ולא סיים אותה. כיוון שכך, אנשים ההולכים בדרכו, שהתקיימה בסתר, יסטו מן הדרך (שלו)".[74]

ז. "להמשיך" - מונח קבלי שמשמעותו: למשוך שפע מהעולמות העליונים.

ר׳ מאיר׳ל מאפטא שלח לר׳ שמחה בונים משלחת של שני חסידים שלו, כדי לשאול אותו: ״היעלה על הדעת?! שסוחר מדנציג יהפוך לרבי?!״.
כשהטיחו בו יריביו את הטענה שחי ״חיים חילוניים״ בצעירותו, ענה להם כך: ״אני אוהב הפקרות. להיות ׳איש מופקר׳ זה דבר גדול. במה דברים אמורים? כשאדם מפקיר את עצמו, אך לא את האחרים״.[75]

ר׳ שמחה בונים לא התבייש כלל בעברו. אדרבה, הוא ראה את היכרותו עם העולם החילוני כיתרון. כך אמר: ״ר׳ מאיר׳ל מאפטא הוא איש אלוהים משחר ילדותו. הוא אינו יודע כיצד חוטאים, ואינו יודע מה חסר לאנשים שבאים אליו. אני הייתי בדנציג, בתיאטראות, אני מכיר את משמעות החטא. כשאני חוזר הביתה ורואה עץ עקום, אני מכה בו מכל עבר עד שאני מיישר אותו שיהיה כמו קיר, ואז אני נותן לו נשמה קדושה״.[76]

עוד לפני שנהיה לרבי, היו כלפיו טענות שאינו מתנהג בצניעות מספקת, כיאה לחסיד. ר׳ נפתלי מרופשיץ אמר: ״איני נלחם ברבי מפשיסחה, הוא צדיק. אבל הדרך שלו מסוכנת לאחרים. אנחנו צריכים לעמול שנים כדי להגיע למדרגה, ל׳התלהבות׳, ואילו בפשיסחה מקבלים זאת תוך זמן קצר. ה׳סטרא אחרא׳ עלול להתערבב שם, חס ושלום!״.[77]

ר׳ יחזקאל, אדם מסוים שהכיר את ר׳ שמחה בונים כשעוד היה רוקח, סיפר:

כשהתגוררתי בפשיסחה, היינו מיודדים. היו פעמים שהלכתי אליו, והיו פעמים שהוא בא אליי. פעם אחת נכנסתי לבית המרקחת שלו, וראיתי על הדלפק כלי הקשה קטן, שמקישים עליו באצבעות. נכנסה אישה גויה אחת עם מרשם, והוא הכין לה את התרופה ביד אחת, ובידו השנייה הקיש בכלי הנגינה. היה בלבי

עליו. כאשר הלכה אותה אישה, אמרתי לו: "ר' שמחה בונים, זה חילול השם!". אך הוא השיב לי: "אתה חסיד שוטה!". הלכתי הביתה וחשתי בלבי עליו. בלילה בא אליי (בחלום) הסבא, ה"פני יהושע", ואמר לי: "אל תבלוש אחרי שמחה בונים מפשיסחה, הוא מאיר את כל ההיכלות שבשמיים!".[78]

החבורה של פשיסחה

בין תלמידיהם של הבעל שם טוב והמגיד ממזריץ' היו הרבה מגידים ומוכיחים שהיו הולכים מעיר לעיר ונושאים דרשות בפני הציבור. פעילותם גם מסבירה, באופן חלקי, כיצד החסידות התפשטה במהירות עצומה. אך בפשיסחה־קוצק אין מגידים. כאן יושב טיפוס מסוג אחר: למדנים, שלא רוצים להיות רבנים. ר' שמחה בונים תבע מתלמידיו ללמוד ש"ס ופוסקים. ואכן, רק למדן יכול היה להיות חלק מהחבורה. הם היו עטופים באחוות חברים ודיבוק חברים. גינונים חיצוניים, הנאות העולם הזה, כבוד - היו מאוסים שם. איש לא פנה אל רעהו בלשון רבים, "אתם" [כנהוג ביידיש], כי אם בלשון יחיד, "אתה", משפחתי. אחד היה זקן והשני צעיר, אחד רב והשני "בעלבת" - אך שררה ביניהם קירבה עמוקה מעצם השתייכותם לחבורה, ואפילו חלקית, כאילו היו אחים, קרובי משפחה או חברים מילדות.

חסידים אחרים באו אל הרבי שלהם לשבת או לחג, ומיד אחר כך היו נוסעים בחזרה הביתה. בפשיסחה התלמידים נשארו למשך חודשים. כמעט כולם שם היו עניים. לכן, הייתה להם קופה משותפת, והם חלקו במעט הכסף שהביאו עמם. לא טעמו שם מעדני מלכים. יצאו ידי חובת אכילה בפיסת לחם, מעט תבשיל ירקות, ולכבוד שבת - חתיכה קטנה של בשר. מצד שני, הם אהבו לשתות יי"ש, ודווקא "שליש" - שני שליש אלכוהול, ורק שליש מים. יש לשתות יין שרוף, הם אמרו, כדי "לשמור על המוח", כדי שלא ליפול, חלילה, מהמדרגות הרוחניות.

ר׳ מנדל וחברו ר׳ יוקלה [יעקב] מרדזימין באו לרבי לחנוכה. אחרי חנוכה הם החליטו להישאר אצל הרבי כל החורף. כסף למחיה אין, אבל לכל אחד מהם היה מעיל פרווה חורפי. המעיל של ר׳ מנדל היה שווה שמונה זהובים, וזה של ר׳ יוקלה - ארבעה זהובים בלבד. הם החליטו למכור את המעיל של ר׳ מנדל, וללבוש בשותפות את זה של ר׳ יוקלה, ומשמונת הזהובים הללו פרנסו את עצמם כל החורף. אחרי פסח הם החליטו להישאר אצל הרבי כל הקיץ. הם מכרו את המעיל של ר׳ יעקב ומזה חיו כל הקיץ, ונשארו כבר בפשיסחה בימים הנוראים ובסוכות. בשמחת תורה, אחרי ה"טיש" של ר׳ שמחה בונים, רקדו השניים ארבע שעות ללא הפסק, עד לתקרה...[79]

הם קיימו מצוות בצנעה, כך שאיש לא יראה, אך התנהגו כקלי דעת ופורצי גדר - קבל עם ועדה. בדרך זו הם רצו לרמות את היצר הרע, ולהיפטר מ"פניות"[ח] ומגאווה.[80] עדויות על ה"קטעים הפרועים" שלהם השתמרו אצל מתנגדיהם. לדבריהם, חסידי פשיסחה בוורשה סימנו בשבת לבעלי העגלות שיעצרו את כרכרותיהם, כדי ליצור את הרושם שהם רוצים לנסוע בשבת. וכשהכרכרות נעצרות - הם מיהרו לברוח.[81]

ראש השנה. חסידי פשיסחה בוורשה קמו משנתם השכם בבוקר, סיימו במהירות את תפילות שחרית ומוסף, והתיישבו ללמוד שיעור בעיון בבית המדרש. הציבור הגיע מאוחר יותר, והתפלל בכוונה רבה, אבל חסידי פשיסחה לא התפללו. הם ישבו ולמדו, כאילו היה זה יום רגיל, ככל ימות השנה.

לעתים קרובות, הם למדו כל הלילה ולתוך היום עד שעת הצהריים. אחרי הצהריים הם היו מתפללים במהירות רבה, והיו קצת עייפים. הם חששו מנפילה לגאווה, ולכן התיישבו לשחק קלפים, כדי להיות ללעג ולקלס בעיני כול.

ח. "פניות" - מניעים זרים, כוונות צדדיות שאינן לגופו של עניין.

אפילו כשאתה נזכר שקיימת מצווה זה מריח מיוהרה. מעט גילויי הנדיבות צריכים להיות בצנעה, כך שאפילו עוף השמיים לא יידע על כך.

חסיד פשיסחה אחד היה נוהג לעסוק בהכנות ממושכות לתפילה, ולהתפלל [שחרית] מאוחר מאוד אחרי הצהריים. פעם אחת החליט להתפלל "ותיקין", ולראות כיצד נראית התפילה כשמתפללים עם שחר. באותו היום הבחינו בעלי הבתים שהוא אינו מתפלל אחר הצהריים, ויצאה שמועה שהוא אינו מתפלל כלל. היה הוא "מלמד" במקצועו, ולכן איבד את פרנסתו.
אבל חסיד פשיסחה אינו יכול לומר: התפללתי. הלא זו תהיה יוהרה! אז הוא נסע לפשיסחה.
אמר לו ר' שמחה בונים: "ודאי, אי אפשר לספר לאנשים שהתפללת בכנות. אבל הלא יכולת להגיד שבאותו בוקר 'מדדת טלית ותפילין' [כלומר, התפללת ללא כוונה]".
נסע החסיד הביתה, עלה על בימת בית המדרש וקרא: "בפקודת רבי הקדוש הריני מודיע לכם שביום ההוא 'מדדתי טלית ותפילין' עם שחר"...

הם היו צוחקים על התנהגות מוחצנת. מגיע ערב יום כיפור, יהודי לובש "קיטל" לבן, בוהק כמו כסף, והולך לבית הכנסת כשהוא מלא בהרגשת ערך עצמי. בפשיסחה היו צוחקים עליו, וזה עורר את כעסם של ה"בעליבתים".

לא כל מי שרצה להצטרף לחבורה התקבל. לעתים, קיבלו צעיר לתקופת ניסיון. צעיר זה היה מכונה "חניך". הוא נשאר בפשיסחה חודשים אחדים, והם נתנו לו פקודות והעבידו אותו כמשרת שעשה את העבודות הבזויות ביותר. ניסו אותו עשרה ניסיונות לפני שהוא היה יכול להיות חלק מהחבורה.

לילות שלמים הם היו יושבים ולומדים. בבוקר, בזמן שהציבור התפלל (הם אהבו להתפלל בבתי כנסת של "מתנגדים") - הם

ישבו ועישנו מקטרת ארוכת קנה. לפי עדות מבקריהם, החזן אמר "ברכו" ו"קדושה" - והם לא נעמדו ולא השתתפו עם הציבור. ומה התירוץ? - הם עדיין לא הגיעו לשם, הם עדיין לא סיימו את ההכנות לתפילה! הם התעסקו בהכנות לתפילה במשך שעות הן לפני הצהריים, והן אחר הצהריים - הרבה אחרי "זמן תפילה" [של שחרית] - ואז הם התעטפו בטלית ותפילין, והתפללו בכוונה רבה, אבל במהירות: כמה דקות, לא שעות כמו אצל חסידים "אדוקים". לא צריך יותר מכמה דקות, והרי ממילא אי אפשר לרכז את המחשבה זמן רב מדי - הייתה הטענה.

הם לא החזיקו מימי צום (חוץ מתשעה באב ויום כיפור). פעם בצום גדליה, יהודים הלכו בבוקר לומר "סליחות" ופגשו חסידי פשיסחה - הפעם אחרי שכבר התפללו - יושבים ואוכלים בייגלך חמים וטריים, ישר מהאופה.

הם לא החזיקו מתפילה בציבור, אך לעתים קרובות נפגשו לשתות בצוותא יי"ש ולשחק בקלפים. שתי הפעולות הללו היו, כפי הנראה, הכרח פסיכולוגי, כדי להקל על המאמץ והמתח הרוחני.

תלמידו של ר' שמחה בונים, ר' יצחק מוורקי, אמר: "כשיבוא המשיח, ייצאו יהודים לקראתו עם כוסיות של יי"ש ביד, כדי להראות לו ממה הם שאבו כוח בגלות המרה והחשוכה".

יחידים

ר' שמחה בונים סיפר:

> כשהבעל שם טוב ייסד את דרך החסידות, יצא היצר הרע מגדרו ושאל בעצתם של הנגררים אחריו: "מה עושים? חסידיו של הבעל שם טוב עוד ישרפו את העולם עם הקדושה שלהם". עד שעלה רעיון בראשו של היצר הרע: להוסיף חסידים לחסידיו של הבעל שם טוב.

בא היצר הרע לחסידי הבעל שם טוב, ואמר להם כך: "חסידים, הדרך שלכם אמנם נאה מאוד, אבל מה יוצא ממנה? הרי אתם מיעוט, בסך הכול שני חסידים בכל עיר. אתם צריכים שיהיה לכם לפחות מניין משלכם".
הלך היצר הרע וחיפש, עד שמצא שמונה חסידים מבין אנשיו שלו. אך לא היה להם כסף לקנות ספר תורה. לכן, הוסיף להם היצר הרע עוד איש אחד משלו שהיה גביר, שהיה מתפלל במניין שלהם ומשלם את ההוצאות.
עכשיו היצר הרע לא פחד עוד. הלא הרוב הם אנשיו, חסידים של היצר הרע, ו"אחרי רבים להטות".[82]

גם ר' חנוך סבר שבדור שלו, רוב רובם של החסידים הם חסידיו של היצר הרע.

הכוונה של פשיסחה וקוצק הייתה להשפיע על יחידים ולהכשיר מנהיגים. היהודי הקדוש, ר' שמחה בונים ור' מנחם מנדל השתוקקו מאוד שיהיו להם תלמידים. צדיקים אחרים התמסרו לעיסוק בענייני הציבור, ואילו הם - חיפשו "בני עלייה". ואכן, עלה בידם להעמיד מספר רב של מנהיגים, שנטלו על כתפיהם את הזרם המרכזי של החסידות בפולין. ואכן, בדורות המאוחרים בפולין, השפעתה של פשיסחה - הורגשה יותר מאשר השפעתה של לובלין.

"דור דור ודורשיו" - המילים הללו מתפרשות, בדרך כלל, כך: המנהיג הוא לפי הדור; דור גדול - מנהיג גדול; דור קטן - מנהיג קטן. ר' שמחה בונים סבר להפך: לדור גדול יכול להספיק מנהיג קטן, אך דור קטן חייב שיהיה לו מנהיג גדול. זה כמו במחלה: מחלה קלה עשויה להירפא בעזרת רופא פשוט, אך למחלה קשה יותר נדרש רופא בכיר. ר' שמחה בונים התפלל לבואם של מנהיגים גדולים, שיישלחו מן השמיים לתקן את הדור.[83]

ואולם, כדי שהאדם יעמול על עצמו, עליו גם להיות חלק מקהילה מסוימת. על החסידים לחיות ביחד.

ישנה מימרה: אם לא תלך, לא תתחרט. אך ר׳ שמחה בונים אמר: ״כשהחסידים מתכנסים ביחד וכל חסיד רואה שהשני ניצב במדרגה גבוהה ממנו, הוא מתחרט על כך שרימה את עצמו. אם לא תלך למפגש כזה, לא תגיע למידת החרטה, שהיא תנאי לעשיית תשובה״.[84]

רבי שמחה בונים אמר שכל יהודי ניצב במדרגה גבוהה, ועבודתו של כל אחד יקרה בשמיים. כשחייל אחד מתוך גדוד של חיילי המלך מת, הכול נשאר אותו הדבר. רק כשמאות חיילים מתים, חייבים לגייס אנשים חדשים ולהכניסם לשורות הצבא. אבל בשמיים, כל יחיד יקר. אפילו אם אדם אחד ויחיד מסתלק מן העולם - מרגישים זאת בשמיים. הוא חסר. לכן, אנו אומרים ״יתגדל ויתקדש״ - למלא את החיסרון שנוצר.[85]

ההתנגדות לפשיסחה

כאמור, אלה שהתנגדו ליהודי הקדוש בחייו, העבירו את התנגדותם לממלא מקומו. היו מספיק סיבות לכך. בדיוק כפי שמטרת הדרך של הבעל שם טוב הייתה להציל את היהדות מקיפאון ה״מתנגדים״, כך הייתה מטרת דרכה של פשיסחה להציל את החסידות מרדידות רגשנית. פשיסחה היא אתגר, איום על דרכי החסידות האחרות. איך אפשר לשתוק למולה?

ר׳ שמחה בונים סבר שכלי הקיבול של החסידות אינו הלב, אלא המוח. חסידיו השליכו אחרי גוום הרבה מנהגים, כמו גם נימוסים. למשל, הם הפסיקו לנהוג בדרך ארץ כלפי זקנים.

נוסף על כך, בפשיסחה סברו שהחסידות היא עניין ליחידים ולא להמון העם, ושעל היחידים לשמור עצמם הרחק מהמון העם כדי שיוכלו לחיות בהתעלות רוחנית. פשיסחה הייתה חסידות ייחודית, שפרשה מן הזרם הראשי של החסידות והיוותה אופוזיציה - פחות נגד ה״מתנגדים״, ויותר נגד כל החסידים האחרים.

האנטי־״בעלבתיות״, הבדלנות והחריפות של תלמידי פשיסחה - ניקרו עיניים. הם רכשו לעצמם שונאים רבים, ונחשדו כחוטאים

בגאווה ובקלות ראש. הכול ידעו שהם לא הקפידו על זמן התפילה, בניגוד ל"שולחן ערוך". הסתובבו גם שמועות שחסידי פשיסחה מקילים בתעניות, מחכים פחות משש שעות בין בשר לחלב, ושהם מזלזלים באיסורים - למשל, שהם אינם מקפידים על "שבעה נקיים".[86]

בעיני הצדיקים מווהלין ומגליציה, לשחק בקלפים זה "טריפה"; לשחק בקלפים - מטמא את הנשמה. בין הקלפים מסתתר ה"סִטרא אחרא", מקור הטומאה. אך חסידי פשיסחה שיחקו בקלפים. חסידי ווהלין וגליציה רתחו מכעס כששמעו על הדבר המאוס הזה. השונאים הפיצו אפוא עלילה: במגירה שמתחת לארון הקודש - היכן שבדרך כלל מונחים השופר ועוד "דברים שבקדושה" - חסידי פשיסחה מחזיקים בקבוק של יי"ש וחפיסת קלפים. כשחסידי פשיסחה נשאלו: "הייתכן?", הם השיבו בהלצה: "אלה הם 'מלאכים' (ה'מלכים' שבקלפים), שיצאו מתוך השופר!".[87]

לחסידי פשיסחה הייתה לשון חדה, ולרבים מהם - "פה גדול". יריביהם ראו אותם כאנשים חצופים, שכמעט אין להם דרך ארץ לזקנים ולרבנים, ושמזלזלים בחסידים וצדיקים אחרים. ואכן, חסידי פשיסחה נהגו להתכנס לשם עשיית "ליצנות" מהצדיקים, והיו מחקים את התנועות שלהם ומלגלגים על התורות שלהם.

דעתו של ר' שמחה בונים לא הייתה נוחה מההתנהגות הפרועה הזו, והוא התחנן לפני חסידיו שירסנו את עצמם. אבל הוא לא הצליח להשפיע על החסידים הנלהבים. "שמרו לפחות על כבודו של ר' אברהם יהושע השל" (הרב מאפטא, אז במז'יבוז'), התחנן בפניהם. רק את זה הוא הצליח להשיג.

השנאה שחשו חסידים כלפי חסידי פשיסחה גדלה והתפתחה הן בפולין והן בגליציה, והם סבלו בעיירות רבות מצרות צרורות. חסידי פשיסחה ידעו שדרכם דרך אמת היא, ורובם סבלו בשקט. אבל אצל חלקם, השילוב בין המרירות שחשו לבין הביטחון העצמי שלהם הבשילו להגברת עזות הפנים והחוצפה. הם זלזלו בצדיקים אחרים ושמו ללעג את החסידות שלהם.[88] מלשינים למיניהם הפיצו זאת, והוסיפו קצת משלהם, והכעס גבר. תלמידי פשיסחה לעגו לכך,

אך מדבר אחד הם עדיין חששו: מה"קפידא" של ר' אברהם יהושע השל, הרב מאפטא.

יריבי פשיסחה הפיצו בכל מקום את השמועה שחסידי פשיסחה אומרים דברים שאין לאמרם על כל צדיקי הדור. הם רצו לשכנע את כל הרבנים הגדולים שיחתמו על כרוז משותף הקורא להיבדל מעל חסידי פשיסחה, מפני שהם מהווים סכנה [רוחנית] ליהודים. לא היה ניתן להוציא כרוז כזה ללא הסכמתו של הרב מאפטא, אז הם חיפשו דרך לקבל את הסכמתו.[89]

חוסר ההקפדה על תפילה בזמנה לא היה הנימוק העיקרי להתנגדות לפשיסחה. הטענה העיקרית נגדה (ונגד קוצק) הייתה שזוהי שיטה שמתחילה דרכים חדשות בחסידות. כנראה, תמיד חשבו שהחדש - מסוכן; בדומה לאמרה "חדש אסור מן התורה". ר' נפתלי צבי מרופשיץ, תלמידו של החוזה מלובלין וממתנגדי פשיסחה, אמר: "'וַיַּעַשׂ כֵּן אַהֲרֹן' (במדבר ח, ג), 'להגיד שבחו של אהרן שלא שינה' (ספרי, רש"י) - הוא לא ביקש להתהלך בגדולות, הוא לא חיפש שום דרכים חדשות".[90]

כיום, קשה לקבוע אילו מהשמועות על פשיסחה היו אמיתיות, ואילו מהן פרי הדמיון. מה שבטוח הוא שחסידים רבים בפולין ובגליציה סברו שהרבי מפשיסחה ותלמידיו הם סכנה ליהודיות, ושחובה להיאבק בהם עד חורמה.[91] ואכן, כל המתנגדים התאחדו והכינו משפט פומבי לפשיסחה בזמן האירוע המפורסם של "החתונה באוסטילה".

> מתנגדי פשיסחה תיכננו להטיל חרם על ר' שמחה בונים וחסידיו, ורצו לבצע את זה באוסטילה, לשם היו אמורים להגיע כמה וכמה צדיקים גדולים לחתונה מסוימת. הסכנה הייתה גדולה, ור' שמחה בונים רצה לנסוע לשם בעצמו, על מנת לפעול למניעת החרם. אך ר' מנדל אמר לו [בלשון כבוד פרדוקסלית] שהוא בשום אופן לא ירשה שהרבי ייסע לבדו: "הרבי כבר ישב במזחלה, ואני אשכיב את עצמי לפני הסוסים ולא אתן לרבי לנסוע".

אך ר׳ שמחה בונים לא הקשיב ורצה לנסוע לאוסטילה.

אז ר׳ מנדל הזהיר אותו: ״אם הרבי נוסע, גם אני נוסע״.

וזה כבר הרתיע את הרבי. הוא ידע שהאמת בוערת בר׳ מנדל כמו אש, ושאם הוא יהיה באוסטילה, הוא יחריף את המחלוקת. ר׳ מנדל השיג את שלו. ר׳ שמחה בונים לא נסע,[92] ושלח לשם חמישה תלמידים.

מה שקרה בחתונה באוסטילה - ידוע היטב. ר׳ יצחק מאיר, שעמד בראש התלמידים מפשיסחה, עשה רושם עמוק על הרב מאפטא, ותוכניתם של הקנאים לא התקיימה.[93]

ר׳ שמחה בונים על עצמו

ר׳ שמחה בונים - איש עדין ורודף שלום במהותו, הנזהר בדיבורו ומבקש למנוע מחלוקות - ניסה, כאמור, להשפיע על חסידיו שינהגו בדרך ארץ כלפי צדיקים אחרים, ושיכבדו דרכים שונות. פעם אחת הייתה לו שיחה ארוכה על העניין:

ר׳ מאיר׳ל מאפטא עומד ברחוב וקורא: ״לְכוּ בָנִים שִׁמְעוּ לִי יִרְאַת ה׳ אֲלַמֶּדְכֶם״ (תהלים לד, יב); ר׳ משהל׳ה מקוז׳ניץ צועק ברחוב: ״לְכוּ בָנִים שִׁמְעוּ לִי יִרְאַת ה׳ אֲלַמֶּדְכֶם״. אני, שמחה בונים מפשיסחה, גם אומר אותו הדבר: ״לְכוּ בָנִים שִׁמְעוּ לִי יִרְאַת ה׳ אֲלַמֶּדְכֶם״. נו, אז למי יקשיב היהודי? אל מי ירוץ?
ספר תהלים נותן עצה: ״מִי הָאִישׁ הֶחָפֵץ חַיִּים אֹהֵב יָמִים לִרְאוֹת טוֹב״ (שם, יג) - אם אתה מתכוון באמת, העצה הראשונה היא: ״נְצֹר לְשׁוֹנְךָ מֵרָע וּשְׂפָתֶיךָ מִדַּבֵּר מִרְמָה״ (שם, יד) - אל תדבר על שום אדם. אתה בתוכך יודע שהיהודי ההוא יותר גדול ממך, ובפרט כשמדובר ברבי, מנהיג. וממילא יתקיים ״סוּר מֵרָע וַעֲשֵׂה טוֹב״ (שם, טו).
זה עניין של מה בכך? ״בַּקֵּשׁ שָׁלוֹם וְרָדְפֵהוּ״ (שם), ועל השלום העולם עומד.

> ואם תפעל כך בהגינות, מובטח לך: "עֵינֵי ה' אֶל צַדִּיקִים" (שם, טז) - ה' יתברך יסייע לך ויפקח את עיניך לראות לאיזה מהצדיקים שייך שורש הנשמה שלך.[94]

לצד ענוותנותו, ר' שמחה בונים ידע היטב, שיש לו תרומה גדולה לעולם. ישנם צדיקים המגיעים למדרגות גבוהות, וזה באמת יפה מאוד ואף קדוש, אבל אף אחד לא יכול ללכת איתם. ר' שמחה בונים סבר שהוא מייסד דרך ביהדות שבה יוכלו ללכת גם יהודים אחרים.

ר' שמחה בונים הסביר את ההבדל בינו לבין צדיק אחר באמצעות משל:

> פעם אחת, ישב המלך על כסאו במגדל גבוה מאוד. היה מאוד קשה להגיע אליו, כי אל ההיכל שלו הובילו מדרגות לוליניות שהיו מפותלות ומתעתעות. הן היו עשויות כך שמי שסבר שהוא למעלה, היה בכלל למטה, ומי שסבר שהוא למטה, היה בכלל למעלה.
>
> שני שרים השתוקקו מאוד להגיע אל המלך. השר הראשון החל לטפס במדרגות, טיפס ותעה, טיפס ותעה, אך הוא סימן כל אזור שבו עבר בטעות כדי לזהות שכבר היה שם. הוא ניסה וחיפש זמן רב עד שבסופו של דבר הצליח לעלות על הדרך הנכונה ולהגיע אל המלך.
>
> השר השני ניסה לטפס במדרגות, וכל פעם שתעה הוא חזר למקום ששם התחיל. הוא ניסה פעם שנייה ופעם שלישית, והמשיך לתעות בדרכו. מרוב צער, הוא החל לבכות בכי תמרורים, וביקש: "אדוני המלך, עזור לי!". ואכן, קול בכיו הגיע אל המלך, והוא העלה אותו אליו.
>
> שניהם - סיכם ר' שמחה בונים - עלו למעלה, אך יש הבדל ביניהם: כשהראשון טיפס, הוא לא דאג רק לעצמו אלא גם הכין דרך לאחרים...[95]

פעם אחרת אמר ר׳ שמחה בונים: ״בדורי יש עוד יהודי שעובד את ה׳ כמוני. יש רק הבדל אחד בינינו: הוא מכה בגרזן הפוך (מצדו הקהה), ואני מכה בגרזן נכונה (מצדו המושחז)״.[96]

זו אינה מלאכה קלה להיות רבי, לרומם נשמות של יהודים, לזכך את מידותיהם ולהעמיק את השגותיהם. ״כשאני נוטל על עצמי לטהר ולזכך נשמה, זה עולה לי ברבע קב של דם״, אמר ר׳ שמחה בונים.[97]

חיקויי צדיקים

כנראה, ר׳ שמחה בונים עצמו סבר שאנשים מסוימים שכינו את עצמם צדיקים, ושהיו להם חסידים - לא היו ראויים לכך כלל. הם נהגו לחקות צדיקים אמתיים, ולהעתיק מהם. הם התנהגו כמו אנשים בעלי מדרגה רוחנית; אך לחקות אחרים ולהעתיק מהם משהו שאינו שלך - זה שקר, המוביל לכפירה. אכן, כבר היהודי הקדוש חזה שגם לתוך דרך החסידות יחדרו מנהיגים מזויפים.

ר׳ שמחה בונים אמר דברים נוקבים על צדיקים כאלה, באמצעות המשל, רווי האירוניה, שלהלן. המשנה אומרת: ״וכל מי שאינו - לא חיגר ולא סומא ולא פיסח - ועושה עצמו כאחד מהם, אינו מת מן הזקנה עד שיהיה כאחד מהם״[98] - שאל ר׳ שמחה בונים: לפי ההיגיון של המשנה משתמע שמי שאינו רבי אך מחקה רבי, בסופו של דבר אכן יהיה רבי. האם זה צודק? הרי זה אינו עונש אלא שכר! המשיל ר׳ שמחה בונים משל:

> גביר אחד נסע בדרך בכרכרתו, והבחין בשיכור ישן שמוטל בתעלה לצד הדרך. ציווה הגביר על משרתיו להסיע את האיש אל ביתו, להכניס אותו שם לחדר נאה, לרחוץ אותו היטב, להפשיט מעליו את בגדי האיכר, להשכיב אותו במיטה נאה, להניח לידו בגדי כומר - וכשהוא יתעורר משנתו, לפנות אליו בתואר ״כבוד הכומר״.

כשהשיכור התעורר משנתו, הוא ראה שהנו בחדר יפה, לידו מונחים בגדי כומר, ושכולם מתייחסים אליו ביראת כבוד כמו לכומר. הוא התפלא: הוא זכר שהוא איכר פשוט ועני, ועתה מצא עצמו בבית עשיר ושפונים אליו "כבוד הכומר". הוא היה נבוך מאוד: הייתכן כי הזיכרון שלו שפעם היה איכר פשוט אינו אלא חלום - הלא זה עתה התעורר משנתו - אך באמת הוא אמנם כומר? או שמא הוא באמת איכר פשוט, ואילו מה שהוא רואה לנגד עיניו עכשיו - המשרתים המטפלים בו ופונים אליו בתואר "כבוד הכומר", וכן מלבושי הכמורה - אינו אלא חלום?

הוא החליט לבדוק את העניין. הוא ילך לכנסייה ויפתח את הספרים הגדולים שמהם קוראים הכמרים את התפילות: אם יידע לקרוא בהם, זה יהיה סימן שהוא באמת כומר, והזיכרון שלו שפעם היה איכר נבער אינו אלא חלום; ואם לא יידע לקרוא, זה יהיה סימן שהזיכרון שלו שפעם היה איכר פשוט הוא אמנם האמת, ואילו התחושה שמכנים אותו עכשיו "כבוד הכומר" אינה אלא חלום.

הוא הלך לכנסייה, פתח את הספרים - ולא ידע לקרוא! מכאן, שהתחושה שעכשיו הוא כומר אינה אלא חלום. ואולם, הלא הוא מרגיש בבירור שהוא לא חולם! הוא נמלך בדעתו והגיע למסקנה הזו: באמת הוא כומר, ואילו הסיפור שהוא איכר נבער אינו אלא חלום. אלא מה? הוא לא יודע לקרוא? כנראה שאף כומר לא יודע לקרוא, אך כל הכמרים מעמידים פנים שהם קוראים.

והנמשל הוא: אדם שיודע שהוא לא רבי ונעשה לרבי. בתחילה, הוא בספק אם הוא אכן רבי או לא. הוא בוחן את עצמו אם הוא מבין "רזין דאורייתא", אך כשהוא רואה שהוא לא מבין, הוא מגיע למסקנה שהוא אמנם רבי, אך שאף רבי לא מבין. ומה עונשו? - שהוא הופך בעצמו לכופר בצדיקים אחרים.[99]

ר' שמחה בונים אמר פעם, שלפני ימות המשיח יהיו המון צדיקים "כמו פרג". שאלו אותו: "הרבה צדיקים כמו גרגירים של פרג, או שהצדיקים יהיו קטנים ודקיקים כגרגירי פרג?".[100]

פרק ד

אצל ר' שמחה בונים בפשיסחה

לאחר פטירתו של "היהודי הקדוש", ר' מנדל נהיה תלמיד מובהק של ר' שמחה בונים. הוא נהג לתאר את עצמו כ"תלמיד חכם", זאת אומרת - כתלמיד של ר' שמחה בונים, שהיה חכם.[1] הוא גם אמר על ר' שמחה בונים שהוא בבחינת "מחייה מתים";[2] שכל מילה שיוצאת מפיו - קדושה; שאפילו בשיחת חולין שלו טמונים סודות עמוקים.[3]

ר' מנדל סיפר שר' שמחה בונים אמר על עצמו כי מן השמיים לומדים איתו "אותיות".[א] את לימוד ה"אותיות" ניתן ללמוד רק מהשמיים.[4]

ועם זאת, כבר בפשיסחה ר' מנדל עלה על כל חבריו. כשבנו של ר' שמחה בונים התפלא מדוע כל התלמידים חולקים לר' מנדל כבוד רב כל כך, הסביר לו ר' שמחה בונים, שר' מנדל הוא בבחינת "מלכות", ולכן מגיע לו כבוד רב.[5] ר' מנדל אף היה מעורב בשיקולי ההנהגה של ר' שמחה בונים.

א. "אותיות" - על פי הקבלה יש משמעות מיסטית לצורת האותיות ולהגייתן.

מוחו החריף של ר׳ מנדל וגם התנהגותו והתמדתו עוררו הערכה רבה. מספרים, שפעם אחת, הוא התחיל להתעמק בדברי הרי״ף בשעה חמש בבוקר, עוד לפני התפילה, כשרגל אחת שלו נשענת על כיסא, והוא נותר לעמוד כך עד שבע בערב, כשהוא לא מוציא הגה מפיו במשך כל הזמן הזה.

אחד החסידים, ר׳ משה מיכל מזמושץ׳, הרגיש פעם שמחה גדולה ולא הבין מדוע. הוא נכנס אפוא אל הרבי.
אמר לו ר׳ שמחה בונים: ״אנחנו מרגישים את אורו של המשיח. הוא בוודאי יבוא היום בערב. האם עשית הכנות כיצד לקבל את פניו של המשיח?״.
בערב ההוא הגיע ר׳ מנדל.[6]

ר׳ מנדל התבלט בדרכיו הייחודיות, ובשוני שלו משאר התלמידים החשובים בפשיסחה. ר׳ יצחק מאיר היה חתן של גביר; ר׳ יצחק מוורקי התפרנס ממשׂרתו אצל תמר׳ל; ר׳ פייבל גריצר הגיע מבית אמיד; ר׳ חנוך היה חתן של גביר שהתגורר בפשיסחה; ר׳ מרדכי יוסף היה עשיר. בניגוד להם, ר׳ מנדל היה עני, ואפילו הרגיש סלידה מכסף ומעושר. הוא השליך את מנעמי העולם הזה, שבדרך כלל אנשים מתאווים להם. הוא ישב בפשיסחה חודשים שלמים, ועסק בהתמדה בלימוד דרכה בחסידות. הוא מסר לחסידים את כל מה שהביא עמו מהבית, את כל בגדיו הטובים, והסתובב בבגדים מוזנחים.

כבר בפשיסחה התאספו סביבו צעירים רבים, חסידים שדבקו בו. ר׳ מרדכי יוסף, ר׳ יצחק מאיר, ר׳ חנוך מאלכסנדר, ר׳ הירש מטומשוב, ר׳ הירש בר מגרבוביץ - נהיו כבר בפשיסחה תלמידיו. ר׳ שמחה בונים עצמו העריך את ר׳ מנדל ״מעל ומעבר״, ואף אמר עליו: ״מנדל הוא איש אמת״.

בפשיסחה לימדו שבעבודת ה׳ אין שום פשרות או תירוצים. לא ניתן להשיג דבר ללא עקשנות וגבורה. על הרצון להיות עשוי מברזל.

אם אדם רוצה להגיע לשלמות, אסור ששום דבר יעצור אותו. עליו להיות עקשן, ולא לוותר. כל דקה היא רגע שבו תלויים כל הרגעים.

בפשיסחה למדו שמונה שעות ברצף, אחר כך עמדו להתפלל, ואז למדו שוב, ללא מגבלת זמן. חלפו לילות ללא שינה, ימים ללא אוכל. ואולם, בהיבט מסוים של מידת "הגבורה" הזו איש לא יכול היה להשתוות לר' מנדל: הוא לא נח לרגע, תמיד היה עסוק, "אש תמיד" בערה בקרבו. הדבר המפליא היה שהוא אף פעם לא התעייף. הוא לא ידע מה זה אומר להיות עייף.

ר' מנדל שהה בפשיסחה שלוש עשרה שנה. לטומשוב, מקום מגוריה של אשתו, היה מגיע לעתים רחוקות. בבית שרתה הדלות, ילדים נולדו, ומתו בצעירותם.

> פעם אחת, כשר' מנדל ישב שבעה על אחד מילדיו, בא חבר לנחם אותו, והזדעזע ממה שראה: בית בלי רהיטים, ללא שולחן, ללא כיסא, ללא פמוטות [לתאורה]. הרהיט היחיד שהיה שם הוא שק עם קש. ילד אחד שכב על הרצפה, מכווץ מרוב קור, בלי כרית, בלי שמיכה.
>
> "זה המצב?", קרא החבר.
>
> "למה אתה מתכוון?", שאל ר' מנדל.
>
> "העוני כאן", אמר החבר.
>
> "לא מדאיג אותי...".
>
> החבר הצביע על הילד, שישן על הרצפה החשופה.
>
> "שיטעם טעמה של דלות, לפני שיתיישב על כס הרבנות", אמר ר' מנדל.

ואכן, הילד, ר' דוד, נהיה מאוחר יותר ממלא מקומו של ר' מנדל.

שבע השנים שבהן ר' מנדל למד בפשיסחה אצל היהודי הקדוש - התקופה שבה עמל על עצמו - היו, כפי שאומרים חסידים, שבע השנים השמנות בחייו.[7] ואולם, בגלל חריפותו ואמיתיותו, ר' מנדל קנה לו מתנגדים אישיים.

ר׳ מנדל אמר לר׳ לייבוש מזקליקוב (אחד מתלמידי ״החוזה״ ובר פלוגתא של ה״יהודי״): ״ל׳חוזה׳ היו הרבה בחינות, צבעים שונים: מצוות, מידות ומעשים טובים. כל תלמיד נטל צבע אחד. הצבע השולט, יראת שמיים, ׳העיקר׳, עבר ל׳יהודי׳! ראוי שתהיה בין התלמידים הקטנים ביותר שלו״.[8] באמירה זו, כמובן, הוא גם ביטל את כל תלמידיו האחרים של ״החוזה״, שדי מהר הפכו למנהיגים מפורסמים, והדבר עורר שנאה כלפיו.

ככלל, ר׳ מנדל לא נכנע בפני איש בעולם, אפילו לא בפני הצדיקים הזקנים והגדולים שבזמנו. כבר בפשיסחה לא החזיקו מ״דרך ארץ״ או מהבעת כבוד, מפני שזה מעורר גאווה, ומגאווה נולדות מידות מגונות.[9]

מתנגדיו שבו ובדו עליו האשמות שווא. כשר׳ שמחה בונים נפטר, הם אמרו שהוא לא הרגיש צער, כיוון שחסידים מסוימים החשיבו אותו לרבי כבר כמה שנים לפני כן.

מה חשב ר׳ שמחה בונים על הדרך של ר׳ מנדל? לא הגיעה לידינו דעה ברורה בעניין זה. חסידי וורקי, שלא הלכו בדרכו של הקוצקאי, סיפרו שהרבי ר׳ שמחה בונים אמר: ״יש לי שלושה תלמידים: אחד שהופך את העולם (מחולל מופתים), ר׳ יקל׳ה מרדזימין; אחד ששורף את העולם (כמלאך), ר׳ מנדל מטומשוב; ואחד שמאיר את העולם, ר׳ יצחק מוורקי (באהבת ישראל שלו). ואנחנו לא זקוקים לעולם בוער, ולא לעולם הפוך. אנו זקוקים לעולם מואר״.[10]

בי״א באלול תקפ״ז, ר׳ מנדל נסע לאופוצ׳נה, להוליך לחופה את בנו בכורו, ר׳ דוד. לפני שיצא לנסיעה, הוא שאל את ר׳ שמחה בונים, שהיה חולה מאוד, האם לנסוע. התשובה הייתה: כן. ביום למחרת, ר׳ שמחה בונים נפטר. בבוקר י״ג באלול, כשר׳ מנדל הגיע לפשיסחה, זה כבר היה אחרי ההלוויה. הוא ביקש את המפתח לחדרו של ר׳ שמחה בונים, ונעל את עצמו שם. כשיצא מהחדר, אמר: ״מכולנו, אני היחידי שהיה בהלוויה של הרבי״.[11]

ר׳ מנדל נהיה לרבי

לאחר פטירת ר׳ שמחה בונים בשנת תקפ״ז (1827), התאספו חשובי התלמידים כדי להחליט למי תעבור ההנהגה. תלמידים רבים סברו שר׳ מנדל צריך להיות ממלא המקום. ר׳ שמחה בונים עצמו העריך אותו מאוד, ואף שיתף אותו בהנהגה עוד בחייו, בשל הערכת יכולתו האינטלקטואלית.[12]

ואולם, היו תלמידים שהתנגדו בחריפות לכך שר׳ מנדל יהיה ממלא המקום, שכן לדעתם הייתה לר׳ מנדל אשמה רבה ברדיפות שכוונו כנגד פשיסחה.[13] הוא לא נשא פנים לאיש, אפילו לא לאדם הגדול ביותר, ולא ידע כיצד להתהלך עם אנשים. הם רצו אפוא שההנהגה תעבור לר׳ יצחק מאיר.

חלק מהחסידים, וביניהם ר׳ יעקב מרדזימין, סברו שיש למנות את ר׳ אברהם משה מפשיסחה, בנו של ר׳ שמחה בונים, לממלא המקום. השתמר מכתב, חתום בידי ר׳ אברהם משה ואחרים, שקיוו שר׳ מנדל ימשיך לנסוע לפשיסחה.[14] ר׳ אברהם משה היה נשמה עדינה ואצילית, שחי כצדיק נסתר, בשקט מבלי לדבר הרבה - ממש היפוכו של ר׳ מנדל הבוער והסוער. מספרים, שר׳ יצחק מוורקי נסע איתו לר׳ שלמה לייב מלנצ׳נה, שהכתיר אותו שם לרבי, ושתלמידים חשובים כר׳ יצחק מוורקי, ר׳ זושא מפולטוסק, ר׳ פייבל מגריצה ור׳ יעקב מרדזימין, נהיו לחסידיו.

חסידים אחרים סברו שר׳ יצחק מאיר ראוי להיות המנהיג, אך ר׳ יצחק מאיר סבר שר׳ מנדל חייב לקבל זאת על עצמו. ר׳ יצחק מאיר אמר פעם, שתשעים ותשעה אחוזים מהסיבות שהוא נוסע לפשיסחה, הם שר׳ מנדל נמצא שם, ושהוא משתוקק לראותו ולשוחח עמו.[15]

> פעם אחת, חלה ר׳ אברהם משה, ואמר לאמו: ״אני משתוקק למות״.
>
> אמרה לו אמו: ״שמעתי מאביך שצריך ללמוד איך למות״.

"אני כבר למדתי איך למות".
אמרה לו שוב: "שמעתי מאביך שצריך ללמוד הרבה איך למות".
"אני כבר למדתי מספיק כדי למות", ענה לה.

אפילו בימי הקרה הקשים ביותר, הוא היה נוסע לבוש בחלוק בלבד, ללא בגד אחר מעליו. היו מניחים קרח על ראשו, כי אש בערה בתוכו. כשהוא היה אומר תהלים, הדם ניגר מוורידיו. הרופאים אסרו עליו לומר תהלים, אך הוא ביקש מהם: "רק פסוק אחד!". הוא התחיל לומר: "הַלְלוּ אֶת ה' כָּל גּוֹיִם" (תהלים קיז, א)... - והדם נזל ממנו ללא הרף.[16]

ר' אברהם משה לא האריך ימים, וכעבור זמן קצר הסתלק מן העולם. האבל היה כבד מאוד. אך בלי רבי - אי אפשר לחיות.

ר' מנדל היה אז כבן ארבעים שנה, ור' יצחק מאיר, ה"חידושי הרי"ם", היה קרוב לשנת השלושים לחייו. השניים נפגשו בכפר סמוט שליד פשיסחה, בילו מעט זמן ביחד, ואחר כך הלכו הרחק לתוך היער, והתבודדו שם כל הלילה. השכם בבוקר חזרו שניהם לבית שבו שהו. ר' יצחק מאיר נכנס אל החדר של ר' מנדל, כשבידו האחת כלי עם מים ובידו השנייה מגבת, והגישם לר' מנדל לנטילת ידיים. הבינו החסידים שר' יצחק מאיר קיבל עליו את מרותו של ר' מנדל.

לאחר ארוחת הבוקר, ננעלו שניהם בחדר אחד, וכולם שמעו שהתנהל ביניהם ויכוח חריף. מאוחר יותר, סמוך לערב, שמעו את ר' מנדל אומר לר' יצחק מאיר: "בסופו של דבר, ההנהגה תישאר לאחד משנינו. אז או שאתה תיסע אליי, או שאני אסע אליך". כעבור כמה דקות, יצא ר' יצחק מאיר החוצה, למקום שבו המתינו החסידים, וקרא לאחד מהם: "תתכונן להיות חזן לתפילת מנחה, כי הרבי מיד ייצא להתפלל". ולחסידים הוא אמר: "אל תתעקשו לשווא, קבלו את הנהגתו של הרבי מטומשוב. גם אני אהיה כפוף לו, כי הוא יהודי אמיתי".

בליל שבת, לפני הקידוש, ר' יצחק מאיר פתח בעצמו את בקבוק היין, ומזג לגביע של ר' מנדל.

קרא ר׳ נחקע (נחמן) מסטוצ׳ין לעבר ר׳ יצחק מאיר: ״הציבור רוצה לשמוע את הקידוש שלך!״.
ענה לו ר׳ יצחק מאיר: ״נחקע, אתה עוד תבוא אליי בגרביים לקבל נזיפה!״.
ב״טיש״, ר׳ יצחק מאיר הורה לכולם לשתות ״לחיים״ לכבוד ר׳ מנדל, ואז כולם כבר הבינו שזה סופי: ר׳ מנדל הוא הרבי.

במוצאי שבת נכנס ר׳ נחקע לר׳ יצחק מאיר בגרביו לקבל נזיפה.[17]

שנים רבות לאחר מכן, אמר ר׳ יצחק מאיר: ״אילו רציתי באותו הזמן לזרוק רמז קל כשערה אחת, הייתי כובש את ליבו של כל הציבור בפשיסחה, אבל ראיתי כי אור זוהר בטומשוב״. והוא סיים באמרו: ״כש׳יהודי טוב׳[ב] מכוון לטובת עצמו, אפילו כהוא זה, כשיעור שערה אחת, זה עלול להוביל אותו, יחד עם י״ב החלות שלו,[ג] לגיהינום״.[18]

גם ר׳ יצחק מוורקי, הענוותן, החליט לנסוע אל חברו הוותיק שנהיה עתה רבי בטומשוב, והוא אף הביא עמו ציבור גדול. בהגיעם, הוא נכנס אל ר׳ מנדל ומסר לו שכל הציבור מפשיסחה רוצה לקבל אותו כמנהיג, אבל יש להם בקשה אחת: שהרבי יהיה מעורב עם הבריות, שיהיה נגיש יותר, יקשיב לבקשותיהם וייתן עצות בעניינים ארציים, כנהוג אצל כל הצדיקים.
״יצחק״, ענה לו ר׳ מנדל, ״בשביל מה הבאת אליי את האספסוף הזה? אנשים שאין להם שכל משלהם, והם מבקשים עצות מאחרים, הם כמו בהמות שמחפשות חציר, וכל מי שבא במגע עם ׳השכל׳ שלהם - נהיה בעצמו בהמה״.[19]

ב. ״יהודי טוב״ - כינוי לצדיק חסידי.
ג. ״י״ב חלות״ - אחד מסימני ההיכר של הצדיק הוא עריכת שולחן עם שתים עשרה חלות (״דבתריסר נהמי״ על פי קבלת האר״י), כמעין שחזור של עריכת שולחן לחם הפנים על ידי הכהן.

השמועה שר׳ מנדל קיבל את ההנהגה עוררה התלהבות בציבור. מספרים, שהרבה חסידים גדולים שמעו ממש במו אוזניהם את הקריאה (מן השמיים) לנסוע לטומשוב.[20]

עילויים מיהרו לטומשוב. צעירים אחרי חתונתם, עזבו את נשותיהם וילדיהם ונמלטו לטומשוב לחודשים שלמים ואפילו לשנים. ר׳ יצחק מאיר, הגאון המפורסם, שכל רגע מזמנו שווה זהב, הניח את הגמרא ונסחב ימים רבים בעגלה כדי להגיע לטומשוב. כך הסביר מדוע הוא מכניע עצמו בפני הקוצקאי: ״ראיתי חתיכת אש אמיתית - ונפלתי על פניי״.[21]

בעל ״חידושי הרי״ם״ אמר לרבי מאלכסנדר: ״בדיוק כמו שהיו קולות וברקים סביב הר סיני בשעת מתן תורה, כך מקבלים עכשיו את התורה בקולות וברקים בטומשוב״.[22]

ר׳ מנדל נהיה המנהיג - אבל דרכו הייתה שונה לחלוטין. צדיקים אחרים היו מעורבים בחייהם של יהודים פשוטים, שבאו לשפוך בפניהם את מר לבם; הם השתתפו בדאגותיהם, ועזרו להם בעצות ובברכות בענייני בריאות ופרנסה, ולא רק בנושאים רוחניים. לעומת זאת, ר׳ מנדל היה פרוש מהבריות, והתמסר ליחידי הסגולה בלבד. צדיקים אחרים ניחמו, הקלו מעל הלב, והבטיחו שהקדוש ברוך הוא ירחם. ר׳ מנדל זרה מלח על הפצעים; הוא לא הפסיק לתבוע, לדרוש, לזעזע.

כשהוא נהיה לרבי, כך מספרים, הוא צעק: ״הם חושבים שהכול יהיה כמו קודם, שהרבי יעשה בשבילם את העבודה. לא! מרגע זה, כל אחד צריך שיהיה לו רצון משל עצמו, רצון כה חזק שאפילו שערה אחת לא תיוותר אצלו בלי שליטה של רצונו״.[23]

ר׳ מנדל התנהג כרבי: הוא ערך קידוש על י״ב חלות, לבש גלימת משי לבנה, ישב בראש השולחן וערך ״טיש״.[24] ואולם, עוד בצעירותו הוא הצטרף לתלמידים שדעתם לא הייתה נוחה מדרכו של ״החוזה״, ואף עתה הוא השליך בבוטות דרכי התנהגות שהיו מקובלות על צדיקים וחסידים. למשל, דעתו לא הייתה נוחה מהדרך שלפיה הרבי עמל על היהודיות שלו יומם ולילה, ואילו חסידיו באים

לשבתות מדי פעם בפעם כדי לתפוס "שיריים".[ד] הרבי אוחז בידיו את המפתחות לכל אוצרות השמיים, והחסידים באים כמו קבצנים: זה רוצה פרנסה, זה רוצה רפואה, זה מחפש שידוך טוב לבנו או לבתו. ר' שמחה בונים סבר שהרבי הוא כמו רועה נאמן, ועליו לשמור על צאנו. ר' מנדל רצה שהחסידים יעמלו בעצמם, וישמרו על עצמם. אחרי שהם יגרשו מתוכם בכוחות עצמם את כל הפסולת, הוא יוסיף להם מעט טהרה.

לר' מנדל הייתה אישיות שונה מאוד מזו של ר' שמחה בונים. ר' שמחה בונים הצטיין בהומור, והיה חמים וידידותי. לעומת זאת, ר' מנדל היה סרקאסטי, ולעתים קרובות התרחק מבני אדם ונבדל מהם. ר' שמחה בונים אהב לספר מעשיות ומשלים המקרבים את היהודיות אל השכל, ומפיחים בה חכמה וחיבה. ר' מנדל לא סיפר משלים; הוא ירה חיצים היישר אל הלב. דבריו היו קצרים, חדים ומכאיבים. סגנונו היה אפיגרמטי, שנון. דבריו נחתו על הראש בפתאומיות, כמו רעם. הם בערו וצרבו, ונשבו אימה.

לפי הגדרתו של ר' שמחה בונים, חסיד הוא מי שלא מרמה את עצמו. לפי הגדרתו של ר' מנדל, חסיד הוא מי שמשליך מעליו את העולם.

ר' שמחה בונים לא דחה את העולם ולא רצה שהיהודים יהיו עניים. הוא כנראה הסכים עם דרכו של "החוזה", שהעשירות טובה ליהודיות. ר' שמחה בונים האמין שבעולם הבא כל עני יצטרך למסור דין וחשבון מדוע היה עני.[25] כנגדו, סבר ר' מנדל, שהעניות טובה ליהודיות, ש"כסף הוא איכס!".

לר' שמחה בונים היה חוש הומור מפותח, הוא אהב לספר בדיחות, ונהנה כשזה עורר צחוק בציבור. הרבי מקוצק לא צחק.

ר' שמחה בונים סבר שאדם צריך לשאוף להבין. ר' מנדל סבר שאדם צריך לחיות על מנת להיות מזועזע. התכלית אינה למצוא תירוצים; התכלית היא להתעמק בקושיות.

ד. "שיריים" – כינוי לשאריות מהסעודה של הרבי, שהוא מחלק לחסידיו ב"טיש".

"אסור לאדם שימלא שחוק פיו בעולם הזה".[26] ר' מנדל הקפיד על כך מאוד; הקוצקאי לא צחק. מבדיחות לא יוצא שום דבר טוב. משחקי מילים והתבדחות לא התאימו לדרך של קוצק. "מַתָּן בַּסֵּתֶר יִכְפֶּה אָף" (משלי כא, יד) - ר' מנדל סבר שמתן בסתר זה כשיש לאדם בדיחה והוא לא מוציאה מפיו.[27]

"אין ישר מסולם עקום, ואין עקום מחידוד ישר"[ה] - אמירה זו שבה ונאמרה בשם הרבי מקוצק. "מהלצה אחת עלולה להיות חס וחלילה בכייה לדורי דורות", אמר ר' ירחמיאל, בנו של "היהודי".[28] ר' מנדל תמיד היה מודאג, חמור סבר ומתוח בדריכות. מעולם לא נראה צחוק על פניו.

"מתי יבוא המשיח?", שאלו פעם את ר' שמחה בונים.
ר' מנדל בדיוק נכח במקום.
השיב ר' שמחה בונים: "כשר' מנדל יצחק - אז יבוא המשיח".[29]

מהו רבי?

ידע רוכשים מקריאה בספרים; אבל כדי להרגיש את הטעם שביהודיות, את התשוקה, את ה"התלהבות" - חייבים להגיע לרבי. אדם יכול ללמוד תורה, מצוות ודינים, ועדיין - לא לדעת איך להתנהג, כיצד לקיים מצווה. רק כשהוא רואה צדיק או חסיד מתבהר לו מה זאת אומרת לקיים מצווה ב"התלהבות", בתשוקה.[30]

בני ישראל התקרבו לאלוהים באמצעות משה רבינו, כיוון שהשפעת הקדושה האלוהית הגיעה בתחילה אל משה, ודרכו - אל בני ישראל. יתרו היה שבור מבפנים. הוא חשב: כיצד אוכל להתקרב אל ה' יתברך? הלא אני עבדתי את כל סוגי העבודה זרה שבעולם!

ה. במקור קיים משחק מילים ביידיש: אין "גלייכע" מסולם עקום, ואין עקום מ"גלייכוורטל". הוספנו אפוא את המילה "ישר" כדי לשמור על משחק המילים.

אך כששמע שבני ישראל התקרבו אל אלוהים דרך משה רבינו, הוא גמר בליבו: אם אינני יכול להתקרב לאלוהים, אתקרב לכל הפחות למשה, ואולי דרכו אתקרב אל אלוהים.[31]

לא היה בכוחו של יתרו להגיע לדרגות הגבוהות של משה רבינו. לכן, משה רבינו נאלץ לרדת ממדרגותיו, כדי שיתרו יוכל לזכות להתקשרות אתו. מאוחר יותר, כשמשה עלה שוב למדרגותיו, הייתה עלייה רוחנית גם לכל אלה שזכו להתקשרות אתו.[32]

רעיון זה אינו חידוש. יש כלל גדול בחסידות: כדי להעלות את רמתם הרוחנית של אנשים פשוטים ולאפשר להם תיקון, חייב הצדיק להנמיך את עצמו, לרדת אליהם ולמענם - "ירידה לצורך עלייה". אך רעיון זה עמד בניגוד לדרכו של ר' מנדל מראשיתה. ירידה לאנשים פשוטים משמע להבין את צרכיהם, את שאיפותיהם קלות הערך, את השטויות והחולשות שלהם.

המחשבה הייתה שאם הצדיק יתאחד עם אנשיו, הוא יוכל בהדרגה לזכך אותם וכך להעלות את רמתם הרוחנית, אך ר' מנדל דחה את הדרך הזו. הלא בגללה הוא עזב את לובלין ונסע לפשיסחה. עבורו, החסידות לא הייתה חנות לקניית ישועות ונחמות, וקבלת ברכות לפרנסה רווחית. הוא ממש לא רצה שיהיו לידו אנשים פשוטים, עם המחשבות הזולות והצרכים השטותיים שלהם. הוא רצה שיהיו עמו יחידים, גיבורי יהודיות, המשליכים את העולם מאחוריהם ומחפשים אמת. מיד כשנהיה לרבי, הוא הודיע שיוביל את תלמידיו בדרכו של ר' שמעון בר יוחאי.[33]

בדורות הראשונים, החסידים השתמשו במשל מנקה הארובות כדי לתאר את הצדיק: אדם לבוש בבגדים נקיים הולך לנקות ארובה; בגדיו מתלכלכים, כדי שהארובה תהיה נקייה. ואולם, ר' מנדל קרא פעם אל חסידיו: "מה אתם חושבים שאני? מנקה ארובות!?".[34]

ה"וורט" על משה רבינו ויתרו שנאמר על ידי ר' מנדל, ובאופן כללי, התנהלותו כרבי בשנים מאוחרות יותר, שכללה נטילת "קוויטלך" והענקת עצות ב"מילי דעלמא" - מעידים על שינוי שחל בגישתו. כנראה, אחרי שר' מנדל עזב את טומשוב והתיישב בקוצק, הוא התמתן והתרכך בדרך הנהגתו.[35]

הוא אפילו אמר פעם אחת על עצמו, שהוא **״יהודי טוב״**, כינוי לצדיק שרק יהודים פשוטים ונשים השתמשו בו; תואר שיש לו קונוטציה רכה, חמימה ולבבית. חסידים חריפים כינו כך צדיקים מתוך חוסר כבוד. התייחסותו של ר׳ מנדל אל עצמו כ״יהודי טוב״ הייתה חידוש בעיני מקורביו.[36] ר׳ מנדל פירש את הכינוי על פי דרכו: ״מה זה ׳יהודי טוב׳? - יהודי שהוא מזוכך, יהודי שכולו טוב״.[37]

מהי התכונה של מנהיג ישראל? לפני שמשה רבינו הסתלק מן העולם הזה, הוא ביקש מאלוהים שימנה לו ממלא מקום: ״יִפְקֹד ה׳ אֱלֹהֵי הָרוּחֹת לְכָל בָּשָׂר אִישׁ עַל הָעֵדָה, אֲשֶׁר יֵצֵא לִפְנֵיהֶם״ (במדבר כז, טז-יז) - שיהיה מוכן להוציא את נפשו למענם, אמר תלמידו של הקוצקאי, ר׳ מנדל מוורקי.

״אני מסתכל אך ורק על מה שטוב בכל אחד״, אמר ר׳ מנדל.[38] ופעם אחרת אמר: ״אפילו סתם ׳יהודי טוב׳, לא מראים לו מן השמיים שום דבר רע על יהודי״.[39] על מנת להסביר את הדיבורים הללו כדאי להזכיר סיפור, שחסידים מספרים על ר׳ לוי יצחק מברדיצ׳ב:

> פעם אחת, פנה ריבונו של עולם לר׳ לוי יצחק באלה המילים: ״לוי יצחק, רצוני שאתה תהיה צדיק הדור והאפוטרופוס שלי על פני האדמה״.
>
> הגיב על כך ר׳ לוי יצחק: ״לא, אני לא רוצה״.
>
> וככל שריבונו של עולם הוסיף להתחנן לפניו, כן הוסיף ר׳ לוי יצחק לצעוק בקול שהוא לא רוצה והוא לא רוצה.
>
> אמר לו ריבונו של עולם: ״אתה הרי הצדיק האמיתי, אוהב ה׳ ועובד ה׳, ואיך יעלה על הדעת שלמרות שאני רוצה שאתה תהיה האפוטרופוס שלי על פני האדמה, אתה לא רוצה בכך?! ככה מתנהגים?!״.
>
> השיב לו ר׳ לוי יצחק: ״ריבונו של עולם, אתה נתת לי את הכוח להביט ביהודי ולראות מיד כל מה שעשה בימי חייו. ואם אהיה צדיק הדור, הרי יבואו אליי יהודים, וכשאני אראה את כל מה

שהם קלקלו בחייהם, אני עלול עוד חס וחלילה להפוך לשונא ישראל, ויותר לא אוכל להיות הסניגור שלהם. וכיוון שאני רוצה להישאר אוהב ישראל, כמו שהייתי עד עכשיו - אני לא רוצה לקבל את השליחות שאתה מטיל עלי".

כיוון שראה אבינו שבשמיים את אהבתו הרבה של ר' לוי יצחק ליהודים, אך עדיין רצה שהוא יהיה צדיק הדור, אמר לו: "אתן לך מתנה חדשה: כשתפגוש יהודי, תראה רק את הטוב שבו, ולא תראה שום רע".

הדבר שימח מאוד את ר' לוי יצחק, והוא נהיה צדיק הדור.

ואכן, מי שרוצה להיות צדיק הדור האמיתי, מוכרח לראות רק את הטוב שבבני דורו, ולא להבחין ברע שבהם. כך מקובל על חסידים רבים.

"לכל 'יהודי טוב' יש תחפושת כלשהי. היהודי הקדוש היה למדן, הרבי מלובלין שפע רוח הקודש - אבל כל זה היה תחפושת. המהות הייתה דבר אחר לגמרי", אמר ר' יצחק מאיר.

ר' שמחה בונים שאל: "מדוע מכנים את הרבי 'יהודי טוב'? אם הוא גדול בתפילה, שיכנו אותו 'מתפלל טוב'; גדול בלימוד - 'למדן טוב'; גדול בראייה - 'רואה טוב'?". והשיב: "'יהודי טוב' חושב טוב, ושותה טוב, ואוכל טוב, וישן טוב, ומתכוון לטוב, והוא כולו טוב".[40]

מכנים את הרבי "יהודי טוב" כי צריך שתהיה לרבי אהבת ישראל לכולם, ש"יאהב כל יהודי אהבת נפש", ויחפש איך ללמד זכות על כל אחד ואחד.[41]

אנשים שופכים את לבם לפני הרבי, מספרים לו על צרותיהם המרות, דחקם וסבלותיהם. אין אדם ששומע כל כך הרבה צרות כמוהו. עליו להיות חזק מברזל כדי שלא יתמוטט מרוב רחמנות, והוא צריך לחזק את כולם, להתחנן לאלוהים בעדם, ולעזור להם.[42]

והרבי הוא לא רק בשביל העולם הזה. כשמגיעים לעולם הבא והנשמה זקוקה לתיקון, היא יורדת למטה אל הרבי, ומבקשת את תיקונה.

ישנה מימרה חסידית: על כל חסיד לזכור שאחרי מאה ועשרים שנה, כשהוא יתייצב בפני בית דין של מעלה, תהיה לו אפשרות לדרוש שהרבי שלו יהיה אחד מהדיינים.[43]

"חז"ל אומרים שאברהם אבינו גייר אנשים רבים. מה קרה להם? מדוע הם נעלמו? התירוץ הוא, שלאחר פטירת אברהם אבינו, לא רצו הגרים ללמוד מיצחק אבינו, כי סברו שיצחק אינו ניצב במדרגה גבוהה כמו אברהם. אז הם נשארו לשבת בבית, ולא נסעו אל הרבי. היהודיות שלהם התקררה, והם חזרו להיות עובדי עבודה זרה. אל לו לאדם להסיק מסקנות ממה שנראה לו כי הצדיק של דורו אינו ניצב במדרגה גבוהה כמו זו של הצדיק מהדור הקודם. הוא חייב לנסוע אל הצדיק של דורו", אמר ר' חנוך.[44]

מה משמעות המונח "חסיד"?

ר' יצחק מאיר היה יתום, והמגיד מקוז'ניץ גידל אותו ושמר עליו כבבת עינו. לאחר פטירת המגיד מקוז'ניץ, הוא נהיה לחסידו של ר' משה, בנו. "אני אעשה אותך גדול", אמר ר' משה לעילוי העצום. "אני מחפש רבי שיעשה אותי קטן", ענה לו.

משמשע על החריפות שבוערת בפשיסחה, עזב ר' יצחק מאיר את קוז'ניץ ונסע לר' שמחה בונים. נסיעתו גרמה לזעזוע בקוז'ניץ. "הוא קלקל לנו שבת אחת. חוששני שיקלקלו לו שבתות הרבה", אמר ר' משה'לה, בנו של המגיד מקוז'ניץ. ואכן, לר' יצחק מאיר נולדו שלושה עשר ילדים, וכולם מתו בחייו, רחמנא ליצלן - בשבתות. גם ר' יצחק מאיר עצמו נפטר בשבת. ר' יצחק מאיר ידע שהאסונות הללו הם עונש על כך שעזב את קוז'ניץ. אך הוא היה נכון לשלם את המחיר והמשיך בנסיעותיו לפשיסחה. חסידים אומרים, שאחרי כל נסיעה הסתלק ילד אחד, אבל ר' יצחק מאיר לא נכנע.

כשנפטר בנו האחרון, השלושה עשר, ביקשה ממנו אשתו הרבנית שינחם אותה. אמר לה: "צרתנו תהיה נחמה ליהודי אחר,

שאם חס וחלילה תהיה לו טרגדיה כמו שלנו, והוא יתרעם על ריבונו של עולם, הוא יוכל להתנחם בכך שליצחק מאיר היו שלושה עשר בנים קדושים, ולא נשאר מהם אפילו אחד".[45]

כעבור שנים, ר' יצחק מאיר חלה. הוא ביקש שעשרה חסידים יעלו לקברו של ר' משה'לה מקוז'ניץ לבקש ממנו מחילה בשמו, ויגידו לו: "נסיעתו [של ר' יצחק מאיר] אל צדיקים אחרים לא נבעה מהתנגדות או חוסר נאמנות, אלא בגלל שבקוז'ניץ העניקו לו כבוד רב, והוא חשש שהדבר יזיק ליהודיות שלו"...[46]

להיות חסיד זה לא עניין של מה בכך. לא מגיעים לזה באמצעות כתיבת "קוויטל" והגשת "פדיון" לרבי, ולא מגיעים לזה בין לילה. "אז מה? מה הסיפור אם מתגלגלים עשרים שנה מתחת לספסלים עד שנוכחים לדעת מהו חסיד?", אמר פעם הקוצקאי לתלמידו.[47] להיות חסיד זה לא משהו שלומדים פעם אחת ולתמיד. עליך ללמוד כל החיים כיצד להיות חסיד.

להיות חסיד משמע להיות חלק מקהילה. כל חסיד חש שייכות עמוקה לחסידים האחרים של אותו הרבי. "דיבוק חברים", קשר רוחני, עוטף את כולם. החסידים חשים התקשרות עמוקה לרבי, והתקשרות עמוקה אחד לשני. הם מבלים ביחד, ועוזרים זה לזה. "מתנגד" עשוי להעביר את כל שנות חייו כיחיד, לבדו; החסיד חי בחברותא.

כשחסידים שותים "לחיים", הם לוחצים ידיים זה לזה. זוהי מין תקיעת כף, הבטחה קדושה לאהוב זה את זה.[48]

ר' יחיאל מאיר מגוסטינין, שחי בדוחק, קיבל ידיעה שהוא זכה בסכום גדול בהגרלה. הוא נכנס אל הרבי לבשר לו את הבשורה הטובה.

"מה אתה רוצה ממני? מה אני אשם?", ענה לו ר' מנדל.

ר' יחיאל מאיר הזדעזע והבין שזו לא בשורה טובה בעיני הרבי. הוא נסע הביתה וחילק את כל הכסף בין קרוביו וחבריו העניים. הוא עצמו לא רצה ליהנות מאף פרוטה.[49]

בקוצק בדקו את המילים שהם אמרו. הם לא רימו את עצמם. אם אומרים מילה, יש לדעת מה כוונתה. למשל, המילה "חסיד" מתארת אדם שמידותיו מזוככות, אך ר' מנדל חש שהמילה הזו מריחה מרברבנות; שמשתמשים בה כתואר כבוד. אם, למשל, אדם אומר על עצמו: "אני חסיד קוצק" - האין זאת התרברבות על אחרים? לכן, אמר ר' מנדל, "אנשים מכנים אדם 'חסיד' בדיוק כמו שהם מכנים מישהו 'חכם'; זה לא בגלל שהוא באמת חכם, אלא בגלל שהוא חכם יחסית לאחרים. למעשה, קוראים לו 'חכם' מפני שהוא עוסק בחכמה, וכך אפשר לקרוא לאדם 'חסיד' מפני שהוא עוסק בחסידות, למרות שהוא עדיין אינו 'חסיד'".[50]

בדורות עברו, נדרשו מדרגות רבות כדי להגיע למידת ה"חסידות". אך בדורות של זמנינו, קוראים למישהו חסיד למרות שהוא לא עבר את כל המדרגות הקודמות. האמת היא, שישנן דרכים עוקפות, המוליכות ישירות אל החסידות, ויחידי סגולה מוצאים אותן. אך אם ההמון יגלה את הדרכים העוקפות הללו, הן יחרבו...[51]

טומשוב

החסידות התאימה את עצמה לעולם. יהודי עוסק בענייני העולם הזה במשך כל השנה ובא אל הרבי לשבת אחת או שתיים. ה"תורה" של הרבי מחייה נפשות, ואז נוסעים בחזרה הביתה ועוד "נוטלים מעט שיריים". מכלים את השנים בשביל הגוף וצרכיו; ובשביל הנשמה מבלים מדי פעם בשבת אצל הרבי.

בטומשוב סברו שהאדם לא שווה כלום. כדי להציל אותו, חייבים לטהר ולזכך אותו היטב. יש אפוא להשליך את כל האינטרסים ולהתמסר לעבודת ה'. זוהי "עבודה" שמעסיקה את האדם יומם ולילה, לכל החיים. עבודה רוחנית כזו היא קודם כול מרד נגד כל הנטיות האישיות. על האדם ללמוד כיצד להיפטר מכל ההרגלים שהוא משועבד אליהם כל ימיו; להשליך מעליו את העול, ולהשתחרר מכבלי האשליות והשקרים המקובלים. עבודה כזו דורשת לא רק מסירות של

חודשים ושנים אלא גם שהייה במחיצת המדריך הרוחני, שעשויה לעורר שינוי יסודי באדם.

החסידות נעשתה עניין להמון העם. יהודים נוסעים לרבי ומבקשים שהוא יתפלל בעדם על פרנסה, בריאות ושידוכים. כל זה נראה לרבי מקוצק כחילול הקודש. וכי הרבי הוא חנות כל בו, שניתן למצוא בה כלות וחתנים, פרנסות ותרופות? העיקר הוא כיצד לעצב את המוח וכיצד לזכך את הנשמה.

ר' מנדל לא חיפש חסידים שבאים לתפוס "שיריים" או ליטול ברכה. הוא לא יכול היה לסבול אנשים בינוניים או "בעליבתים", שרוצים שיהיו להם גם תורה וגם דרך ארץ - גם העולם הזה, וגם העולם הבא. הדבר המפליא הוא שר' מנדל אכן משך אליו נשמות חריגות.

ר' מנדל לא רצה שיהיו לו חסידים רבים. "בטומשוב", הוא אמר מאוחר יותר, "לא רצו שיהיו יותר ממאתיים או שלוש מאות חסידים, אך רצו שכל אחד מהם יהיה גדול כמו הבעל שם טוב; שכל אחד מהם יוכל לשים על הראש עלה כרוב במקום כיפה, לצאת לרחוב לבוש בבוץ וקש, ולצעוק: 'לה' הארץ ומלואה!'"...

צדיקים אחרים התמסרו ליהודים זקנים, לאנשים בשלים. ר' מנדל חיפש דווקא חסידים צעירים, שניתן עדיין לעצב וללוש אותם. שנות הנעורים הן השנים החשובות ביותר. השנים שבין גיל שלוש עשרה לגיל עשרים שוות כמו לפחות שבעים שנה. שנה אחת בגילאים הללו היא כמו עשר שנים בתקופה מאוחרת יותר.[52] ואכן, ר' מנדל סבר שיש להתמסר בעיקר לעבודה עם צעירים.

"אַל תַּשְׁלִיכֵנִי לְעֵת זִקְנָה" (תהלים עא, ט) - "שאז קשה לתקן", אמר ר' חנוך.[53] אין חסיד קוצק שהוא זקן. חסיד שמגיע לשנים הללו, נושא בקרבו שניים-שלושה צעירים; זקן הוא לא. הרבי מקוצק אמר לצעירים: "מה שאומרת הגמרא כי 'לא ניתנה תורה אלא לאוכלי המן', הכוונה לצעירים שעדיין אוכלים על שולחן חותניהם[ו]".[54]

ו. ביידיש: מאן = איש. יש כאן אפוא משחק מילים: "אוכלי המן" = אוכלים משולחנו של איש אחר.

"כְּחִצִּים בְּיַד גִּבּוֹר כֵּן בְּנֵי הַנְּעוּרִים" (תהלים קכז, ד) - כשגיבור יורה חץ ומיד מתחרט על כך - זה בלתי אפשרי להחזיר את החץ שנורה, זה אבוד. זו הסיבה ששנות הנעורים הן כחצים ביד גיבור. כפי שמתנהגים בגיל הנעורים - כך ממשיכים בשאר השנים. בהמשך החיים זה כבר בלתי אפשרי להחזיר את מה שנותר בדרך.[55]

העיקר הוא מה שאדם עושה בשנות נעוריו, כשכוחותיו בוערים, וכוחות היצר הרע לוהטים - אז המעשים הטובים הם ניצחונות. אבל כשהאדם מזדקן, כוחותיו כבויים, והיצר הרע איננו עוד - אז לא נותר לו אלא לחקות: לשוב ולחקות את עצמו, או לחקות אחרים.[56]

"שינה של שחרית ויין של צהרים ושיחת הילדים... מוציאים את האדם מן העולם"[57] - ר' מנדל הסביר: העברת שנות השחרות בשינה; בלגימה גסה מיי"ש וב"פגם הנעורים" - מוציאים את האדם מהעולם.[58]

כשאברהם הוליך את יצחק לעקידה, כתוב: "וַיֵּלְכוּ שְׁנֵיהֶם יַחְדָּו" (בראשית כב, ח). יצחק הלך בלי גינונים, בפשטות, כאילו הייתה זו הליכה רגילה. כשאברהם ראה זאת, הוא החליט שגם הוא ילך כך. "וַיָּשָׁב אַבְרָהָם אֶל נְעָרָיו" (שם כב, יט) - הוא שב אל הנעורים. צעירים יכולים להפנות "פייג"[ז] כלפי עצמם.[59]

הצעירים נהגו לעזוב את האישה והילדים בלי להיפרד מהם, ולנסוע לקוצק. מעשה כזה מעורר את כעסו של כל חותן. כדי למנוע מהחתן לברוח לקוצק, היה החותן מחביא את טליתו של חתנו. אך זה לא הרתיע את הצעירים. הם היו רצים לקוצק ומתפללים שם עם "טלית קטן". הם היו מתפרנסים ממכירת התכשיטים שקיבלו כמתנות חתונה, והיו נשארים בקוצק שבועות וחודשים. כל עוד לא נפרדו לשלום מהרבי, והוא לא ציווה עליהם לנסוע הביתה - הם היו נשארים בקוצק.

ז. "פייג" - תאנה. תנועת גנאי יידית באמצעות תחיבת האגודל בין האצבע והאמה, והפנייתה לאחר; מעין מקבילה ל"אצבע משולשת". יש ששיערו שנקראת "תאנה" על שום צורתו ומשמעותו של "עלה התאנה".

כפי שנאמר לעיל, ר' מנדל תיאר את עצמו במונחים חריגים עוד בראשית דרכו, ודרש מאנשיו לבקש קדושה בלימודם ולחיות בפרישות.[60] הדרך הזו נרמזת בדבריו של משה רבינו על שבט לוי: "הָאֹמֵר לְאָבִיו וּלְאִמּוֹ לֹא רְאִיתִיו, וְאֶת אֶחָיו לֹא הִכִּיר, וְאֶת בָּנָיו לֹא יָדָע, כִּי שָׁמְרוּ אִמְרָתֶךָ וּבְרִיתְךָ יִנְצֹרוּ" (דברים לג, ט). כך הייתה דרכו של שבט לוי, שאלוהים הבדילו "לָשֵׂאת אֶת אֲרוֹן בְּרִית ה', לַעֲמֹד לִפְנֵי ה' לְשָׁרְתוֹ, וּלְבָרֵךְ בִּשְׁמוֹ עַד הַיּוֹם הַזֶּה" (דברים י, ח). האם ר' מנדל רצה להקים מעין שבט לוי כזה?

"הולך ואינו עושה - שכר הליכה בידו"[61] - שאל ר' מנדל: מדוע מי שהולך לבית המדרש מקבל שכר על הליכתו אפילו אם הוא לא עושה כלום? איזו שלמות נפשית הוא רוכש מתוך ההליכה בלבד? אלא שכוונת המִשנה היא שמי שהולך מביתו זוכה לגמול על כך, כיוון שכל עוד האדם קשור לביתו - קשה לו ללמוד ולהתפלל. ולכן, ר' מנדל נהג לומר לצעירים שישהו יותר ב"שטיבל" (בית מדרש) מאשר בבית.[62]

בן הרב של ורשה - ה"חמדת שלמה", שהיה "מתנגד" - הלך לקוצק. האב כתב לבנו שהוא גוזר עליו מדין כיבוד אב לנסוע בחזרה הביתה לשבת. כשהבן הראה את המכתב לר' מנדל, אמר לו ר' מנדל: "אתה נשאר כאן, ואני אענה לו". במכתבו כתב ר' מנדל לרב הוורשאי, ששלושה שותפים מביאים את האדם לעולם: אביו, אמו והקדוש ברוך הוא; אליו, לקוצק, נסע החלק ששייך לשותף השלישי, הקדוש ברוך הוא, ולכן אין לו (לאבא) שום רשות לגזור על החלק שאינו שייך לו...[63]

חסיד אחד ששהה זמן רב בקוצק החליט לנסוע הביתה לאשתו וילדיו, ורצה להיפרד. ואולם, ר' מנדל היה מסוגר בחדרו ולא הרשה לאף אחד להיכנס. פעם אחת, שמע החסיד שמדברים עם הרבי לגבי הסוגיה של "כל היוצא למלחמת בית דוד כותב גט כריתות לאשתו".[64] כולו רועד, פתח החסיד את הדלת ושרבב את ראשו.

קרא ר' מנדל: "הַא, מה רצית?".

"אני רוצה להיפרד".

ענה לו הרבי: "לא שמעת על מה דיברו כאן? מי שיוצא למלחמה, נותן גט לאשתו. יש לך בית מדרש. היכנס לשם, ושב ללמוד".[65]

ר' מנדל למד עם תלמידיו ש"ס ופוסקים, אבל עיקר הלימוד היה חסידות. זקני חסידי טומשוב נהגו לספר: "לפעמים, יכול היה הרבי מטומשוב להיכנס איתנו אל תוך היער, ולדבר שם באוזנינו עשר שעות ללא הפסקה, עד שכל אחד מאתנו נהיה 'בטל במציאות'. לשם כך היה עליך להיות אדם חזק עם לב חזק מאוד... אפילו מי שלבו היה לב של אבן, התפעם והתרכך".[66]

הרבי עסק עם תלמידיו בחסידות, אך גם ב"לימוד" (ב"נִגלה").[ח] בשבת, לפני התפילה, נהגו להיכנס אליו תלמידים חשובים. הם שתו ביחד קפה והוא התפלפל איתם בהלכה.[67]

מאתיים חסידים הותירו מאחור את האישה והילדים, ויצאו לטומשוב. באותו זמן, בנתה הקהילה שם בית כנסת. כל יום נשלחו כעשרים חסידים לעבוד בבנייה, ובשכרם קנו אוכל לכל החסידים. היה להם מעט מאוד כסף, אך את המעט שהיה לך, חלקת עם כולם. כש"הריחו" שלמישהו מצויה פרוטה בכיסו, נהגו לצחוק עליו ולכנות אותו "נגיד" - והוא כבר חיפש כיצד להיפטר מכספו.

החסידים גם בנו בניין גדול עבור בית מדרש ליד דירתו של ר' מנדל, בניין פשוט, ללא צבע, בלי קישוטים, אבל מרוּוָח - מקום שיהודים רבים יוכלו ללמוד ולהתפלל בו.

התלמידים חיו בצוותא מקופה אחת, והתפרנסו מעבודת כפיים: ריסוק אבנים וכריית אדמה לחמר. השכר נכנס בערב לקופה המשותפת. הם אכלו יחד, וסעודותיהם כללו לחם דגן ומעט יי"ש.

ח. "נִגלה" - התורה הגלויה, בדרך כלל החלקים ההלכתיים של הגמרא (וכאן בצירוף הפירוש הלמדני "תוספות", או מיד בדגש על "חושן משפט", כינוי לחלק הממוני של ההלכה), בניגוד ל"נסתר", תורת הסוד.

התנהגות חסידיו של ר׳ מנדל נראתה משונה מאוד בעיני אנשי העיר. בעלי משפחה מותירים מאחור את האישה והילדים ובאים לכאן כדי לחדד את המוח?! גם בקושי ראו שהם עושים משהו ממשי בעבודת הבורא. הם היו לומדים בצנעה, בלילות, והיו מתפללים במהירות וללא שום טקסיות. אנשי העיר לא ראו אלא בני אדם משוטטים, מהורהרים עמוקות. נוסף על כך, החסידים היו עניים, והרבי עצמו חי בדוחק.

פעם אחת, התלהטה בטומשוב מחלוקת נגד ר׳ מנדל, בהובלת ר׳ יוסף מיארוצ׳וב שגר שם. הוא התנגד כבר לדרכו של ר׳ שמחה בונים, והיה אחד מהאוחזים במושכות שרצו לנצל את ״החתונה באוסטילה״ כדי להטיל חרם על חסידי פשיסחה.[68]

ר׳ מנדל לא ישב בטומשוב אלא שנתיים, אך שמו כבר התפשט בכל הארץ. מחברים מודרניים מספרים שנהגו לשיר אז ברחבי המדינה:

בטומשוב בוערת אש,
האור שם מתחדש.

האומנם מקורו של השיר בימים ההם? לא ברור. אבל יש בו הד לתחושה, שוודאי כבשה יהודים רבים.

ר׳ מנדל חי בעוני רב וסבל רבות מ״צער גידול בנים״. כמה מילדיו מתו בילדותם, ולא נותר לו אלא בנו היחיד, ר׳ דוד.[69]

לאחר שר׳ שמחה בונים נפטר, ר׳ מנדל ביקר בוורשה. הוא הציע לר׳ ברוך מצ׳יז׳ב שישכור עבורם כרכרה לנסוע ברחבי העיר. ענה לו ר׳ ברוך: ״אין לנו פרוטה״. ואכן הם לא נסעו.[70]

לאחר שנאלצו לעזוב את טומשוב, הם לא ידעו לאן לעבור. באותה עת, אחד מתלמידיו של ר׳ מנדל התחתן עם אלמנה עשירה מקוצק, והתקבל לכהן שם כרב. כששמע שהרבי חייב לעזוב את טומשוב, הוא הזמין אותו להתיישב בקוצק. קוצק הייתה באותה תקופה עיירה קטנה, ששכנה לא הרחק מהעיר לובלין. בשנת 1853 התגוררו בה 2,992 נפשות, מהם 1,652 יהודים. ר׳ מנדל עבר לקוצק בשנת תקפ״ט (1829).

לפי סיפור חסידי, המעבר אירע באופן שונה לגמרי:

> החסידים פשוט ארזו את חבילותיהם ויצאו לדרך, וכך הלכו להם יומם ולילה. פעם אחת בלילה, היה ממש "וימש חושך", ואיש מהם לא ידע היכן הם נמצאים. לפתע, הם שמעו כלבים נובחים. קרא ר' מנדל: "כלבים נובחים - סימן שאנחנו קרובים לאיזה כפר". כשהאיר היום, הם הגיעו לקוצק, שם זכו לקבלת פנים "אמיתית": יהודי קוצק, ששמעו על ההתנהגות הפרועה של חסידי ר' מנדל, ניסו לגרשם מהעיירה. הם השליכו עליהם אבנים ושיסו בהם את הכלבים. ר' מנדל הרים את גבותיו, חייך ואמר למקורביו: "היהודים האלה מוצאים חן בעיניי. הם מוסרים את נפשם על מה שהם רואים כאמת. מקום שבו זורקים אבנים, הוא עיר רצינית. כאן אנחנו נשארים".

ר' מנדל התיישב בקוצק. כאמור, תקופת קוצק הייתה שונה מתקופת טומשוב. בקוצק, ר' מנדל נהיה מעט פחות קיצוני ומחמיר משהיה בטומשוב. גם בנוגע לפרנסה המצב השתנה.

הדרך של ר' מנדל

מה יועיל לאיכר שעון, אם הוא לא יודע לכוון אותו? יהודים "בעליבתים" חושבים שתפילה וקיום מצוות הם המענה לכל הבעיות. בא ר' מנדל ואמר שתפילה וקיום מצוות הם רק מקור לבעיות חדשות.

כאמור, הדרך של ר' מנדל הייתה המשך המהפכה שהחל היהודי הקדוש. ואולם, הסגנון השתנה במידה רבה. היהודי הקדוש התחיל את המהפכה בשקט, "דִּבְרֵי חֲכָמִים בְּנַחַת נִשְׁמָעִים" (קהלת ט, יז); ר' שמחה בונים פתח במלחמה, "ה' אִישׁ מִלְחָמָה" (שמות טו, ג); בקוצק התחוללה סערה, "וַיַּעַן ה' אֶת אִיּוֹב מִן הַסְּעָרָה" (איוב לח, א).

ר' מנדל סבר שהחסידות נמצאת במצב של ירידה: "הם טינפו את החסידות!", הוא אמר פעם. הוא רצה לחדש, לרענן, לזכך.[71]

לר׳ מנדל הייתה דרישה פעוטה: ״על כל אחד לדמיין בליבו את מעמד הר סיני״. במעמד הר סיני כתוב: ״וְכָל הָעָם רֹאִים אֶת הַקּוֹלֹת וְאֶת הַלַּפִּידִם וְאֵת קוֹל הַשֹּׁפָר וְאֶת הָהָר עָשֵׁן, וַיַּרְא הָעָם וַיָּנֻעוּ וַיַּעַמְדוּ מֵרָחֹק״ (שמות כ, יד). הרבי מקוצק סבר שעל כל יהודי לחוות בליבו את מה שעם ישראל חווה במעמד הר סיני.[72]

אצל צדיקים אחרים שמעו דיבורים שניחמו, חיזקו והכניסו אור ושמחה בנשמה. בטומשוב הטילו דיבורים, חדים כסכין, שפשטו את העור. בטומשוב לא היית יכול להגיב בהנהון: ״אני מסכים, מהיכי תיתי״ [נו, שיהיה]; בטומשוב אמרו: ״הדרך קשה וארוכה״ - אבל למרות הכול ודווקא בגלל שהיא קשה, קיבלו על עצמם את העול.

ר׳ מנדל קרא לתלמידים ואמר להם שהוא ילמד איתם כמו ר׳ שמעון בר יוחאי. מה הייתה דרכו של ר׳ שמעון בר יוחאי? הוא ובנו ברחו, הסתתרו במערה והתמסרו באופן טוטאלי, יומם ולילה, לתורה ולתפילה בלבד. לאחר שחלפו שתים עשרה שנה, הם יצאו מהמערה, ומה רואות עיניהם? אנשים חורשים וזורעים את השדות, ומתעסקים בענייני העולם הזה. זה הכאיב לר׳ שמעון מאוד, והוא לא יכול היה לראות זאת. מוכרחים להילחם בזה! ואכן, להיכן שלא הלך או היכן שלא עמד - כל מה שהעיף מבט לעברו עלה באש... יצאה בת קול מן השמיים ואמרה: ״רצונכם לכלות את העולם?! היכנסו בחזרה למערה!״.[73] בשמיים לא הסכימו עם דרכו של ר׳ שמעון בר יוחאי - אבל ר׳ מנדל כן הסכים!

ר׳ יצחק מוורקי, חברו הקרוב של ר׳ מנדל, לא הסכים עם שיטתו ואמר לו פעם: ״הדרך שלך טובה לתלמידי חכמים - ל׳עשרה בטלנים׳ הפורשים מן הציבור - אבל יהודים זקוקים לרבי״.

השיטה של וורקי הייתה שונה לגמרי משיטת קוצק, ולכן שררו חילוקי דעות קשים בין חסידי וורקי לחסידי קוצק, שהגיעו אפילו לידי מחלוקת חריפה. ואולם, למרות כל חילוקי הדעות, התקיימה ידידות נפש עמוקה בין ר׳ מנדל לר׳ יצחק. כשאשתו של ר׳ מנדל חלתה, הוא שלח אותה לוורקי, לקבל ברכה מחברו.

באותו זמן שר׳ מנדל סלל את דרכו בקוצק - שהפכה מאוחר יותר לבאר המרכזית של החסידות בפולין - החסידות באוקראינה ובווהלין

הונהגה על ידי צדיקים משושלת צ׳רנוביל. מה ההבדל בין דרכה של צ׳רנוביל לדרך של קוצק? ר׳ אהרן מקרלין, מחבר הספר ״בית אהרן״, אמר: ״ילדיו של ר׳ מוטל׳ה מצ׳רנוביל, המכהנים כצדיקים, הם אכן צדיקים, אבל ׳משטרתיים׳ (המשגיחים על השקט בתוך מדינה). לעומתם, קרלין וקוצק הם ׳צבאיים׳ (חיילים שנלחמים בחזית)״.[74]

כך הסביר ר׳ יצחק מאיר את ההבדל שבין הדרך של רדושיץ[ט] לדרך של קוצק: בקוצק רצו לקרב יהודים אל ה׳ יתברך, ברדושיץ רצו לקרב את ה׳ יתברך אל היהודים.[75]

כשר׳ יחיאל מאיר מגוסטינין נסע בפעם הראשונה לקוצק, הוא חשש מאוד שמא לא יהיה מסוגל לקבל עליו את הדרך החדשה. אמר לו ר׳ מנדל: ״אנחנו לא מחדשים דבר, אנחנו רק מקלים את כובד המשקל של מה שכל אחד סוחב״.[76]

נראה שר׳ מנדל סבר שהוא הולך בדרכו של היהודי הקדוש. כשהוא נהיה לרבי, הוא אפילו עלה לקברו של ״היהודי״ ואמר: ״ברצוני ללכת בדרכו של ׳היהודי׳״.[77]

אגב, עלייתו של ר׳ מנדל לקברו של ״היהודי״, אם אמנם התרחשה, מצביעה על כך שהייתה לו זיקה מאוד עמוקה ל״יהודי״. חסידים אחרים נהגו ללכת להתפלל במקומות קדושים, על קברי צדיקים - אך ר׳ מנדל ביטל לגמרי את המנהג הזה. ״אני איני יהודי של קברים״, העיד על עצמו.

בלובלין היה נהוג שיהודי השרוי בעת צרה נשלח על ידי ״החוזה״ להתפלל על קברו של ר׳ שכנא המפורסם, שהיה בעיר. אכן, יהודים רבים נהגו גם לנסוע ללובלין ולהתפלל שם על קברי צדיקים. אך פעם אחת ר׳ מנדל התרעם: ״מה הם רצים ללובלין? הצדיקים כבר מזמן הסתלקו מבית הקברות של לובלין״.[78]

ואולם, ר׳ חנוך מאלכסנדר סבר שקוצק היא פרשנות לדרכו של ר׳ שמחה בונים, ושיש יותר מפרשנות אחת. הלא הדרך שהנהיג ר׳ יצחק מאיר לאחר פטירתו של ר׳ מנדל מקוצק היא גם פרשנות

ט. חסידות פולנית שהמשיכה בדרכו של ״החוזה״.

לדרכו של ר׳ שמחה בונים.[79] ר׳ חנוך מאלכסנדר אמר על חסיד חשוב: ״בפשיסחה נטלו ממנו את הפחיתוּת, את הבערוּת; בקוצק ישרו אותו; בגור הנחילו לו מדרגות [רוחניות]״.[80]

ר׳ מנדל אמר על חסידיו: ״אני מעמיד אותם ישר״.[81] ״אני לא רוצה להחיות מתים; אני רוצה להחיות את החיים״.[82] ״ר׳ שמחה בונים״, אמר ר׳ מנדל, ״היה מרומם את מי שבא אליו; אני רוצה שכל אחד ירומם את עצמו לבדו״.[83] ר׳ מנדל ביקש לעקור כל שערה של גאווה מכל חסיד, ולשתול במקומה שברון לב.

פעם אחת, הוא הורה לר׳ הירש מטומשוב שיפעל למען הרב החשוב ר׳ זאב נחום כדי שיקבל את מִשׂרת הרבנות בביאלה, והלה אכן קיבל את המשרה.
כשר׳ זאב נחום בא לקוצק, הוא נכנס לר׳ מנדל ואמר: ״נהייתי לרב של ביאלה״.
צעק ר׳ מנדל: ״אתה נהיית לרב בביאלה? איך אתה מעז!? וכי אתה ראוי לזה!? באיזו זכות!?״.
ר׳ זאב נחום נרעש ויצא כשלבו מר עליו. כעבור שעה קלה, בא אליו ר׳ פייבל השמש ואמר לו: ״הרבי קורא לך״.
הוא נכנס מיד בחזרה, שבור לב.
אמר לו ר׳ מנדל בלבביות רבה: ״נהיית רב בביאלה? מזל טוב! שיהיה לך במזל!״.[84]

צדיקים אחרים העניקו ״סגולות״ לתרופה וקמיעות. למרות שהוא התמצא ברוקחות, ר׳ מנדל נתן לעתים נדירות בלבד ״סגולות״, וכמעט אף פעם לא קמיעות. הוא חש שאט נפש כלפי ההתמסרות לקבלה מעשית והשימוש ב״שמות קדושים״.

פעם אחת פרצה מגפת חולירע. הסכנה הייתה רבה, ואחד מקרוביו הפציר בו מאוד, עד שבסופו של דבר ר׳ מנדל נתן לו קמיע. בקמיע נרשמה רק מילה אחת: חלר״ע - ראשי תיבות של ״חטאנו לפניך רחם עלינו״.[85]

שני סיפורים ממחישים את הניגוד שבין דרכה של קוצק לבין דרכם של צדיקים אחרים בפולין, שהדגישה את מעלתה של האדיקות הפשוטה, של דתיות שניתנת לשקילה ומדידה:

פעם אחת, בא חסיד קוצק אל ר' ישׂכר בר מרדושיץ, שהיה "בעל מופת" מפורסם, והתאונן על כך שאין לו פרנסה, שכל עסק שהיה לו הלך לזבל.
שאל אותו הרבי מרדושיץ: "ו'תחנון' - אתה אומר כל יום?".
היהודי התבייש להודות שלא, ושתק.
הרבי שאל אותו שוב את אותו דבר, אז היהודי ענה שהוא אינו אומר "תחנון" בכל יום.
"כמה ימים חלפו בלי שאמרת 'תחנון'?".
היהודי עשה חשבון של אלף ימים.
הורה לו הרבי מרדושיץ לומר אלף פעמים "תחנון", כמספר הימים שבהם לא אמר. אם יאמר ולוּ גם "תחנון" אחד פחות ממה שהחסיר - הוא לא ייוושע; ועליו גם לקבל על עצמו שמהיום והלאה יקפיד על כך.
לקח ליהודי הזה שבועות עד שהשלים את כל האלף - וביום שבו אמר את ה"תחנון" בפעם האחרונה, פתאום החל להצליח ולהתעשר (כך מספרים חסידים).[86]
כשחסיד אחד ביקש מר' יעקעלע מרדזימין שיברך אותו בפרי בטן, הוא נתן לו סגולה - שיורה לסופר סת"ם לכתוב עבורו ספר תורה. והוא גם נימק זאת: "אתה הלא רוצה ילדים כדי לקיים את המצווה הראשונה שבתורה, מצוות 'פְּרוּ וּרְבוּ' (בראשית א, כח). קיים אפוא את המצווה האחרונה הכתובה בתורה 'וְעַתָּה כִּתְבוּ לָכֶם' (דברים לא, יט) - ובזכות שתקיים את המצווה האחרונה, תזכה לקיים את המצווה הראשונה".
ר' יחיאל מאיר מגוסטינין, תלמידו של הקוצקאי, שמע את הדבר, וזה השאיר עליו רושם קשה: וכי יהודיות היא עסק של

סחר חליפין, שבו קונים בשמיים ילדים באמצעות תשלום לסופר סת"ם לכתיבת ספר תורה?!

גישה מאגית כזו הייתה זרה לו מאוד, והוא אמר: "האם הרבי מרדזימין הוא בכלל רבי? אולי הוא רבי, אבל מכל רבי שהיה לי - הרבי מקוצק ור' יצחק מאיר, הרבי מגור - לא למדתי ככה. כשאדם מקבל על עצמו עול מלכות שמיים - המצוות והמעשים הטובים אכן יקרים לליבו; כשאדם לא מקבל על עצמו עול מלכות שמיים - המצוות והמעשים הטובים שלו לא שווים כלום. זה בדיוק כאילו המצווה נעשית על ידי בהמה או מכונה".[87]

אותה גישה אנטי־מאגית משתקפת באמירה של ר' שמחה בונים. הוא סיפר שפעם אחת, ר' יעקב שמשון משיפיטובקה שט בספינה על הים (אולי בדרך לארץ ישראל). בליל ראש השנה, פרצה סערה חזקה. הספינה עמדה לטבוע. אבל ר' יעקב שמשון לא היה מודע לסכנה, כי הוא היה שקוע בציפייה לכך שכבר יאיר היום והוא יוכל לתקוע בשופר. עלה היום, הוא תקע בשופר, והים נהיה שקט. "הציבור סבור", אמר ר' שמחה בונים, "שר' יעקב שמשון המתין לכך שיאיר היום כדי להרגיע את הים בזכות המצווה של תקיעת שופר. אבל זה לגמרי לא נכון. הוא פשוט השתוקק לקיים עוד מצווה אחת לפני שיטבע ביחד עם הספינה". ר' שמחה בונים סבר שניצול מצווה על מנת להינצל, כדי להשיג טובת הנאה מקיומה - אינה דרכה של היהודיות.

ר' יחיאל מאיר ראה שחתנו עיין בספר המוסר הקלאסי "ראשית חכמה". אמר לו: "כשצעיר לומד 'ראשית חכמה', זה טוב. אבל מי שנכנס בדלת של קוצק, עומד ארבעים מדרגות למעלה מזה...".[88]

פרק ה

ההתנגדות לדרך של קוצק

מדוע הדרך של קוצק עוררה התנגדות כה חריפה אצל חסידים אחרים? משום שחסידי קוצק כופפו מנהגים רבים ואפילו זלזלו בהלכות מסוימות ולא התחשבו בזמני התפילה. לפעמים התפללו שחרית לפנות ערב, אפילו בימים הארוכים של חודש תמוז. הם גם לא הקפידו לומר "תחנון" בכל יום.

כדי להסוות את עצמם, נהגו חלק מחסידי קוצק להתעורר בקיץ בשעה שלוש לפנות בוקר, להתפלל - ואז ללכת לישון. והציבור חשב שהם אכלו לפני התפילה, או שלא התפללו בכלל.

לחסידי קוצק לא היה שם טוב במדינה. אנשים החשיבו את החבורות שלהם כהתכנסות של "מושב לצים". השמועה נפוצה שהם משחקים בקלפים, שותים יותר מדי יי"ש, ומדברים נגד זקנים ואפילו נגד רבנים. נוצרו אז ביטויים, כמו "אתה חצוף ושיכור, כמו חסיד קוצק!".[1] המתנגדים לקוצק בדו את הטענה שהרבי מקוצק וחסידיו מזלזלים בברכת המזון ושהרבי אומר שאין צורך להתפלל.[2]

בין חסידי קוצק היו צעירים רבים, חריפים בעיני עצמם, שלגלגו על כללי ההתנהגות המקובלים. הם עשו "חוכא ואִטלולא" מצדיקים אחרים,[3] כמו למשל ה"בעל מופת" ר' יששכר בר מרדושיץ, והיו מוכנים להלבין את פניהם של מתנגדיהם.

מלעג לא יוצא שום דבר טוב. ואכן, היו צעירים שעשו מעשים פרועים. כך למשל מסופר, שכאשר ר' ירחמיאל מפשיסחה, בנו של היהודי הקדוש, שהה בטומשוב, פרצו חסידי קוצק את חלונות האכסניה שלו וזרקו פנימה אבנים. מעשים כאלה עוררו זעם ועוגמת נפש, וכך אכן יצא לחסידי קוצק שם רע.

הרבי ממוגלניצה, שנודע כמי שמחמיר ומקפיד על זוטות של אדיקוּת, שלח שניים מאנשיו לקוצק כדי לרחרח על דרכה. כשחזרו, הם סיפרו שבליל יום כיפור, שני חסידים שוחחו במשך כל הערב על ענייני חסידות. משהגיעה שעת חצות, קרא אחד מהם: "נדמה לי שכבר הגיע הזמן להתפלל מעריב!". ועוד סיפור: בליל חג הפסח, הם שוחחו על חסידות עד שתים עשרה בלילה, עד שאחד אמר לחברו: "נדמה לי שכבר הגיע הזמן לאכול ארוחת ערב!".[4]

הפיצו אז שמועות נוראיות, למשל, ששלושה מחשובי התלמידים - ר' הירש מטומשוב, ר' הירש מפרצ'ווה ור' הירש בר מגרבוביץ - קבעו ביניהם פעם להתפלל ללא תפילין במשך שלושה ימים רצופים, כדי לגלות איך זה ישפיע על התפילות שלהם.

נגד הכלל הקוצקאי שיהודי צריך לעשות את עבודת ה' שלו מתוך הרגשה של חיוניות, אמרו מתנגדיהם: "הַבָּשָׂר הַחַי טָמֵא הוּא" (ויקרא יג, טו).[5]

כשר' לייבל'ה אייגר עזב לפתע את משפחתו ונסע לקוצק - כל העיר דיברה על כך. חותנו, ר' עזריאל מאיר גרדשטיין ז"ל, היה "מתנגד" גדול. הוא שנא את כל החסידים, ובמיוחד את חסידי קוצק שאותם ראה כגרועים ממזרים. הוא נהג לומר שמי שיש לו בן חסיד נדרש לקרוע עליו קריעה ולשבת עליו שבעה, כמו על בן משומד. הוא גם נשבע שלא ייקח חסיד לחתָן. ר' לייבל'ה שהה בקוצק חודשים אחדים. כשכספו אזל, הוא חי בדוחק רב, אך לא היה מוכן לנטוש

את הדרך שבחר. כשחזר ללובלין, חותנו לא נתן לו להיכנס הביתה, אך אשתו שמרה לו אמונים. מאותה עת, הוא נסע לקוצק מדי פעם בפעם, ונהיה מוכר כמי שמקדיש את חייו לתורה ועבודת ה׳, ולעשיית צדקה וחסד.[6]

רבים מזקני החסידים סברו שהדרך של קוצק מסוכנת. ההתנגדות לדרך של קוצק הייתה בראש ובראשונה המשכה והחרפתה של המחלוקת שהחלה דור אחד לפני כן כנגד דרכם של ״היהודי״ ור׳ שמחה בונים מפשיסחה. בין המתנגדים החריפים, הן לפשיסחה והן לקוצק, היו ר׳ מאיר מאפטא, מחבר ה״אור לשמים״; ר׳ יוסף מטומשוב, שנודע כר׳ יוסל׳ה מיארוצ׳וב, שבגללו נאלץ ר׳ מנדל לעקור מטומשוב.[7] גם ר׳ שלמה מרדומסק, מחבר ה״תפארת שלמה״, שר׳ מנדל הוקיר מאוד - היה בין מתנגדיו.[8] גם לר׳ שלמה לייב מלנצ׳נה הייתה ״קפידא״ על חסידי קוצק.[9]

אחד המתנגדים החריפים ביותר לקוצק היה ר׳ ירחמיאל, בנו הבכור של היהודי הקדוש, שהתגורר בפשיסחה.[10] גם צדיקי גליציה לא הביטו על קוצק בעין יפה. לפי אחת הדעות, ר׳ ישראל מרוז׳ין שגר בסדיגורה, חלק על הדרך של קוצק.[11] חסידי צאנז חוללו מהומה נגד קוצק.[12]

ר׳ הירש מרימנוב, למשל, דיבר גלויות: ״צצו שיטות חדשות. הם סבורים שמספיק לעבוד את ה׳ יתברך במחשבה בלבד. ואני אומר שיש לעבוד את ה׳ יתברך במחשבה, בדיבור ובמעשים... לשיטות המעוותות הללו לא תהיֶה תקומה״. על מילים אלה חזר בכל שבת במשך שנה שלמה.[13]

יש סוברים שר׳ מנדל נסע ביחד עם ר׳ יצחק מאיר ללמברג, כדי לזכות לתמיכת הרבנים הגדולים, ר׳ יצחק אייזיק איטינגה ור׳ יעקב אורנשטיין (נפטר תקצ״ט), אבל ר׳ יהודה צבי מסטרטין הגיע ללמברג ושכנע את הרבנים שלא יבואו לידי שום מגע ושום שיח עמם.[14] וכך, חסידי קוצק נרדפו אף בעיירות מגוריהם.[15]

קיימת אפילו דעה שרבנים חשובים מפולין כתבו לר׳ עקיבא איגר, גאון הדור מפוזנן, שיחתום על חרם נגד חסידי קוצק - כת

חדשה של פושעים שרוצים להטות יהודים מדרך הישר. בדיוק אז הוא נפגש עם מחותנו, ר׳ דוד הלוי בירנבוים, שהיה חסיד ולמדן והיה לו חתן חסיד קוצק, והוא הניא אותו מכך.[16]

הרבנים מגליציה, שכבר לפני כן חלקו על פשיסחה, העריכו עוד פחות מכך את הרבי מקוצק. משכילים הפיצו שמועה שהרבי מקוצק הוא אחד משלהם. המצב כה החמיר עד כי רבהּ של למברג, מחבר ה״ישועות יעקב״, רצה לגזור איסור על שידוך עם חסידי קוצק. מספרים, שכדי למנוע גזירה שכזו, ר׳ יצחק מאיר נסע במיוחד לגליציה, ונפגש עם גדולי רבניה.[17]

נראה שההתנגדות כלפי ר׳ מנדל וכלפי חסידיו הכאיבה לו. הוא אמר פעם: ״כשאני מאריך באמירת הפסוק ׳שמע ישראל׳, יוצאת ממני כמעט כל החיות, ועדיין, אויביי מעלילים עלי שאני אומר שלא צריך להתפלל, ועוד שקרים והגזמות כאלה״.[18]

ייתכן שהוא התכוון לעצמו בדבריו הבאים: ״כשאדם משתחרר לגמרי מתאווה כלשהי או ממידה רעה, ואין לו שום ׳נגיעה׳[א] בדבר, דווקא אז קמים מולו מתנגדים שחושדים בו בתאווה הזו, במידה הזו או ב׳נגיעה׳ בדבר שממנו השתחרר לחלוטין״.[19]

איבה זו הייתה כה עיקשת, שכאשר ר׳ מנדל שהה פעם בלמברג, ובאותה אכסניה שהה גם נוצרי אחד שבליל שבת עישן מקטרת, הסתובבה בעיר השמועה שהרבי מעשן בשבת. הדברים כמעט הגיעו לכך, שהרב של למברג, ר׳ יעקב אורנשטיין, הטיל חרם על הרבי מקוצק.[20]

אחד מחסידיו של ר׳ הירש מרימנוב נכנס פעם לרבי מקוצק ושאל אותו אם יהיה מוכן לתפור בשבילו זוג מכנסיים (בהיותו נער למד ר׳ מנדל חייטות).

ההתנגדות לקוצק נמשכה גם לאחר פטירתו של ר׳ מנדל, ולכן כאשר ר׳ יחיאל מאיר מגוסטינין נפגש פעם עם ר׳ ישראל (בנו של ר׳ דוד, בן ר׳ מנדל) במרינבד, הוא ביקש ממנו שיעלה על הכתב את

א. ״נגיעה״ - אינטרס, תועלת עצמית.

תורותיו של סבו וידפיס אותן כדי שהציבור ייווכח לדעת מה הייתה כוונתה של קוצק. הוא גם שיבח את ר׳ שמואל משינאווה (שהיה רב בלויוויטש), שבספרו "רמתים צופים" פרסם אמרות של הרבי מקוצק. ר׳ ישראל כתב שלמרות שר׳ שמואל לא ירד לסוף דעתו של הקוצקאי - הוא כתב לפי מה ששמע וכפי הבנתו.[21]

רגש ההערכה כלפי ר׳ מנדל

בין חסידי קוצק קיימת דעה שההתנגדות לר׳ מנדל מצד הצדיקים החשובים של דורו לא הייתה מכוונת כלפיו באופן אישי, אלא כלפי הדרך שלו. כך, למשל, למרות שר׳ שלמה לייב מלנצ׳נה התנגד לדרכו של ר׳ מנדל, הייתה לו יראת כבוד רבה כלפי ר׳ מנדל באופן אישי.[22]

אף אחד לא הטיל ספק בכך שר׳ מנדל היה אדם גדול ואיש קדוש, אבל רבים סברו שדרכו קיצונית מדי ואפילו מסוכנת. כשטסים בגובה רב מדי, מאבדים את הראש. קוצק הייתה רדיקלית, והיא יצרה תסיסה חברתית.

ר׳ אריה לייבוש מאופולה היה אחד ממתנגדיו החריפים ביותר של ר׳ מנדל. אבל פעם אחת, כששמע בבית המדרש חסידים שמדברים נגד ר׳ מנדל, הוא הוכיח אותם קשות: "איך אפשר?! לדבר כך על צדיק קדוש כזה?!". החסידים התפלאו: הוא תמיד השמיע דברי ביקורת על ר׳ מנדל, ולפתע פתאום הוא משבח אותו? אבל אף אחד לא העז לשאול את הרבי לפשר הדבר. מאוחר יותר, כשהרבי יצא מבית המדרש בחזרה לחדרו, נכנסו מספר חסידים ושאלו אותו מדוע שינה את דעתו. כך הסביר להם ר׳ לייבוש את התנגדותו לר׳ מנדל:

> ניתן לתאר את כל ההשפעה שיורדת מבורא עולם כמו עיגול שבאמצעו נמצא המרכז, הנקודה. הקדושה והטומאה כאחד יונקות מהנקודה הזו. כל מה שיוצא מהנקודה הזו וקורן לכיוון ימין, הוא קדושה; וכל מה שקורן לשמאל, הוא טומאה ו"סִטרא אחרא". הנקודה עצמה היא הגבוהה מכול והקרובה ככל האפשר לאלוהות.

צדיקים שדרכם היא לצד ימין, מבקשים תמיד להתקרב אל הנקודה, אך הם נזהרים לא להגיע אל הנקודה עצמה, מתוך פחד גדול. שכן מהצד השני של הנקודה, שהיא כל כך קדושה כשלעצמה, מתחיל השטח של הטומאה, של ה"סִטרא אחרא", וקיימת סכנה רבה שמי שיעמוד על הנקודה הזו, עלול להחליק וליפול לצדה השמאלי. אסור לאדם לתת אמון בעצמו.

ר' מנדל מקוצק נעמד על הנקודה הזו. הוא לא חשש שמא יחליק, כיוון שהוא הפקיר את עצמו והפקיר את חייו בעולם הזה ובעולם הבא לשם השגת המדרגה הזו.

אנחנו מרעישים עולמות נגדו מפני שדרכו מסוכנת. אבל האמת היא שהוא יהודי קדוש עד מאוד, ואסור לאנשים פשוטים לדבר נגדו, שכן השכל האנושי אינו מסוגל לתפסו.[23]

וכך הסביר את השיחה הזו אחד החסידים:

החוזה מלובלין אמר: יש מדרגה רוחנית שבה האדם אוהב את אלוהים, ירא מפניו, לומד תמיד לשם שמיים, ונזהר מאוד מכל דבר עבירה - ועדיין, אין זו המדרגה הגבוהה ביותר, כי מתוך כך שהוא שומר על עצמו מאוד, אהבתו לאלוהים אינה כה גדולה עד שיהיה בבחינת "בְּאַהֲבָתָהּ תִּשְׁגֶּה תָמִיד" (משלי ה, יט)... המדרגה הזו היא כמו אש, שכן היא כוללת תורה ומצוות, הנמשלות שתיהן לאש... מדרגה רוחנית גבוהה יותר היא אהבה עמוקה בהרבה, שבה אין מדקדקים כל כך בחומרות. מדרגה זו היא כמו להבה, ובה בוערים לגמרי מרוב אהבה לאלוהים. האדם מפקיר את עצמו ומוסר את נפשו, ואינו חושש מעונש. כאשר מצויים בדבקות ומתעלים מתוך שבח לה', אין חוששים לְאַחֵר את זמן קריאת שמע וזמן תפילה, או אפילו להחמיץ קריאת שמע ותפילה, מתוך שרואים שבאמצעות האהבה ניתן לגרום נחת רוח גבוהה יותר לה' יתברך.[24]

למרות ההתנגדות מצד תלמידיו של הלובלינאי, לאף אחד מהם לא היה ספק שהרבי מקוצק היה צדיק ויהודי קדוש.

הרבי מקוצק שהה פעם באתר נופש בפילב, והתאכסן בארמונו של הגרף צ׳רטוריסקי. במקרה, בנו של ״החוזה״ בא לפילב באותה עת, וסיפר שה״חוזה״ עבר שם בדיוק כאשר נבנה הארמון. הסתכל אז ״החוזה״ ושאל: ״בשביל מי בונים את הארמון?״, והשיב: ״פעם ינפוש כאן, בארמון הזה, צדיק״.

בעניין המתח ששרר בין ישׂכר בר מרדושיץ לבין ר׳ מנדל, אמר ר׳ יצחק מאיר: ״הציבור סבור, שבין קוצק לרדושיץ הייתה שנאה או מחלוקת. זוהי טעות גדולה. לא הייתה שום שנאה, היה רק הבדל. בקוצק (כנזכר לעיל), קרבו את היהודים אל אלוהים, ואילו ברדושיץ קרבו את אלוהים אל היהודים...״.[25]

מדוע קוצק עוררה כזו התנגדות? מפני שקוצק אמרה את האמת ״ישר בפנים״. מי יכול היה לעמוד בזה? קוצק הייתה כמו יריקה בפניהם של כל היהודים ״יפי הנפש״, השבעי רצון ומדושני עונג מעצמם, ומה הפלא אפוא שזה הציק? יחסית לעוצמת האמת שקוצק חשפה, ההתנגדות הייתה חלשה מדי. ״אם בני האדם היו יודעים כמה חזקה אש האמת שהציתו שם, היו באים וסוקלים את כל העיר באבנים״, אמר חסיד קוצק.[26]

״מדוע יש כל כך הרבה מתנגדים לשיטת קוצק?״.
״כי אנשים רבים שונאים את האמת״, השיב ר׳ הירש מטומשוב.[27]

ר׳ מנדל – על מתנגדיו

ר׳ מנדל ניצב גבוה מעל כל ההתקפות עליו, עד שאפילו אחד ממתנגדיו הודה: ״כל יום זורקים עליו פצצות עם שלשלאות של ברזל, אבל כשהן מגיעות לדל״ת אמותיו, הן נופלות על האדמה ואינן נוגעות בו״.[28]

ר׳ מנדל לא נבהל מחילוקי דעות. מחלוקת כנה הייתה עדיפה בעיניו פי אלף מאשר הסכמות חנפניות.

פעם אחת, בשעת פגישה ביניהם, אמר ר׳ יצחק מוורקי לר׳ מנדל: ״יש לי חדשות: החסידים שלנו התפייסו״.
כשר׳ מנדל שמע זאת, הוא נרעד: ״כוחו של השקר ניצח! הלא זה מעשה שטן!״.
ר׳ יצחק נבהל והשתומם.
אבל ר׳ מנדל הסביר זאת: ״במדרש נאמר שהאמת והשלום סברו שמוטב שהאדם לא ייברא. האמת טענה שהאדם יהיה כולו שקר, והשלום טען שהאדם לא יפסיק להצית מחלוקות. מילא, את האמת אלוהים השליך לתוך האדמה, אבל מה נעשָׂה לגבי טענתו של השלום?״.
השיב הרבי מקוצק: ״כשמשליכים את האמת, ממילא נעשה שלום״.[29]

ר׳ מנדל היה מופתע מחלק ממתנגדיו, ועל אחרים הסתכל בביטול, מלמעלה למטה. פעם אחת אמר: ״הצדיקים המתנגדים לי חושבים את עצמם לצדיקים, כי כשבאים אליהם חולים או עקרות, הם מתפללים ותפילתם עוזרת. הם אינם יודעים שה׳ יתברך ׳שומע תפילת **כל פה**׳; הם חסרי יכולת להעמיד כל אדם היכן שעליו להיות״.[30]

אחד ממתנגדיו, ״יהודי טוב״ [צדיק, רבי], שלח והודיע לרבי מקוצק, שהוא, ה״יהודי טוב״, ניצב במדרגה גבוהה כל כך, שביכולתו להגיע עד לרקיע השביעי. ענה לו ר׳ מנדל: ״ואני כה קטן, שנאלצים לכופף את כל שבעת הרקיעים אליי״.[31]

ר׳ יצחק מאיר היה בסדיגורה שבגליציה, כדי להיפגש עם הצדיק המפורסם ר׳ ישראל מרוז׳ין. בשובו מן הביקור, סיפר לר׳ מנדל שבסדיגורה יש התנגדות רבה לדרך של קוצק. ״מה הם יעשו אם המשיח יהיה חסיד קוצק?״, ענה לו ר׳ מנדל.[32]

"מָה רַב טוּבְךָ אֲשֶׁר צָפַנְתָּ לִּירֵאֶיךָ פָּעַלְתָּ לַחֹסִים בָּךְ נֶגֶד בְּנֵי אָדָם" (תהלים לא, כ) - כך הוא כבר סדר העולם: כשאבינו שבשמיים צופן הרבה טוב ליראים אותו, הוא גם מעמיד בני אדם שיהיו כנגדם.[33]

פעם אחת, הוא חש בשעת הסעודה בשבת - וכך אכן התברר מאוחר יותר - שרבי אחד בעיר אחרת מתגולל עליו. אז הוא אמר: "אֱלֹהִים לֹא תְקַלֵּל" (שמות כב, כז) - צדיק, איש אלוהים,[ב] אינו מקלל.[34]

עשיו לא היה איכר פשוט, שמתהלך יחף, לבוש במעיל קצר, ומפטם חזירים. עשיו היה יהודי עם זקן ופיאות, שהנהיג עדה ו"אמר תורה" בסעודה שלישית. אבל הוא חלק על השיטה של יעקב אבינו, ולא נכנע לצדיק הדור...[35]

כשסיפרו לר' מנדל על המחלוקת שצדיקים מסוימים מובילים נגדו, הוא ענה: "כשקורח ועדתו ניהלו את המחלוקת שלהם, אמר להם משה רבינו: 'וְאַהֲרֹן מַה הוּא כִּי תַלִּינוּ עָלָיו' (במדבר טז, יא) - וכי אתם מבינים את דרכו של אהרן, את עבודת ה' של אהרן, שתוכלו לחלוק עליו?".[36]

"זהו אחד מהפלאים הגדולים ביותר", אמר ר' מנדל, "שבכל מחלוקת על צדיקים, ממציאים עליהם דברים שהם בדיוק ההיפך מן המהות שלהם. אף שהתורה מעידה על משה רבינו כי היה 'עָנָיו מְאֹד מִכֹּל הָאָדָם' (במדבר יב, ג), קורח לא מצא טענה אחרת להטיח בו אלא דווקא את הטענה שהוא בעל גאווה: 'וּמַדּוּעַ תִּתְנַשְּׂאוּ עַל קְהַל ה'' (במדבר טז, ג)".

נראה שר' מנדל - שהיה יכול לומר אִמרות המסוגלות לנתץ לרסיסים - מעולם לא אמר אף "וואָרט" חריף נגד אלה שרדפו את חסידיו ושיצאו נגד דרכו. יש אמירה אחת של ר' מנדל שמצביעה אולי על מרירות: "רַבִּים מַכְאוֹבִים לָרָשָׁע וְהַבּוֹטֵחַ בַּה' חֶסֶד יְסוֹבְבֶנּוּ"

ב. נראה שהרמז כאן הוא לתקבולת בהמשך הפסוק, "וְנָשִׂיא בְעַמְּךָ לֹא תָאֹר", וכך הפסוק נדרש: אלוהים שבשמים! אל תקלל! הרי אתה נשיא בעמך! אל תאור!

(תהלים לב, י) - אחד ממכאוביו של הרשע קורה כשהוא רואה יהודי שבוטח בה׳. זה מביא אותו לכעס נוראי.[37]

לא מקרבים אנשים

כשבן אדם הגיע פעם ראשונה לצדיקים אחרים, הם קירבו אותו, כנהוג בכל מקום; אבל בקוצק, כשבן אדם הגיע פעם ראשונה ונהיה לחלק מהחבורה, קבלת הפנים הראשונה הייתה - עלבון. אם היה ״גביר״, עקרו ממנו את תאוות הממון; אם היה למדן שמנופח מעצמו, קיצצו מתוכו את הגאווה; ואם היה מיוחס, לסבים מכובדים, השחירו את פניו, כדי שיפסיק להתפאר בייחוס שלו.

כשחסיד חדש הגיע לר׳ מנדל, הוא לא נהג לקרבו. אדרבה, אם הוא קירב מישהו, זה היה סימן לכך שהוא אינו רוצה שהלה יישאר בקוצק.[38] מי שמעוניין בכבוד - שיישב בבית. קוצק ביקשה לעקור מהשורש את השקר - וגאווה היא שקר. כשחסיד חדש נכנס לר׳ מנדל, הוא קודם כול היה משפיל אותו, ורק לאחר מכן מקרב אותו. רבים לא עמדו בכך, ואכן עזבו.

כשר׳ אברהם, הרבי מפוריסוב, בא לראשונה לקוצק, שאל אותו הרבי מקוצק מי הוא.

ענה ר׳ אברהם: ״נכדו של ׳היהודי הקדוש׳״.

צעק ר׳ מנדל בקול רם: ״עוד אחד עם ייחוס?!״.

ר׳ אברהם יצא מהחדר פגוע והלך לאכסניה שלו.

רק מאוחר יותר שלח אליו ר׳ מנדל שליח להזמין אותו אליו, וקיים אתו שיחה.[39]

החסידים הבינו היטב שהסרקסטיות של הרבי מקוצק והפגיעה בכבודם היו למענם, ונבעו מכך שהוא ריחם על נשמותיהם. ״אני מכתים את ידיי בדם יהודי״ הוא אמר,[40] והתכוון לכך שהוא מקיז דם מאנשים כדי לעקור את הגאווה ולטהר את הלבבות.

"לעולם יהא אדם" (תוספת לברכות השחר) - קודם כל תהיה "מענטש". אך מה זה אומר "מענטש"? בתפילה אנו אומרים: "וּמוֹתַר הָאָדָם מִן הַבְּהֵמָה אָיִן" (קהלת ג, יט) - במה גבוה האדם מן הבהמה? בכך, שהוא יודע שהוא "אַיִן".[41] אם כל אחד יתבונן בחסרונותיו שלו, יתברר לו שחברו ניצב גבוה ממנו, ותהיה אחדות בין בני האדם.[42]

מחלת האדם עמוקה יותר מגאווה. האדם מעוּות. אם רוצים לרפאו, ליישרו, יש צורך לעקור ממנו הרבה בשר פרא. כמעט כל הנשמות נכשלות ותועות. קוצק רצתה להעמיד כל אחד במקומו. מקומו של כל אדם הוא היכן ששורש נשמתו בשמיים.[43]

בקוצק לא נשאו פנים לאיש. העבודה העיקרית הייתה שבירת המידות, עקירת השקר וניתוץ הגאווה. אם רק חשו שמישהו מתנשא - מיד המעיטו בערכו.

ר' מנדל אמר פעם לר' הירש מטומשוב, שיפעל למען הלמדן הגדול ר' זאב נחום כדי שיקבל את משרת הרבנות בביאלה. בעיר זו הייתה כנראה השפעה רבה לקוצקאי, ואכן ר' זאב נחום נבחר לרב.

הוא בא לקוצק, נכנס אל הרבי ואמר: "נהייתי לרב של ביאלה".

ר' מנדל התחיל לצעוק: "אתה נהיית לרב בביאלה? איך אתה מעז!? וכי אתה ראוי לזה!? באיזו זכות?!".

ר' זאב נחום הזדעזע מאוד, התמרמר ויצא. כעבור זמן קצר בא אליו ר' פייבל השמש ואמר: "הרבי קורא לך".

ר' זאב נחום נכנס, שבור לב.

אמר לו ר' מנדל בחמימות רבה: "נהיית רב בביאלה? מזל טוב! שיהיה לך במזל".[44]

בהתנהגות כזו, הרבי מקוצק ותלמידיו הרחיקו מעליהם אנשים חשובים רבים. הגאון ר' יהושע, רבה של קוטנה, בא לקוצק. החסידים לא התפעלו מלמדנות, והם התייחסו אליו כאחד האדם, ללא טקסיות. קבלת פנים זו ציערה אותו, והוא עזב את קוצק. הדבר חרה מאוד

לרבה של פולטוסק, ר' אלעזר, שהיה בעצמו למדן גדול. הוא נכנס לרבי ואמר שכדאי לקרב את הרב מקוטנה. קרא ר' מנדל: "מי הרחיק אותו מכאן? בגלל שכמה חסידים נגעו לו במגבעת הוא לא צריך לברוח!".[45] לפי גרסה אחרת, ר' יהושע שהה ארבעה עשר שבועות בקוצק, ואפילו מכר את בגדיו כדי לקנות אוכל. לבסוף, קרא לו ר' מנדל פנימה ויעץ לו לא לעסוק בחסידות. "אתה - שב ותלמד, ותראה מה ייצא מזה".[46]

החבורה

יהודיות משמע לעשות מצוות מסוימות מדי יום. בא ר' מנדל ודרש: המצוות אמנם זהות בכל יום, אבל אסור לאדם להיות היום כמו שהוא היה אתמול. אם הוא פועל היום כמו שהוא פעל אתמול - הרי זה חיקוי, וחיקוי הוא עבודה זרה.

קוצק היא מלחמה, וכשהעם נאסף כדי לצאת לחזית, מכריזים: "מִי הָאִישׁ הַיָּרֵא וְרַךְ הַלֵּבָב יֵלֵךְ וְיָשֹׁב לְבֵיתוֹ" (דברים כ, ח). בקוצק אין מקום לרכי לב. בקוצק לומדים איך לעשות "להכעיס" כנגד עצמך, איך לזרות מלח על הפצעים של עצמך.

בכל העולם כולו בני אדם מתנהגים לפי אורח חיים מסוים. בחיים יש דרך, סדר, נוהַג. מקפידים על נימוסים נאים. מהכזב מעלימים עין, אבל על חוסר אדיבות לא סולחים לאף אדם. קוצק היא מרי, התקוממות. כאן מתנהגים כמורדים, כסוררים. מתן כבוד ונימוסים נאים הם שקר; אדיבות - חנופה. המקום היחיד שאליו ניתן להגיע בעזרת נימוסים נאים - הוא הגיהינום. הם צפצפו על העולם, ושום דבר לא הרשים אותם.

לחסידים אחרים הייתה יראת כבוד ל"בנן של קדושים". הם חלקו כבוד לאדם "מיוחס", מפני שהאמינו ב"זכות אבות". בקוצק, לעומת זאת, צחקו על ה"מיוחסים". הייתה להם חוצפה רבה, והם הפגינו אותה יתר על המידה. חתנו של ר' מנדל, ר' אברהם מסוכצ'וב, היה מתמיד ו"עילוי" גדול, שכל רגע שלו שווה זהב, והוא מחדש כל

הזמן פלפולים חדשים. אך החסידים אמרו עליו: "הוא יושב בשירותים ועושה פלפולים...".

הם לא הקפידו שהבגדים שלהם ייראו הגונים, והם רצו דווקא לא למצוא חן בעיני אחרים (כעבור שנים, גם אנשי ה"מוסר" בישיבת נובהרדוק לא הקפידו על המראה החיצוני שלהם, מאותה סיבה). כדי להתחמק מן ה"עצמי", הם נהגו ללכלך את עצמם בכתמי דיו ולצחוק אחד על השני.

מי יכול היה לסבול פראות כזו ומרדנות כזו? ומה הפלא אפוא שחלקו על הרבי מקוצק? עצם השיטה שלו חתרה תחת כל הדרכים האחרות. למעשה, היו בקוצק תושבים שלא יכלו לשאת את דרכיהם הפרועות של החסידים - ועזבו את המקום.

עם חסידי קוצק נמנו גם למדנים רבים, שהיו מעולים ב"נִגלה". אבל בקוצק לא עשו רעש גדול מלמדנות. כאן סברו שיש להסתיר את השלמות ולחשוף את הפגימות. ואולם, לא כל הנוסעים לקוצק היו למדנים ופיקחים, והיו ביניהם גם שוטים. ואמנם, החסידים נהגו לומר: "לקוצק מוכרחים לנסוע גם הסוסים...".

> עילוי צעיר הגיע לקוצק. אמר לו ר' מנדל: "בחסידות זה לא משנה אם מישהו עילוי. כאן צריכים לעמול. יש לי בבית המדרש מאתיים עילויים, והם עמלים כמו נפחים עם פטישים בידיים".[47]

כבר בפשיסחה לא החזיקו מנימוסים נאים ומנתינת כבוד זה לזה, מפני שזה מוביל לגאווה, שהיא מקור המידות הרעות. כדי להימנע מהכבוד, הם נהגו להסוות את עצמם ולהיזהר שלא להראות את יראת השמיים ברבים, ואף השתדלו לעשות את כל המעשים הטובים בחשאי.[48]

הרבי מקוצק אמר פעם לגאון ר' יצחק מאיר שהעיקר הוא לעבוד על מידת שִפלות הרוח. הרבה יותר חשוב להגיע לשפלות הרוח מאשר לחדש חידושים ב"לימוד". ור' מרדכי יוסף אמר לו: "אתה חייב בכל כוחך לעבוד על שפלות הרוח. הרי אתה לא זכית לכך שאחד מאתנו

יקרא לך 'מטומטם'. כיצד תרכוש לך את מידת שפלות הרוח, אם כולם ינהגו כלפיך בדרך ארץ?".[49]

בפולין חי אז יהודי גאון וקדוש, שהתפרסם בכל רחבי המדינה, והכול רחשו לו יראת כבוד עצומה: ר' עקיבא איגר. בנו שלמה, גביר אדיר ו"מתנגד" חריף, זכה לכבוד רב. קרה המקרה ובנו של ר' שלמה, ר' לייבל'ה איגר, הגיע לקוצק.

הגעתו של ר' לייבל'ה לקוצק עשתה רעש גדול ודיברו עליה בכל מקום. היו לו הליכות אריסטוקרטיות, הוא גרב גרבי משי ולבש מכנסי קטיפה. ברגע שהוא נכנס לבית המדרש, עם טליתו תחת זרועו, ר' הירש מטומשוב שם עליו עין, ואז נעמד מאחוריו, חטף ממנו את השטריימל ואת הטלית, ונתן אותם לאחד מן החבורה כדי שימשכן אותם בשביל בקבוקון יי"ש.

ר' לייבל'ה איגר, שלא הכיר דרכה של קוצק, כעס מאוד. הוא היה אציל נפש, ולכן נכנס לר' מנדל וסיפר לו על המעשה החריג.

ר' מנדל קרא לר' הירש מטומשוב שייכנס לחדר, והורה לו להחזיר את השטריימל ואת הטלית. "הוא בין כה וכה לא יישאר פה", אמר. וכך היה (בסופו של דבר, ר' לייבל'ה נסע לאיזביצה).

בינתיים שלח ר' שלמה איגר שליח מיוחד לקוצק, כדי להתחקות אחרי התנהגותו של ר' לייבל'ה. כשהשליח, יהודי זָקֵן בעל זקן לבן, נכנס לבית המדרש, אף אחד לא אמר לו אפילו "שלום עליכם", כי כולם היו שקועים במחשבותיהם. השליח התפלא מאוד.

לבסוף, השליח פנה אל אחד הלומדים ושאל אותו: "האם ראית את ר' לייבל'ה איגר?". הביט בו הלה בהשתאות וענה לו: אין כאן "רב". הזקן שאל חסידים אחרים את אותה שאלה, ולא קיבל תשובה.

קבוצת חסידים הקיפה את הזקן, ולפתע הוא שמע שאחד אומר לשני: "הוא בוודאי מחפש את לייבל שלמה של עקיבא". הזקן

כמעט יצא מדעתו: ככה מדברים על הגאון הגדול ר׳ עקיבא (בלי התואר ״רב״)?!
כעבור כמה ימים נסע הזקן לדרכו. שאל אותו ר׳ שלמה איגר: ״מה ראית שם?״. ענה לו הזקן: ״אספר לך פרט אחד, ואז תדע כבר הכול. אחרי שחיפשתי את בנך, מצאתי אותו סועד עם חבורה של חסידים. על השולחן ניצבו קערה עם דייסת גריסים, קערה עם בצלים ובקבוק יי״ש. לפתע פתאום נכנס צעיר קרוע ובלוי בגדים ואמר כך: ׳חבר׳ה! הירש־בֶּר מגיע! כולם קמו על רגליהם, השאירו את הקערות והתחילו ללכת במהירות. אז הלכתי איתם, וחשבתי לי, שהנה בא גאון, גדול הדור. בסוף, ראיתי לפניי יהודי בנעלי עץ, לבוש מעיל קצר של איכרים, חגור ׳גַארטל׳[ג] מקש, וחובש ככיפה עלה של כרוב. שאלתי: ׳האם הוא למדן?׳. אמרו לי: ׳לא, הוא יודע רק פרק משניות אחד׳. ׳האם הוא מיוחס?׳. ׳לא, אביו היה אופה׳. ׳האם הוא עשיר?׳, ענו לי: ׳הלא אתה רואה׳. ׳אז מה מעלתו?׳. ענו לי: ׳הוא עניו׳...״.[50]

לעתים קרובות, ר׳ מנדל התרעם על התנהגויותיהם הפרועות של כמה מחסידיו. כשהם התייחסו בחוסר כבוד לתלמיד חשוב כר׳ חיים לייב מקלושין, אמר הרבי: ״מה הם רוצים ממני? הם יקצרו את ימיי״.[51]

חסיד אחד הֵקל בתענית תשעה באב, ור׳ מנדל כעס עליו מאוד. כך גם כשנודע לו שחסידיו הטרידו רב מסוים, גדול בתורה, הוא הוכיח אותם בחומרה וצעק עליהם: ״כבוד התורה זה כלום?!״.[52] אבל כש״בעלבתים״ התלוננו שחסידי קוצק חצופים, ענה ר׳ מנדל: ״אני כבר מזמן יודע שהחסידים שלי חצופים. כידוע, היצר הרע מכונה ׳מלך זקן׳, ולחסידים שלי אין שום כבוד אליו, והם עושים בדיוק ההיפך ממה שהוא אומר״.

ג. ״גארטל״ – אבנט. חגורה שחסידים נוהגים ללבוש בעיקר בזמן תפילה, כדי לחצוץ בין הלב לערווה.

ר׳ יצחק מוורקי בא פעם עם חסידיו לקוצק, כדי לבקר את ר׳ מנדל שחלה. ר׳ מנדל ביקש ממנו שיתאכסן בביתו, ואף יערוך את ה"טיש" בשבת. אבל חסידי קוצק לא אפשרו זאת, ופרצה מריבה בינם לבין חסידי וורקי.[53]

לקוצק היו נוסעים למדנים גדולים, במיוחד מפולין רבתי, וביניהם גם מתמידים נפלאים. הגיעו לשם אפילו צעירים מליטא: בעלי מוח חריף, נשמות סוערות, וסתם יהודים פשוטים (בראש השנה מספר המבקרים יכול היה להגיע לשבעת אלפים חסידים).[54] כשכל אלה היו מגיעים לקוצק, הם היו מקדישים זמן רב למחשבה על ה"עצמי". הם היו משוטטים בבית המדרש, כשהטלית על כתפיהם, שקועים במחשבות.

היו בין התלמידים בעלי נשמות גבוהות שהצטיינו במידות טובות. ערב אחד, אחרי תפילת ערבית, התיישב ר׳ אברהם מפוריסוב ללמוד בבית המדרש. למחרת בבוקר, כשהחסידים הגיעו לבית המדרש, הם ראו שר׳ אברהם יושב באותו המקום ולומד. נוצרו שתי דעות. האחת: כל הכבוד, איזו התמדה! - יושב כל הלילה באותו מקום, ולומד עד אור הבוקר! והשנייה: תרעומת רבה - מדוע הוא צריך להראות לכולם איזה מתמיד גדול הוא? ר׳ אברהם שמע את כל הוויכוח, וסיפר להם שיהודי זקן התיישב לידו, בדיוק על קצה המעיל שלו, ונרדם. כדי לא להעיר אותו משנתו - הוא נותר במקומו עד שעלה היום.

לא כל מי שנסע לקוצק או שנשאר שם היה יהודי נעלה. ר׳ אברהם מסוכצ׳וב אמר: "לחותני [ר׳ מנדל] זכרונו לברכה היו שני סוגים של חסידים. חסידים שהתמלאו באור כשישבו על דף גמרא, וחסידים שנהגו לשבת על כוס של יי"ש. בהתחלה החדיר חותני את האור באמצעות מוטות עץ. לאחר פטירתו, הראשונים נותרו בני אדם גדולים, ואילו האחרונים, שישבו על הכוסות, נותרו כשיכורים גסים".[55]

חסידי קוצק התייחסו בביטול לגישות מעשיות. אנשים עמלים כדי להצליח, כדי לעשות מצוות; לעומת זאת, חסידי קוצק עמלים כדי לשוב בתשובה. בני אדם מתייגעים יומם ולילה כדי להיות שבעי

רצון מעצמם, אך חסידי קוצק מתעמקים תמיד כדי שלא להיות שבעי רצון מעצמם. הם התייחסו לאדם שמתעסק אפילו קצת בענייני העולם הזה - כשוטה. הם לא היו מוכנים אפילו לשמוע על קבלת משרת רבנות.

היה היו שני חסידי קוצק, ידידים קרובים, שהיו תלמידי חכמים ופוסקים גדולים ששנאו רבנות והתנשאות. ואולם, בגלל מצוקה כלכלית אחד מהם נהיה לרב בעיר גדולה, והוא אכן התפרנס יפה, ואילו השני נותר קבצן עם חליפה של "שבעה טלאים".
חלפו להן השנים. האחרון הגיע פעם לעיר שבה הראשון כיהן כרב. הלה פגש אותו בבית המדרש, לקח אותו אליו הביתה, וגילה כלפיו ידידות. הוא סיפר לו שיש לו הכנסה בשפע, וכמה שהוא טרוד בענייני הקהילה, בשיעורים שהוא נותן לציבור מבוקר עד ליל, ובנוסף, במקרים רבים של דין תורה.
השני שמע את כל זה, ומליבו נפלטה אנחה עמוקה. רב העיר חשב שהוא נאנח על היותו עני כל כך, ועל שאין הוא יכול להתמסר כל כך ללימוד ולהרבצת תורה, ולכן ניחם אותו: "לא כל אדם זוכה לשני שולחנות",[56] "אחד המרבה ואחד הממעיט ובלבד שיכוון לבו לשמיים".[57]
ענה לו השני: "אני נאנח כיוון שאני רואה שאתה תצא מן העולם הזה ללא תשובה, חס ושלום. אתה הרי כל כך טרוד, כל כך עסוק יומם ולילה, שאין לך זמן להרהר בתשובה"...[58]

נסיעה לקוצק לא הייתה סתם נסיעה. נסעו כשהרגישו שהאדמה רועדת מתחת לרגליים, ושזקוקים לרחמי שמיים על מנת להישאר יהודים. הייתה הרגשה, כאמור, שיש קריאה מן השמיים ללכת לקוצק.[59] הנוסעים נדרשו להתכונן היטב. לפני כל נסיעה, ר' לייבל'ה איגר נהג למסור את כל רכושו לעניים.

מספרים על ר' לייבל'ה אייגר שפעם ניגש אליו עני וביקש נדבה בזמן שר' לייבל'ה עמד בתפילה. כיוון שלר' לייבל'ה לא הייתה שום

פרוטה, הוא פשט את מכנסיו ונתנם לו. לאחר מכן, הוא הידק היטב בחגורתו את מעילו הארוך, כדי שלא יראו שהוא הולך בלי מכנסיים, והמשיך בתפילתו.[60]

כך העיד ר' אברהם מסוכצ'וב: "הלא אני גולגולת מרוצצת, אך כשאני נזכר בקוצק - כל עצמותיי קמות לתחייה! היה שם 'ציבור', דור דעה. כל אחד שם התפלל אחרת. הרב ר' משה מיכל ז"ל התפלל מ'יוצר אור' עד אחרי תפילת שמונה עשרה במשך למעלה משלוש שעות. לר' יצחק מאיר מגור ז"ל היה מקום קבוע ליד עמוד התפילה בבית המדרש, והוא האריך בתפילה שעות רבות, במאמץ רוחני כה רב, עד שהמקום סביבו רעד. פעם אחת מצאו לידו שן שנפלה מפיו בזמן התפילה, מתוך עוצמת עבודת ה' שלו".[61]

"חסידים הראשונים היו שוהים שעה אחת ומתפללים, כדי שיכוונו את לבם לשמיים".[62] נשאלת השאלה: האם לא נכון יותר היה לומר: "היו שוהים שעה אחת כדי שיכוונו את לבם, ואחר כך היו מתפללים"? השיבו על כך בקוצק: ההכנה חשובה יותר מהתפילה! הם היו מתעטפים בטלית ומניחים תפילין, ואז שוטטו בבית המדרש, מבלי להניע כלל את השפתיים. נראה היה שהם עדיין לא התחילו להתפלל ורק עסקו בהכנות. אך לפתע, הם הורידו את הטלית וחלצו את התפילין - והתיישבו ללגום מעט יי"ש [כאילו התפללו, ומותר כבר לשתות].[63] היו גם יחידים שהאריכו בתפילה, והתפללו בדבקות עד כלות הנפש.

כך תיאר המשכיל אלכסנדר צדרבוים את החבורה הקוצקאית:[ד]

> לימוד תלמוד ופוסקים בשיקול דעת, היה לאבן פינה להם, וביתר הנהגותיהם נטו רק מעט מדרך הפשיסחים לפנים: האחווה והריעות, הלשון בדעות ומנהגי זולתם, ולפעמים גם בדינים שלא ישרו בעיניהם; דבר עתק בגאווה ובוז נגד עתיקים ממנם לימים;

ד. השל תרגם כאן את המקור העברי ליידיש, תוך שינויים קלים. השבנו אפוא את המקור העברי, עם הערות על שינוייו של השל.

התפילה שלא בציבור ולא בזמן מוגבל, ובקצרה; אהבת המשחק בקארטן [קלפים] (לא כתאווה וחמדת ממון, רק להסיח דעת); ושתיית יי"ש[64] - נשארו בתקפם. וגם יחסם לרבם לא נשתנה. המה נסעו אליו בכל עת אשר עלה על לבבם, אך בראש השנה נהרו אליו מכל קצות פולניא, וגם יחידים מנפות רוסיא וגליציא, לקדם פניו. לפעמים, התאספו שם יחד בראש השנה עד חמשת אלפים נפשות.

כל איש אשר מצאה ידו, נתן סך מסוים לקופת הכולל, ליד הנזכרים הממונים על זה. ממנו...[65] חלקו מנות ליום, לפי מספר הסכום הנאסף, לאשר אזל הכסף מכיליו: אם עני הוא, או גם יש לו רכוש בביתו, אך לא יכול לשלוט בו כאוות נפשו. כמה מהם ברחו מנשיהם ובית אבותיהם וחותניהם, ולא לקחו בידם רק הטלית ותפילין, אשר מכרו בלא מחיר בקאצק, עד שהיה למשל לאמור: "בשנה הזאת היו מעשי עורות (כינוי לתפילין) בזיל הזול...". רק מעטים מהם בקשו וישיגו הרישיון לבוא לפני הרבי, אם היה להם עסק להיוועץ עמו, ואז נתנום לבוא בחדרו אחד־אחד. רובם זכו לראותו רק בעת סעודות שבת, והוא לא הטיף להם דרשות ב"נסתר", רק ב"נִגלה".[ה]

בראש השנה ויום הכיפורים התאספו בשעה עשירית להתפלל בבית המדרש הגדול, הנבנה מחדש מאז השתקע הרבי בקאצק; אחד יחיד מיטיב נגן ממקורבי הרבי וגבאיו, גדול בתורה...[66] הירש מטומשוב... ירד לפני התיבה ויתחיל מ"אדון עולם" ויגמור כל תפילת שחרית; אז יצאו לשוח, לאכול ולשתות, להעלות ענן קטורת [לעשן], וישובו בשעה 3 אחר הצהריים. והרבי יצא מחדרו המיוחד לו לתפילה, ויעל על הבימה ויצו להתוקע לתקוע בשופר כמצוות ה׳, בלי שום דברים כיבושין ולעורר הלבבות. ואחר כך

ה. "נִגלה" - התורה הגלויה, בדרך כלל החלקים ההלכתיים של הגמרא (וכאן בצירוף הפירוש הלמדני "תוספות", או מיד בדגש על "חושן משפט", כינוי לחלק הממוני של ההלכה), בניגוד ל"נסתר", תורת הסוד.

התפלל ר׳ הירש הנ״ל תפילת מוסף בסגנון השחרית, בלי פיוטים, וכן הִתמו. כן ביום הכיפורים אחרו לבוא לבית המדרש ויצאו להינפש בין התפילות, כי פיוטים וסליחות לא אמרו. וביתר ימות השנה לא הייתה תפילת ציבור חובה.

בימיו חדלו לבדוק כל כך ולבחור רק לומדים חריפים לאספם אל האגודה, ויבואו גם נערים וחסרי תבונה להימנות בתוכם, וכל כוחם היה בפיהם, לחרף ולגדף את כל המתנגד להם, בעזות מצח, לשתות כוס מלא וגדוש, ולהתפלל ברמיזה [בקריצה?].[67]

בית המדרש בקוצק, שבו בילו החסידים את זמנם, היה ארוך ורחב, ללא שום קישוט. התקרות היו עשויות מעץ פשוט, ללא ליטוש. הקירות היו ללא צבע, אפילו ללא סיד לבן. ארון הקודש לא היה מעוטר בקישוטים, ועל הפרוכת לא היו רִקמות. זה היה בית מדרש נטול גנדרנות. חלונותיו היו שבורים, וספריו קרועים מרוב לימוד. החסידים התהלכו לבושי קפוטות בלויות. חלק מהחסידים חבשו כיפות, והיה מי שישב כשעלה של כרוב מונח לו על הראש. כולם היו מבולגנים. מי בכלל דאג לבגדים שלו? לא היה כסף ולא היה בו צורך. לחם ומעט יי״ש - זה כל מה שהיה צריך. חסיד גביר הגיע - תרם נדבה למימון היי״ש. יותר מזה לא רצו לקבל. ״כסף? - איכס!״.[68]

שמחה

שמחה וזריזות היו תכונות חשובות בפשיסחה וכך גם בקוצק.[69] ״עצבות אינה עבירה, אבל עצבות עלולה לגרום למה שהעבירה הגדולה ביותר אינה יכולה לגרום״. על חשיבותה של השמחה בעבודת ה׳ הסכימו כמעט כל הצדיקים.

גם הרבי מלובלין אמר: ״לאחר מעשה עגל הזהב כתוב ׳וַיִּתְאַבָּלוּ וְלֹא שָׁתוּ אִישׁ עֶדְיוֹ עָלָיו׳ (שמות לג, ד) - עיקר החטא היה שהם התאבלו, כלומר שהם היו בעצבות, ושכחו שהם לא

איבדו את ה'עדי' שלהם, את ה'חלק אלוה ממעל' שלהם, ושמה שהיה היה".[70]

"יַעְלְזוּ חֲסִידִים בְּכָבוֹד יְרַנְּנוּ עַל מִשְׁכְּבוֹתָם" (תהלים קמט, ה) - "החסידים מרננים בהתלהבות אפילו כשהם בירידה רוחנית", אמר ר' שמחה בונים.[71]

ר' שמחה בונים סבר שזאת הסיבה שכל כך טוב בעולם הזה ליהודים חילוניים: הם תמיד עליזים ושרויים בשמחה, למרות ששמחתם באה מהוללות ושטויות. השמחה "יונקת" ממידת החסד שבשמיים, וכך היא "מושכת" עמה למטה השפעות טובות מן השמיים. יהודים אדוקים, החיים על פי רוב בעצבות ובדאגות, מושכים עליהם מלמעלה "דינים" ו"גזירות", ואין להם פרנסה. עלינו ללמוד מכך את הלקח: להשתדל תמיד להיות בשמחה.[72]

לחיות במצב נפשי קבוע, ב"מידה" אחת, פירושו לחיות בשטחיות. מי שרוחו תמיד ירודה - יסיים במרה שחורה; מי שרוחו תמיד מרוממת - יסיים בכפירה; מי שרוחו תמיד עליזה עלול לסיים בפריצות; מי שרוחו תמיד בהכנעה - יסיים בנמיכות הרוח. כיצד אפוא ניתן להיות בו־זמנית שבור ועליז?

ה"חוזה" סבר שהשמחה וההכנעה הן מידה אחת, והן כרוכות זו בזו.[73] ר' הירש מטומשוב, תלמידו וחברו של הרבי מקוצק, אמר: "כשאדם מתחיל לעשות מצווה, עליו להיות רציני ולהתעלות. בשעת מעשה עליו לדעת שהוא עושה דבר גדול. ואולם, לאחר מכן עליו להבין שלא עשה דבר - הוא אפילו עוד לא התחיל".[74]

ר' מנדל אף פעם לא היה חד־צדדי ושטחי. רעיונותיו היו על פי רוב התכה של שני יסודות, שעמדו לכאורה בסתירה או במתח. מצד אחד, ר' מנדל דרש מתלמידיו שיהיו בעלי גבורה ואומץ, ומצד שני הוא תבע שכל אחד יהיה בעיני עצמו "גורנישט עם גורנישט"; "אדם נדרש להיות בעיני עצמו כמו מטאטא".[75]

ר' שמחה בונים שאל את ר' מנדל: "חסיד יודע שהוא 'גורנישט', ו'מתנגד' ממילא הוא 'גורנישט'. אז מה אפוא ההבדל ביניהם?".

ענה ר' מנדל: "החסיד יודע שהוא 'גורנישט', ומקבל זאת באהבה. ומידיעה אמיתית זו מתבררת אמיתיות ה', ככתוב: "אֱלֹהִים אֱמֶת" (ירמיה י, י). זוהי מעלתו של החסיד".[76]

דעתו של ר' מנדל לא הייתה נוחה כלל משברון לב מופרז. עליך לחשוב שהמעשים הטובים שאתה עושה חשובים ומקובלים מאוד לפני אבינו שבשמיים. באמצעות חשיבה כזו מעשיך הטובים יהיו ליפים עוד יותר. אך אם אדם סבור שהוא רחוק מאוד מאבינו שבשמיים ושמעשיו הטובים אינם לרצון, מפני שהם אינם טהורים לגמרי ואינם משוחררים מ"פניות", הוא עלול באמת להתרחק לאין שיעור מה' יתברך.[77]

בניגוד לכל מטיפי המוסר, שדרשו מהאדם הרוצה לשוב בתשובה שיזכור תמיד את כל העבירות שאי פעם עשה, ושיתחרט עליהן - "וְחַטָּאתִי נֶגְדִּי תָמִיד" (תהלים נא, ה) - בא ר' מנדל וטען: אדם מזיל נחלי דמעות כתוצאה מחטאו, אך החשיבה על העבר אינה עיקר; העיקר הוא לחשוב על העתיד.[78]

שברון לב אינו מצוי דווקא אצל אלה שעברו עבירות וסובלים מהחרטה עליהן, אלא גם אצל יהודים קדושים. ר' מנדל פירש את המילה "תרועה" בפסוק "אַשְׁרֵי הָעָם יוֹדְעֵי תְרוּעָה ה' בְּאוֹר פָּנֶיךָ יְהַלֵּכוּן" (תהלים פט, טז) - כ"שִׁברון".[79] כלומר, אשרי העם שאלה מבניו ההולכים באור פניך ה' הם השבורים בלבם, ולא מפני שהם חטאו, חלילה, שהרי הם יהודים קדושים.[80]

ישנה כאן תפיסה חדשה של הנושא החשוב של "שברון", או "לב שבור", שמופיע כה רבות בספר תהלים. שברון לב אינו נובע מרגש אשמה ומנקיפות מצפון של שפלות רוח עצמית. הוא נובע דווקא מיראת הכבוד כלפי אלוהים, מהיותך כרוך באורו של אלוהים. "אלוהים כה יקר, ועדיין אני כל כך רחוק".

בסוף פרשת התוכחה כתוב: "תַּחַת אֲשֶׁר לֹא עָבַדְתָּ אֶת ה' אֱלֹהֶיךָ בְּשִׂמְחָה וּבְטוּב לֵבָב" (דברים כח, מז) - שאל ר' מנדל: האם רק בגלל שהם לא עבדו בשמחה, הגיע להם עונש כה נורא המוזכר בתוכחה? אך התירוץ הוא: אם אדם עושה את עבודת ה' שלו בלי שמחה, אלא

רק כמצוות אנשים מלומדה, ליבו מתקרר והוא שוכח שישנו בורא עולם, ועובר עבירות. לכן מענישים אותו. עקב כך הוא עשוי להרהר: מה הביא אותו לידי כך שהוא עבר עבירות? ואז הוא מגלה שהגורם האמיתי היה שהוא לא קיים את המצוות בשמחה.[81] ולכן (כאמור לעיל) "המצטער פטור מן הסוכה". מצווה צריכה להתקיים בשמחה.[82]

ר' משה מיכל מביאלה, חסיד שפרנס את הרבי מקוצק שנים רבות, עמד למות. החסידים הקיפו את מיטתו. אך הוא עצמו היה שרוי בשמחה והורה להביא יי"ש.
אחד מהחסידים שראה שהוא שמח כל כך, אמר: "אולי כדאי לברך 'שהחיינו'? הלא מתים רק פעם אחת".
השיב לו ר' משה מיכל: "שוטה שכמוך, על פרי האדמה לא מברכים 'שהחיינו', כי זה לא דבר חשוב" (וההולך למות אינו אלא "עפר מן האדמה").[83]

בכה רבי: "יש קונה עולמו בשעה אחת!" (עבודה זרה, יז ע"א) - וכי על זה בוכים? והלא אדרבה, זה דבר טוב ובעל ערך. הסביר ר' מנדל: רבי בכה על אותם בני אדם שבמשך כל חייהם עסקו בשטויות, ובזכות עשיית מצווה אחת בלבד הם קנו לעצמם עולם הבא. בני אדם כאלה אינם מסוגלים להרגיש את העולם הבא, ואפילו לחוש בו שום טעם. כדי לחוש בטעם ובתענוג של העולם הבא, צריכים להתכונן בעולם הזה. הכלל הזה מוסבר בבהירות במאמר של ר' שלמה מקרלין:

אפשר להיות עצובים בשבת? בתמיהה! עלינו לחוש כלימה עמוקה נוכח השבת. "השבת כה גדולה, וכיצד אינני שומע אותה? תמהני!". לכלימה נוכח השבת בעולם הזה יש השלכה: כשאדם מגיע לעולם הבא לאחר שקיים את כל התורה והמצוות אך ללא תענוג ולהט, הוא עלול להגיע למצב עגום: הוא יורשה להיכנס לגן עדן, אבל כיוון שהוא לא חש בתענוג בעולם הזה, הוא גם לא יחוש בתענוג של גן עדן. הטיפש יתרעם: מה כל ה"טררם"

לגבי גן עדן? - והוא ייזרק החוצה. אלו הם הייסורים הקשים מכול. עליו לבוא לצדיק בעולם הזה, כדי שיעזור לו. הודות לכלימה שהוא יחוש בעולם הזה נוכח השבת - שהיא מעין עולם הבא - הוא יזכה להבנה שגם שם עליו לחוש כלימה: "איך זה יכול להיות?! הרי גן עדן גדול כל כך ואינני שומע אותו!". ואז אלוהים יעזור לו ששם הוא ישמע.[84]

חסיד קוצק נתן טעם אחר לבכיו של רבי: אם ניתן לקנות את העולם הבא בשעה אחת, הלא קל לאבד את העולם הבא בחצי שעה.[85]

תשעה באב

מוזר מאוד: היום היחיד בלוח השנה העברי ש"לא היה לו מזל", בקרב חסידי קוצק, היה תשעה באב. חסידי קוצק התקשו מאוד להיות עצובים לשם שמיים; משהו לא מסתדר בזה. ואכן, אמירת הקינות אצל החסידים ששורשיהם בקוצק לא הייתה רצינית, ואפילו הייתה אירוע של "חוכא ואטלולא", שבו זרקו זה על זה פרחים קוצניים לתוך השערות.

לעתים קרובות זה עורר כעס: איך זה יכול להיות? האם אפשר לא להרגיש כאב על צרות היהודים? - ואמנם, היה שם כאב, אך השאלה הייתה כיצד ניתן "לערוך עצבות", ועוד כשכולם רואים? ומעבר לכך: כיצד בכלל ניתן להרגיש עצבות לשם שמיים?

כל עוד המלך בארמון שלו, קשה להגיע אליו. אבל כשהארמון שרוף, והמלך שרוי בגלות, תמיד בדרכים, תמיד נע ונד - אז יותר קל לפגוש אותו.[86] בית המקדש נחרב, והשכינה נעה ונדה - בייחוד בתשעת הימים. המגיד ממזריטש הסביר: "כָּל רֹדְפֶיהָ הִשִּׂיגוּהָ בֵּין הַמְּצָרִים" (איכה א, ג) - כל מי שרודף אחרי השכינה יכול להשיגה בתקופת "בין המצרים" (בין שבעה עשר בתמוז לתשעה באב).

תשעת הימים הגיעו - והם ערכו סעודה. חסידיו של ר' חנוך היו עליזים מאוד ופצחו בריקוד. ר' חנוך קרא לעברם בפולנית: "hulaj dusza bez kontusza" (יאללה, נשמה, תרקדי בלי חליפה! [כאילו אין מחר]) - אמירה שמקורה בבעל שם טוב - "עם כל הלב"!

הצרות הרי זמניות. והמשיח - בוא יבוא. עלינו לזכור שיהודים הם בני מלכים, ושהם בדיוק באותו מצב של שלמה המלך בשעה שאשמדאי, מלך השדים, גירש אותו מכס מלכותו. ואולם, בסופו של דבר, שלמה המלך גבר על אשמדאי, וחזר להיות מלך.

בסעודה לרגל סיום מסכת, בתשעת הימים, אמר ר' חנוך: "בשנים עברו, בבוא תשעת הימים, נהגו יהודים 'בעליבתים' להיות ב'ברוגז' עם ריבונו של עולם על כך שהניח לבית המקדש להישרף. ואולם, עתה יש חסידים, והם עורכים סעודות אפילו בתשעת הימים. הם מאמינים שבית המקדש היה, הווה ויהיה".[87]

ר' חנוך סיפר מעשה: אחרי שאשמדאי הפיל את שלמה המלך מכס מלכותו, שלמה נע ונד בארץ עד שאף אחד כבר לא הכיר אותו. פעם אחת, הוא הגיע לכפר אחד ואמר: אני שלמה. כששמע זאת איכר אחד, הוא קרא לכל בני הכפר, כינס אותם יחד, והם ערכו לכבודו סעודה שכללה מאכלים טובים. בשעת הסעודה, נשא האיכר נאום וסיפר על גדלותו לשעבר של שלמה ועל ירידתו העכשווית: "ראו מה יכול לקרות לאדם, ראו את הייסורים שבאו עליו". ליבו של שלמה המלך נעצב מרוב כאב, עד שלא היה מסוגל לטעום מהמאכלים הטובים. פעם אחרת, שלמה הגיע אל עיר כלשהי, ופגש בחסיד שהיה מלא שמחה. כשנודע לחסיד מי נמצא לידו, הוא ניחם את שלמה ואמר לו שלא ידאג בכלל: "שלמה המלך היית, ושלמה המלך תהיה. כרגע אתה ללא כיסא מלוכה, אבל הכול יחזור לקדמותו". שניהם שמחו מאוד ביחד. "עני הנני", אמר החסיד, "אבל בוא נאכל ביחד ממה שיש לי בבית". ושניהם נהנו מהמאכלים הפשוטים יותר מכל מעדני עולם המשובחים ביותר.[88]

שמחה אמיתית אין משמעה להיות שמח ללא סיבה, סתם ככה, מעצמך. שמחה היא פועל יוצא של עבודה רוחנית. חסידי קוצק אמרו: מדוע אומרים ביידיש על אדם השרוי בשמחה רבה שהוא "הסתדר"? מפני שממש כמו כשמנקים את הדירה, זורקים את הלכלוך ומעמידים

כל דבר חוזרה במקומו, ואז הבית מסודר - כך גם השמחה האמיתית יכולה להתרחש רק כשהאדם ניקה את עצמו היטב לפני כן, השליך מתוכו את הלכלוך, ונעמד במקומו.[89]

מהי שמחת תורה? הלא חג סוכות הוא "זמן שמחתנו"? אלא כשיש ליהודים שמחה, הם משקעים אותה בתורה.[90]

"עצבות", אמר ר' חנוך, "היא שקר גמור. אפשר ללמוד מן השבת עד כמה העצבות ירודה. כשבא אורח חשוב לשבת קודש, היא מקבלת אותו לפי ערכו ומכבדת אותו לפי מעמדו: כשראש חודש או חנוכה יוצאים בשבת, היא מכבדת אותם ב'מפטיר' ובמוסף של ראש חודש; לחגים היא נותנת כבוד רב יותר - כל הקריאה בתורה ותפילות הלחש הן של החג; ליום הכיפורים היא מעניקה את הכול, אפילו את סעודות השבת. אך אם תשעה באב יוצא בשבת, דוחקים אותו ליום ראשון, הוא נהיה 'נדחה'. שבת קודש אומרת: 'באורחים כאלה אינני מעוניינת, שיבואו אחרי שבת'".[91]

ריקוד ונגינה

אנשים חושבים שריקוד נובע משמחה: הם יוצאים בריקודון כשטוב על הלב, או משליכים את הדאגות ויוצאים במחולונצ'יק.

חג השבועות בפשיסחה. אחרי ה"טיש", ר' שמחה בונים יצא החוצה לרקוד. ר' מנדל עמד בצד, הסתכל ולא אמר מילה.
שאל אותו ר' יצחק מוורקי: "על מה אתה מסתכל?".
ענה לו ר' מנדל: "בקהלת כתוב: 'עֵת לִפְרוֹץ וְעֵת לִבְנוֹת, עֵת לִבְכּוֹת וְעֵת לִשְׂחוֹק, עֵת סְפוֹד וְעֵת רְקוֹד' (ג, ג-ד). מדוע נכתב "עת רקוד" בלי למ"ד? כשאדם מרגיש שהוא ירוד באמת, אז אין לו מקום על פני האדמה והוא חייב להרים את רגליו ממנה. זה הזמן לרקוד. 'זה נִרְקַד מעצמו'".[92]
ר' יצחק נחרד: להיות כה גבוה ולהיות כה ירוד![93]

ב"יומא דפגרא"[ו] אחד בקוצק, עלה על הגג אלעזר גרבוביצר, חסיד חריף, ורקד. הוא רקד זמן רב, והתלהבותו הלכה וגברה. ר' מנדל הביט בנעשה וכעבור רגע אמר: "לא כך, אלא על חודה של מחט ועל קצה הלהב של הסכין!".[94]

סיפור נוסף:

ר' אלעזר רקד זמן רב.
לפתע, הרבי אמר לו: "גש לכאן, ואברך אותך שיהיה לך בן זכר לעת זקנה".
אבל ר' אלעזר לא רצה שום טובות: לרקוד לה' יתברך ולקחת שכר בתמורה?!
"לא חסר לי ה'ויצמח'[ז] שלך", השיב לו.[95]

ר' מנדל אמר פעם אִמרה עמוקה על נגינה: "'וְהָיָה כְּנַגֵּן הַמְנַגֵּן וַתְּהִי עָלָיו יַד ה'' (מלכים ב, ג, טו) - מנגן מזוכך, ששר ללא 'פנייה', יכול לקרב את הגאולה, כי היכל הניגון קרוב להיכל המשיח - 'וַתְּהִי עָלָיו[ח] יַד ה''".[96] עולם הניגון קרוב לעולם התשובה.[97]

ר' מנדל אהב מוסיקה. פעם אחת, חסיד ניגן על כינור בבית המדרש שבקוצק. קרא לו הרבי פנימה אל חדרו, כדי שינגן לפניו את

ו. "יומא דפגרא" - ימי הפגרה (שבת, קקט ע"ב). בחסידות כונו כך ימים בעלי משמעות, שנחגגו ב"התוועדות" של התעלות עם הרבי.

ז. "ויצמח" - החסידים מוסיפים באמירת הקדיש את המילים "ויצמח פורקניה". כאן הכוונה לבן שיגיד עליו קדיש.

ח. נראה שר' מנדל קורא את הפסוק כמוסב כולו על דוד, המלך לעתיד (ו"המשיח"), שכאשר ניגן הייתה עליו עצמו יד ה' (ולא כפשט המוסב על שאול המלך), והוא דורש גם את המילה "כנגן" - שהמנגן עצמו היה ככלי נגינה, נטול 'פניות'.

הניגון של "כל נדרי", ואמר לו אז שבאמצעות מנגינת הניגון של "כל נדרי" בכינור, כשלעצמה, אפשר לשוב בתשובה.[98]

שורפים כתבים

אחד החסידים סיפר:

פעם נסעתי עם ר' יצחק מאיר לקוצק. ר' יצחק מאיר נשא עמו כתב יד עב כרס. בהגיעו לקוצק, הוא נכנס לחדרו של ר' מנדל עם כתב היד. אחרי ששהה שם זמן רב, הוא יצא עם כתב היד, פניו בערו כאש ודמעות זלגו מעיניו. כשהגיע לאכסניה שלו, הוא הצית את מקטרתו, והחל לפסוע על פני החדר, הלוך ושוב, זמן רב, שקוע ברעיונותיו מבלי להוציא הגה. החדר התמלא עשן. לאחר מכן, הוא ציווה עליי: "הבא שבבי עץ ומעט נפט".
הוא הצית את השבבים וקרא אלי: "דע ששנים רבות אני עובד על חיבור גדול על 'חושן משפט'. החיבור הזה יקר לי כבבת עיני, וחשוב יותר מכל החיבורים שכתבתי. עבדתי עליו בזיעת אפי ולא חשתי בשום 'פנייה' או קִנטור [משמיים], חס ושלום. עיקר החיבור היה לתרץ את כל הקושיות שהיקשה הש"ך[ט] על הראשונים. הראיתי לרבי מקוצק את החיבור, ולאחר שעיין בו זמן רב, אמר לי: 'החיבור הזה הוא באמת דבר יקר, אבל אני חושש שכאשר הוא יודפס, הוא יתפוס חזק - דיינים יפסקו על פיו, והציבור יפסיק ללמוד את הש"ך. על כן, אני חושב שעליך לשרוף אותו. זה לא צודק שספר מאוחר ידחוק את רגלי הש"ך, שלמד תורה לשמה בעמל ובהתמדה'. השבתי לו: 'דע שהחיבור הזה יקר בעיניי מכל הון שבעולם, ואני עצמי אינני רואה שום

ט. הש"ך - כינויו של הרב שבתי הכהן (1663-1622), על שם ספרו "שפתי כהן", פירוש על ה"שולחן ערוך".

נימוק מוצדק להשמיד אותו. ואולם, מצווה לשמוע דברי חכמים, ולכן אבטל את דעתי מפני דעתך".
בזריזות ובשמחה הוא הניח את החיבור באש, והתבונן כיצד הוא נשרף...[99]

ר' יצחק מאיר - סיפר נכדו שנכח בזמן שבו התרחש האירוע - ביקע פעם לפני פסח כמה בולי עץ, הדליק מדורה, הוציא ספרים עבים מארונו הנעול, ושרף אותם. הנכד, שנבהל והשתומם, שאל אותו מדוע הוא שורף את הכתבים הללו, שעל חיבורם עמל במאמץ כה רב. ענה לו ר' יצחק מאיר: "המטרה העיקרית של לימוד תורה היא לגרום נחת רוח לה' יתברך. לכן, עלינו להיזהר כשאנו מחדשים חידושים, שלא נפיק מכך הנאה. בנוסף, 'עביד אינש לאחזוקי דיבורא'[100] - לעתים קרובות, כשאדם שב ומעמיק הוא נוכח לדעת שחידושיו הקודמים לא היו לגמרי על דרך האמת, ועדיין, הוא נוטה להיאחז במה שחידש בעבר. אני, לעומת זאת, מוכן שכל חידושי ה'פשט' ילכו לכפרות, אם אי פעם השתרבבה לה כוונה שאינה כשרה".[101]

האם ר' מנדל בכלל העלה על הכתב את מה שרתח וסער בתוך נשמתו? האם הוא בכלל מצא דרך להעביר באמצעות אותיות קרות את הסערה הבוערת שהתלהטה בקרבו? קיימת מסורת שאכן כתב את מה שבער בתוכו, אבל אחר כך שרף את מה שכתב.

"וואָרט"' חסידי אומר: את הלהט של ה"וואָרט" אי אפשר לכתוב, ואת ה"קונץ" של ה"וואָרט" איננו רוצים לכתוב.

לפי סברה אחרת, ר' מנדל בכלל לא כתב על נייר. הוא רצה לכתוב - על הלבבות. אבל האם מצא לבבות שיתאימו להיות מצע כתיבה לרעיונותיו? ואולי ההרגשה שמצע כתיבה כזה אינו בנמצא הייתה הסיבה לאכזבה הנוראה שלו?

י. "וואָרט" - מילולית: מילה; מונח המציין תורה חסידית קצרצרה ומקורית, שבדרך כלל נאמרה במקור בעל פה.

ואף על פי כן, כך מספרים, ר' מנדל ביקש פעם מהחסיד שלו, ר' יחיאל מאיר מגוסטינין, שיעלה על הכתב את חידושי התורה שלו. ר' יחיאל מאיר, אגב, היה אהוב עליו מאוד. "הוא חקוק על לוח לבי", אמר ר' מנדל.

היחסים עם צדיקים אחרים

ר' מנדל היה קפדן מאוד עם עצמו. מכל מקום, הוא נהג בדרך ארץ כלפי גדולי הדור האחרים, גם כאשר הם לא אימצו את שיטת קוצק. "הציבור זקוק לגדולים מכל הסוגים", אמר פעם. הוא אפילו נזהר בכבודם של גדולי תורה שהיו מתנגדים חריפים לחסידים, וגם תבע מאנשיו להקפיד על כך.[102] גדולים בתורה וגדולים בעבודה (בתפילה ובחסידות) עוזרים זה לזה; אם חסרים גדולים מן הסוג האחד, נוצר נזק לגדולים מן הסוג השני.[103]

הוא כיבד מאוד את הרב מאפטא, הרוז'ינאי,[104] ר' שלמה מרדומסק, ר' יעקב מרדזימין, ר' אברהם מצ'חנוב,[105] ר' אהרן מקרלין,[106] ור' יצחק מנסכיז'.[107]

לפי מקור אחד, ר' אברהם מצ'חנוב התנגד בתחילה לר' מנדל ואף שנא אותו. כשהוא שמע שר' מנדל מודע להתנגדותו, ולמרות זאת אוהב אותו ומשבח אותו מאוד, שינה את יחסו לר' מנדל, ונהיה חבר שלו.[108]

ר' מנדל רחש כבוד רב גם לר' מנחם מנדל מליובאוויטש, ה"צמח צדק"; החסידים אמרו פעם: "מנדל-מנדל ל'גזירה שווה'".[יא] על ר' שלמה מרדומסק אמר ר' מנדל: "הרי יש לו לב בוער".[109] הוא גם התייחס בכבוד לר' ישכר בר מרדושיץ, בעל המופתים המפורסם.[110]

יא. "גזירה שווה" - כלי מדרשי ללימוד הלכה זהה בשני מקרים שונים על בסיס שימוש במילה זהה בתיאוריהם. כלומר, החסידים יצרו השוואה בין שני הצדיקים השונים על בסיס שמם הפרטי הזהה.

ר׳ יצחק מוורקי, חברו של ר׳ מנדל, הִרבה להתמסר לצרכי ציבור ופעל כשתדלן אצל השלטונות כדי לבטל גזירות שגזרו על היהודים. ר׳ מנדל לא התערב בזה. ועם זאת, חסידים מאמינים שבחשאי, בדרך מיסטית, הוא נאבק נגד הצאר ניקולאי הראשון שבא בטענות לרוז׳ינאי.[111]

בשנת 1838, אסרו השלטונות הרוסיים בבית סוהר את הצדיק המפורסם ר׳ ישראלצ׳ה מרוז׳ין ועיכבו אותו 22 חודשים. כשנודע הדבר לר׳ מנדל, הדבר גרם לו צער רב. החסידים ידעו שהרוז׳ינאי ראה עצמו כבן גילו של הצאר ניקולאי צורר היהודים הגדול וכל הזמן נהג להיאבק בו בדרכים שרק מקובלים מסוגלים לתפוס. ר׳ מנדל היה קובל על כך שהרוז׳ינאי מרעיש עולמות בצורה חריפה כל כך נגד ניקולאי. היעלה על הדעת שנגד מלך עוצמתי כזה יצאו בפרהסיה? אם כבר רוצים לעשות דבר שכזה, יש לעשותו באופן שאפילו מלאך לא ידע על כך...[112]

הרושם על החסידים

כאמור, ר׳ יצחק מאיר, שכל דקה אצלו הייתה שווה זהב, הניח מידו את הגמרא ונסחב ימים שלמים בעגלה כדי לבוא לקוצק. על השאלה מדוע הוא סר למרותו של הרבי מקוצק, ענה: ״ראיתי חתיכת אש אמיתית, והכנעתי את עצמי״.[113]

ר׳ יצחק מאיר דיבר בהתפעלות גדולה על עומק חידושי התורה של ר׳ מנדל.[114] הוא החשיב אותו כתנא. אפילו אירע שר׳ יצחק מאיר, הגאון, לא הצליח להבין את כל ה״חילוקים״[יב] שר׳ מנדל הציע. מתוך שלושה עשר ״חילוקים״ שהוא הביא כדי לתרץ סוגיה קשה ברמב״ם, ר׳ יצחק מאיר הבין עשרה[115] - כה עמוק וחריף היה ר׳ מנדל.

יב. ״חילוקים״ - הבחנות משפטיות חריפות שנועדו לתרץ קושיה במקורות ההלכה.

"מה שאנו צריכים לעמול עליו יום שלם, הוא תופס כהרף עין", אמר עליו ר' יצחק מאיר.[116] מה ניתן לומר על הרבי מקוצק? "מלאך התהלך בעולם הזה", אמר ר' יהודה לייב מגור, שהכיר את ר' מנדל באופן אישי.[117]

צעירים ישבו בבית המדרש ודיברו על הרבי.
קרא צעיר אחד מלודז': "האם יתכן שמדרגתם הרוחנית של הנביאים הייתה גבוהה מזו שאנו רואים אצל הרבי?".
ברגע שסיים לומר את דבריו, נכנס פייבל השמש וקרא: "היכן הצעיר הלודז'אי? שייכנס פנימה", כלומר לחדר הרבי.
בשנייה שהצעיר הגיע אל סף חדרו של הרבי, ר' מנדל בא לקראתו ואמר לו בקול חוצב להבות: "האַ, אתה רוצה לדעת את מדרגותיהם של הנביאים?! וכי יש לנו השגה במדרגות שלהם?".[118]

כשר' מנדל אמר בהקפות של שמחת תורה את הפסוקים: "וּבְהֵיכָלוֹ כֻּלּוֹ אֹמֵר כָּבוֹד" (תהלים כט, ט); "הָבוּ לַה' בְּנֵי אֵלִים הָבוּ לַה' כָּבוֹד וָעֹז" (תהלים כט, א) - החסידים הבכירים דימו שהם שומעים זאת מהמלאכים ומהאבות הקדושים: "הבו לה' כבוד ועוז" - והם הפכו לאנשים אחרים...[119]

ר' מנדל אמר: "אני מיישר אותם, וכשהם באים אליי בפעם הבאה, אני כבר לא יכול להכיר אותם. מה יוכל להיות טוב יותר כשהמשיח יבוא? על המשיח כתוב: 'וַהֲרִיחוֹ בְּיִרְאַת ה'" (ישעיה יא, ג) - לפי הריח הוא יכיר מי ירא שמיים".[120]

כשהרבי מקוצק לימד את המדרש המספר כיצד אברהם אבינו שמע שה' אומר "אני בעל הבירה! [הארמון]" - נפל פחד על כל השומעים: הם חשו שיש בעל לבירה.[121]

חסיד אחד מהעיירה ליפנה כתב [העברית במקור]:

בימי עלומי היה לי לב נלבב לעבודת הבורא. אחרי שיעוריי בבית המדרש בגמרא עם רש"י ותוספות, הלכתי ל"בית החסידים"

וחיפשתי (דרך) בספרי חסידות. היה לי געגועים גדולים לברוח לקאצק, אבל לא עלתה בידי כי הדרך היה רב מאוד (מליפנה). אבל כשנהייתי בן יז שנים, אחר הנישואין, נסעתי לקאצק. כשבאתי לקבל את פני הרבי, שאל אותי: "מאין אתה? ומה שמך?". נפל עלי פחד ומורא, ו"יצאתי מן הכלים"[יג] ונהייתי "בטל במציאות". אך רעיון אחד היה לי ברגע זו, דמיתי אז בדעתי כי עקביא בן מהללאל עומד מעלי וצועק עלי בקול: "הסתכל בשלושה דברים ואין אתה בא לידי עבירה" (אבות ג, א). **מאין באת?! ולאן אתה הולך?!** ועד עתה נשארה רשימה (רושם) זה בליבי. והיה כהפנותי שכמי ללכת, נהפכתי לאיש אחר. וליבי נלהב מאוד בבהירות. וקראתי עליו המקרא 'וַהֲרִיחוֹ בְּיִרְאַת ה'". ובנסיעה ראשונה הייתי שם שמונה שבתות. וכאשר באתי לביתי, היו כל תאוות ותענוגים של העולם הזה מאוס ונמאס בעיניי. ולימודי ותפילתי מעורבין היו בשמחה ופחד. ולפעמים כאשר נפלתי, קמתי במעט איתערותא דילי (כוחותיי העצמיים). חמש פעמים הייתי בקאצק ובכל נסיעה הרגשתי כי לא "כֹּחִי וְעֹצֶם יָדִי" (דברים ח, יז) הוא זה, רק הוא, זכרונו לברכה, יצק על ראשי שמן משחת קודש מן השמיים.[122]

ר' אברהם מסוכצ'וב כתב שהוא למד מר' מנדל מקוצק את דרכו ב"לימוד".[123] ר' אברהם סבר ששום דבר לא מתרחש בעולם ללא הסכמתו של ר' מנדל.[124] ור' יחיאל מאיר מגוסטינין אמר, "כשהקוצקאי התנענע עם השטריימל, הוא נענע את כל העולמות. הוא היה מסוגל בעזרת ניגון חרישי להחיות מתים".[125]

ר' פינצ'ה מפילץ שאל את ר' יצחק מאיר: "איך החסידים מסוגלים לדעת את טענתם שכאשר הרבי מקוצק דופק בדלת מתנועעים כל שבעת הרקיעים?". השיב לו ר' יצחק מאיר: "אכן, כך הדבר. אם

יג. חריגה מה"כלים", במובן הקבלי של המונח – חוויית התעלות.

חסיד אינו מאמין שכאשר הרבי מנענע את השטריימל, מתנועעים כל הרקיעים, הוא אינו יכול לקבל ממנו שום השפעה טובה".[126]

חסידים מספרים שבמשך עשרים ושתיים שנה הציקה לרבי מקוצק קושיה מסוימת בלימוד שלו, והוא לא מצא לה תירוץ. פעם אחת, בערב שבת, בשעת תפילת שמונה עשרה של תפילת מנחה, התגלה אליו אליהו הנביא ואמר לו מאה פירושים ותירוצים, על פי ה"נגלה" ועל פי ה"נסתר"...[127]

הצדיקים הראשונים היו אומרים: "כל אנחה מלבו של יהודי עד ביאת המשיח - מכוחו של הבעל שם טוב באה"; חסידי קוצק סברו שכל אנחה אמיתית מליבו של יהודי עד ביאת המשיח - מכוחו של הרבי מקוצק באה.[128]

"ר' מנדל לא היה בשר ודם, הוא היה מלאך", אמר עליו אחד החסידים.[129]

הרבי מסוכצ'וב אמר: "ברור שהמשיח לא ייטע יותר יהודיות בלב כל יהודי ממה שנטע הרבי מקוצק".[130] "אני ראיתי צדיקים, אבל חותני היה ממש מלאך ה' צבאות".[131] "ה'שלום!' של הרבי הוא מעשה בראשית, וה'להתראות!' הוא מעשה מרכבה".[132]

מופתים

כאמור, היהודי הקדוש אמר: "זו לא חכמה גדולה להיות 'בעל מופת', כל מי שיש לו מדרגה רוחנית כלשהי יכול להפוך שמיים וארץ, אבל להיות יהודי - זה קשה".[133]

במקומות אחרים חסידים סיפרו מעשיות על רוח הקודש של הרבי שלהם, על המופתים של הרבי... ואולם בקוצק מופת היה שווה לקמצוץ טבק להרחה. מה יש להתפעל ממופת?

חסידים אחרים התרגשו כשהתרחשו דברים יוצאים מגדר הרגיל, כשקרו ניסים. ואולם, הייתה דעה, שכפי הנראה הייתה מקובלת בקוצק, שגם דברים רגילים, מעשים שבכל יום, שאף אחד אינו שם לב אליהם - הם ניסים. זו אשליה לחשוב שיש הבדל בין דרך הטבע

לבין ניסים. "כל מה שקורה ליהודים בגלות הוא בגדר נס, אבל איש אינו מבחין בו. בשמיים כל הניסים הללו נכתבים, ולעתיד לבוא ייכתב עליהם ספר".[134] הטובה שנעשתה ליהודים בחג החנוכה הייתה בכך ש"הוטמע בהם כוח הנס כדי שהם יבחינו בניסים אחרים שנעשים עמם תמיד".[135]

כתוב [בתורה ומבואר במדרש] שיתרו "שמע" ובא ממדין למדבר, למשה רבינו; מה הוא שמע? על קריעת ים סוף ועל מלחמת עמלק בבני ישראל.[136] כשהים נבקע לשניים, נבקעו כל הימים שבעולם כולו. "שָׁמְעוּ עַמִּים יִרְגָּזוּן... תִּפֹּל עֲלֵיהֶם אֵימָתָה וָפַחַד..." (שמות טו, יד-טז). ולמרות זאת, עמלק התנפל על בני ישראל ופתח במלחמה נגדם. יתרו לא היה מסוגל לקלוט את זה: ניסים ומופתים כאלה - ועמלק לא מתרשם?! לכן, יתרו הגיע למסקנה שאף על פי שהמופתים נוטעים אמונה, אמונה שכזו נמשכת מתענית אסתר ועד פורים. ללא התחברות אל התורה באמצעות הצדיקים - אין לאמונה כל אחיזה. לפיכך, הוא הלך אל הרבי, אל משה רבינו.[137]

מופתים יוצרים "התפעלות", התרגשות. אבל ה"התפעלות" הזו אינה נמשכת זמן רב. האש מתלקחת ודועכת במהירות. באמצעות התורה, באמצעות העמקה שכלית באמונה, נשמרת האמונה ומתקיימת.

הניסים נשכחים. "אֲבוֹתֵינוּ בְמִצְרַיִם לֹא הִשְׂכִּילוּ נִפְלְאוֹתֶיךָ לֹא זָכְרוּ אֶת רֹב חֲסָדֶיךָ" (תהלים קו, ז) - אבותינו במצרים לא חשבו להגיע לאמונה באמצעות ניסים, נפלאות וחסדים מרובים. הם השיגו את האמונה באמצעות העיסוק בדבר ה', במילות התורה - "וַיַּאֲמִינוּ בִדְבָרָיו יָשִׁירוּ תְּהִלָּתוֹ" (תהלים קו, יב).[138]

בקוצק לא התעסקו עם מופתים, למעט פעמים נדירות ובודדות.[139] ואכן, השתמרו כמה מעשיות על מופתים. פעם אחת, ר' מנדל ור' יעקב מרדזימין נסעו ביום שישי לשבת אצל ר' שמחה בונים. כשהיו במרחק קילומטרים אחדים מפשיסחה, החשיך היום, והם נאלצו לבלות את השבת בכפר אחד. לא היו שם יהודים וגם לא נרות. אמר ר' יעקב: "ניאלץ להשתמש באור של ששת ימי בראשית" (האור הגדול שאלוהים יצר במעשה בראשית, ולאחר מכן

גנזו לצדיקים לימות המשיח). מיד התמלא החדר אורה. ולאחר סעודה שלישית - מיד החשיך.[140]

ר' יעקב מרדזימין אמר: "מפתח העקרות מצוי בידי הרבי מקוצק".[141]

בדומה לצדיקים אחרים, גם ר' מנדל נהג לקבל "קוויטלך".[יד] פעם אחת, חסידים שלחו "קוויטלך" לרבי מקוצק באמצעות הרבי מגוסטינין, שהתפלל עבורם במשך כל הדרך. כשהוא הגיע לקוצק, הוא הניח את כל ה"קוויטלך" על שולחנו של הרבי. קרא ר' מנדל: "מה הבאת לי? 'קוויטלך' משומשים?!".[142]

חסידים האמינו, שכאשר ר' מנדל מתפלל יש לו "עליית נשמה"[טו] פעם אחת, הוא נכנס לבית המדרש כשהוא שקוע עמוק במחשבותיו. ר' אלעזר מפולטוסק אחז בידו, ובאטיות הוליך אותו חזרה לחדרו. מאוחר יותר אמר ר' מנדל עצמו, שאילולי הוליכו אותו בחזרה לחדרו, הוא היה עלול למות בבית המדרש, שכן הוא חווה "ייחוד"[טז] שקשור לסוד שמסמל הזָקָן. חתנו סיפר שכנראה ר' מנדל חווה שוב לפני פטירתו את ה"ייחוד" הזה.[143]

מקובל לצטט בשמו של הרבי מקוצק: מי שמאמין במופתים הוא טיפש, ומי שאינו מאמין שצדיקים מסוגלים לחולל מופתים - אפיקורוס.

ר' מנדל שאל פעם חסיד של רבי אחר על התנהגותו ועל דרכו של הרבי שלו. ענה אותו חסיד: "אומרים עליו שהוא מסוגל לחולל מופתים". קרא ר' מנדל: "האם הוא יכול לחולל מופת ולהפוך מישהו לחסיד?".[144]

פעם אחת סיפר לו קרובו על מופת שעשה ר' יצחק מנסכיז'. הגיב ר' מנדל: "חבל, שאדם גבוה כזה ידרדר את עצמו למקום נמוך כל כך".[145]

יד. "קוויטלך" - פתקאות, שעליהן רושמים החסידים את שמם ושם אמם והרבי קורא בהן ומברכם.

טו. "עליית נשמה" - מצב של התעלות אקסטטית. ראו **קוצק: במאבק למען חיי אמת**, עמ' 19, 61.

טז. "ייחוד" - סוג של התכוונות מיסטית.

מתים

חסידים האמינו שלא רק ציבור גדול מגיע מכל קצות הארץ לקוצק, אלא גם מתים, נשמות המחפשות את תיקונן. "עם המתים יש לי פחות עבודה מאשר אתכם" - קרא פעם הרבי לעבר חסידיו. "היכן שאני ממקם את המתים, שם אני מוצא אותם מאוחר יותר. אבל אתם, היום אתם במקום [רוחני] מסוים, ומחר אני אמצא אתכם במקום אחר".[146]

נשמות המתים, שבחייהם היו נוהגים לנסוע לקוצק, באו אליו כדי שיתקן אותן. גם כשנמצאים כבר בעולם הבא, עדיין זקוקים לרבי לשם תיקון. מספרים, שר׳ מנדל אמר שאפילו נשמה שכבר נמצאת מעבר להרי החושך חייבת לבוא אליו לשם תיקון.[147]

הרבי מקוצק אמר לבעל תפילה בערב יום כיפור: "אני ממנה אותך לבעל תפילה כדי שתתפלל עבור כל אלה שאינם יכולים להתפלל, כגון יהודים כפריים, ולא רק בשביל החיים, אלא גם בשביל המתים". בקוצק, נשמות המתים נצמדו לקירות.[148] "חזרת הש"ץ היא בשביל נשמות המתים", אמר פעם ר׳ מנדל.[149]

ר׳ מנדל היה פעם חולה מאוד, ונרפא. מאוחר יותר סיפר: "כשחששתי ברע, ונראה היה כאילו כבר ויתרו עליי, ראיתי לפתע אדם, והוא נראה כך וכך. שאלתיו: ׳מי אתה?׳ והוא ענה לי: ׳אני משה מגיד, מחבר הספר אַלשיך׳... אז הבנתי שנושעתי...".[150]

כשביקשו מר׳ פייבל השמש שיספר על הרבי, הוא קם ממקומו, וכשסיפר היה נראה כאילו שה"כלים" שלו נשברו: "אי אפשר לספר על קוצק. אני הייתי ישן סמוך לחדרו. פעם אחת שמעתי אותו קורא ׳פייבל!׳, אז נכנסתי פנימה. הוא הצביע בידו על מישהו ושאל אותי: ׳הוא נסע לכאן?׳. מרוב פחד עניתי: ׳כן, כן, כן׳. ׳הוא אמר שהוא נסע לכאן׳, אמר הרבי שוב. גררתי את עצמי בכל כוחותיי אל מיטתי והתעלפתי".[151]

הרבי אמר לעתים קרובות, שנשמותיהם של ידידיו וחסידיו, המצויות בעולם האמת, באות אליו. פעם אחת, הייתה חתונה בביתו. החתן והכלה עמדו כבר מתחת לחופה. בחוץ היה קר מאוד, ושעות ארוכות המתינו לר׳ מנדל. לבסוף, הוא יצא [מחדרו]. לאחר מכן, הוא

אמר לר׳ יצחק מאיר, ולבנו ר׳ דוד: ״אתם בוודאי התפלאתם מדוע לא באתי מיד אל החופה, אז אני חייב לומר לכם מה הסיבה. הזמנתי את ידידי היקר ר׳ יצחק מוורקי (שהיה כבר בעולם האמת) לשמחה שלי. והוא אכן בא אליי לפני החופה. אז איך יכולתי לעזוב אותו ולצאת מהחדר כל זמן שהוא היה איתי?״. גם בחתונת בתו עם העילוי המפורסם ר׳ אברהם [מסוכצ׳וב], עמדו הזוג הנישא והמחותנים מתחת לחופה, והמתינו לו זמן ממושך. נכנס אליו ר׳ הירש מטומשוב ואמר לו שכולם ממתינים לו. ענה לו ר׳ מנדל שהיו לו אורחים חשובים, שבאו אליו כדי לאחל לו מזל טוב: ״היהודי הקדוש״, ר׳ שמחה בונים ור׳ יצחק מוורקי.[152]

מתחת לחופה הוא בירך את החתן שגופו יוכל לשאת את מוחו. אחר כך, הוא לחש על אוזנו מאיזה שורש שמיימי הוא הוריד את נשמתה של הכלה.

פעם אחת, חתנו ר׳ אברהם ראה אצלו יהודי זקן. לאחר מכן, הרבי גילה לו שזה היה מחבר הספר ״פרי מגדים״, שנפטר כבר שנים רבות לפני כן.[153]

כשנשמות חוטאות עולות למעלה לעולם האמת, פעמים רבות שהן אינן יכולות למצוא מנוחה, אלא אם כן צדיק, החי בעולם הזה, עורך להן תיקון.[154] גם אם נשמה נמצאת בהרי החושך, היא חייבת להגיע לקוצק כדי לקבל תיקון. ר׳ יצחק מאיר אמר על מישהו: ״נראה שהוא היה ׳מענטש׳, כי נשמתו כבר נמצאת עכשיו בקוצק לקבלת תיקון״.[155]

אחד החסידים סיפר: ״בלילה, בחדרו של הרבי, נשמעו יללות וקולות רמים, אך אף אדם לא נראה שם. הפחד היה גדול, אבל חסיד אחד אמר שהוא לא חש אימה. הוא ראה בבירור: אלה היו נשמות שחיפשו תיקון אצל הרבי״.[156]

פרק ו

אימה

בקוצק אין טופחים על השכם, בקוצק מייסרים בשוטים; אחד מלקה את השני. הרבי אינו מנחם אותם, אינו מֵקל על הלב, דבריו הם כמלח שנזרה על הפצעים. דברי התורה שלו הם תוכחה שחודרת עד למעיים. "ובכן תן פחדך" - אומרים כל יום.

הבעל שם טוב קירב, הוא התפלל על כל יהודי. פעם בא יהודי לקוצק ואמר: "רבי, התפלל לאלוהים, עבורי" - "אתה עד כדי כך חולה שאינך יכול לקחת את הטלית ולהתפלל?"[1] הרבי מקוצק לא 'עשה טובות' לחסידיו. הוא הפשיט להם את העור. מצדיקים אחרים זכו החסידים לישועות; מר' מנדל שמעו רק טענות ודיבורים מעוררי חלחלה וכאב.

"הרבי ר' בֶּר [המגיד ממזריץ'] אמר: מי שייגע בידית של הדלת שלי לא ימות בלא תשובה; ואני [ר' מנדל] אומר: מי שלא שב בתשובה יהיה לו חושך בעולם הזה ובעולם הבא".[2]

הדרך של ר' שמחה בונים הייתה אהבה טבולה באהבה. הדרך של ר' מנדל הייתה מורא טבול בפחד.[3]

חתנו [של ר' מנדל], ר' אברהם, אמר עליו שראו בבירור כיצד השכינה מדברת מתוך גרונו, וכשהוא אמר משהו לחסידיו לקראת נסיעתם הביתה, נפל עליהם פחד,[4] וכך הוא טיהר במים רותחים את נשמותיהם.[5] כשנכנס אליו אדם, מי שלא יהיה, נפלה עליו אימה גדולה. "אפילו אני, שהייתי חתנו והתראיתי עמו לעתים קרובות, פחדתי עד שסמרו שערותיי".[6]

ר' מנדל צעק: "אם תשמעו בקולי - מוטב. אם לאו, אני אלבש את גלימת המורא שלי, ואתם תברחו אל חורי העכברים שלכם!".[7]

כיצד ניתן להסביר את הדרך הזו? - מה חסר בעולם? פחד, אימה! העולם לא ינצל על ידי קיום מצוות או אמונה בלבד.

כשמביטים בעולם בעיניים פקוחות, מתמלאים אימה. גבולותיהם של סדום ועמורה הולכים ומתרחבים; סדום ועמורה חודרים פנימה לתוך הלבבות. אבל אף אחד לא מתרגז, ואף אחד לא מזדעזע. מקובל על כולם שאסור להיות בכעס. ומתוך אי כעס נעשים אדישים - וממילא אכזריים יותר. איך ייפקחו עיני האנשים לראות את הרוע שבו הם שקועים?

"אַשְׁרֵי אָדָם מְפַחֵד תָּמִיד" (משלי כח, יד). "סָמַר מִפַּחְדְּךָ בְשָׂרִי" (תהלים קיט, קכ). לא ניתן לתפוס את האלוהות אלא באמצעות האימה. בני אדם משלים את עצמם שהם יכולים לשוב בתשובה עם רק מעט חרטה והבטחה חגיגית. אבל האמת היא: תשובה באה מעומק הזעזוע, מִפחד. לכן עשרת ימי תשובה נקראים "ימים נוראים", ותפילת הבקשה העיקרית היא: "ובכן תן פחדך".

ר' מנדל הטיל אימה על אחרים, כיוון שהוא עצמו חי באימה. הוא לא הוכיח, הוא לא העניש, הוא לא איים בגיהינום. אבל הוא רצה שיהיה לאנשים מורא מהשקר, כמו מאש. הוא רצה שיחיו באימה מאלוהים.

אנשים רוצים כבוד, אנשים רוצים "כיבודים". אבל כיצד אפשר לחלוק להם כבוד, כיצד ניתן לחלק להם "כיבודים", כשהם בכלל זקוקים לסם הקאה? איך אפשר לחגוג חג, כשצריכים בכלל לשבת שבעה? אלוהים עצמו סופג מפלה, ואילו האדם "תופס מעצמו".

הכזב של העולם הוא מחלה, שלא ניתן לרפאה בטיפות של תרופה נגד חולשה. זהו גידול שחייבים להסיר. מילותיו של ר' מנדל חתכו בבשר החי.

רב בטומשוב, שהיה מתלמידיו של ר' שמחה בונים, ולאחר מכן של ר' יצחק מוורקי ושל ר' יחזקאל מקוזמיר, מזכיר בספרו שיחות של צדיקים רבים מאוד, אך לא את הרבי מקוצק, אפילו לא פעם אחת. ואולם, מוזכרת אצלו אמירה שמתארת את דרכו של הקוצקאי: הוא הטיל אימה על אנשים לשם שמיים, חי בפרישות ולא קירב את תלמידיו.[8]

למרות האימה והפחד שהרבי מקוצק הטיל על חסידיו, הם נמשכו אליו כמו למגנט, הוקסמו ממנו והתגעגעו אליו. בכל פעם שר' יחיאל מאיר עזב את הרבי בחזרה הביתה, הוא היה בוכה בדמעות מרוב געגועיו העזים.[9]

ר' יצחק מאיר הסביר זאת כך: יש אימה שדוחה, ויש אימה שמקרבת. בשעת קריעת ים סוף, נפלו אימה ופחד על אומות העולם. "שָׁמְעוּ עַמִּים יִרְגָּזוּן חִיל אָחַז יֹשְׁבֵי פְּלָשֶׁת... אֵילֵי מוֹאָב יֹאחֲזֵמוֹ רָעַד, נָמֹגוּ כֹּל יֹשְׁבֵי כְנָעַן..." (שמות טו, יד-טו): האימה הנוראה הבהילה את אומות העולם והם ברחו מפני בני ישראל. לעומת זאת, כשיתרו שמע מה שקרה בקריעת ים סוף, נפלה עליו אימה, אבל הייתה זו אימה שהביאה אותו להתקרב לבני ישראל.[10]

פעם ר' מנדל אמר: "פלא גדול הוא שהפרשה שבה מסופר על מתן תורה, נקראת על שמו של יתרו".[11] אולי הוא התכוון לומר: כדי להגיע לקבלת התורה, יש לחוש תחילה אימה ופחד.

קפדנות

כאמור, מז'יבוז' פתחה באהבה, בשמחה, ברחמנות על העולם. קוצק פתחה בשנאה לָעצמי, במרה שחורה, בשאט נפש כלפי העולם. הבעש"ט פתח בטובות, קוצק פתחה ברעוֹת. אור האיר במז'יבוז', אש להטה בקוצק.[12]

ר׳ מנדל לא הטיף, הוא עורר. מחשבתו לא התבססה על דעות, אלא על דרישות, על תלונות ועל תרעומות. הרבי מקוצק לא נשא דרשות, הוא ניהל "דיין תורה". כל חייו היו "דין תורה". בחצרות של צדיקים אחרים התהלכו החסידים בהרגשת ביטחון, והדיבורים של הרבי שלהם העניקו להם חיזוק. בקוצק התהלכו עם סתירות. דבריו של הרבי הכאיבו. "בסופו של דבר תצטרכו לשמוע לי, אז עדיף שתשמעו לי מיד".[13]

על ר׳ שלמה מלנצ׳נה הוא אמר: "אני אוהב אותו מאוד, אבל למה הוא צועק אל אבינו שבשמיים שישלח את המשיח? למה הוא אינו צועק אל היהודים שישובו בתשובה [ואז המשיח יבוא]? הדבר כתוב בתורה. כשהיהודים חנו על הים, אבינו שבשמיים אמר למשה (שמות יד, טו): ׳מַה תִּצְעַק אֵלָי? דַּבֵּר אֶל בְּנֵי יִשְׂרָאֵל׳ - שישובו בתשובה".[14]

"׳לְעוֹלָם ה׳ דְּבָרְךָ נִצָּב בַּשָּׁמָיִם׳ (תהלים קיט, פט) - "ופירש הבעל שם טוב כי דברך שאמרת ׳יְהִי רָקִיעַ בְּתוֹךְ הַמָּיִם׳ (בראשית א, ו), תיבות ואותיות אלו הן נצבות ועומדות לעולם בתוך רקיע השמיים ומלובשות בתוך כל הרקיעים לעולם להחיותם, כדכתיב ׳וּדְבַר אֱלֹהֵינוּ יָקוּם לְעוֹלָם׳ (ישעיה מ, ח). כי אילו היו האותיות מסתלקות כרגע חס ושלום, וחוזרות למקורן, היו כל השמיים אין ואפס ממש והיו כלא היו כלל".[15] פירושו של הבעל שם טוב מזכיר לנו את הברכה ["שהכול נהיה בדברו"]: כוח אלוהים קיים בגלוי בכל דבר, כוחו של אלוהים מחייה את כולנו. הפסוק הזה בא אפוא לבשר לנו בשורה טובה. ואולם, ר׳ מנדל סבר שהפסוק הזה בא בטענה, בתרעומת על העולם. ר׳ מנדל פירש: "׳לְעוֹלָם ה׳ דְּבָרְךָ נִצָּב בַּשָּׁמָיִם׳ - ואף אחד אינו מביא אותו לכאן למטה".[16]

הרבי מקוצק לא השפיע בעזרת "שיחות מתוקות", אלא באמצעות הטלת אימה. הוא הוציא את כל ה"שפוך חמתך" על הציבור.

תארו לעצמכם תמונה שכזו: התלמידים הבכירים ביותר יושבים בבית המדרש. לפתע נפתחת הדלת, והרבי מקוצק נכנס, לבוש ב"טלית

קטן" הארוכה שלו וצועק: "אֶפְגְּשֵׁם כְּדֹב שַׁכּוּל וְאֶקְרַע סְגוֹר לִבָּם" (הושע יג, א)... וכל התלמידים מתפזרים ובורחים..."[17]

חסידי קוצק המכובדים ביותר יושבים בבית המדרש בשבת לסעודה ומשיחים בדברי תורה. מאות יהודים עומדים סביבם ומקשיבים לדיבורים העמוקים. לפתע נפתחת הדלת והרבי נכנס פנימה וצועק: "בטלנים, שקרנים, מה אתם עושים פה?!". על כולם נופל פחד והם בורחים בבהלה דרך הדלתות והחלונות"...[18] על מי הוא צעק? לאו דווקא על החסידים שמסביבו. הוא צעק על "העולם".[א]

פעם אחת בליל הסדר, חתנו הזכיר לו שהוא לא חילק מרור לאורחים שבשולחן.
"נכון, נכון", אמר הרבי מקוצק, וחילק מרור.
אבל אחר כך החל לצעוק בקול רם: "זוללי מרור!".
כל האורחים נמלטו מרוב פחד.
"יש לך 'חידוש' לפסח?", הוא שאל את החתן.
החתן סיפר לו, ומאוחר יותר העיד שהרבי היה כל כך מופשט מהעולם הזה, שמפניו הקדושות ממש ניתזו ניצוצות.
בינתיים, נכנס ר' הירש מטומשוב. שאל אותו ר' מנדל: "היכן הציבור?".
ר' הירש השיב לו: "הלא גירשת אותו בצעקתך 'זוללי מרור'".
"לא עליהם צעקתי", ענה ר' מנדל.[19]

גם צדיקים אחרים כאבו את החֲשֵכה שבעולם הזה ואת שפלותו של האדם. אבל הם חיו בביטחון שתיקונו של העולם יבוא בדרך של עבודה רוחנית, המזככת את העולם קמעא קמעא, בהדרגה, צעד אחר צעד. לר' מנדל לא הייתה סבלנות. הוא לא יכול היה לסבול את ה"בינתיים".

א. "העולם" (או "די וועלט") הוא מונח דו-משמעי ביידיש המציין הן ל"תבל" הן ל"ציבור" - וכאן משמש בכפל לשון.

על משה רבינו כתוב בתורה: "וְהָאִישׁ מֹשֶׁה עָנָיו מְאֹד" (במדבר יב, ג). פירש רש"י: "עניו - שפל וסבלן". ביאר הרבי מקוצק: משה היה מסוגל לסבול את השִפלות...[20] הוא, הרבי מקוצק, לא יכול היה לסבול ולשאת את שפלות הרוח הזו...

כשהנביא שובר את השתיקה של העולם הזה ומוציא מפיו מילים של זעם אלוהי, הזעם האלוהי הזה כואב ובוער בתוכו. הזדהות רגשית או סימפתיה כזו אפיינה את ר' מנדל מקוצק. אם אפשר להשתמש בדבריו שלו עצמו, הוא היה צדיק של חרון אף.

"וַיִּחַר אַף ה' בְּמֹשֶׁה" (שמות ד, יד) - ר' מנדל פירש: חרון ה' כאב למשה בבטן. ה' התחנן לפני משה שילך אל פרעה וישחרר את בני ישראל ממצרים, אך משה היסס ולא רצה ללכת. ואולם כשחרון אף ה' - על כך שבני ישראל משועבדים למצרים - החל לבעור בתוך משה, הוא נטל על עצמו את השליחות והלך לפרעה.[21] "מצרים" משמע ה"סִטרא אחרא", וכל צדיק הוא כמשה רבינו. הצדיק רוצה לעזור לכלל ישראל כי בוער בקרבו חרון אף ה' על שיהודים משועבדים ל"סִטרא אחרא". זו הדרך שבה הצדיק יכול לעזור לכלל ישראל.

ר' יוסל השמש סיפר שהוא ועוד שני חתנים, נכנסו יחדיו לר' מנדל ביום חופתם. הם חשבו שביום כזה בחייהם הרבי יקבל את פניהם בחמימות ובמעט כבוד. וכי דבר של מה בכך הוא? - הלא הם חתנים!

לבסוף, ר' מנדל העיף בהם מבט ואמר: "הא!".

אמר לו ר' יוסל: "היום יום חתונתנו".

ענה ר' מנדל בקול רם: "ממש מזיז ליי!".

"המילים הללו שברו אותי לגמרי", סיפר ר' יוסל.[22]

יהודי פשוט אחד, שבילדותו למד עם ר' מנדל, בא לקוצק, ואמר: "הרבי בטוח זוכר אותי. אתה נהיית רבי, ואני נשארתי יהודי פשוט".

ענה לו ר׳ מנדל: ״אתה פשוט? אתה עקום. אני פשוט״.[23]

ר׳ יצחק מאיר הסביר מדוע ר׳ מנדל היה כה כעוס. איננו מוצאים אצל אף אחד מהאבות שהוא כעס אי פעם, למעט יעקב אבינו: ״וַיִּחַר אַף יַעֲקֹב בְּרָחֵל״ (בראשית ל, ב), ״וַיִּחַר לְיַעֲקֹב וַיָּרֶב בְּלָבָן״ (בראשית לא, לו) - וזאת, מפני שביעקב הייתה מידת האמת (״תִּתֵּן אֱמֶת לְיַעֲקֹב״, מיכה ז, כ). איש אמת אינו יכול לחיות בעולם הזה בקור רוח ואדישות. הוא אינו מסוגל תמיד להתאפק, לשתוק ולהימנע מלכעוס.[24] יעקב אבינו יכול היה לכעוס, הרבי מקוצק יכול היה לכעוס.

ר׳ יצחק מאיר אמר שלמרות שעל פי הגמרא אסור להטיל אימה על תלמידים, לרבי מקוצק הדבר היה מותר, כי כל מהותו הייתה לשם שמיים.[25]

אף שהיה אדם קפדן, הנראה כאחד שאפילו טיפת רחמנות אינה מחלחלת לליבו, הוא נשא עמו אהבת ישראל עצומה ודאג יומם ולילה כיצד להביא יהודים להתעלות. אך זוהי אהבה שאם מביעים אותה בגלוי, היא נעשית טיפשות סנטימנטלית.

אם אתה אוהב יהודי, עליך לאחוז בו בשערו, למשוך אותו החוצה ממיטתו ולשאוג לתוך אוזניו בקול רם: ״שמע ישראל״...

האם ר׳ מנדל היה אכזר? הוא בוודאי היה דומה לרופא מנתח. כשמתפתח בגוף גידול סרטני, האם המנתח נבחן במעלת הרחמנות או ביכולתו לכרות ללא רחמנות חתיכת בשר כדי להציל את חיי החולה?

באופיו של ר׳ מנדל היו תכונות שהזכירו את אליהו הנביא, שבקנאותו היה אכפתי כלפי ה׳ ולא כלפי העם.[26] טענתו העיקרית של ר׳ מנדל הייתה: אי אפשר לרקוד על שתי החתונות - לעבוד את אלוהים ובה בעת לחיות בשלום עם היצר הרע; זה או־או - כזכור מדברי אליהו: ״עַד מָתַי אַתֶּם פֹּסְחִים עַל שְׁתֵּי הַסְּעִפִּים?! אִם ה׳ הָאֱלֹהִים, לְכוּ אַחֲרָיו! וְאִם הַבַּעַל, לְכוּ אַחֲרָיו!״ (מלכים א, יח, כא). אליהו ברח מהעולם וחי יחידי, לבדו במדבר. גם הרבי מקוצק ברח מן העולם וחי יחידי, לבדו בחדרו.

בדיוק כפי שאליהו נוכח לדעת כי עתיד היהודיות טמון בליבו של מיעוט מבני העם היהודי: "וְהִשְׁאַרְתִּי בְיִשְׂרָאֵל שִׁבְעַת אֲלָפִים, כָּל הַבִּרְכַּיִם אֲשֶׁר לֹא כָרְעוּ לַבַּעַל וְכָל הַפֶּה אֲשֶׁר לֹא נָשַׁק לוֹ" (מלכים א, יט, יח) - כך גם ר' מנדל ראה שמשימתו אינה לדאוג לעם כולו, אלא להתמסר למיעוט, ליחידים מובחרים.

ר' מנדל על עצמו

אין שום ספק בכך שר' מנדל ידע שהוא ניצב גבוה מכל בני דורו, משכמו ומעלה. ישנם רמזים שהוא ראה עצמו כצדיק הדור.

שאיפותיו ומטרותיו של ר' מנדל היו גבוהות מאוד. "וכי הבעל שם טוב השביע אותנו שלא יהיה גדול ממנו?", הוא קרא פעם.

רב גדול, שהיה ממתנגדיו של ר' מנדל, שאל אותו מיהו צדיק הדור. ענה לו ר' מנדל: "אפילו כשאינך יודע מיהו צדיק הדור, או שרק יש לך ספק מיהו, הוא כבר נראה לך כמו עכביש; על אחת כמה וכמה אילו היית יודע מיהו, באיזו חריפות היית מתנגד לו".[27]

הרבי מקוצק כמנהיג ישראל ידע שיש לו כוחות עצומים, והוא דיבר על עצמו בהתפארות. פעם הצהיר: "אפילו אם נשמה נמצאת מעבר להרי החושך, היא חייבת לבוא אליי לקוצק כדי שיהיה לה תיקון";[28] "אני מחזיק היום בשוט ששולט בעולם";[29] "בעצם הייתי יכול להחיות מתים, אבל מוטב שאחייה את אלה שחיים".

למרות שדרשו בקוצק עבודה עצמית רבה, ידעו שלא ניתן להתגבר על כל המניעות אלא בעזרת כוחה המסתורי של הקדושה שקורנת מר' מנדל. ר' מנדל עצמו אמר: "אתם יכולים למצוא מופתים להולדת ילדים, לאריכות ימים ולפרנסה אפילו אצל רבי שאינו גדול. אבל להכניס את האמת כפי שהיא בשמיים לליבו של יהודי - זאת היכולת שלי".[30]

כאמור, הוא נהג לומר שתחילה בא "סור מרע" ואחר כך "עשה טוב". "על שנאת הרוע עליך לעמול בפרך בעצמך; וכשתגיע לעשה טוב, אני אעזור לך".[31]

"אני מיישר אותם (את החסידים). וכשהם באים לכאן בפעם השנייה, איני מסוגל להכיר אותם (כה עמוק הוא השינוי). וכי המשיח יוכל לעשות דברים גדולים יותר?".[32]

כנראה, ר' מנדל סבר שהוא גדול כמו הבעל שם טוב,[33] שהוא יכול היה להפוך את כולם לחסידים.[34] "אני חשבתי שיהיו לי שלוש מאות חסידים (כל כך הרבה?) כמו לבעל שם טוב", אמר פעם.[35]

מה הייתה טעותו של קורח? הוא היה לוי ורצה להיות כהן, רצה ליטול את הכהונה מאהרן הכהן. כשהוא עמד במשכן ושר עם הלוויים לפני ה', הוא חש שהוא מגיע למדרגות גבוהות. אז הוא חשב שאילו הוא היה הכהן הגדול, עומד בהיכל ומקטיר קטורת, הוא היה מגיע למדרגות עוד יותר גבוהות. הוא לא ידע שהמדרגות שאליהן הגיע כלוי נבעו מהאדם ההוא (אהרן הכהן) שעמד בהיכל ["וְאַהֲרֹן מַה הוּא" (במדבר טז יא)].[36]

יש לי חסידים שיכולים להורות באצבע אל עבר השמיים ולומר: "זֶה אֵלִי וְאַנְוֵהוּ" (שמות טו, ב).[37]

לפי דברי חתנו, ר' אברהם מסוכצ'וב, ר' מנדל אמר פעם: "אני איני שייך לְיָמֵינוּ", והוא התכוון לכך שמקור נשמתו בנשמות העליונות אשר היו לפני חורבן בית המקדש...[38] "אני יהודי הכרוך בתהילים", אמר על עצמו.[39]

האחֵרוּת שלו

מה היה סוד כוחו? לפי אחת הדעות, היו אלה הגאוניות המופלאה שלו, הזיכרון העל־טבעי שלו, ודרכו יוצאת הדופן בלימוד תורה.[40] ואולם, הרי היו עוד גאונים אחרים בדור ההוא, והם לא היו מסוגלים לחולל מהפך במוחותיהם של תלמידי חכמים רבים וחשובים.

החסידים הרגישו שיש בו כוחות גבוהים יותר מחריפות המוח וכוח הזיכרון. הם חשו משמעות לא רק במה שהם שמעו - השגות גבוהות בעבודת ה' - אלא גם במה שהם ראו. הם ראו בו קדושה, התעלות מעבר למחוספס ולסתמי. נביא? מלאך ה' צבאות?

היה בו משהו שונה, ללא כל דמיון למשהו אחר. לאן שלא תפנו - תפגשו את הדומה לכם, והדיבורים שתשמעו יהיו אותה הגברת בשינוי אדרת. אצל הרבי מקוצק הכול היה באופן אחר. הוא עצמו נבדל מכל התבניות ולא היה מעוניין בשום קשר עם רעיונות נדושים.

יש כל כך הרבה קטנוּת מוחין, כל כך הרבה קיפאון מחשבתי, כל כך הרבה חד־גוניות וחזרתיות. והנה, מופיע מנהיג ישראל הסובר שהשכל הוא העיקר, לא האמונה העיוורת; שעֵרנות היא העיקר, לא ההירדמות. אסור לסמוך על מה שמתקבל על הדעת. הדבר היחידי שכדאי לחיות בשבילו הוא ההתגעשות בנשמה, ההבקעה של המחשבה.

אצל צדיקים אחרים, התענגו על הדיבורים של הרבי, בקוצק נחרדו מהם. ר' מנדל לא שוחח, הוא פוצץ, ניפץ ורעם.

ר' מנדל נבדל מבני אדם, והסתפק במעט, ובכלל היה "מופשט מהעולם הזה". הביטוי "הוא היה אומר" התפרש: הוא היה מה שהוא אמר. ואכן, שיטת קוצק היא השתקפות חייו האישיים של הרבי מקוצק. הנאות גשמיות עוררו אצלו מיאוס, וקריאתו הרמה "כסף? איכס!" - מלמדת אותנו בבירור ובוודאות, מה נחשבו בעיניו, כביכול, מותרות ותענוגי העולם הזה.

הוא נהג, כמו צדיקים אחרים, לתת עצות בענייני מסחר ובכלל בעניינים ארציים. שאלו אותו פעם כיצד הוא עושה זאת, הרי הוא כה מנותק מכל העניינים הללו? והוא השיב שניתן להבין דבר רק כאשר אין מצויים בתוכו אלא ניצבים מעליו.[41]

"אין לי זמן להתעסק בייחוס שלי", הוא אמר פעם, "המגיד מקוז'ניץ אמר: 'אם אדע שמוצאי מאברהם, יצחק ויעקב, אחבוש את כובעי על צד הראש בחפץ ובביטחון [כמו קוזק], ואפצח בריקוד של קוזקים באמצע השוק', אבל אני יודע שמוצאי מאברהם, יצחק, יעקב!".[42]

ר' מנדל דומה עלינו כסנה שבוער ואיננו אוּכּל. "אין שינה לפניו" [נאמר על אלוהים, במכילתא, בשלח, פ"ה] - "כשעומדים לפני אלוהים, אי אפשר לישון", הוא אמר.

לאדם גדול יש "מילה" בשמיים. בגמרא מוזכר פעמים רבות שקיימים שדים, אך הרמב"ם סבר שאין שום שדים. הייתכן שהרמב"ם יאמר ההיפך מהגמרא? ר' מנדל השיב: "היות והרמב"ם פסק שאין שדים, כך פסקו גם בשמיים. לכן כבר אין עכשיו שדים".[43]

הרבי מקוצק אמר על עצמו שהתפילות שלו לא צריכות את הטובות של המלאכים כדי שיעלו אותן. הן עולות ישר למעלה. "הם (החסידים) אינם מודעים לכוח שברשותם".[44] "וַיִּשְׁלַח יַעֲקֹב מַלְאָכִים" (בראשית לב, ד) - יעקב שילח את המלאכים. הוא לא היה צריך את עזרתם. ה' יתברך יכול לעזור ללא מלאכים, ללא אמצעי.[45]

ר' מנדל סבל מראייה חלשה, והרופא יעץ לו להרכיב משקפיים כשהוא מעיין בספר, כדי שראייתו לא תידרדר. "לא", הוא אמר, "איני רוצה שיהיה הפסק בין העיניים לתורה הקדושה".[46]

לא השתמרה תמונה של הרבי מקוצק, אבל לפי מה שנמסר היה לו שיער חום ומראה כהה, וגובהו היה בין נמוך לבינוני;[47] הוא היה בנוי חזק, רחב כתפיים, היו לו גבות ארוכות;[48] מבטו החד והחודר הטיל מורא על האנשים שבהם הביט; והיו לו אצבעות עבות.[49]

ר' מנדל סבל מכאבי מִפרקים ולא היה לו אמון רב ברופאים.[50] ואולם כשידידו, ר' יצחק מאיר, סבל מתחושת כאב, ר' מנדל שלח אותו לרופא.[51]

הוא חי כפרוש ואף פעם בחייו לא החזיק מטבע. אם הניחו על שולחנו "פדיון",[ב] הוא היה נלקח על ידי השמש.[52] "פעם אחת אמר לי הרבי", סיפר חסיד אחד, "שהוא מתקיים רק ממה שהוא לומד ולא ממה שהוא אוכל".[53] הוא נזהר להיות "אוכל חולין[ג] בטהרה".[54]

ב. "פדיון" - סכום כסף שחסיד נותן לרבו לשם קבלת ברכה ו"פדיון נפש".

ג. "חולין" - מאכלים רגילים שאינם תרומות, מעשרות או קרבנות, ואין צריך לאכול אותם במצב של טהרה. עם זאת, היו שהקפידו, מעבר לשורת הדין, לאכול גם "חולין" בעודם טהורים בלבד, והם כונו על ידי חז"ל "אוכלי חולין בטהרה".

"ממה אתה נהנה בעולם הזה?", שאל ר' מנדל את תלמידו, ר' חנוך מאלכסנדר.
השיב לו ר' חנוך: "מחמיצת סלק ומ'פשט'[ד] טוב".
אמר לו ר' מנדל שכבר למעלה מעשרים שנה הוא לא הרגיש טעם בשום דבר, חוץ מאשר בתורה ובתפילה.[55]

אם ר' מנדל לא היה נדרש לדבר עם אנשים, הוא היה יכול לשרוד בלי אוכל. את חיותו שאב מלימוד תורה - כך אמר פעם לר' חנוך מאלכסנדר. "גם אתה ככה?", הוא שאל אותו.[56]

בתו של ר' מנדל מסרה אמירה של אביה: "אילו רציתי, הייתי צם 'משבת לשבת'. איזו תועלת יוצאת לי מהאוכל? אבל איני רוצה להראות (זאת בתור דרך) לאחרים!".

כפי שכבר נזכר, הוא היה נוהג להטיל פחד על אנשים ותמיד נראָה כאילו היה בכעס.

לר' מנדל היה רגש עמוק כלפי היערות והשמיים. כאמור, בילדותו, הוא נהג לברוח מהעיירה ולהתבודד ביער. מאוחר יותר, כשהיה רבי בטומשוב, לקח את תלמידיו אל תוך היער ושם למד עמם חסידות. הוא לא יכול היה לסבול את הערים הגדולות. "הבניינים מסתירים את השמיים!", היה אומר. ותלמידו ר' יצחק מאיר סבר: "אם רוצה אדם לבוא לידי יראת שמיים, שיצא מיד בבוקר, עם עלות השחר, ויביט בשמיים ובכוכבים".[57]

גבורתו הרוחנית

עיקר חשוב בחייו של ר' מנדל היה שמבחינה רוחנית האדם נדרש להיות בעל הבית של עצמו, בלתי תלוי באיש ולא לסור למרותו של אף אחד. כשמלך סדום הציע לאברהם אבינו שייטול את הרכוש משלל

ד. "פשט" - במובן של תירוץ לקושיה למדנית.

המלחמה, אברהם סירב ליטול אפילו מחוט ועד שרוך נעל, "וְלֹא תֹאמַר: אֲנִי הֶעֱשַׁרְתִּי אֶת אַבְרָם" (בראשית יד, כג).

כאמור, אביו של ר' מנדל, שהיה "מתנגד", הוכיח אותו על כך שהוא פרש מדרכו שלו ביהדות ועלה על דרך החסידים. השיב לו ר' מנדל: "כתוב, 'זֶה אֵלִי וְאַנְוֵהוּ, אֱלֹהֵי אָבִי וַאֲרֹמְמֶנְהוּ' (שמות טו, ב) - תחילה על האדם להשיג את אלוהים באמצעות כוחותיו שלו, ואחר כך יוכל להשיג את אלוהים באמצעות ההשגות שהיו לאבות".[58]

הייתה בו גבורה מדהימה. "וואָרט" שלו היה כמו רעם, והָלם כמו אלה על הראש. שומעיו נדהמו ורעדו, ושער ראשם סמר; אמירה שלו הייתה "פסק דין".

ר' יהודה לייב מגור, מחברו לעתיד של ה"שפת אמת", היה צעיר מאוד כאשר סבו לקח אותו לקוצק. כשהגיע לשם הוא הבחין כי ביתו של ר' מנדל מתנהל באי סדר וללא השגחה. היו מקרי גניבה רבים וכלים נעלמו. ר' פייבל השמש אמר לרבנית: "למה שלא יגנבו? הכול פתוח ומופקר ללא השגחה". שמע זאת ר' מנדל וצעק בקול רם: "הלא כתוב 'לא תגנוב'?". "אז נוכחתי לדעת", אמר ר' יהודה לייב מאוחר יותר, "שבגלל הלאו הזה בלתי אפשרי לגנוב". ה'לא תגנוב' ניצב כמו קיר של ברזל.[59]

האם האיסור של אלוהים חזק דיו לעמוד כמו קיר ברזל, שאדם אינו יכול לשברו? כך אמנם סבר משה רבינו, אך אלוהים עצמו לא הסכים. כשבני ישראל עמדו לפני הר סיני, אלוהים ציווה את משה לומר להם: "הִשָּׁמְרוּ לָכֶם עֲלוֹת בָּהָר" (שמות יט, יב). מאוחר יותר, הוא אמר שוב למשה: "רֵד הָעֵד בָּעָם פֶּן יֶהֶרְסוּ אֶל ה' לִרְאוֹת" (שמות יט, כא). אך משה רבינו לא ירד אל העם, אלא אמר לאלוהים: "לֹא יוּכַל הָעָם לַעֲלֹת אֶל הַר סִינָי, כִּי אַתָּה הַעֵדֹתָה בָּנוּ לֵאמֹר הַגְבֵּל אֶת הָהָר וְקִדַּשְׁתּוֹ" (שם יט, כג) - העם **אינו יכול לעלות** אל הר סיני, כי אתה הלא ציווית אותנו. אלוהים אמר עוד פעם למשה: "לֶךְ רֵד" (שם, יט, כד), ורק אחרי זה: "וַיֵּרֶד מֹשֶׁה אֶל הָעָם וַיֹּאמֶר אֲלֵהֶם" (שם, יט, כה).[60]

ר׳ מנדל בער בתשוקה ללמוד, להבין. חסיד שאל אותו: ״מה עלי לעשות כדי שיהיה לי חשק ללמוד?״. ר׳ מנדל לא הבין אותו: ״איך יכול להיות שאין חשק לדבר יקר כזה?״.[61]

הרבי, כאמור, הטיל אימה, ומילותיו דקרו כמו קוצים. ואולם, במקום לגרום לאנשים להתרחק, אישיותו עוררה משיכה עזה אליו. הייתה בו גדלות ששבתה את לב האנשים. הם חשו מוארים במחיצתו.

ר׳ יחיאל מאיר מגוסטינין נהג לשהות בקוצק לעתים קרובות. הוא סיפר שפעמים רבות כשהיה נוסע הביתה, הוא היה פורץ בבכי בהתקרבו לגוסטינין, מתוך געגועיו העזים לרבי מקוצק.

מה היה היסוד שעליו ניצב כוחו של ר׳ מנדל? על שאלה זו ענה אחד החסידים: ״האמת היא כמו מסמר, והלב הוא כמו קיר מוצק. כדי לתקוע את המסמר בקיר הזה, נדרש פטיש חזק. הרבי שלנו יודע כיצד לתקוע פנימה עם הפטיש מעט אמת...״.[62]

גנרל אחד נסע בדרך ואיבד קופסת טבק מוזהבת ומשובצת יהלומים. כיוון שחסידים נסעו לקוצק באותה הדרך וייתכן שאחד החסידים מצא אותה, וכיוון שהחסידים מספרים הכול לרבי, נתנו לגנרל עצה שהוא יכריח את הרבי מקוצק להישבע אם הוא יודע על זה משהו.

כשר׳ יצחק מאיר שמע זאת, הוא הצטער מאוד. הוא פגש ברחוב חסיד רדזימין, קבלן בניין ושמו ר׳ דוד אלטשולה, שהכיר אישית את הגנרל, וביקש ממנו להשפיע עליו שלא ידרוש מהרבי מקוצק להישבע. בתמורה לכך, ר׳ יצחק מאיר הבטיח לו את העולם הבא. ר׳ דוד הלך לגנרל והסביר לו שהרבי מקוצק הוא איש אמת ואין צורך לדרוש שיישבע כי הוא אומר תמיד את האמת. אם הגנרל רוצה, הוא, ר׳ דוד, ייסע עמו לקוצק.

כשהם הגיעו, ר׳ מנדל ישב על מיטתו ומראהו הטיל פחד על הגנרל. הגנרל שאל אותו על הקופסה, ור׳ מנדל ענה לו שאין הוא יודע על כך דבר. לאחר מכן, הגנרל שאל אותו: ״אנשים רבים כל כך מאמינים בך. מהו סוד כוחך?״. ענה לו ר׳ מנדל: ״אני

מסוגל להחזיק (להתרכז) בעניין אחד עשרים וארבע שעות ללא הפסק, ושום מחשבה אחרת לא תתערב בעניין". הגנרל התפלא. בראשו הסתובבו אלפי מחשבות ברגע אחד. "הוא איש אלוהים", אמר הגנרל, וכמובן לא דרש שבועה.
כשר' דוד סיפר לר' יצחק מאיר את הבשורה הטובה, שאל אותו ר' יצחק מאיר: "מה אתה מעדיף, טוֹנָה זהב (ברכה לעשירות רבה), או עולם הבא?". ר' דוד נזכר במימרה העממית: "טונה זהב מוכרחים להשאיר במקומה, ואת העולם הזה מוכרחים להשאיר מאחור". הוא בחר בעולם הבא.[63]

חירות

ר' מנדל שנא בינוניות, "ראש קטן". לא היה מקום בליבו לסנטימנטליות. הוא ניתק עצמו אפילו ממשפחתו הקרובה.

פעם אחת, עמד ציבור גדול והמתין בתור להיכנס אל הרבי. אחיו הגיע ונדחף לכיוון הדלת כדי להיכנס לפני התור.
ר' מנדל פתח את הדלת ואמר: "לאן אתה נדחף?".
ענה לו אחיו בפחד רב: "הלא אני אחיך".
אמר לו ר' מנדל: "איך נפל עלי אח?".
וטרק את הדלת.[64]

הכהן הגדול נדרש להתנתק ממשפחתו שלו. עליו לחשוב על הציבור. מכאן הדין: "וְעַל כָּל נַפְשֹׁת מֵת לֹא יָבֹא, לְאָבִיו וּלְאִמּוֹ לֹא יִטַּמָּא" (ויקרא כא, יא). אפילו כשהוריו ימותו, אסור לו להיטמא להם. אסור לו להרגיש קרוב יותר לאביו ולאמו מאשר לכל יהודי אחר...
לשונו של ר' מנדל הייתה רווית מרירות, קושי ולעתים חספוס. פעם הוא אמר: "מה ההבדל בין בלעם ליעקב אבינו? בלעם דיבר במתק שפתיים: 'אִם יִתֶּן לִי בָלָק מְלֹא בֵיתוֹ כֶּסֶף וְזָהָב, לֹא אוּכַל לַעֲבֹר אֶת פִּי ה' אֱלֹהָי' (במדבר כב, יח); יעקב אבינו דיבר בפתיחות ובלי

מליצות כשאמר ללבן: ״הָבָה אֶת אִשְׁתִּי... וְאָבוֹאָה אֵלֶיהָ״ (בראשית כט, נא). רש״י אמנם התפלא: הלא אפילו ׳קל שבקלים׳ אינו מדבר בפתיחות שכזאת?! עונה רש״י: ׳אלא להוליד תולדות, אמר כך׳״. הסביר ר׳ מנדל: ״יעקב רצה שיהיו לו יורשים שלא ידברו במתק שפתיים, לא יעמידו פנים ולא יאמרו שקרים, אלא יגידו את האמת ׳בפני עם וְעֵדה׳״...[65]

המוטיב העמוק ביותר בשיטתו של הרבי מקוצק היה השאיפה לחירות רוחנית. חירות רוחנית פירושה: לא להתחנף לאיש, לא לעצמך ולא לציבור; לא להתכופף בפני אף אחד: לא ל״אני״ ולא לחברה.

״קוֹל קוֹרֵא בַּמִּדְבָּר פַּנּוּ דֶּרֶךְ ה׳״ (ישעיה מ, ג) - מתוך אדם שאינו משועבד לשום דבר בעולם, אדם שפנוי כמו מדבר, יוצא מאליו קול, הקורא וזועק: פנו דרך לעבודת ה׳! ״בעיניים נשואות למעלה ומבלי לראות [איש]״.[66]

חירות וחופש - ניצבים במדרגה גבוהה יותר מלימוד. לכן יש להתעמק בסוגיה של יציאת מצרים יותר מאשר ב״תוספות״.

כשחכמי ליטא שאלו את ר׳ חיים רייגרדר מפלונסק, המתנגד הגדול שפרש מפשיסחה, מי הם הלמדנים בפולין, הוא השיב להם: ״ר׳ יצחק מוורקי הוא למדן, ה׳חִדושי הרי״ם׳ - עילוי, ור׳ מנדל׳ה מקוצק הוא אדם שאין חבריו יכולים לעמוד על סוף דעתו״.[67]

חוש הריח של ר׳ מנדל

בדיוק כפי שאדם רגיש ביותר, בעל חוש ריח עדין, מסוגל לחוש בריח חלש מאוד, שאחרים אינם יכולים כלל להבחין בו, כך גם, אמרו חסידים זקנים, הרבי מקוצק ראה את האמת בבהירות. במבט ראשון הוא ידע את מחשבתו של אדם - עד כמה הצליח ה״אני״ של אותו אדם להרוג אותו, אפילו שהאדם עצמו לא הרגיש שום דבר. לא היה שום מסתור מפני חוש הריח שלו. הוא היה כה ספוג בָּאמת עד שחוש הריח שלו חש מיד בכל תנועה, ולוּ גם הזעירה ביותר, שאינה מקורית או אמיתית.[68]

בקוצק היה סופר סת"ם, שהיה מפורסם ביראת שמיים שלו. ר' מנדל הזמין ממנו ספר תורה, אך באמצע הכתיבה הורה לו להפסיק. כששאל אותו ר' יחיאל מאיר מגוסטינין: "מדוע?", ענה לו ר' מנדל: "בשעת הכתיבה, הסופר 'כיוון כוונה' שאין לה שייכות אליו (כוונה גבוהה יותר מן המדרגה הרוחנית שלו)". ר' מנדל ראה בכך סיבה לחשש שספר התורה הזה פסול.[69]

פעם אחת, בשעת קריאת התורה, ר' מנדל חש שלקורא עבר בראש "פשט מסולף" בפסוק מסוים, והוא ציווה עליו להפסיק את הקריאה. רק לאחר ההפסקה, הוא הורה לו לסיים את הקריאה.[70]

באמצעות החוש העמוק שלו הוא גם יכול היה להבחין ביופיו המוצנע של אדם.

פעם אחת, הוא אמר לר' הירש מטומשוב: "שוחח בבקשה עם הצעיר הזה, אני רואה עליו אור".
"הוא אינו למדן", ענה ר' הירש.
אמר ר' מנדל: "נו, אז זה אור הייחוס".[71]

הרבי מקוצק אמר פעם: "וַהֲרִיחוֹ בְּיִרְאַת ה' וְלֹא לְמַרְאֵה עֵינָיו יִשְׁפּוֹט" (ישעיה יא, ג) - יראת ה' אינה כה קלה לזיהוי. אי אפשר לסמוך על "מראה עיניו". "והריחו ביראת ה'" - לכך נדרש חוש הריח. עליך לדעת להריח מי הוא ירא שמיים באמת.

כדרך העולם, מחברי ספרי קודש התמסרו ליישוב קשיים בגמרא. לעומת זאת, הבעל שם טוב ותלמידיו התמסרו ליישוב קשיים בחיים.[72] בין הלמדנים מקובל שכאשר מוצאים בספרו של גאון סברה שנראית לכאורה כטעות, יש להעמיק עד שיתברר שאין כאן טעות ושהמחבר צודק. כנראה ר' מנדל דחה גישה כזו. המהר"ל בנה דרשה על כך שאצל אברהם אבינו כתוב "ושני נעריו עמו", ואילו אצל בלק כתוב "ושני נעריו אתו". אבל בתורה כתוב להפך. אצל אברהם: "שְׁנֵי נְעָרָיו אִתּוֹ" (בראשית כב, ג), ואצל בלק: "וּשְׁנֵי נְעָרָיו עִמּוֹ" (במדבר כב, כב).[73] ר' יצחק מוורקי שאל: "מה אתה אומר? האם המהר"ל,

חס ושלום, טעה?!", ור' יצחק אכן ניסה לפתור את הקושי. "ואני [ר' מנדל] אומר שהמהר"ל טעה. וזה מהשמיים, כדי להראות שלמרות שהוא היה איש אלוהי, וההודות לגאונותו ולקדושתו דבר לא נסתר ממנו, גם הוא יכול היה לטעות, מפני שבכל זאת היה בשר ודם". "שְׁגִיאוֹת מִי יָבִין" (תהלים יט, יג).[74]

הרבי מקוצק לא התרשם ממה שמצוי בספרים ישנים. בספר הנפוץ מאוד, "אבקת רוכל", שנכתב בימי הביניים, מסופר על הצרות הגדולות שמהן יסבלו "בשני ימות המשיח". אך ר' מנדל אמר: "המחבר של 'אבקת רוכל' מחויב לקיים את רצונו של ריבונו של עולם, אבל ריבונו של עולם אינו מחויב לקיים את רצונו של מחבר ה'אבקת רוכל'".[75]

ר' מנדל לא יכול היה לסבול הגזמות. במיוחד הוא נזהר בנוגע לאמירות על ריבונו של עולם.

> שמחת תורה, והציבור שר: "דוד מלכא משיחא ישמח עמנו! שכינה הקדושה בתוכנו"... לפתע קרא ר' מנדל: "מה לכם ולדוד משיחא?! איך אתם מעזים לעשות זאת, להזמין את השכינה ואת דוד המלך שיבואו אליכם?!".

בתפילת "מוסף" של ראש השנה אומרים "מלכויות, זיכרונות ושופרות". טעם לדבר: "אמרו לפניי... מלכויות כדי שתמליכוני עליכם".[76] שאל ר' מנדל: "כיצד מסוגל בשר ודם באמצעות אמירת כמה פסוקים להמליך את אבינו שבשמיים למלך בעולם הזה?!". האדם הנו עולם קטן, וכל מה שקורה בעולם הקטן משפיע בעולם הגדול, ביקום כולו. באדם שולטים שלושה שליטים: מוח, לב וכבד (ראשי תיבות "מלך"), ומהם נובעים הקנאה, התאווה והכבוד. "אמרו לפניי מלכויות" משמע להכניע את שלושת השליטים הללו תחת מלכותו של אלוהים, וכך לגרום שגם בעולם הגדול תתחזק מלכותו.[77]

פרק ז

מדוע ר׳ מנדל הסתגר מהעולם?

מדוע ר׳ מנדל הסתגר מהעולם? האם הוא הגיע למסקנה ששיטתו אינה הדרך הנכונה? ושמא בחייו הפנימיים של הרבי מקוצק לא היו אף פעם שלום ושלווה? אש בערה בתוכו. סתירה געשה בתוכו כנגד העולם, מתיחות בתוך תוכו. לא הייתה בו חזרתיות, לא הייתה לו זהות קבועה. היום אינו דומה לאתמול; הוא לא היה מוכן לחקות אפילו את עצמו.

אף על פי שר׳ מנדל מרד נגד דרכו של הרבי מלובלין (שנהג להתמסר ליהודים שביקשו ממנו ברכות לקרוביהם החולים ועצות בענייני שידוכים או פרנסה, ואחר כך סיפרו על מופתים שחולל), הוא חזר על אותה התנהלות שהייתה בלובלין ואצל צדיקים אחרים. לאורך שנים, הן בטומשוב והן בקוצק, הוא נהג כמו צדיקים אחרים: הוא קיבל אנשים שסיפרו לו על דאגותיהם, הרוחניות או הגשמיות, וביקשו עצה או ברכה. הוא גם ערך ״טישים״, אמר תורות ורצה להשפיע על החסידים. בטומשוב, כנראה, הוא היה מוקף ביחידים שבזו להבלי העולם הזה, וחיפשו רבי שיביא אותם להתעלות רוחנית. ואולם, שמו של ר׳ מנדל הלך והתפרסם, והמוני יהודים התחילו

לזרום לקוצק, כשהם מאמינים שדי במבט חטוף בדמותו הקדושה, או בנגיעה בידית הדלת שלו, כדי לזכות לישועה. אנשים היו באים עם "פדיונות" ו"קוויטלך", עם שמות של חולים, ולאחר מכן מספרים סיפורי מופתים.[1]

בהתחלה נסעו לקוצק רק חסידים נבחרים, שרצו להשליך מאחורי גוום את הבלי העולם הזה וללמוד מידה אחת: כיצד לא לרמות את עצמך. בדיוק מסיבה זו, חסיד קוצק מעולם לא השלה את עצמו שהמידה הזו מצויה בו בשלמות.

ר' ברוך מצ'יזֶ'ב, תלמידם של ר' שמחה בונים ושל ר' מנדל, ומאוחר יותר גם של ר' יצחק מאיר, אמר: "בפשיסחה לימדו אותנו איך להחזיק במחרשה; בקוצק - איך לחרוש ולחפור; ובגור - איך לזרוע. ובסוף, בשדה שלי צומחים בכלל דרדרים...".[2] דרדרים בקוצק? נורא מרשים!

לפי אחת הדעות, כבר בשנים הראשונות בקוצק התחולל שינוי בחייו הפנימיים של ר' מנדל. בהתחלה, כשבחסידים הייתה אוחזת שמחה והם היו פוצחים בריקוד, ר' מנדל היה יוצא מ"החדר המיוחד" שלו ומתאחד עם תלמידיו, שהשתכרו מאושר מהיותם יהודים. אבל בהדרגה הוא הלך ונסוג מן הציבור.

משנה לשנה גדל מספר היהודים שבאו לקוצק. ככל שתהילתו של ר' מנדל התפשטה, כך העמיקה אכזבתו. שאיפתו הייתה להיות מורה דרך ליחידים, ולבסוף הוא נהיה רבי של המונים. האם המהפכה שבה החל "היהודי הקדוש", תתמוטט תחת ידיו?

> יהודים פשוטים, חוכרים ובעלי מלאכה באו לקוצק בהמוניהם.
> כל אחד מהם רצה לשפוך את ליבו, רצה ברכה: "הפרה הפסיקה
> לתת חלב"; "העגל לא רוצה לאכול"; "אשתי חולה"...
> "מה אני מרפא חולים?!", התרעם ר' מנדל.

אבל העם היה בטוח שהרבי יכול לעזור. אמרו ש"קאצק" [כפי שהמילה נכתבת ביידיש] שווה בגימטריה "ירפא".

יהודי מבקש רחמים: בתו חולה, והוא רוצה שיכניסו אותה לחדרו של הרבי כדי שהיא תראה את פניו הקדושים. אמרו לו שבזכות מבטו של הרבי היא תבריא.

"מה אני 'נחש הנחושת' (ראו במדבר כא, ט)? מביטים בי ונרפאים?!"[3]

ר' מנדל איים שהוא ינעל את עצמו מפני הציבור ולא יניח לאיש לעבור את מפתן דלתו.[4] אמרו לו: "כשיהודים פשוטים באים לפני יהודי קדוש הם מתעלים!". אבל ר' מנדל טען: "לפי הדין, כשדבר טמא נוגע בדבר טהור, הטמא אינו נעשה טהור, אלא הטהור נעשה טמא". הוא הפסיק לערוך "טישים", ולא היה מוכן לקבל אנשים ולהיות במגע עם החסידים.

אדם שבעבעו וגעשו בקרבו אלף מעיינות לוהטים, ושבער בו הרצון לשנות את כל סדר השאיפות והמחשבות האנושיות - הלך ונעל את עצמו בחדר של ארבע על ארבע אמות! האם זה בא לו בקלות - להחליט החלטה כזו, ולחיות אותה במשך עשרים שנה? לקבור את עצמו בתוך חור בעודו בחיים? נותר בו החשק לחיות, תשוקה לנחת; אפילו אחרי שהסתגר, נכדיו היו נכנסים אליו והוא היה נותן להם פירות לכבוד שבת.

כל מי שעיניו בראשו רואה בדיוק את מה שר' מנדל ראה: כזב על כל צעד ושעל, שקרים בכל אשר תלך ובכל אשר תפנה; צרי מוח שמתרברבים, לבבות שנרקבים מקנאה; שנאה שמעלה צחנה; לשון הרע ורכילות, בלי טיפת שכל ורחמנות.

כולנו רואים ומרגישים זאת, אך בגלל האדישות שלנו, בגלל חוסר האונים שלנו, אנו "מקבלים באהבה" את הנבזות. וכי יש ברירה? הלא רוצים לחיות. ומי יכול לנהל מלחמה ללא הרף? אך ר' מנדל ראה יותר, ראה עמוק יותר. במשך שנים רבות מטרתו הייתה **לרומם את האנשים**. עד שראה: זה לא הולך. "אין לי כוח אליכם!", הוא נהג לומר, והוא הגיע לשתי מסקנות: א. "הרחק מן הכיעור ומן הדומה לו" [חולין, מד ע"ב], יש להתנתק מהעולם; ב. יש **להגביה את השמיים!**

ר׳ מנדל סיפר שר׳ שמחה בונים התאונן על כך שפעם באו אליו יותר משלוש מאות חסידים וכל אחד הגיש לו ״קוויטל״. מה היו הבקשות? רפואת הנפש, שלמות המידות, ניקיון המחשבה לצורך עבודת ה׳, אך בקוויטל אחד הייתה בקשה לפרנסה - ועל זה רבי שמחה בונים התאונן! ואילו אליו לקוצק, זורמים כל הזמן יהודים עם ״קוויטלך״ על בריאות ועל פרנסה...[5]

המון העם נראה בעיניו כמו חבורה של ״שנוררים״, שכל אחד חושב רק על עצמו, מתפלל כדי לבקש ״עולם הזה״ ברוחב, כאילו שריבונו של עולם הוא גביר שמחלק נדבות. בשבילם העיקר הוא שאלוהים יעשה להם טובות.

ר׳ מנדל מוורקי [בנו של ר׳ יצחק מוורקי] החל להנהיג חסידים בסביבות שנת תר״ט. חסיד אחד סיפר לרבי מקוצק שבחג השבועות היו בוורקי שלושת אלפים יהודים. אמר על כך הרבי מקוצק: ״אם אדם לוחץ את היד לשלושת אלפים יהודים ולא מקבל צרעת - הרי שזהו רבי״.[6]

בשל אכזבתו המרה החל ר׳ מנדל לראות את תפקיד הרבי כהשפלה, כירידה רוחנית. כשדיבר עם אביו של העילוי הצעיר ר׳ אברהם מסוכצ׳וב (שמאוחר יותר נהיה חתנו), הזהיר אותו ר׳ מנדל שהוא חושש להכניס את בנו לביתו, משום שבקוצק עלול הצעיר, חס וחלילה, להתקלקל. הוא עלול להתחיל לעסוק בחסידות, ואז מה ייצא ממנו? - רבי של חסידים? האם זוהי התכלית? האם זהו השורש?... ״אני יושב סגור ומסוגר, ומה נהיה ממני מאז שאני רבי? האם אתה חושב שכֹּל הטִרדות שלי מסתכמות ברבע שעה שבה אני ׳נותן שלום׳ ומקבל את היהודים הבאים אליי?״...[7]

מאוחר יותר, כשר׳ אברהם כבר נהיה לחתנו, וציבור גדול נדחק אל חדרו של ר׳ מנדל כדי ליטול ממנו ברכת שלום, פתח ר׳ מנדל את הדלת בפתאומיות, קרא לחתנו שייכנס פנימה, ואמר לו תוך שהוא מחווה בידו לעבר הציבור: ״בצעירותי, לכל ההמון הזה לא הייתה שום גישה אליי, וכיום, מה נהיה ממני? דאג לכך שלפחות אתה תצא יותר טוב מזה״.[8]

מה הקשר בין רבי לבין נתינת עצות בעניינים גשמיים? גם חסידים התפלאו על כך.

חסיד הגיע להיפגש עם ר׳ יצחק מאיר.
ר׳ יצחק מאיר אמר לו: ״על מה חשבת בנסיעה שלך לכאן?״.
״חשבתי: אנשים באים אל הרבי בשאלות בעניינים גשמיים, כמו מחלות, פרנסה וכדומה. מה הקשר בין זה לבין הרבי?״.
״ואיזה תירוץ מצאת לכך?״.
״התירוץ שלי הוא: הרבי מחזיר את האנשים בתשובה, מעלה אותם למדרגה גבוהה יותר, ומתוך כך תפילתם נשמעת בשמיים״.
״זה מה שאומרים החסידים על הרבי, ואילו הרבי אומר: ׳אני חוכך בדעתי וחושב: מי אני ומה אני, שהם מבקשים שאתפלל בעדם...׳. כך הרבי חוזר בתשובה, מעלה את עצמו למדרגה גבוהה יותר, ומתוך כך נובעת תועלת לאנשים הבאים אליו״.[9]

גם ר׳ פישל׳ה מסטריקוב הסתגר פעם ב״חדר המיוחד״ שלו, ולא הניח לאיש להיכנס אליו. אך ר׳ שמחה בונים השפיע עליו, והוא שב ופתח את דלתו.[10]

ייתכן שההיגיון הפנימי של נשמתו של ר׳ מנדל דרש שהוא לא יישאר תמיד באותה הדרך, שהוא יפסיק להיות דומה לעצמו.

השינוי הרדיקלי בחייו של ר׳ מנדל התרחש קרוב לשנת ת״ר (1840). כיצד התחולל השינוי הזה? הדבר נותר בגדר חידה. זה קרה עוד לפני עזיבתו של ר׳ מרדכי יוסף. ההסתגרות הייתה, כנראה, אחת מהסיבות העיקריות לעזיבתו של ר׳ מרדכי יוסף, ולא תוצאה שלה.

מדוע הרבי מקוצק הסתגר מהעולם, ולא הניח לחסידיו להיכנס? על כך השיב חסיד אחד: ״באים אליו חסידים כמוני, שלא רוצים שום דבר. לכן הוא באמת צודק בכך שהוא מסתגר״.[11]

בעשרים שנותיו האחרונות, ר׳ מנדל לא יצא מביתו. ה״מתנגדים״ הפיצו שמועה שמיסיונרים באו אליו והצליחו לשכנע אותו להמיר את

דתו. אחרים אמרו שהוא חלה במחלת נפש. ואולם, אלפי חסידים לא הפסיקו לנסוע אליו והאמינו שהוא עוסק בהבאת המשיח.

ר׳ מנדל סבר שבשמיים רצו שהוא יסתגר מהעולם - כך, לפחות, לפי סיפור אחד: פעם אחת, בא אליו ר׳ יצחק מוורקי, חברו האהוב. כשעמד ללכת, ביקש ר׳ יצחק מר׳ מנדל שילווה אותו. ר׳ מנדל ליווה אותו עד הדלת, וכשר׳ יצחק הפציר לפניו שייצא עמו, אמר לו ר׳ מנדל: ״מן השמיים יש לי רשות ללכת רק עד הדלת״...[12]

התיש הקדוש מסתובב ללא קרניים

מדוע ר׳ מנדל הסתגר מהעולם וחי בהתבודדות במשך עשרים שנה? מדוע עזב את עדתו ולא הסכים לקבל אנשים שנהגו לזרום לקוצק אלא פעם בשבועיים בלבד?

אולי הפתרון לחידה טמון בסיפור שר׳ מנדל סיפר על עצמו. כשחברו ורעו, ר׳ יצחק מוורקי, שהה אצלו פעם, ופנה אליו כהרגלו בשם ״הרבי מקוצק״, ר׳ מנדל קטע מיד את דבריו ואמר: ״מדוע אתה מכנה אותי רבי? וכי אינך יודע שאני תיש?״. ר׳ יצחק לא הבין: ״מה כוונתך בכך?״. סיפר לו ר׳ מנדל את הסיפור הבא:

> היה פעם יהודי שהייתה לו קופסת טבק שעשויה מקרנו של תיש. היהודי איבד את קופסת הטבק, והתהלך מקונן: ״אבוי לי. לא די שאנו חיים בגלות החשוכה, עוד היה צריך גם ליפול עליי אסון שכזה - אבדה לי הקופסה היקרה!״. בא אליו התיש הקדוש, התיש שנע ונד בעולם, ושקרניו הגיעו לשמיים ונשקו לכוכבים. התיש ראה את בכיו של היהודי, הרכין את ראשו אליו ואמר: ״קח וכרות לך חתיכה מהקרן שלי, ועשה לך קופסת טבק חדשה״. ואכן, היהודי עשה כך: כרת פיסת קרן, עשה לו קופסה ומילא אותה בטבק הרחה. הוא הלך שמח וטוב לב לבית המדרש וכיבד את כל המתפללים בטבק הרחה. היהודים הריחו והתמלאו

התפעלות. "איזה טבק!", "טעם גן עדן!", "כזה עוד לא היה!", "והקופסה? - הלא היא הוד והדר!", "מאיפה יש לך קופסה כזו?".

סיפר להם היהודי את המעשה על הקופסה והתיש הקדוש. יצאו כולם מבית המדרש והחלו לחפש אחריו. והתיש, כדרכו, התהלך בעולם, ובקרניו הארוכות נגע בשמיים ונשק לשמש, ללבנה ולכוכבים. הציבור לכד אותו וקשר אותו בחבל. התיש הקדוש, בטוב לבו, הניח לכל אחד ליטול חתיכה מהקרן שלו. ואכן, כל אחד נטל חתיכה והכין ממנה קופסה של טבק. אצל היהודים - שמחה וששון. אבל מאז התיש הקדוש מתהלך בעולם ללא קרניים.[13]

"אנשים פשוטים עלולים לפגום בצדיק על ידי מחשבותיהם", אמר פעם ר' מנדל.[14] לפיכך אמרו חז"ל "ומורא רבך כמורא שמיים" - שהיראה תמנע מהאנשים להתקרב יותר מדי לרבי.

הוא הבריח מעל פניו אנשים רבים שבאו לקוצק. כשראה את המון העם, קרא: "שוטים, אידיוטים, סוסים, חמורים, שוורים! אני חשבתי, שיהיה לי מניין של יהודים, שילכו אתי אל תוך היער, ובסוף אני מוקף בחמורים. חשבתי שאהיה רופא לשבורי לב, ובסוף נהייתי פושט נבלות".

עבודתו של מנהיג ישראל היא לטהר את היהודים. אבל כדי להוציא מישהו מהבוץ, עליך לזחול בעצמך לתוך הבוץ. ואת זה הרבי מקוצק לא יכול היה לשאת. ר' שמחה בונים אמר לו פעם: "זה לא טוב לכבס את הכביסה כשעומדים בשמש. הכביסה אמנם מלבינה, אבל בינתיים האדם משחיר (מהשמש)".[15]

"המוני יהודים סוחבים אותי למטה. למשה רבינו הייתה יכולת להישאר תמיד במדרגתו, אפילו כשירד מההר אל העם. 'וַיִּפֶן וַיֵּרֶד מֹשֶׁה מִן הָהָר' (שמות לב, טו) - הוא העמיד פנים כאילו הוא יורד".[16] אך ר' מנדל עצמו ויתר על העולם וחי בהתבודדות עם אלוהים.

האחד והיחיד

ברור שתמיד היו בר׳ מנדל אי־נחת נוראי, כאב עמוק, הרגשת בדידות וחוסר שביעות רצון עצמית. אישיותו הייתה חידה לחבריו, עוד כשהיה בחור צעיר בפשיסחה.

כשגדולי תורה ליטאים שאלו תלמיד של ר׳ שמחה בונים, מה דעתו בעניין החבורה של פשיסחה, הוא השיב: ״ר׳ יצחק מוורקי למדן, ר׳ יצחק מאיר עילוי, ר׳ מנדל מטומשוב - אפילו חבריו לא יכולים לעמוד על סוף דעתו״.[17]

כתוב בקהלת: ״אַל תֹּאמַר... שֶׁהַיָּמִים הָרִאשֹׁנִים הָיוּ טוֹבִים מֵאֵלֶּה״ (קהלת ז, י) - פירש ר׳ מנדל: ״אל תגלה שהימים הראשונים אכן היו טובים מאלה״. כפי הנראה סבר ר׳ מנדל שהוא חי בדור נחשל וחלוש.[18]

הרבי מקוצק התאונן פעם לפני אחד מגדולי החסידים שלו שאין לו עם מי לדבר. ״הלא יש לך את ר׳ הירש מטומשוב?״, שאל אותו החסיד. ״לוקח לי שעה לגרום לו להפסיק לפהק״, ענה הרבי.[19] ר׳ מנדל התנכר לאנשים וקשה היה לו לנהל שיח עם מישהו. הוא לא יכול היה לסבול אף אחד.

שמעתי מאדם מהימן סיפור שסיפר החסיד המפורסם ר׳ בן ציון מאוסטרובה, שעוד הכרתי אישית. בבוקר שבת, לפני תפילת שחרית, נהגו חשובי התלמידים להיכנס לר׳ מנדל, ור׳ יצחק מאיר לקח אתו את ר׳ בן ציון מאוסטרובה, שהיה אז צעיר ביותר. מאוחר יותר סיפר ר׳ בן ציון: ״הרבי מקוצק עמד בבגדים קרועים וקרא אל התלמידים: ׳כואב לי כאן וכאן וכאן. ממי כואב לי? מכם כואב לי׳״.

עוד כשהיה בטומשוב כתב ר׳ מנדל במכתב לר׳ יצחק מאיר: ״ועגמה נפשי מאוד לשבת בדד גם בתוך רעים האהובים, כי לא המה ינחמוני מהגיון לבבי״.[20]

מה הכאיב לר׳ מנדל? מה ייסר אותו? מדוע הרבי מקוצק הרגיש בודד כל כך אפילו כשהיה מוקף בתלמידים ששתו בצמא כל מילה שיצאה מפיו?

אף על פי שר׳ מנדל דיבר על החשיבות של ״עבדו את ה׳ בשמחה״ - כנראה הוא, ברצינותו החמורה, טעם רק לעתים רחוקות את טעמה של השמחה.

אכזבה ומרה שחורה

הבעיה עמוקה יותר. ר׳ מנדל נעל את עצמו בפני עדתו שלו עצמו, בפני תלמידיו, להם היה מסור במשך שנים רבות, ובכלל, הוא סירב להיות מנהיג. האם הדבר נבע מספֵקות אישיים?

המוני יהודים נסעו לקוצק, מקרוב ומרחוק. כל אחד מאלה הגדיל את המשא שר׳ מנדל סחב על עצמו. האם הוא אכן עזר לכל אחד ואחד מהם? הוא אמר פעם לחברו ר׳ יצחק מוורקי: ״אנחנו עתידים לתת דין וחשבון על כל נסיעה שיהודי נוסע אלינו״. על כך השיב ר׳ יצחק: ״כתוב ׳וַיַּעַשׂ מֹשֶׁה כַּאֲשֶׁר צִוָּה ה׳ אֹתוֹ וַתִּקָּהֵל הָעֵדָה׳ (ויקרא ח, ד) - כשהצדיק עושה את רצונו של ריבונו של עולם, לבבות היהודים נמשכים אליו. אז מה אשם הצדיק שהם באים אליו?״.[21]

המרה השחורה של ר׳ מנדל הייתה קשורה למצבו של האדם בכלל, ובייחוד למיאוס שבמעשיו. ר׳ מנדל רצה לזכך את האדם, לעצב אותו מחדש, לעקור את השקר, וייתכן שהוא נוכח לדעת שהוא הפסיד במלחמה נגד ״קליפת השקר״.

ר׳ מנדל סבל ממידה מציקה: הוא היה מלא כעס, רווי רוגז. כעסו נבע מכאב איום, מייסורים נוראים. לשונו הייתה קריאת מצוקה, הוא זעק ״געוואלד״.

ואולי התנהגותו של ר׳ מנדל, בעשרים השנים האחרונות לחייו, נבעה מכך שהוא נפל למצב של ייאוש? בצעירותו הוא היה כמו הר געש. נראה שהאש שבתוכו בערה תמיד. ייתכן שהוא נוכח לדעת שזה לא עוזר אפילו לירוק אש. האדם הוא טיפה סרוחה, והעולם - כולו שקר. יש רק דרך אחת: כוונות כנות - ולאף אחד אין כוונות כנות.

המרה השחורה של הרבי מקוצק הייתה תוצאה של אכזבה עמוקה. בשנות צעירותו הוא חשב שאפשר להכריח את עדת החסידים

להיות קדושה. אך ר׳ מנדל הרגיש, כנראה, שמטרה זו אינה ניתנת להשגה. כשבני דורו הורסים את היסודות, מה יכול הצדיק לפעול? (ראו תהלים יא, ג: ״כִּי הַשָּׁתוֹת יֵהָרֵסוּן, צַדִּיק מַה פָּעָל״).[22]

או שמא הייתה בר׳ מנדל הרגשה שדרישותיו גבוהות מדי ואף אחד אינו יכול להשיגן? לשיטתו, אמונה פירושה: ״אל תתרכז **בעצמך**״. וכי יכול בשר ודם, ואפילו גדול כמוהו, להגיע למדרגה שכזו?

״מי שמתפלל היום משום שהתפלל אתמול - רשע גמור טוב הימנו״. יש לשוב בתשובה על הכול, שהרי שום דבר לא נעשה בשלמות. אפילו על מה שעושים לשם שמיים, יש לשוב בתשובה. זה היה החידוש של ראובן [על פי המדרש][א].[23]

הכאב החזק ביותר הוא הכאב שעוצר את נשימתך כשאתה רואה את התהום האין־סופית בין מה שאלוהים דורש לבין מה שהאדם עושה. אלוהים דורש אמת, לא להתרכז בעצמך, ואילו האדם טבול בשקר, ב״אניות״. כשיהודי מקיים מצווה, הוא מתעלה, אך אז נכנסת בו גאווה ומושכת אותו למטה. זהו כאב ללא סוף.

״יהודים, אל תתייאשו!״ - כך קורא לנו ר׳ נחמן מברסלב. החסידים פירשו את המושג ההלכתי ״ייאוש שלא מדעת״[24] כאומר: הייאוש נובע מזה שאין דעת. אבל ר׳ מנדל סבר שבלי ייאוש אין כלל תשובה,[25] שדווקא בעל הדעת חי בייאוש. הלא הוא יודע עד כמה הוא מכזב. הייאוש הוא התיקון היחידי, הדרך היחידה לתשובה.

בנשמתו של ר׳ מנדל התחולל מאבק טרגי בין אמת לאמונה, בין ייאוש לביטחון בה׳. כשמתמידים עם האמת - כל העולם הוא ים של שקר; כשחיים עם אמונה - רואים גם את ״מֵי הַשִּׁלֹחַ הַהֹלְכִים לְאַט״ (ישעיה ח, ו), מים צלולים וזכים. אך היכן נעוצה המהות, מהי

א. על פי בראשית רבה, פ״ד, יט, לאחר שראובן ביקש להוציא את יוסף מהבור, ה׳ אמר לו: ״מעולם לא חטא אדם לפני ועשה תשובה, ואתה פתחת בתשובה תחילה״. והרי כבר אדם הראשון וקין עשו תשובה? אלא שראובן ״פתח בתשובה תחילה״ - עוד לפני שחטא, והרהר תשובה גם על מעשיו הטובים, שמא היה מעורב בהם אינטרס.

תמצית הקיום: בים המציף את העולם, או במעיין השלֵו, הזורם לו באיטיות ובסבלנות?

בפני קהל ועדה ר׳ מנדל טען שאסור לאדם להתייאש, אפילו אם עשה הרבה עבירות. את הפסוק, ״הַאֱלֹהֵי מִקָּרֹב אָנִי, נְאֻם ה׳, וְלֹא אֱלֹהֵי מֵרָחֹק?״ (ירמיה כג, כג) פירש ר׳ מנדל: ״וכי אני אלוהים של הקרוב, של הצדיק, אומר ה׳, ולא אלוהים של הרחוק, של הרשע? - רצוני, שגם הרשע יתקרב אליי״.[26]

זאת ועוד, אפילו הייאוש שלו לא היה אבדן מוחלט בתהום. האמונה מחוללת גבורה, שחזקה מהייאוש. ״אילו אמרו לי שעשיית התשובה שלי לא תועיל, הייתי מבקיע את כל הרקיעים... בכוחו של כל יהודי לשבר את כל חלונות הרקיע כדי לשוב תשובה״, אמר פעם ר׳ מנדל.

ייאוש מוחלט עלול לגרום לאטימות לב ולהתאבנות. אם כפרת עוונות היא חלום באספמיה, ותשובה אינה אפשרית - כל עתידו של האדם הוא חלום בלהות.

מה היא הנחמה? כיצד הדף ר׳ מנדל את טענתו של הייאוש? ״קֵץ שָׂם לַחֹשֶׁךְ״ (איוב כח, ג) - אלוהים הותיר פינה קטנה בתוך החשיכה כדי שאפשר יהיה לעמוד בסבל.[27] ״וְעָשׂוּ לִי מִקְדָּשׁ וְשָׁכַנְתִּי בְּתוֹכָם״ (שמות כה, ח) - כל אדם יכול לעשות מקדש, שבו עשויה לשרות שכינה.[28] ״גַּם חֹשֶׁךְ לֹא יַחְשִׁיךְ מִמֶּךָ וְלַיְלָה כַּיּוֹם יָאִיר״ (תהלים קלט, יב) - כשרואים שהחשיכה באה ממך, היא אינה חשוכה והלילה בהיר כאור היום.[29]

כיצד ר׳ מנדל היה מסוגל לשאת את חשכת העולם? אם הכול מטונף בכזב, אם כל המילים והמחשבות מזוהמות ב״נגיעות״,[ב] במה ניתן להיאחז כדי להישאר בקרבת האמת, כדי לראות ש״גם חושך לא יחשיך ממך״?

דומה כי מה שמנע את ר׳ מנדל מקוצץ מן הייאוש הוא הוודאות שעניינים פשוטים מסוימים ניתנים לתפיסה באמת, ללא ״נגיעות״,

ב. ״נגיעה״ - אינטרס, תועלת לעצמך.

כמו, למשל, הוודאות שאל"ף היא אל"ף ושבי"ת היא בי"ת. הרעיון הזה מרומז, כנראה, ב"וואָרט" ששב ונשנה בשמו של ר' מנדל: כשירמיה הנביא קונן על חורבן בית המקדש וכתב את מגילת איכה, הוא סידר את דבריו לפי סדר האלפבית. נשאלת השאלה: מה הקשר בין הקינות לבין האלפבית? השיב ר' מנדל: "כשהנביא ראה את השבר הנורא, את כל מה שניטל מאתנו - חורבן בית המקדש והשפעת הקדושה שחדלה - הוא נפל לייאוש, וחשש שלא יהיה שום קיום ליהודים ולעולם בכלל, חס ושלום. עד שהוא נוכח לדעת שהאלפבית נשאר. בכך הוא מצא נחמה - האלפבית הוא הנחמה. לכן, החודש שבו חל תשעה באב מכונה "מנחם אב" - א"ב הוא הנחמה.[30]

עצבות

אין שלם מלב שבור, אין ישר מסולם עקום, אין עקום מפתגם ישר. ה"וואָרט" הזה מובא לעתים קרובות בשמו של ר' מנדל. גם אם הוא לא מקור ה"וואָרט", ברור מ"דיבורים"[ג] רבים שלו שלפי שיטתו, יהדות ללא שברון לב עומדת כולה על כרעי תרנגולת. זכור את חסרונותיך שלך, זכור שאתה "גורנישט שבגורנישט" - רעיון זה הוא ה"שִׁויתי"[ד] של קוצק.

ואולם, טמון כאן קושי גדול. מצד אחד, ר' מנדל רצה שהאדם ירגיש את חסרונותיו שלו ויבין שהוא לא השיג עדיין שום דבר, אך מצד שני, הוא הזהיר מפני עצבות ומרה שחורה. כיצד מתיישבים הדברים? זאת ועוד, אם שברון לב הוא מעלה, מדוע נאמר "הָרֹפֵא לִשְׁבוּרֵי לֵב" (תהלים קמז, ג)? התירוץ הוא: אבינו שבשמיים מרפא את העצבות, את הדיכאון המתגנב אל תוך הלב השבור.

ג. "דיבורים" - אמירותיו החיות של הרבי החסידי.

ד. "שִׁויתי" - לאור הפסוק "שִׁוִּיתִי ה' לְנֶגְדִּי תָמִיד" (תהלים טז, ח), קבע הרמ"א בהגהתו הראשונה על השולחן ערוך: "שויתי ה' לנגדי תמיד, הוא כלל גדול בתורה". כאן אפוא הכוונה לתובנת היסוד שמלווה את האדם תמיד.

ואכן, ר׳ מנדל ציטט אִמרה של ״היהודי הקדוש״: ״שברון לב הוא מידה טובה, אבל העצבות הבאה עמו היא רעה. לכן, שברון הלב הוא רע מעורב עם טוב. כדי להיפטר מהעצבות שמתרחשת כשהלב שבור כל כך, זקוקים לסייעתא דשמיא - ׳קָרוֹב ה׳ לְנִשְׁבְּרֵי לֵב וְאֶת דַּכְּאֵי רוּחַ יוֹשִׁיעַ׳ (תהלים לד, יט)״.[31]

״בעצבות העמוקה ביותר יש צד של גאווה, ולעומת זאת בשמחה, אפילו המצומצמת ביותר, יש ענווה״, אמר ר׳ שמחה בונים.[32] ור׳ מנדל סבר שכבוד המלך דורש שבארצו לא יחסר דבר. מי שמתהלך מיואש ונרגן עולב בכבודו של המלך.[33]

ר׳ מנדל סבר שמרה שחורה גרועה מעבירה. הוא אמר פעם: ״לאכול יש זמן כשצעירים, לישון יש זמן בקבר; בשביל עצבות שום זמן לא מתאים. הם מכנים זאת **עצבות**, אני קורא לזה **פריקת עול**״.[34] ״שמחה היא התפשטות הקדושה״.[35] ״׳כִּי בְשִׂמְחָה תֵצֵאוּ וּבְשָׁלוֹם תּוּבָלוּן׳ (ישעיה נה, יב) - באמצעות השמחה אפשר לצאת מכל הצרות״, אמר ר׳ מנדל.[36]

ועם זאת, לפי כל הסימנים, ר׳ מנדל סבל בעשרים השנים האחרונות לחייו מדיכאון. כבר כאיש צעיר הזהיר אותו ״החוזה מלובלין״: ״מנדל, הדרך שלך לא מוצאת חן בעיניי. היא מובילה למרה שחורה״.[37]

מצבו לא נבע מהפחד מפני המוות. נראה שלא היה בו פחד כזה.[38] ואולם, אם עצבות היא פריקת עול, שמא ר׳ מנדל סבל, בדיוק כמו קירקגור,[ה] מרגשי אשם על כך שהוא חי בעצבות?[39]

ר׳ מנדל היה קפדן, ולא יכול היה לסבול חולשות רוחניות, סחבת או ״חצי עבודה״. תקיפות וחוסר התפשרות לא היו אצלו עוד תכונת נפש ותו לא, אלא ״כלל גדול בתורה״. הוא דרש הן מעצמו והן מאחרים לחיות על פי הכלל הזה. ואולם, הוא עצמו העלה את

ה. סרן קירקגור (1813–1855) - פילוסוף קיומי נוצרי רדיקלי. השל הקדיש את חלקו השני של ספרו **להט לאמת** להצבעה על קווי הדמיון והשוני בעומק החוויה הדתית בינו לבין הרבי מקוצק.

הטענה שאדם קפדן אינו יכול להיות מנהיג ישראל. האם ר׳ מנדל לא חש בסתירה שבין טענתו זו לבין דרכו שלו?

כך, למשל, ר׳ מנדל עצמו סבר שבגלל קפדנותו של פנחס הוא לא ראוי היה להיות מנהיג ישראל. בפרשת ״פנחס״ מסופר, שמשה רבינו ביקש מאבינו שבשמיים: ״יִפְקֹד ה׳ אֱלֹהֵי הָרוּחֹת לְכָל בָּשָׂר אִישׁ עַל הָעֵדָה״ (במדבר כז, טז). נשאלת הקושיה: מדוע משה המתין בבקשתו עד עכשיו? הרי הוא היה אמור לבקש זאת ברגע ששמע שהוא לא ינהיג את העם ולא יכניסו לארץ ישראל? אלא שמשה רבינו סבר שפנחס יהיה ממלא המקום שלו. הוא ראה שהוא ״צעיר מוצלח״, אבל לנוכח הקנאות שבה נהג במעשה זמרי בן סלוא (במדבר כה, ז) - למרות שהמעשה שלו היה קדוש - משה רבינו סבר שאסור שקפדן וקנאי יהיה מנהיג ישראל. לכן, הוא ביקש מאלוהים: ״איש על העדה״ - אדם, לא מלאך, ללא אש הלהבה שהייתה לפנחס.[40]

בקוצק לא למדו כיצד לפרש את מהותו של אלוהים, אלא כיצד להיות בצימאון וכמיהה אליו. תכלית כל מאמציו של ר׳ מנדל הייתה לעורר בקרב חסידיו געגוע והשתוקקות, שיבערו בקרבם המילים: ״מִי לִי בַשָּׁמָיִם וְעִמְּךָ לֹא חָפַצְתִּי בָאָרֶץ. כָּלָה שְׁאֵרִי וּלְבָבִי, צוּר לְבָבִי וְחֶלְקִי, אֱלֹהִים לְעוֹלָם״ (תהלים עג, כה-כו).

לקראת סוף חייו, ר׳ מנדל אמר פעם: ״רק משה רבינו ידע להכניס בלבבות היהודים געגוע לאביהם שבשמיים״.[41] ושמא אמירה זו היא ביטוי למפח הנפש שחש מכך שהוא עצמו לא היה מסוגל לעשות זאת? והלא זה היה העיקר אצלו...

מצב נפשי

המתיחות הרוחנית הרדיקלית בנשמתו של ר׳ מנדל השפיעה בוודאי על מצבו הנפשי. הדרישות היו מקסימליות, הן הגיעו עד לב השמיים: להגביה את השמיים; ואילו הכוחות שלו היו כמעט משותקים: האמת קבורה באדמה. כיצד אפשר לשאת זאת? לכן, סערו בקרבו הן מתיחות והן דיכאון, הן חרדה והן תוגה.

המאבק שהתחולל באישיותו נבע מן הסתירה העמוקה שבין הפסימיות שלו לבין המוסריות הרדיקלית שלו. מצד אחד, היה לו אמון מועט בלבד בטבעו ובאופיו של האדם; מצד שני, הוא סבר שהמחויבויות של האדם אכן גבוהות. הכוחות דלים, והשליחות מסוכנת.

האדם בא לעולם כדי להגביה את השמיים, בעוד שהוא עצמו טיפה סרוחה. "אתה יודע מה למדו בקוצק?", אמר פעם רבי חנוך מאלכסנדר, "שעליך לדעת תמיד שאתה מסריח".

זה די קשה לחשוב אמת. אבל להיות אמת, לא לחשוב על העצמי לחלוטין - זה כבר למעלה מן הכוחות.

היו לר' מנדל ייסורים פנימיים. שליחותו הייתה להביא להתעלות האדם, לזעזע אותו, לטהר אותו, לשנות אותו לטובה. וכנראה, עצבותו נבעה מאכזבה. הפער בין מה שהצליח לעשות לבין מה שלא השיג - היה עמוק כתהום.

פעם אחת נכנס לבית המדרש כשהוא כה אבוד במחשבותיו, עד שר' יחיאל מאיר מגוסטינין נטל אותו על גבו ונשא אותו בחזרה אל חדר השינה שלו. "אם לא הייתי נושא אותו, הוא היה נשאר כך בבית המדרש", סיפר מאוחר יותר.[42]

פעם אחת, בליל שבת, אחז ר' מנדל בגביע הקידוש בידו, ולא קידש, רק עמד שקוע במחשבותיו. לפתע, הוא הניח את הגביע על השולחן. "אני ראיתי", סיפר הרב אלעזר [מפולטוסק], "איך פניו החליפו צבעים, ואיך מישמש בזקנו כדרכם של המקובלים, המתקרבים כך לאלוהים לפני הסתלקותם מן העולם הזה; חיבקתי אותו בשתי ידיי ואמרתי: 'רבי, איך אתה עוזב אותנו? אנחנו לא ניתן לך ללכת'. נשאתי אותו אל מחוץ לבית המדרש והשכבתי אותו על מיטתו, עד שעשתונותיו חזרו אליו. זו הייתה תחיית המתים".[43]

פעם אחרת, בליל שבת, ערך ר' מנדל "טיש" ואמר דברי תורה מדהימים. הוא נראה כמלאך אלוהים, פניו בערו כאש. החסידים הרגישו שהוא במצב של נבואה, שיש לו "עליית נשמה" להיכלות העליונים.

אבל לפתע, מעוצמת הדבקות, הוא התעלף ונפל מהכיסא. בבית המדרש שררה בהלה. חשבו שנשמתו עומדת לצאת.

ר׳ אלעזר, הרב מפולטוסק, צעק לפייבל השמש: ״תביא רופא, במהירות!״.

כשהרופא הגיע, ר׳ מנדל עדיין היה מחוסר הכרה. הרופא רצה להקיז לו דם, אך לא הצליח להפשיל את השרוולים. הרב מפולטוסק לקח סכין מהשולחן וחתך את שרוולי הבגד.

ובאותו רגע, ר׳ מנדל התעורר: ״אלעזר, אתה יודע, שבת היום״... וכעבור כמה ימים מצבו השתפר.[44]

בשנת תקצ״ט (1838), בליל שבת פרשת ״תולדות״, ר׳ מנדל אמר בטיש דברי תורה על הפסוק ״וַיֶּעְתַּר יִצְחָק לה׳״ (בראשית כה, כא), שעליו אומר המדרש: ״זה חותר מבפנים, וזה חותר מבחוץ״.[45] העתירה אינה חד־צדדית: אלוהים מבקע שער של רחמים, מבעד לשמיים, מהצד שלו, ויצחק מבקע שער של רחמים מהצד שלו. תפילה היא הבְקעה מצד האדם והבְקעה מצד אלוהים.

ולפתע, ר׳ מנדל התעלף וחלה מאוד. מהמחלה הזו הוא חזר לעצמו, אך שנה לאחר מכן, היה ״העניין״ עם ר׳ מרדכי יוסף.[46]

בעזרת שני דברים ניתן להיוושע בכל טוב ואפילו להביא את המשיח: ״ישוב הדעת״[ו] ומנוחת הנפש, כפי שנאמר: ״בְּשׁוּבָה וָנַחַת תִּוָּשֵׁעוּן״ (ישעיה ל, טו). ייתכן שבאִמרה הזו טמונה אמת מסוימת בנוגע למידה שהייתה חסרה לו עצמו. הרבי מקוצק היה גאון ב״ישוב הדעת״, אבל מנוחת הנפש לא הייתה כלולה במזג שלו.[47]

בתחילה, כנראה, ר׳ מנדל הסתגר מהעולם מרצונו החופשי, על דעת עצמו. למרות ההסתגרות שלו, הוא היה נוהג לפעמים להיראות בין אנשים. ואולם, ישנו רמז שהיה פרק זמן שבו ההסתגרות של ר׳

ו. ״ישוב הדעת״ – התבוננות, עיון מעמיק במתרחש (ולא במשמעות של מתינות כפי שמשתמשים בעברית המודרנית).

מנדל לא הייתה מרצונו החופשי, אלא מקורביו הם שהחליטו לבודד אותו מאנשים.

פעם אחת, ר' מנדל אמר: "מאז החתונה, לא מאפשרים לי להיות בין אנשים". "אם הייתי בין אנשים, זה היה מאוד מועיל לי. זהו ביעור של ה'חיצונים'",[ז] הוא אמר פעם לחתנו, ר' אברהם מסוכצ'וב.[48]

בתקופה האחרונה של חייו, ר' מנדל אמר לעתים קרובות "דיבורים" שאף אחד לא יכול היה להבינם.[49]

ההסתגרות

עשרים שנה הוא חי סגור ומסוגר מן העולם. הוא לא ערך "טיש" אפילו בשבתות ובחגים. מדי פעם בפעם, היו נפתחות הדלתות של "החדר הקדוש"[50] והוא היה מופיע לעיני האנשים שבבית המדרש, לבוש ב"טלית קטן" ארוכה, ללא בגד עליון. הוא נראה כמו מלאך - ופחד אחז בכל רואיו. הוא הוציא מפיו כמה מילים שהיו נשמעות כמו צעקה איומה, שהרעידה את הלבבות - ואימה נפלה על כולם.[51]

לעתים רחוקות הוא החליף את בגדיו כשקם בבוקר, לעתים רחוקות הוא פשט את בגדיו כשהלך לישון, ולעתים רחוקות הוא ישן במיטתו. הוא למד כסדר, בהתמדה, עד שנרדם על כסאו.[52]

היהודים ידעו שהוא קדוש וטהור, והיו בטוחים שבשמיים מתחשבים בדעתו. צרות לא היו חסרות, וכשכאב מאוד - רצו לקוצק. אולי כן, אולי הפעם, יפתח הרבי את הדלתות ויעניק ברכה. מאות יהודים ישבו במשך שבועות ארוכים, חיכו וחיכו, אולי ירחם.

ואז, מדי פעם בפעם, הוא היה יוצא מחדרו ונכנס לבית המדרש. כניסתו הייתה מטילה פחד על כולם. רק שמעו שדלתות חדרו נפתחות - וכל התלמידים היו בורחים החוצה מבית המדרש.[53]

ז. "החיצונים" - מושג קבלי שמשמעותו כוחות (קוסמיים) שליליים, אך בפרשנות החסידית משמעו הכוחות השליליים שבנפש האדם.

שנים ארוכות הוא צם. במשך היום שתה קמעא ובלילה הגישו לו מרק ופיסת עוף. הוא שתה את המרק, אך מפיסת העוף בקושי טעם פירור, ולעתים לא טעם בכלל.

ואולם, גם בתקופה זו היו שעות שבהן הוא שוחח בשלווה עם כמה ממקורביו, או שאמר "תורה" בשבת בבוקר בפני חסידים חשובים ורבנים שנכנסו לחדרו כדי לשוחח וללמוד.

שני זוגות של דלתות הפרידו בין החדר שלו לבית המדרש. כל השבוע הדלתות היו נעולות, ובימי שבת וחג פתחו זוג דלתות אחד. בזוג הדלתות השני היו שני פתחים גדולים, שדרכם הוא יכול היה לשמוע את הציבור מתפלל. לפעמים, הוא הציץ דרכם, ולפעמים הוא פתח את זוג הדלתות הראשון ונכנס לבית המדרש, שוחח עם מקורבים, ודרש בשלומם של חסידים.

בחדרו שררה הזנחה נוראה, החדר היה מלא אבק וקורי עכביש. חרקים ועכברים התרוצצו בו, אבל ר' מנדל לא הרשה להרוג אף נפש חיה...

פעם אחת, ר' מנדל פתח את הדלתות, נכנס לבית המדרש וצעק: "האַ! לזה התכוונתי?! אני התכוונתי שיהיו לי עשרה מעילי זשופיצע[ח] לבנים, ולא יותר!"...

הציבור ברח והתפזר.

נשאר רק ר' יחיאל מאיר, שלא היה מסוגל לברוח וניצב באימה ופחד.

אמר לו ר' מנדל: "לא אליך התכוונתי".[54]

חסיד קוצק זקן סיפר: "לא ניתן בכלל להסביר מה הייתה קוצק. המסע היה קשה, כסף לא היה, אז הלכו ברגל, בחבורה. האחדות האמיתית והרצון הנלהב לבוא לקוצק לראות את פני הרבי, איחדה את כולנו

ח. מעיל משי ארוך ומעוטר (שמסמל כאן מנהיגות).

בלב ונפש. היה לנו עונג רוחני לכל אורך הדרך, ממש כמו שהיה לעולי הרגל לירושלים. בהגיענו לקוצק, נפל עלינו צער רב, כיוון שהצדיק הקדוש הסתגר. בשנותיו האחרונות אירע שהוא היה סגור במשך שבועות ארוכים ולא קיבל את פניו של אף אחד. הצער היה עצום, כל אחד התהלך בלב שבור, עשה את חשבון הנפש שלו, התבונן בעצמו היטב מכף רגל עד ראש, ובסתר בכה בכי תמרורים: לא סתם הצדיק אינו רוצה לראות את פנינו. לבסוף, אבינו שבשמיים עזר, וזכינו ליטול ברכת שלום. הצדיק הקדוש הושיט את ידו ונשא מבט. הוא פילח כמו חרב בוערת את כל אברינו. נהיינו 'בטלים במציאות'. כשיצאנו מ'שטיבל השלום' [אולם קבלת הפנים] שלו, הרגשנו איזו שמחת נפש, וערכנו יחדיו סעודה".[55]

רק בזמן העלייה לתורה בשבת, דלתות חדרו נפתחו, והרבי מקוצק נכנס בצעדים מהירים לבית המדרש, אל הבימה. הוא אמר את ברכות התורה כשהטלית מכסה את ראשו, ומיד אחר כך נכנס בחזרה לחדרו, מבלי להעיף מבט אפילו באדם אחד.[56]

חסיד זקן סיפר:

> בית המדרש היה מלא חסידים, אנשים חשובים ולמדנים חריפים. לפתע, הוא נכנס. הציבור, שלא הספיק להימלט, עמד על רגליו, אחוז חיל ורעדה.
>
> הוא הביט בציבור בזעם, וקולו הטיל אימה: "אתם חושבים את עצמכם לחכמים, ללמדנים, לחסידים! לומדים פרק משניות, מתפללים בציבור, וטופחים לעצמכם על השכם! יש בכם טיפת אמת? לפחות ניצוץ אחד של יושר? גועל נפש, גועל נפש! אתם שקרנים, גאוותנים! החוצה, בטלנים! אתם מסריחים! החוצה מכאן. אתם עובדי ה'? אתם עובדי עבודה זרה!".
>
> אחרי "דיבורים" שכאלה שהשתררה אווירה של מרירות וחשיכה. הם נהיו בעיני עצמם "גורנישט שבגורנישט". הם התביישו ולא יכלו להביט אחד לשני בעיניים.[57]

מה הייתה סיבת האימה? - כל אחד ואחד חש שר׳ מנדל מְזמֵן אותו ל״דין תורה״, שיש לו טענה נגדו ושהוא צודק. הרי כל אחד יודע, בתוך תוכו, כמה הוא אפס. ועינוי הדין קשה יותר מהדין עצמו.

לר׳ מנדל היו טענות לא רק כלפי אותם יחידים שישבו בקוצק. היו לו טענות כלפי העולם. הוא ניהל ״דין תורה״ עם העולם.

האדם היחידי שאליו היה קשור בידידות וכבוד עמוקים הוא ר׳ יצחק מאיר. ״הוא שׂר התורה״, אמר פעם ר׳ מנדל.[58] ר׳ הירש מטומשוב היה מקורב מאוד ונאמן, מסור בגופו ובנפשו לרבי מקוצק, וניהל את משק הבית שלו. למרות שהיה תלמיד חכם, הוא העדיף להיות שַמָּש של הרבי מקוצק מאשר להיות ״בעל בית״ בעצמו.

התבודדות לא הייתה נוהג חדש עבור ר׳ מנדל. מהותו, היותו אינדיבידואליסט, דרשה ממנו להיות לבד. הוא היה מתבודד כבר בפשיסחה. ועם זאת, הרגישו את הסתגרותו, או היקרעותו מעל העולם, כסטירה בפָּנים, כצעקה של שאט נפש מהכזב שבאדם, המתנדנד עטוף בטלית תוך אדיקות נדושה, מתקשט באמונה נטולת אמת, ונועץ עיניים בשמיים בעודו משתחווה לעצמו.

התבודדותו של הרבי מקוצק הייתה מתן עדות ואזהרה: רק מהפך יסודי בנשמת האדם יכול להצילו משאול תחתיות.

מספרים שבשנותיו האחרונות של הרבי מקוצק, יהודים פשוטים ונשים שבאו ליטול ברכה לפרנסה וכדומה לא הצטרכו להמתין זמן רב. הוא הניח להם להיכנס, הקשיב לבקשותיהם ונתן להם ברכה. לעומת זאת, חסידים בכירים נאלצו להמתין שישה שבועות, ואם הם דיברו איתו על פרנסה - קילל אותם ואחז מקל.

פעם אחת, שאלה אותו הרבנית: ״כשבא חסיד רציני, הוא מחכה שישה שבועות ואתה מקלל אותו, אבל את החוכר העני אתה מכניס מיד ומאריך עמו בשיחה?״.

ענה לה הרבי מקוצק: ״חוכר אומר ׳פרה׳ ומתכוון לפרה, וההוא אומר ׳אלוהים׳ ומתכוון לפרה״.

מה אומרים החסידים?

חסידים מאמינים שלהביט בפניו של צדיק זה דבר גדול. לפי חז"ל, תלמיד חכם ניצב במדרגה גבוהה יותר מהתורה. על התורה נאמר: "המאור שבה מחזירו למוטב", אז כל שכן שאורו של צדיק יכול לסייע לקדושה.

"וְרָאוּ כָּל עַמֵּי הָאָרֶץ כִּי שֵׁם ה' נִקְרָא עָלֶיךָ וְיָרְאוּ מִמֶּךָּ" (דברים כח, י) - ר' יצחק מאיר הסביר: "ויראו" - הם יקבלו יראת שמיים; "ממך" - כשיביטו בפניך.[59]

המוני יהודים זרמו לקוצק, בתקווה לחזות בפניו של הרבי לפחות לרגע אחד. החסידים סברו שהם אשמים בכך שהרבי הסתגר. "הזוהר הקדוש אומר שבשנת ת"ר ייפתחו שערי החכמה. אילו היינו ראויים לכך, היו נפתחים שערי הדעת והחכמה, וזה היה מביא לתיקון העולם. אבל אנחנו לא היינו ראויים לכך, ובמקום להיפתח, ננעלו השערים... שערי קוצק"...[60]

סברות שונות צצו בניסיון להסביר מדוע ר' מנדל הסתגר. ר' יצחק מאיר אמר:

"שמעון העמסוני... היה דורש את כל ה'אתין' שבתורה. כיוון שהגיע ל'אֶת ה' אֱלֹהֶיךָ תִּירָא' (דברים י, כ), פירש [הפסיק]. אמר: 'כשם שקבלתי שכר על הדרישה, כך אקבל שכר על הפרישה'. עד שבא רבי עקיבא ולמד: 'אֶת ה' אֱלֹהֶיךָ תִּירָא' - לרבות תלמידי חכמים".[61]

אדם שמשקיע שנים רבות בבניית בניין ולבסוף נוכח לדעת שהבניין אינו שמיש, שאי אפשר לחיות בתוכו, ושהעבודה הייתה לשווא - אוכל את הלב מרוב מרירות ואכזבה. שמעון העמסוני דרש שכל מופע של המילה 'את' בתורה בא לרבות משהו. זה עמל של שנים רבות. לבסוף, הוא הגיע לפסוק "אֶת ה' אֱלֹהֶיךָ תִּירָא" - וכאן אי אפשר לרבות שום דבר. השכל מחייב שזה היה אמור לזעזע אותו כל כך, שהוא יאכל את הלב.

שנים כה רבות של עמל הלכו לפח! התברר שהכלל האומר שהמילה "את" מכוונת תמיד לרבות משהו שלא נאמר במפורש בפסוק - התגלה ככלל שאינו כלל! אך שמעון העמסוני קיבל הכול ביישוב הדעת: "כשם שקבלתי שכר על הדרישה, כך אקבל שכר על הפרישה" - זה לגמרי לא משנה. היה כדאי לעמול שנים רבות כדי להיווכח שזאת הייתה טעות. "עד שבא רבי עקיבא ואמר: 'אֶת ה' אֱלֹהֶיךָ תִּירָא' - לרבות תלמידי חכמים" - כמו רבי שמעון העמסוני. תלמיד חכם המסוגל לומר: "כשם שקבלתי שכר על הדרישה, כך אקבל שכר על הפרישה", אכן לא הכיר אף אחד שראוי ליראת הכבוד חוץ מה' יתברך. אך רבי עקיבא, שראה לפניו יהודי כמו רבי שמעון העמסוני, אכן ידע כבר מי ראוי לכך שהפסוק יתכוון אליו: "'אֶת ה' אֱלֹהֶיךָ תִּירָא' - לרבות תלמידי חכמים". ר' מנדל רצה להעמיד תלמידי חכמים כאלה, אבל הוא מצא מעט מאוד כדוגמתם. לכן פרש מן העולם.[62]

הרבי היה סגור ומסוגר. הוא לא ערך "טיש", והיה קשה להגיע אליו.

ר' יעקב דוד, בנו של ר' יצחק מוורקי, בא לקוצק, ואפשרו לו להיכנס לרבי.

"חלפה כבר שנה שלמה מאז שאבא זכרונו לברכה נפטר, ואני עדיין כלל לא זכיתי לראות אותו, לא בהקיץ ולא בחלום", התלונן ר' יעקב דוד.

"אתה צודק. יש על מה להתלונן. אבא קדוש כזה. בוודאי שמתגעגעים אליו...", הוא השיב בקצרה ושילח אותו לדרכו.

הגיעה שבת. הציבור נרעש. בשנים עברו, ר' מנדל נהג לדרוש בפני התלמידים, וכל יום הם היו שומעים דברים חוצבי להבות, ועכשיו הוא מבודד מהם. כל ה"חיות" והגעגועים שלהם מכוונים לראות את פניו, להתעלות בעזרת "וואָרט" שלו, אבל בין הרבי לתלמידים כאילו ניצבת חומה.

ר׳ יעקב דוד עצמו היה גאון וצדיק, בנו של חברו האהוב של ר׳ מנדל. אולי הוא יצליח לשכנע את הרבי לערוך טיש?
מאיפה מגיעה חוצפה שכזו לתת לרבי עצות? אבל הוא הסתכן ונכנס לרבי: "הציבור מבקש שהרבי ייכנס ל'טיש'".
"נו, תן לי עשרה יהודים כמוך, ואני אכנס", ענה הרבי.
כשראה שזו שעת רצון, אמר ר׳ יעקב דוד: "אבא אמר שרבי צריך להיות כמו עגלון - לא להיות בררן; כל אדם שרוצה לנסוע - מעלים אותו על העגלה. לא בודקים בציציות".
באותה השבת ר׳ מנדל נכנס לבית המדרש, אבל בגלל מניעה חריגה הוא לא ערך טיש.
באותו ליל שבת, ר׳ יעקב דוד ראה את אביו בחלום.
למחרת הוא סיפר על כך לרבי.
"איך הוא נראה?"
"ראיתי אותו עומד ליד נהר גדול כשהוא נשען על מקל, וכל הזמן מביט בנהר".
"אתה יודע מה הנהר הזה?".
ר׳ יעקב דוד שתק.
"זה נהר מדמעות של יהודים"...[63]

בשנים הראשונות נהג ר׳ "הירש משרת", השַמָש, לצאת מחדרו של ר׳ מנדל ולחלק בין החסידים פירורים, "שיריים" ממאכליו של הרבי. אם לא זכו לראות את פניו, לשמוע ממנו "דיבורים" - לפחות יתענגו על מעט "שיריים". אבל אחרי תקופה מסוימת, גם זה נפסק. הם לא הבינו מדוע, עד שר׳ "הירש משרת" גילה את הסוד: אחרי כל סעודה ניגש הרבי לחלון ומשליך את הפירורים לציפורים שבחוץ...[64]

הרבי מקוצק היה סגור ומסוגר, הוא לא אמר "תורה", ואפילו לראות את פניו זכו רק לעתים רחוקות - ואף על פי כן הרגישו את קדושתו בכל מקום בפולין. יש אִמרה שלו: "הצעקה החזקה ביותר בעולם היא השתיקה". שתיקתו של הרבי מקוצק במשך עשרים שנה הלמה כרעם בלבבות של היהודים.

בימי חייו אמרו עליו: "אֵין אֹמֶר וְאֵין דְּבָרִים בְּלִי נִשְׁמָע קוֹלָם" (תהלים יט, ד), ולמרות זאת "בְּכָל הָאָרֶץ יָצָא קַוָּם וּבִקְצֵה תֵבֵל מִלֵּיהֶם" (תהלים יט, ה).[65]

שאלו חסיד שעזב את קוצק לאיזביצה: "מה קרה בקוצק?". התשובה הרווחת הייתה: "בקוצק אירע ליקוי חמה".

אלה שנשארו בקוצק, אפילו לאחר שדלתות חדרו של הרבי ננעלו, סברו שמבעד לחורי המנעול של הדלתות קורנת החוצה קדושה רבה יותר מאשר דרך דלתות פתוחות לרווחה במקום אחר.[66]

בנו של אחד מחסידי קוצק סיפר מה שעבר על אביו בקוצק, בתקופת ההתבודדות של הרבי:

אבא בא לקוצק כ"מבקש דרך" צעיר. עוד לא היה לו רבי, והוא חיפש דרך בעבודת ה'. הוא מסר לרבי מקוצק את ה"קוויטל" והמתין לתשובה.
הוא חיכה יום, יומיים, שלושה - ואין תשובה. הוא חיכה שבוע - איש לא הסתכל עליו. אבל "יהודים של פעם" ידעו לחכות. הוא המשיך לחכות, שבוע שני, שבוע שלישי, רביעי, עד שחיכה כך שמונה שבועות שלמים. בינו לבין עצמו הוא התלבט: כמה זמן אסתובב פה?
בינתיים עשו החסידים "סעודת מֵרֵעִים" אצל צעיר בניו של הרבי, ר' בנימין. חדרו של ר' בנימין היה סמוך לחדרו של הזקן. ויהי כטוב לב החסידים, הם דחפו את אבא פנימה לחדרו של הרבי. כשהזקן זקף לעברו את גבותיו העבות, נפלה עליו אימה כזו, שהוא לא היה מסוגל למוש ממקומו. הזקן קרא לו בשם שכתב ב"קוויטל"[ט] שמונה שבועות קודם לכן.

ט. ב"קוויטל", הפתק שמגישים לרבי לבקשת ברכתו, כותבים את שמו של הזקוק לברכה ואת שם אמו.

"אתה יודע ללמוד משהו?".

"אני לומד...".

"מה למדת היום?".

"קתא דמגלא...".'

"האם חידשת שם משהו?".

"דברים רבים קשים לי בסוגיה זו...".

"מה קשה לך?".

"מבקש הדרך" הצעיר השמיע את הקושיות. הרבי הסביר לו בקיצור והאיר את עיניו בסוגיה. אחר כך שאל אותו: "כבר זמן רב שאתה לומד את הסוגייה הזו?".

"די הרבה זמן...".

"'קתא דמגלא' אתה לומד כבר כל כך הרבה זמן ועדיין אינך מבין, ואתה רוצה כבר להגיע להשגה של חסידות?... על חסידות צריך לעמול...".

"מבקש הדרך" הצעיר נשאר בקוצק ועמל קשות, כפי שהרבי ציווה.[67]

י. "קתא דמגלא" - קת המגל. כינויה של סוגיה במסכת שבועות (מג ע"ב - מד ע"א), העוסקת בסוגי משכון שונים ובאופיים המשפטי והכלכלי.

פרק ח

עזיבתו של ר' מרדכי יוסף

יראת כבוד לרב הייתה מאז ומתמיד "חוב קדוש" אצל יהודים, ובייחוד בקרב חסידים, הסוברים שהרבי שלהם הוא איש אלוהים או בכלל צדיק הדור. חז"ל אמרו: "מורא רבך כמורא שמיים" (משנה אבות ד, יב); "תלמיד אל יורה אלא אם כן נוטל רשות מרבו" (סנהדרין, ה ע"ב); "כל החולק על רבו כחולק על השכינה" (שם, קי ע"א). יש אפילו דעה ש"הרב שמחל על כבודו, אין כבודו מחול" (קידושין לב ע"א).

בשמחת תורה של שנת ת"ר (1839), בא לקוצק ציבור גדול כדי לראות את פני הרבי ולשמוע את מוצא פיו. אך אחד מהתלמידים התחיל להתנהג כרבי ולערוך "טיש", ומיד אחרי החג הוא עזב את קוצק, התיישב באיזביצה, וחלק גדול מן הציבור עזב יחד אתו. תלמיד מורד ברבי הקדוש מקוצק?! ועוד לוקח אתו חלק גדול מחסידיו של ר' מנדל - זה היה מעשה מתמיה. מדוע התלמיד מרד ברבי שלו? ואיך המצב הגיע לידי כך שחסידים רבים עזבו יחד אתו?

האם עזיבתו נבעה מחילוקי דעות על דרך החסידות? ממניעים אישיים? או אולי בכלל בגלל מאורע מסוים שהתרחש במפתיע? שמא

הוא עזב מתוך זעזוע לנוכח חילול ה׳ כלשהו, וּממרמור כלפי הרבי מקוצק? ניתוח המקורות מוביל למסקנה שהיו מספר סיבות לעזיבתו של ר׳ מרדכי יוסף.

החסידות בנויה על היסוד של יחס אישי חי של החסיד אל הרבי. השתתפות ב״טיש״ של הרבי, ראיית פניו של הרבי, שמיעת קולו של הרבי, קבלת עצה אישית - מרכזיות לא פחות מאשר הבנת ה״דיבורים״ של הרבי. החסיד מבקש ״התקשרות״ לרבי שלו. הוא כל הזמן מבקש את קרבתו. ואולם, ר׳ מנדל הסתגר מן העולם, ולא רצה קשר עם איש. בתחילה, מן הסתם, החסידים קיבלו את הכול באהבה. הרי ודאי שההתבודדות של הרבי לטובת הציבור, זו התבודדות ״לצורך עלייה״. אבל בסופו של דבר הם החלו להרגיש עזובים, כצאן בלי רועה.

התבדלותו של ר׳ מנדל מאנשים חיזקה את הדחף הפנימי של ר׳ מרדכי יוסף להיות מנהיג בעצמו, וללמוד עם חסידים את שיטתו בחסידות. עד היום לא התעכבו החוקרים על חילוקי הדעות בין ר׳ מנדל לר׳ מרדכי יוסף בענייני יסוד ביהדות. מן הסתם, ר׳ מרדכי יוסף עקר את עצמו מהשיטה של קוצק עוד לפני שעקר את רגליו מבית המדרש של קוצק. אכן, ר׳ מרדכי יוסף עזב את הרבי הגדול שלו מפני שחלק הן על שיטתו, הן על סגנון הנהגתו, על נוקשותו וקיצוניותו.

לפי אחת הדעות, ר׳ מנדל הסתגר בשנת תקצ״ה [1835] או תקצ״ו [1836], בערך, והוא לא נהג יותר לערוך ״טיש״ בשבת.[1] החסידים, שהגיעו מערים רבות, נאלצו לחכות שבוע או שבועיים עד שיוכלו ליטול ברכת שלום. אך החסידים היו זקוקים למנהיג, ולכן הם התקרבו לר׳ מרדכי יוסף, שהיה תמיד בבית המדרש והשמיע לאוזנם דברי תורה וחסידות.

ר׳ מרדכי יוסף (נולד בשנת תקס״א, 1801,[א] בטומשוב, ונפטר ב־ז׳ בטבת תרי״ד, 1854, באיזביצה) היה צעיר בארבע עשרה שנה מהרבי מקוצק, ובדומה לבן עירו, היה תלמיד של ר׳ שמחה בונים

א. שנת הלידה של ר׳ מרדכי יוסף נתונה במחלוקת. השל כותב כאן על פי עמדת

בפשיסחה. כבר בפשיסחה החלה ביניהם ידידות אמיצה, ור׳ מנדל רחש כבוד רב לר׳ מרדכי יוסף. יחס זה נמשך גם כשזה האחרון נהיה חסיד קוצק.

יש לנו ידיעות מעטות על אישיותו של ר׳ מרדכי יוסף, שכנראה הייתה שונה לגמרי מזו של ר׳ מנדל. ר׳ שמחה בונים אמר על ר׳ מרדכי יוסף שהוא כמו "מֵי הַשִּׁלֹחַ הַהֹלְכִים לְאַט" (ישעיהו ח, ו), ולכן קראו ליצירתו "מֵי השִׁלוח".[2] הקוצקאי היה היפוכו המוחלט: סוער כמו ים המבקש להציף את היבשה.

בביתו של ר׳ שמחה בונים ניבטה הדלות מכל פינה, ותלמידיו היו עניים. קרה המקרה והגיע איש צעיר, ר׳ ברוך מצ׳יז׳ב או מסטוצ׳ין, שהיה מפונק ו"נגיד", ונוסף על כך חתנו של גביר - ורצה להיות תלמיד של הרבי מפשיסחה. היה זה יום קיץ חם, ור׳ שמחה בונים הלך עם תלמידיו לרחוץ בנהר, אז הוא לקח אתו את ר׳ ברוך. ר׳ מרדכי יוסף כעס, ולכן לקח את מכנסיו של ר׳ ברוך והלך העירה. זו הייתה השפלה עמוקה לר׳ ברוך. כשהרבנית שמעה על כך, היא נכנסה ובאה בתרעומת לר׳ שמחה בונים: הדלות זועקת מכל עבר, ועד שבא צעיר אמיד, ר׳ מרדכי יוסף רוצה לגרש אותו?! ואכן, ר׳ שמחה בונים קרא לו [לר׳ מרדכי יוסף], הורה לו לעזוב, ור׳ מרדכי יוסף הלך. כשנודע הדבר לר׳ מנדל, הוא נכנס להתלונן: "האומנם?! איך משלחים תלמיד יקר שכזה?!". אמר לו ר׳ שמחה בונים: "אם אתה יכול למצוא אותו, לך והחזר אותו". ר׳ מנדל מיהר לצאת לדרך, מצא את ר׳ מרדכי יוסף והביא אותו בחזרה לפשיסחה.[3]

למרות שר׳ מרדכי יוסף היה חסיד ותלמיד, אט אט הוא נעשה למעין "משנה למלך". הגיעו לקוצק הרבה עילויים, וכיוון שר׳ מנדל לא יכול היה להתמסר לכל אחד ואחד, הוא היה מעביר אותם לר׳ מרדכי יוסף, כדי שילמד אותם את דרך החסידות. למשל, כשר׳ לייבל׳ה איגר בא לקוצק, ונותר בה שנה שלמה, הרבי שלח אותו

המיעוט, אך בהמשך ינקוט בעמדת הרוב, כאשר יציין למסורת לפיה הוא נפטר בגיל חמישים וארבע.

לר׳ מרדכי יוסף ללמוד תורה וחסידות.[4] כשר׳ יצחק מאיר חשב על הרעיון שר׳ מנדל יתחתן עם אחותה של אשתו, הוא שלח אליו את ר׳ מרדכי יוסף להציע את השידוך.[5]

כשאשתו השנייה של ר׳ מנדל הייתה בהריון מתקדם, ור׳ מרדכי יוסף עמד לנסוע הביתה, היא רצתה שהוא יישאר בקוצק, שכן קיוותה שתהיה "ברית". הוא אמר לה: "מאיפה את יודעת שתלדי בן זכר, אולי תלדי בת? וזוג תאומות בנות זה גם כן טוב!". הרבנית נכנסה לר׳ מנדל להתלונן על ר׳ מרדכי יוסף. אמר לה ר׳ מנדל: "אם הוא אמר - אז זה חתום". ואכן היא ילדה שתי בנות, שאחת מהן נישאה לר׳ אברהם מסוכצ׳וב.[6]

ר׳ מרדכי יוסף עצמו היה אישיות דגולה, והוא היה עצמאי ונועז מבחינה רוחנית. היה לו הדחף להיות מנהיג עדה. כל עוד הוא ישב בקוצק, הוא היה חייב לסור למרותו של ר׳ מנדל. "אין מורין הלכה בפני רבו" - ולמרות זאת, היהודי הקדוש החל להנהיג כשהחוזה מלובלין עוד היה בחיים. ואכן, גם ר׳ מרדכי יוסף החל בהדרגה להנהיג בקוצק.

ככל שר׳ מנדל נסוג מן הציבור, כך הלך וגדל תפקידו של ר׳ מרדכי יוסף.[7] המוני חסידים הגיעו לקוצק, במיוחד לימי החגים, ור׳ מנדל לא רצה שום קשר איתם. הוא לא ערך "טיש", לא אמר דברי תורה, ולא הרשה להיכנס אליו. כל מה שהחסידים הללו ראו - זו דלת נעולה. ר׳ מרדכי יוסף, בעל הראש החריף, שבקרבו געש שפע של רעיונות מקוריים (כפי שניתן לראות בספרו בן שני הכרכים, "מי השִׁלוח") - במקום למלא את תפקיד הכנר הראשי, נהיה בהדרגה למנצח התזמורת.

בתחילה, לר׳ מנדל לא הייתה "קפידא"[ב] על כך. אדרבה, הוא היה מרוצה מאוד שתלמיד שלו מקרב את הציבור בעת שהוא עצמו

ב. "קפידא" - המקור ההלכתי של המונח בתחושת טינה הנלווית למחלוקת כספית. המסורת המיסטית החריפה את משמעות המונח כאשר מדובר בתחושה שעלולה להיות לצדיק כלפי מי שלא נהג בו כבוד.

יושב מסוגר בחדרו ואינו מניח להם להיכנס. אך הזמן עבר, והדבר החל להפריע לו. הוא נוכח לדעת שכולם ילכו לר׳ מרדכי יוסף, והוא יישאר לבד.

אגדה מספרת על חיה מסוימת ששונאת את ולדותיה כשהם נולדים. הם גדלים מבלי שיזדקקו לאמם, ולכן היא אינה אוהבת אותם. גם ר׳ מנדל הרגיש שר׳ מרדכי יוסף אינו זקוק לו עוד, ולכן הייתה לו "קפידא" עליו. וכך ר׳ מרדכי יוסף החליט לעזוב את קוצק. הסבר פסיכולוגי זה למתיחות שבין הרבי לתלמידו הוצע על ידי חסיד זקן, ר׳ נפתלי הירצקע מלובלין.[8] פירוש זה מתקבל על הדעת, וגם תואם את דעתו של ר׳ גרשון חנוך.[ג]

גם התלמידים ראו בהתנהגותו של ר׳ מרדכי יוסף חוצפה. ואולם, כך מספרים, ר׳ מנדל הזהיר אותם שלא יתנכלו לו. כעבור שנים, ר׳ שמואל מסוכצ׳וב שאל את אביו ר׳ אברהם, חתנו של הרבי מקוצק: "הלא היו בקוצק חסידים גדולים כל כך... מדוע הם לא נתנו לו מכות כדי שהדברים לא ירחיקו לכת עד כדי כך?". ענה לו אביו: "הם לא היו בטוחים בעצמם אם התנגדותם לר׳ מרדכי נבעה מתוך האמת או מתוך קנאה, ולכן שתקו".[9] החשש שהם חשו קנאה מוכח מכך שר׳ מרדכי יוסף חש הצלחה אישית בעזיבתו את קוצק.

כאמור, הקרע התרחש בשמיני עצרת של שנת ת"ר. ר׳ מרדכי יוסף חש ב"קפידא" של הרבי מקוצק, וחשש ללכת להקפות. קבוצה של חסידים התאספה במגוריו של ר׳ מרדכי יוסף. הם עשו "הקפות", והוא ערך "טיש" ואמר תורה, כמו רבי. אז הגיע הרגע שבו היה ברור שהתחוללה מרידה, שהתלמיד מרד ברבי שלו, שר׳ מרדכי יוסף הכתיר את עצמו כרבי של חסידים. באסרו חג של שמחת תורה, ר׳ מרדכי יוסף עזב את קוצק בהפגנתיות. מספרים, שר׳ מרדכי יוסף קרא אז: "מי לה׳ אליי!". וציבור גדול נסע יחד אתו.[10]

ג. ר׳ גרשון חנוך ליינר (1839–1890) - נכדו של ר׳ מרדכי יוסף ליינר והאדמו"ר השלישי לבית איזביצה־ראדזין. ערך את "מי השלוח", הספר האוגד את תורותיו של סבו.

כשר' מרדכי יוסף נפרד מהרבי מקוצק לאחר החג, הרבי מקוצק ליווה אותו עד הדלת ושאל אותו מה הוא משאיר לו כמתנת פרידה. ר' מרדכי יוסף מסר לקוצקאי את כל חבילת ה"קוויטלך" שהחסידים נתנו לו בקוצק. את ה"פדיונות", לעומת זאת, הוא שלח לרבנית, ואז נסע הביתה לטומשוב.[11] מיד לאחר מכן הוא התיישב באיזביצה.

יחד עם ר' מרדכי יוסף עזבו חסידים רבים מאוד, בעיקר צעירים. החסידים הבכירים נשארו בקוצק. הודות להשפעתו של ר' יצחק מאיר, שממש נלחם נגד אלה שעזבו - רובם חזרו לקוצק.[12]

אחד מבניו של ר' חנוך מאלכסנדר רצה לנסוע לאיזביצה. כתב לו אביו: "בְּנִי אַל תֵּלֵךְ בְּדֶרֶךְ אִתָּם מְנַע רַגְלְךָ מִנְּתִיבָתָם" (משלי א, טו). "כִּי מִי שָׁלַח יָדוֹ בִּמְשִׁיחַ ה' וְנִקָּה" (שמואל א' כו, ט).[13]

מה אירע?

לא ניתן לומר בוודאות שר' מרדכי יוסף עזב את הרבי מקוצק אך ורק בגלל חילוקי דעות בנוגע לדרכה של החסידות, ובשל התנגדותו לשיטת רבו. עוד בחייו של הרבי מקוצק נפוצו שמועות על אירוע דרמטי שגרם לכך. עוד מספרים, שבאיזביצה נהגו לומר שבקוצק מעריצים את "שברי הלוחות" שמשה רבינו שיבר ושמאוחר יותר נשתמרו בארון הברית יחד עם הלוחות השניים. בקוצק ישנן עתה פיסות מהלוחות הקדושים של פעם.

משהו אירע באותו ליל שבת [של פרשת תולדות, 1838], והוא השאיר רושם קשה על חלק מחסידיו של ר' מנדל. ייתכן שהמתיחות בין ייסוריו של ר' מנדל לבין מאמציו לשלוט בעצמו פקעה לפתע, ומפיו יצאו מילים שטלטלו, זעזעו והכו בהלם.

מה קרה ב"טיש" באותו ליל שבת? לפי נוסח אחד, ר' מנדל צעק לעבר החסידים: "לזה התכוונתי? וכי זו תורה? האם זו עבודת ה'? אתם כולכם חנפנים, רמאים!". החסידים רעדו, פחד אחז בהם. דממה בבית המדרש. לפתע, ר' מרדכי יוסף קם על רגליו וקרא: "הוא מדבר רעות על יהודים! היהודים קדושים! זוהי דרך למלאכים. מי לה' אליי!".

בשנת תר"פ [1920] יצא לאור מאמר של הרב יהודה לייב זלוטניק, שתיאר את הרבי מקוצק כפילוסוף שרצה לבצע רפורמה ביהדות. ואולם, כשהרבי ראה שאף אחד לא מקשיב לו ולא מבין אותו, הוא נקלע למשבר עמוק והסתיר את מחשבות הכפירה שלו. הוא ישב מרוחק מבני אדם, בלב שבור, בהתבודדות, עד לפטירתו.[14]

זאת ועוד, כדי להפגין באופן דרמטי את רעיונותיו, הוא היה חייב, כך לפחות משערים, לעשות בליל שבת מלאכה האסורה - וזה מה שהניע את ר' מרדכי יוסף להתנער מרבו ולמרוד בו.

האם הסיפור הזה אמיתי? נכדיו הכחישו זאת. הם ראו בזה "עלילת דם", כעלילות שבהן האמינו אומות העולם זמן כה רב. שמחה פטרושקא, ששוחח על כך עם אנשים שהכירו את הרבי מקוצק, כתב: "כל המעשיות 'המשכיליות' על אותו ליל שבת מפורסם, שבהן ניסו להציג את הרבי הזקן מקוצק כמי ש'הציץ ונפגע' - אינן נכונות. כל המעשיות הללו אינן עומדות במבחן הביקורת, ולו הקל ביותר".[15]

אילו המעשה הזה היה אמיתי, מדוע לא השתמשו בו המשכילים, שהתאמצו כל הזמן להשמיץ את החסידות? היו צדיקים ורבנים רבים שסברו כי דרכו של הקוצקאי מסוכנת, ולחמו בו בקביעות. מדוע הם לא הקימו קול זעקה, בדיוק כפי שעשה הרבי מצאנז, שנאבק בגלוי בר' דב בֶּר מלאובה ומשפחתו?[ד]

השמועה שהזכיר הרב י"ל זלוטניק, לפיה לרופא שיניים "משכיל" בשם ד"ר קוף הייתה כביכול השפעה רבה על הרבי מקוצק, והוא שעקר ממנו את האמונה - נשמעת מגוחכת. מי שמכיר את הרמה הרוחנית הירודה של ה"משכילים" באותה עת, ואת השגותיהם הרדודות, אינו יכול להעלות על דעתו שרופא שיניים כזה מסוגל לעשות רושם על מוחו העמוק והחריף של ר' מנדל, שמהותו מילדות

ד. דב בר פרידמן מלאובה (1822-1877) - מכונה "ברניר", בנו השלישי של ר' ישראל מרוזין. בשלב מסוים בחייו, לאחר שכבר היה אדמו"ר, הוא יצא בקול קורא שבו קרא לזנוח את מנהגי היהדות הנושנים. בשל כך, ונוכח ההגנה שקיבל מאחיו, הרבי מסדיגורה, פרצה מחלוקת צאנז-סדיגורה.

התבטאה בפסוק "לִבִּי וּבְשָׂרִי יְרַנְּנוּ אֶל אֵל חָי" (תהלים פד, ג). השגות ה"משכילים" היו ילדותיות־נאיביות בהשוואה לבעיות החריפות שהטרידו את הרבי מקוצק. אין יסוד לקבלת סיפורו של הרב זלוטניק כאמת היסטורית. הסיפור שלו מצלצל כמלודרמטי, קל ערך, וכלל לא מתאים לרמה האינטלקטואלית של הרבי מקוצק.

יש חשיבות לעובדה שבתיאור הקדום ביותר של הרבי מקוצק - שגיליתי בכתב יד שלא היה ידוע לחוקרי החסידות (מסמך שמקורו ב"משכיל" שהתגורר בלובלין והכיר את הרבי אישית) - הסיפור על ליל השבת ההוא אינו נזכר. המחבר היה "מתנגד" קשה עורף, ובוודאי מעשה כזה היה חומר טוב לתעמולה שלו נגד חסידים.

אלכסנדר הלוי צדרבוים (נולד ב־1816 בזאמושץ' ונפטר 1893), התחתן בגיל 19 (כלומר בשנת 1835) בלובלין, שאינה רחוקה מקוצק. בשנת 1840, הוא עבר לאודסה, שם נעשה מאוחר יותר לעורך העיתון "המליץ".[16] הוא כתב ספר בשם "כתר כהונה", באודסה תרכ"ז (1866), דהיינו, שבע שנים לאחר פטירת הרבי מקוצק (שנפטר ב־1859), ולמרות שהיה מתנגד חריף לחסידים, הוא כתב על ר' מנדל בכבוד. תיאורו את חצר הרבי מקוצק הוא תערובת של אבחנות נכונות ובדיות מגמתיות. והנה מה שכתב בעניין המשבר בקוצק: "בסוף ימיו יצא הקול כי בסור אליו מסיתים אנגליקניים פיתוהו ויכלו לו. אך אחר כך נשמע כי אין כל יסוד לשמועה הזאת, רק רוח עוועים מבעתו ועצבון יתקפנו, ועל כן לא נתנו לאיש לקרבה אליו".[17]

יש מקור נוסף שהחוקרים התעלמו ממנו עד כה שאין בו שום זכר לסיפור המעשה של הרב זלוטניק. מדובר בתיאור של היסטוריון הילַארי נוסבוים - שהתנגד לחסידות וצידד בהתבוללות (נולד ב־1820 בוורשה, נפטר ב־1895), ובצעירותו היה בן זמנו של הרבי מקוצק (אשר נפטר ב־1859) - הכולל תיאור שהיה ככל הנראה מקובל בחוגי ה"משכילים", וגם בו לא נזכרת העלילה ההיא:

> ר' מנדל מקוצק לא יצא במשך 20 שנה מפתח ביתו. הוא עמל כל הזמן על לימודיו בקבלה, כמו גם בתלמוד. שכלו הצלול

והמסקנות הבריאות שצבר במשך השנים כה הרחיבו את אופקיהן של אמונותיו הפנימיות והעוצמתיות, עד שבשנות חייו המאוחרות הוא רצה לראות את החסידות עוברת רפורמה ברורה - שתקל בהלכות הנוקשות של השולחן ערוך, אך לא תנוצל לקלקול המידות ולפריצות. בקבלה הוא גם מצא את ההנחיות העיוניות המוליכות להתעמקות רבה יותר ולפרשנות ביקורתית של עצם מהותה של האמונה. רוחו גם פנתה יותר ויותר לחשיבה הרציונלית, לפילוסופיה. הוא הֶחיה את נפשו בכתביו של הרמב"ם, למד את ר' יוסף אלבו, רבינו בחיי, אבן עזרא, ר' יהודה הלוי ופילוסופים יהודיים רבים נוספים.

חסידים רבים, כמעט מכל קצווי הממלכה, שקיבלו עליהם את מנהיגותו, התרגלו להאליל את מנהיגם, כאיש פלאי־אלוהי, כאדם קדוש שניצב קרוב לכוחות שמימיים. אלה שהתאכזבו ונואשו עקב השינוי הזה שחל במנהיגם צפו שזה יגרום להשחתה של המידות, לזעזוע, ולבסוף לחרפה - שיביאו לנפילה של כל החסידים. הם החלו להפיץ את השמועות שמנהיגם, ר' מנדל מקוצק, נקלע למצוקה נפשית בשל מאמציו הרוחניים הרבים, ושמתוך חוליו הוא מגיע לעתים קרובות למצב בלתי שפוי, ומדבר על עניינים הנוגדים את השכל הישר. המוני העם, הנוטים להאמין בקלות, ומקבלים בהכנעה רוחנית את גזירת האל, לא הפסיקו להגיע כסדרם לקוצק. הם הביאו פדיונות לגבאים עד לפטירתו של מנהיגם האלוהי, גם כשכבר לא הייתה להם שום גישה אליו באופן אישי. ואולם, האנשים שנשארו נאמנים ושהיו בסביבתו הקרובה ביותר של ר' מנדל מקוצק עד לפטירתו, אשרו בוודאות שלא פעם הוא חש צער מר הן על תמיהתם של החסידים, והן על גישתו שלו.[18]

לפי אחת המסורות שעברה במשפחתו של הרבי מקוצק, המשבר החל בליל שבת פרשת "תולדות". ר' מנדל הזכיר ב"טיש" את מאמרם של חז"ל, שכאשר עשיו שמע שיצחק אבינו נתן כבר את הברכות ליעקב

אבינו, הוא הזיל שלוש דמעות מרוב צער, ובגלל שלוש הדמעות הללו היהודים סובלים בגלות. ר' מנדל צעק: "עד מתי נצטרך לסבול בגלל דמעותיו של עשיו?", והוא התחיל לספור את הצרות הנוראות שהיהודים סבלו במשך הדורות. בגלל שלוש דמעות עם שלם יסבול כל כך הרבה ייסורים?! העוולה כה עלובה, והעונש כה נורא. ר' מנדל לא היה מסוגל לשאת זאת. הוא התמוטט והתעלף. התלמידים נשאו אותו פנימה אל חדרו, הניחו אותו על מיטתו, וכיוון שהחדר היה חשוך, התירו להדליק נר בשל פיקוח נפש.[19]

ר' מנדל היה חולה במשך חורף שלם, ולא רצה או שלא יכול היה לקבל פני איש. בקיץ הוא שהה עם שַמָּשו בלבד בבית קטן שעמד על אי קטן באמצע נהר הוויסלה. בריאותו השתפרה והוא שב לקוצק לראש השנה. זמן קצר לאחר מכן, בשמחת תורה, ר' מרדכי יוסף החל במרד שלו.[20]

כאמור, גרסה אחת טוענת שהמשבר בחייו של ר' מנדל החל בשבת פרשת תולדות תקצ"ט [1838], כשהוא אמר דבר תורה על המדרש "זה חותר מבחוץ וזה חותר מבפנים". אבל המשבר הגיע לשיאו בסביבות שמחת תורה, שנת ת"ר [1839].

לפי גרסה אחרת, המשבר החל בליל שבת פרשת וישלח, תקצ"ט. כבר שנתיים קודם לכן החל הרבי מקוצק לשלח מעל פניו את הציבור הרחב. הוא עצמו עזב את לובלין מפני שהחסידות הפכה שם לעניין של אדיקות לשוטים, עניין להמון העם, והנה הוא ראה שגם החסידות שלו הפכה ל"חצר", עם "טישים", "קוויטלך" ומופתים. ר' מנדל - שחי תמיד בתסיסה רוחנית, בחוסר שביעות רצון, במאמץ מתמיד להתעלות מחשבתית - נחלש מבחינה גופנית, עצביו היו מתוחים, ולעתים קרובות הוא סבל מהתקפי עצבים וממחלות לב.[21]

לעתים קרובות שמעו מפי ר' מנדל דיבורים חריפים, שהיו מסוגלים להכות בהלם אנשים מסוימים ולהוציאם משיווי משקל. תכופות הוא היה חולה ומאוד עצבני. ולא קשה לדמיין כיצד נפלטו מפיו דיבורים שהיו עלולים לגרום כאב לידידיו הקרובים ביותר.

ר׳ מרדכי יוסף חלק על הרבי מקוצק בעניין זה, וסבר שהרבי נועד למען הציבור הרחב. רבים מחסידי קוצק הסכימו אתו. הוא הגיע לקוצק לאותה שבת ״וישלח״, וביום שישי הייתה לו שיחה חריפה עם ר׳ מנדל. הרבי אמר לו שהוא יעשה משהו כדי שהציבור של ״העוילם גוילם״ יברח ממנו. בליל שבת, בזמן הקידוש, ר׳ מנדל היה עצבני מאוד, והתחיל לומר דברי תורה על הפסוק ״וַיִּשְׁלַח יַעֲקֹב מַלְאָכִים״ (בראשית לב, ד): ״כמה זמן היהודים עוד יתעסקו בשאלה איך יעקב שולח מלאכים אל עשיו?״. תוך כדי דיבור הוא קיבל התקף קשה, החל לקלל את החסידים וצעק: ״תסתלקו ממני!״, ובכעס רב קילל את תלמידו, ר׳ מרדכי יוסף. הוא הוחזר לחדרו במצב של משבר נפשי, ושכב שם חולה למשך כמה שבועות.[22]

פעם אחרת, כך מספרים, הוא קרא: ״אין לי כוח אליכם, אתם צריכים שיהיה לכם איזה עשיו!״.

בכל אופן, נפילתו למשכב לאחר שהוציא מפיו דיבורים מרירים על הצרות שהיהודים סובלים כבר כל כך הרבה דורות; הדלקת הנר בחדרו בליל שבת בשל פיקוח נפש; והעובדה שחודשים לאחר מכן אחד מהתלמידים החשובים ביותר עזב את קוצק ולקח אתו חסידים רבים - כל אלו סיפקו חומר רב לבניית סיפור דרמטי. ה״משכילים״, שהתייחסו לחסידים ולצדיקים בשנאה ובתיעוב, הוסיפו מוטיבים שהשתלבו היטב בדמיונם, והפיצו את השמועה שבערב שבת אחד הרבי מקוצק דיבר נגד האמונה היהודית ואפילו עשה מעשה שמנוגד לתורה.

העלילה התפשטה במהירות והוזכרה במכתב של ר׳ יצחק מאיר. ואולם, רק לעתים רחוקות היא תוארה בספרות המשכילית. אילו הייתה העלילה אמיתית, איך ייתכן שה״משכילים״ לא הפיצו את המפלה הזו של החסידות בעולם היהודי? ודאי שהפצת סנסציה כזו הייתה מחזקת את תנועת ההשכלה. כזה ניצחון! הרבי החשוב ביותר והמקודש ביותר בפולין היה בעצמו ל״משכיל״!

רק שנים רבות לאחר מכן, עלילה זו הוזכרה בסרקסטיות על ידי הסופר ע״נ פרנק, בספר שמלא בפרודיות זולות, דברי לעג וסיפורים כוזבים על צדיקי החסידות.[23]

"בנוגע לכך שכביכול התרחש דבר מה עם הרבי הזקן מקוצק בשבת מסוימת" - כותב הלל צייטלין - "לזקני חסידי קוצק שראייתי אין מה לספר. הם מבטיחים בשם כל הקדוש להם ביותר שמעולם לא שמעו ולו שמץ ממשהו כזה. הם רואים בכך לא יותר מאשר עלילה בזויה, שמקורה בחוגי ה'משכילים' הישנים, שרצו להיאבק בחסידות באמצעותה, או בחוגים ותיקים של 'מתנגדים' לחסידות, שרצו להסביר באמצעותה את פרישת חלק מן החסידים מהרבי שלהם".[24]

אהרן מרקוס (1916-1843), שהיה מתנגד חריף לקוצק, לא הזכיר סיפור כזה בספרו שנדפס בשנת 1901. הוא סבר שפרישתו של ר' מרדכי יוסף באה כתוצאה מטינה אישית. ר' מנדל הוכיח אותו על שדיבר בחוסר דרך ארץ על הספר "אור החיים" של ר' חיים בן עטר.[25]

אשכלי מקבל את הטענה שהמתנגדים לקוצק ייחסו לר' מנדל מעשה שסופר על ר' בֵּר מלאובה, בנו של הרוז'ינאי.[26]

סיפור המרידה של ר' מרדכי יוסף ברבי מקוצק הדהד, כנראה, בערים רבות. נפוצו אז שמועות איומות. ר' יצחק מאיר, שלא היה בקוצק כשר' מרדכי יוסף עזב, כתב במכתב לר' אליעזר מפולטוסק: "הייתי בקאצק וברוך השם הכול טוב. ג' שבתים היה (ר' מנדל) יושב עם העולם. הקולות יצאו בוודאי מזדים ארורים, אשר כקוץ מכאיב בעיניהם מה שיש בעולם הרוצים בתורת ה'. ובעיר בארזין נגיד אחד דיבר סרה ועשו החסידים... כמשפט הראוי לו, ונתחייבו לשלם אלף זהובים. וברוך ה' פה לא נשמע עוד".[27]

עוד בחייו של הרבי מקוצק, יריביו החסידים הפיצו את השמועה שהוא "נכשל"[ה] ושהוא השתגע; ואילו ה"מתנגדים" - שהוא "החמיץ".[28]

שמחה פייטרושקה, מהבקיאים הגדולים בתולדות החסידות ובתולדות ההשכלה, סיפר שאחרי שהרבי מקוצק הסתגר, "משכילים"

ה. "נכשל"; "החמיץ" - בלשון רבנית המילה "נכשל" מבטאת מעידה חד פעמית, והמילה "החמיץ", מלשון "חמץ", מבטאת שיפוטיות חמורה יותר ביחס לחטא. כלומר, יריביו החסידים ראו את ר' מנדל כמי שכשל מתוך שיגעון, ויריביו ה"מתנגדים" ראו אותו כחוטא ממש.

חשובים ביקרו בקוצק כדי לשוחח עם הרבי ולעמוד על טיבו האמיתי. לאחר מכן, ה"משכילים" שוחחו על כך עם חבריהם ודחו לחלוטין את הטענה שלרבי מקוצק היה קשר כלשהו ל"השכלה". כך, למשל, המשכיל והמתמטיקאי המפורסם גבריאל יהודה ליכטנפלד (חותנו הראשון של י"ל פרץ) בא פעם לקוצק ושוחח עם ר' מנדל. לאחר מכן, סיפר ליכטנפלד למכריו שכל השמועות על ה"השכלה" של הרבי מקוצק אינן נכונות. לטענתו, גם המשכיל המפורסם איציק סטנוב בא פעם לקוצק ושוחח עם ר' מנדל, ותוכן השיחה הזו ידוע. איציק סטנוב שאל את הרבי מדוע בפסוק: "רַבִּים מַכְאוֹבִים לָרָשָׁע וְהַבּוֹטֵחַ בַּה' חֶסֶד יְסוֹבְבֶנּוּ" (תהלים לב, י) האתנחתאו מופיעה מתחת למילה "בה'", כאילו שיש כאן פסיק. ענה לו הרבי מקוצק שעבור הרשע גם "הבוטח בה'" הוא מכאוב; לאפיקורוס כואב כשהוא רואה שיש מי שמאמין... כך הטיח ר' מנדל ב"משכיל" שקיווה לשמוע מפיו דעות חילוניות.[29]

העובדה היא שלמרות עזיבתם של כמה חסידים עם ר' מרדכי יוסף לאיזביצה, רוב הציבור המשיך לנסוע לקוצק במשך עשרים שנים תמימות. גדולי תורה כמו ה"חידושי הרי"ם", ר' חנוך מאלכסנדר, ר' יחיאל מאיר מגוסטינין, ר' אלעזר מפולטוסק, ר' מנדל הרבי מוורקי, הרבי מאמשינוב ר' יעקב דוד, ר' וולף מסטריקוב, הרב הזקן מביאלה ורבים אחרים נסעו לקוצק. ר' יצחק מוורקי, המפורסם ביושרו ואדיקותו, המשיך להיות בידידות עם ר' מנדל; הוא בא מדי פעם בפעם לקוצק ובמכתב משנת תר"ו (1846) כתב אל הרבי מקוצק "לכבוד ידיד לבבי הרב הקדוש". גדולי ישראל אלה היו יהודים שאפילו חשש לספק־ספיקא באיסור דרבנן, שלא לומר "מינות" או "אפיקורסות", היו מעוררים אצלם זעם עמוק ביותר. מבחינתם, אילו עלילת ה"משכילים" הייתה אמת, היה זה שקר ועבודה זרה להמשיך לנסוע לקוצק ולראות בר' מנדל רבי. והם היו יהודים שלא העלו על דעתם לרמות את עצמם או אחרים.

ו. אחד מטעמי המקרא היוצר הפרדה בין שני חלקי הפסוק, ומשמש כעין פסיק.

זה גם לא נכון שר׳ מנדל היה סגור ומסוגר לגמרי ולא קיבל את פניו של אף אדם במשך עשרים שנה. האמת היא שגם בשנות הסתגרותו, למרות שהיה סגור בחדרו ולא ערך ״טיש״, הוא פתח את דלת החדר אחת לכמה שבועות, הניח לחסידים להיכנס פנימה, נתן ברכת שלום, וקיבל ״קוויטלך״. לפעמים, הוא נכנס לבית המדרש, ישב ליד השולחן עם מקורביו, אמר פה ושם דברי תורה, ושוחח עם צעירים. זאת ועוד, במשך הזמן הזה, הוא נסע פעמים אחדות לוורשה וללמברג, לבקר אצל רופאי עיניים. הוא גם התחתן עם אשתו השנייה, חינך את העילוי העצום ר׳ אברהם מסוכצ׳וב ולימד אותו דרך חדשה של חריפות תלמודית. הוא גם הביע דעתו בעניינים הלכתיים בתקיפות רבה, כנגד דעת תלמידיו, ר׳ יצחק מאיר ור׳ אברהם מצ׳כנוב.

אמת, לפעמים הוא הסתגר לגמרי למשך חודשים ארוכים בחדרו, ולא היה מוכן להכניס אליו אף אחד. אך החסידים המשיכו לבוא, וערכו את ה״טיש״ בעצמם. חסידים חלשים התאכזבו ונסעו הביתה, אך חסידים חזקים נשארו וחיכו ככל שארך הזמן, עד שהרבי החל לקבל את הציבור. המקורבים נכנסו אליו לעתים קרובות, והוא אמר לפניהם דברי תורה. בפסח הוא ערך את ה״סדר״ ביחד עם הציבור. לו היו לרבי מקוצק השקפות ״משכיליות״, או דעות ״חופשיות״ יותר מדי בנוגע לאמונה, הוא וודאי היה משמיע אותן לעתים קרובות ובקול רם, קבל עם ועדה. איש אמת, כפי שהוא היה, שלא היה מבקש רשות מאף אחד ולא היה ירא מפני איש, וודאי שלא היה מרמה את הציבור בכך שהוא ממשיך לנהוג כרבי, בנטילת ״קוויטלך״ ובנתינת ברכות.

העובדה היא שחוץ מר׳ לייבל׳ה אייגר, שהרבי מקוצק אמר לו מלכתחילה שר׳ מרדכי יוסף יהיה המדריך שלו, כל התלמידים החשובים נשארו אצל ר׳ מנדל, גם אחרי שר׳ מרדכי יוסף עזב. הם המשיכו לרחוש לו יראת כבוד עמוקה ביותר לנוכח קדושתו, לבקש את הדרכתו ולחיות לאור הנהגתו. חברו ר׳ יצחק מוורקי, צדיק גדול בזכות עצמו ומנהיג ישראל, שלח מכתב לרבי מקוצק וביקש ממנו שיתפלל עליו. עבור כל האישים הללו, היה זה בגדר חוב קדוש

להתרחק, ולו גם בשקט, מהרבי מקוצק, אילו הסיפור שהוא "החמיץ" היה נכון. אף אחד לא הכריח אותם להמשיך ולנסוע לקוצק.

לכבד ולהעריץ אדם כקדוש עליון, כשיודעים שהוא איבד את האמונה - זה שקר והונאה כאחד. גם אי אפשר לחשוד בגדולי ישראל הללו, שהמשיכו להיות חסידי קוצק, שהם היו תמימים או ששלטה בהם אמונה עיוורת. הלא חסידי קוצק תמיד הקפידו לא לרמות את עצמם, לא להעלים עין משום טעות, משום שגיאה, ולדעת לומר "לא" כשמשהו לא מתקבל על הדעת. בפשיסחה כמו בקוצק פירשו את הפסוק: "כִּי הַגּוֹיִם הָאֵלֶּה אֲשֶׁר אַתָּה יוֹרֵשׁ אוֹתָם אֶל מְעֹנְנִים וְאֶל קֹסְמִים יִשְׁמָעוּ וְאַתָּה **לֹא כֵן** נָתַן לְךָ ה' אֱלֹהֶיךָ" (דברים יח, יד) - לך נתן הקדוש ברוך הוא את השיטה של "לא כן", "לא כך", כלומר, לא להאמין מבלי לחקור ולדרוש.[30]

ר' יצחק מאיר מגור, אדם בעל אישיות טהורה וזכה, איש ישר וחסר פשרות בעניינים רוחניים, נותר עד היום האחרון חסיד גדול של הרבי מקוצק, המשיך לראות בו אדם קדוש ולבקש ממנו ברכות. "במקום שיש חילול השם אין חולקים כבוד לרב".[31] הוא ודאי יכול היה להתרחק בשקט מרבי שמאכזב אותו.

האם ניתן לעלות על הדעת שר' יצחק מאיר וגדולי ישראל אחרים נשארו נאמנים לרבי מקוצק כדי למנוע את פרסום ההתמוטטות של הרבי שלהם, וכך למנוע חילול השם בגלוי? אילו זו הייתה הסיבה, מדוע הוא כתב לרבי מקוצק מכתבים הספוגים ביראת כבוד עצומה, ואף ביקש ממנו שיעורר עליו רחמים כשהוא נקלע לצרה? בשנת תר"ו (1846) ר' יצחק מאיר ביקש מהרבי מקוצק שיתפלל בעד בנו היחיד, שהיה זקוק לרחמי שמיים. במכתבו אליו הוא כתב: "לכבוד אדוננו מורינו ורבינו, גאון וקדוש, צדיק יסוד עולם...".[32]

טעם הלוואי שנותר מעזיבתו של ר' מרדכי יוסף

עזיבתו של ר' מרדכי יוסף הכאיבה מאוד לר' מנדל. היו חסידים שחזרו לאחר מכן מאיזביצה לקוצק, והרבי מקוצק אמר להם: "מה

אתם חושבים שאני? מנקה ארובות?!".[33] אלה לא הוציאו את שנתם, לא עלינו. כשר' הלל ברנובר חזר, ר' מנדל נשא את עיניו וקרא: "מי זה? 'מורא רבך כמורא שמיים'![34] וכי יש שני 'שמיים'?!".[35]

על חסידי איזביצה אמר ר' מנדל: "כשאדם נושא פנים אל 'פנים' שאינם 'פנים' - זוהי עבודה זרה".[36]

ר' יצחק מאיר נהג להזכיר לר' מנדל כיצד רץ אחרי ר' מרדכי יוסף כדי להחזירו לפשיסחה.[37] והוא אמר לר' יצחק מאיר: "אתה לא עזבת אותי. לכן אני מבטיח לך שאגמול לך באמצעות ילדיך".[38]

ועדיין, לא תמיד ר' מנדל חש מרירות כלפי ר' מרדכי יוסף. כשמסרו לו פעם בשם אשתו הרבנית שהציבור באיזביצה הולך וגדל, ושעוד מספר חסידים עזבו את קוצק, הוא הורה לומר לה: "מה את חושבת, ר' מרדכי יוסף למד אצלי סנדלרות?!".

לפי מסורת אחרת, מישהו הוכיח את ר' מרדכי יוסף: "הרבי הוא מלאך, ואתה בורח ממנו?!". ענה לו ר' מרדכי יוסף: "יש מספיק מלאכים בשמיים, אנחנו זקוקים לבשר ודם".

ר' יצחק מוורקי עבר פעם בדרכו ליד איזביצה, ולא רצה לעשות שם את השבת. הוא נסע אפוא לשבת לעיירה סמוכה, אך גם ר' מרדכי יוסף וחסידיו נסעו לשם לשבת. ר' יצחק מוורקי נזף בו ושאל אותו מדוע עזב את קוצק ונהיה לרבי. ר' מרדכי יוסף הצטדק ואמר: "מן השמיים הורו לי". אמר לו ר' יצחק: "שמואל שכב בהיכל, היכן שהיה ארון האלוהים, וכששמע שאלוהים קורא לו, הוא רץ אל עלי הכהן (שמואל א, ג, ג-ט) - אפילו כשאלוהים קורא לך, חייבים לשאול את הרבי".[39]

מספרים, שכשר' יצחק מוורקי הזדמן פעם לאיזביצה, ר' מרדכי יוסף ביקש ממנו שיעשה שלום בינו לבין הרבי מקוצק. סיפר לו ר' יצחק סיפור: "פעם הייתי בשבת אצל ר' דוד מללוב. בליל שבת, הנרות הלכו וכבו באמצע הסעודה, והיא הסתיימה בחושך. לאחר ברכת המזון שאלתי: 'מדוע הדלקת נרות שבת כאלה קטנים'? ענה ר' דוד: 'הנימוק [התלמודי] להדלקת נרות שבת הוא כדי שיהיה שלום בית, וכשאני מדליק נרות קטנים יש אצלי שלום

בית". ר' יצחק התכוון לרמוז: מוטב שר' מרדכי יוסף והרבי מקוצק יישארו בנפרד.[40]

ר' לייבל'ה איגר אמר שמי שחושב שהוא יודע או מבין מדוע ר' מרדכי יוסף החל להנהיג בעוד הרבי מקוצק בחיים טועה טעות קשה. זהו עניין של "במופלא ממך אל תדרוש".[41]

מספרים, שכעבור שנים ר' מרדכי יוסף שלח שליח לר' דוד, בנו של הרבי מקוצק, ולר' הירש מטומשוב, שהיה האדם הקרוב ביותר לרבי מקוצק, כדי להודיע שהוא משתוקק לערוך ביקור בקוצק, ושהוא מעוניין בעצתם ובהסכמתם. עצתם הייתה שלא יבוא, שכן ביקור כזה עלול לעורר מהומות ומריבות בין החסידים.[42]

ר' מרדכי יוסף דיבר ביראת כבוד על ר' מנדל, גם לאחר שעזב את קוצק.[43] פעם אחת, כך מספרים, מישהו חזר על דבריו של ר' מנדל שכל מי שביקר אותו ודיבר איתו כמה מילים בוודאי לא ימות מבלי שישוב בתשובה - ור' מרדכי יוסף מצא לכך מקור בספר יחזקאל.

שנים חלפו מאז שר' מרדכי יוסף עזב, אבל ר' מנדל מעולם לא דיבר על כך, למרות שזה כאב לו מאוד.[44]

יראת הכבוד כלפי הרבי מקוצק נמשכה

לפי ר' גרשון חנוך מראדזין, החלטתו של ר' מרדכי יוסף לא באה כמחאה נגד קוצק, אלא נבעה מרצונו להיות בעצמו מנהיג ישראל. במשך חמש שנים הוא היה כפוף לר' שמחה בונים, ושלוש עשרה שנים ארוכות הוא סר למרותו של ר' מנדל. הגיע הזמן שהוא יתחיל להוביל חצר בעצמו, למרות שרבו עודו בחיים, בדיוק כפי שהיהודי הקדוש עשה בימי החוזה מלובלין.

ר' גרשון חנוך, שהכיר אישית את סבו, ר' מרדכי יוסף, תיאר זאת כך: "אחרי הסתלקותו של ר' שמחה בונים, ר' מרדכי יוסף סבל שלוש עשרה שנים את צער ההסתתרות במערת עדולם (כשדוד ברח משאול המלך, הוא הסתתר במערת עדולם - שמואל א כב, א) כי עוד לא הגיע הזמן שהוא יְלַמד תורה ברבים, ונפשו בתוך לביאים

ואריות שכנה (ראו תהלים נז, ה: 'נַפְשִׁי בְּתוֹךְ לְבָאִם אֶשְׁכְּבָה, לֹהֲטִים בְּנֵי אָדָם, שִׁנֵּיהֶם חֲנִית וְחִצִּים וּלְשׁוֹנָם חֶרֶב חַדָּה')... עד שבא דבר אלוהים והגיע הזמן שרוח אלוהים החלה לפעמו בשנת ת"ר, בזמן שלפי ספר הזוהר ייפתחו שערי חוכמה".[45] הוא היה רבי במשך שלוש עשרה שנים ונפטר בשנת תרי"ד (1854).

החשוב ביותר מבין תלמידיו של הקוצקאי, שעזב אותו ביחד עם ר' מרדכי יוסף, היה ר' לייבל'ה איגר, אדם בעל אישיות מוארת ונעלה במיוחד. לענייננו, חשובה במיוחד העובדה שגם לאחר עזיבתו של ר' לייבל'ה את קוצק היה לו כבוד עמוק ביותר לרבי מקוצק. נמסר לו, כפי שמובא בספרו, שתורה מסוימת שלו דומה מאוד ל"וואָרט" שמובא בספר "רמתַיִם צופים" בשם הרבי מקוצק, המכונה שם: "רבינו הקדוש א"א [איש אלוהים] הרבי מקוצק זצוקלה"ה [זכר צדיק וקדוש לחיי העולם הבא]".[46] אילו הוא היה ממורמר על ר' מנדל, מדוע ציטט מדבריו ועוד הוסיף על כך שבחים כאלה?

חסידים מספרים שלאחר פטירת ר' מרדכי יוסף בשנת תרי"ד, בגיל חמישים וארבע, ר' לייבל'ה שקל לחזור לקוצק. הוא נפגש עם ר' הירש מטומשוב, יד ימינו של הרבי מקוצק, ואמר לו: "עכשיו אני רוצה לחזור לקוצק". ר' הירש ענה לו: "אם אתה מרגיש שעליך נאמר 'וְהַיָּמִים הָרִאשֹׁנִים יִפְּלוּ [כִּי טָמֵא נִזְרוֹ]' (במדבר ו, יב), יכול אתה לחזור לקוצק" (כאשר אדם מקבל על עצמו להיות נזיר למשך זמן מסוים, ובאמצע התקופה הזו הוא נטמא, עליו להיטהר מחדש ולהביא קרבן). זו הייתה דרישה קשה, שר' לייבל'ה לא היה יכול להיענות לה.

כשר' לייבל'ה אמר לחברו: "עכשיו אנחנו צריכים לנסוע לקוצק", ענה לו ר' צדוק: "שמעתי שהרבי מקוצק רוצה לראות אותי, והתשוקה שלי לראות אותו חזקה עוד יותר, אך אינני רוצה לנסוע לקוצק, שכן שם מדברים נגד הרבי שלנו (ר' מרדכי יוסף)". הוא הפציר בר' לייבל'ה שיהיה בעצמו מנהיג ישראל. חסידים מספרים, שכאשר ר' לייבל'ה איגר נהיה לרבי בלובלין, הוא הורה להכריז שכל מי ששמע 'דיבור' או סיפור מקוצק יבוא לספר לו.[47]

מי היה ר׳ לייבל׳ה איגר? ה״משכיל״ צדרבוים, שבדרך כלל התנגד לחסידות, תיאר אותו כך: ״אחד מהתלמידים המצוינים של ר׳ מנדל... אפילו ל׳מתנגדים׳ אין מילה רעה אחת להגיד עליו. כל מי שמכיר אותו כמוני יעיד שמאז נעוריו ואילך הוא הקדיש את עצמו לשרת את אבינו שבשמיים וללמוד תורה... בצעירותו, הוא התחתן בלובלין ועמל בבית המדרש על התורה ועל העבודה. הוא למדן מופלג, יש לו שכל ישר, הוא ״חריף ובקי״ גדול, וירא שמיים עד מאוד. כשהוא מתפלל, הוא מסלק מעצמו את כל המחשבות הזרות וההרגשות המיותרות, ומתמסר בדומיה ובשלווה לאבינו שבשמיים. הוא אינו מוחא כפיים, אינו רוקע ברגליו ואינו משמיע קולות משונים, ואף על פי כן, הזיעה ניגרת על מצחו בשל התלהבותו הרבה. הוא מחלק צדקה בסתר, ללא פרסום, הוא עניו מאוד, על מראה פניו ניכר ייחוסו הרם ומעיניו קורנת פיקחותו״.[48]

מהי תמונתו האמיתית של הרבי מקוצק? זו שמצייר יהודה לייב זלוטניק, או התמונה המתקבלת מיראת הכבוד שר׳ לייבל׳ה איגר חש כלפי הרבי מקוצק?

ההיסטוריה חוזרת

התנהלותו של ר׳ מרדכי יוסף כרבי, ואפילו המעבר של חלק מחסידי הרבי שלו אליו בעוד רבו בחיים, מעולם לא היו בגדר חידוש בתולדות החסידות. מה שקרה בקוצק, קרה גם בליז׳נסק ובלובלין.

״החוזה״, שבצעירותו נודע כר׳ איציקל מלנצוט, זכה להוקרה כרבי עוד בהיותו תלמיד אצל ר׳ אלימלך מליז׳נסק. כשעלתה בעיה מורכבת, היה ר׳ אלימלך אומר: לכו אל ר׳ איציקל מלנצוט. הציבור ציית למילים הללו והחל לזרום ללנצוט. נפוצה אז השמועה שיש לו יותר רוח הקודש מאשר לרבו. ר׳ אלימלך נהג, כפי שיעשה אחריו ר׳ מנדל, להטיל אימה על תלמידיו ולתת להם להרגיש כאילו היו פושעי ישראל; בשנותיו האחרונות הוא התרחק בכלל מבני אדם.[49] בניגוד אליו ר׳ איציקל מלנצוט התייחס בחמימות לתלמידיו, וקירב אותם.

היו אז אפילו צעירים שהלעיזו על ר' אלימלך שהוא זקן "עוֹבֵר בָּטֵל" ו"חסר דעת", רחמנא ליצלן. כמובן, השמועות הללו הגיעו לאוזניו של ר' אלימלך, והדבר הכאיב לו מאוד, עד כדי כך שהוא שהחל להרגיש "קפידא" על ר' איציקל מלנצוט. בנו, ר' אלעזר, הבחין בכך ואמר: "אבא, הלא אתה עצמך הורית לו להתחיל להנהיג". ענה ר' אלימלך: "אני עוד רוצה לחיות". כשר' אלעזר ראה עד כמה אביו לוקח את זה ללב, הוא נסע ללנצוט וביקש מר' איציקל, שלא יקבל יותר חסידים, פשוט מפני שזה עלול לעלות לאביו בחייו. תשובתו של ר' איציקל הייתה: "אז הוא לא היה צריך לעשות אותי לרבי"...[50]

בעיירה קטנה בין לנצוט לליז'נסק חי מלמד אחד, בעל מדרגה רוחנית גבוהה, שהיה תלמידו של ר' אלימלך. חשקה נפשו לנסוע לְשבת ללנצוט. ר' אלימלך חש בכך ברוח הקודש, ובמוצאי שבת ציווה לרתום את הסוסים לעגלה, ונסע לדבר עם המלמד. אך גם המלמד חש בכך, ומיד אחרי ההבדלה נסע הביתה. ר' אלימלך הגיע חצי שעה לפני המלמד.

"היכן בעלך?", הוא שאל את אשת המלמד.

"הוא כבר יחזור הביתה".

כשהמלמד הגיע, ר' אלימלך שאל אותו: "היכן היית?".

המלמד ענה לו: "אתה, הרבי, יושב גבוה ברקיע השביעי ומי יכול להגיע אליך? בלנצוט יש סולם שמוביל לליז'נסק"...

ר' אלימלך נפגע מכך.

חסידים אומרים שחלישות הדעת שהתלמיד, ר' איציקל, גרם לרבי אלימלך היא שגרמה לאחר מכן לחלישות הדעת שתלמידו של ר' איציקל גרם לו.

בגלל המתיחות הזו עזב ר' איציקל את לנצוט, שהייתה סמוכה לליז'נסק, ועבר לרוזבדוב, וכעבור שנה התיישב בלובלין. חלפו שנים אחדות ור' איציקל התפרסם בתור "החוזה מלובלין", והמוני חסידים נסעו ללובלין.

בין כל תלמידיו החשובים הרבים, בלט אחד - ר' יעקב יצחק מפשיסחה. "החוזה" שיבח אותו מאוד, ובהדרגה תלמידים של "החוזה" עזבו אותו ודבקו בר' יעקב יצחק מפשיסחה, היהודי הקדוש. ושוב החלה מתיחות בין הרבי לתלמידו.

בין התלמידים שעזבו את לובלין ועברו לפשיסחה היה גם ר' מנדל...

גם ר' שמחה בונים רצה להסתגר

יש צדיקים שחיים במתח עצום. מצד אחד, הדבר החשוב ביותר עבורם הוא לחשוב, להעמיק, לרומם את השגותיהם - וזה דורש להתבודד, לחיות ביחידות, להיות לבד; ומצד שני, חובתו של הצדיק היא להיות מנהיג, לחשוב תמיד על יהודים אחרים, לקבל את פניהם, להקשיב להם ולעזור להם בהדרכה, בברכה ובעצה טובה.

אכן, שמענו שהיו מגוון צדיקים שהרגישו שקבלת פני הציבור היא עול המפריע להם בעבודתם הרוחנית, ולכן שקלו לוותר על שליחותם כרבי. האם הדבר החשוב ביותר שאדם יכול לעשות בימי חייו, למען ה' יתברך או לטובת כלל ישראל, הוא להיות מנהיג בעל השפעה? הרי העיקר הוא להתעלות על עצמך ולהעלות את עצמך. וללא עיקר זה, ההנהגה או ההשפעה ריקות מתוכן.

למרות שהיהודי הקדוש התכוון לצמצם את תחום השפעתו על יחידים בלבד, הוא התפרסם במהירות, וציבור גדול זרם לפשיסחה. לפי ר' שלמה מרדומסק, היו אצל היהודי הקדוש בחג השבועות האחרון לחייו כאלף וחמש מאות חסידים, ו"היהודי" אמר אז: כיבסתי את נשמות כולם, למעט שני אנשים...

דבר דומה קרה כשההנהגה עברה לר' שמחה בונים. שטף הקהל הטריד אותו מאוד. הלא זה עלול למוטט את היסוד שעליו הקים היהודי הקדוש את הבניין. ואכן, ר' שמחה בונים שקל להסתגר מפני העולם או אף לעזוב את שליחותו כרבי בכלל, כדי שיוכל להיות לבדו.

פעם אחת, הממשלה הטילה גזירה שלחסידים אסור לנסוע לצדיקים שלהם. האישה העשירה תמר'ל - שזכתה להערכתו של פשקביץ'[ז] - הפעילה שתדלנות לביטול הגזירה. היא אפילו קיבלה מסמך חתום שמאשר את זכותם של החסידים לנסוע אל הצדיקים שלהם. היא מיהרה עם המסמך בידה, ונסעה להודיע לר' שמחה בונים על הבשורה הטובה. בדיוק באותה עת היה אצלו ר' אלעזר מפולטוסק. אמר לו ר' שמחה בונים: "היא חושבת שהיא עשתה לנו טובה גדולה בקבלת ההיתר הזה. עדיף היה שהיא הייתה משיגה אישור מהממשלה לבנות חומה בפשיסחה ולהציב עליה חיילים עם רובים, וקוזקים עם שוטים, שלא יאפשרו לאיש להגיע אלינו - אפילו לא ל'גדול שבגדולים' ואפילו לא לילד. כך אף אחד לא היה מבלבל את מחשבותינו, ואנחנו היינו מסתפקים בחתיכת לחם וקצת מים. זו הייתה יכולה להיות טובה גדולה לעולם".[51]

ר' שמחה בונים אפילו החליט פעם להשליך מעליו את שליחות הרבי.

הוא אמר לר' מנדל: "שמע מה שאני אומר לך. חשבתי על זה: מה יוצא לי מלהיות רבי ולהנהיג עדה, שרק מפריעה לי בעבודת הבורא. אני מעדיף להפסיק להיות רבי. יש לי במגירה חמישים מטבעות במזומן - אתן לרבנית שלי שלושים מטבעות שבהם תפרנס את עצמה, ואני אסתדר עם עשרים המטבעות הנותרים, ובשום אופן לא אצטרך להיות רבי".

ר' מנדל שתק ולא אמר מילה.

לאחר רבע שעה ר' שמחה בונים אמר: "שמע מה שאני אומר לך. אף רבי לא עשה ככה, וגם אני לא אעשה זאת".

ז. איוון פיודרוביץ' פשקביץ' (1856-1782) - מפקד הצבא הרוסי שדיכא את המרד הפולני בשנת 1831, ומונה על ידי הצאר ניקולאי הראשון להיות הנציב הרוסי בפולין.

ר׳ שמחה בונים החליט שלא להסתגר ״משום שאף רבי לא עשה ככה״. אך בעיני ר׳ מנדל זה לא היה נימוק שראוי להתחשב בו: אולי דווקא בגלל שאף אחד לא עשה ככה, אכן כדאי לעשות זאת?[52]

גם ״החוזה״ הסתגר בשנים האחרונות לחייו, ולא רצה לקבל פני איש. כשהגישו לו ״קוויטלך״, הוא קרע אותן ואמר: ״יִתְפָּרְדוּ כָּל פֹּעֲלֵי אָוֶן״ (תהלים צב, י).[53] הם ידעו אז שכאשר הרבנית יושבת עם בנו של ״החוזה״ והילד צוחק - זו ״עת רצון״ עבור חסידים להיכנס ולקבל ברכת שלום מ״החוזה״; אך כשהילד בוכה - אין זו עת רצון.

ר׳ יצחק מוורקי

חברו ורעו הקרוב ביותר של ר׳ מנדל היה ר׳ יצחק מוורקי, למרות שהשניים היו שונים מאוד זה מזה. ר׳ מנדל היה אדם מסוגר שביקש התבודדות. ר׳ יצחק חיפש חיבור עם אנשים. ר׳ יצחק מוורקי אמר: ״ההתבודדות העיקרית שלי מתרחשת כשאני נמצא בין אנשים״...

פעם אחת, ר׳ מנדל אמר לחברו: ״הדרך שלי מרומזת בתורה. ׳וְיִקְחוּ לִי תְּרוּמָה מֵאֵת כָּל אִישׁ אֲשֶׁר יִדְּבֶנּוּ לִבּוֹ׳ (שמות כה, ב): ׳ויקחו לי׳ - אם אתה רוצה לקחת אותי [את הקב״ה], העצה לכך היא ׳תרומה׳ - היבדל מעל חברת בני האדם, אפילו מאנשים טובים - ׳מאת כל איש אשר ידבנו לבו׳״. השיב לו ר׳ יצחק: ״הראיה שלי היא מאותו הפסוק עצמו. ׳ויקחו לי׳ - אם אתה רוצה ללכת בדרך האמת, ׳תרומה׳ - קח תרומה מכל אחד, התחבר עם בני אדם ולמד מהם. ההתבודדות העיקרית שלי מתרחשת כשאני נמצא בין אנשים״.[54]

כשר׳ מנדל בא לפשיסחה בזמן ה״יארצייט״[ח] הראשון לפטירתו של ר׳ שמחה בונים, הוא פגש שם את ר׳ יצחק ואמר לו: ״יצחק, אני לא באתי ל׳יאָרצייט׳; אני לא יהודי של קברים. באתי רק כדי

ח. ״יארצייט״ - יום השנה. בקבלה ובחסידות נחגג מועד הפטירה של הצדיק כ״הילולה״ להנכחת זכרו.

להתראות איתך". ענה לו ר' יצחק: "אני לא דואג לתלמיד השקדן והמתמיד. אני דואג ליהודי שברחוב".[55]

ר' מנדל סיפר פעם: "כשהיינו אצל הרבי בפשיסחה, הוא אמר: 'אני אעמיד תלמיד אחד שיהיה כה גדול, כר' אלימלך מליז'נסק, ומשקלו יכריע את כל יריביי ומתנגדיי'. בהתחלה חשבתי שהוא התכוון אליי, ואחר כך הבנתי שהוא התכוון לר' יצחק".

בניגוד גמור לר' מנדל, שלא היה מתערב בצרכי ציבור, ר' יצחק מוורקי היה עסקן ושתדלן, ולעתים קרובות נהג לנסוע ברחבי המדינה כדי לבטל את הגזרות של השלטונות על היהודים, או כדי לפעול לקבלת קצת חסד מהפריצים הגויים. כשמשה מונטפיורי מלונדון בא לביקור בפולין, ר' יצחק ביקר אצלו כדי לדון בצרות היהודים. בעיני ר' מנדל, כמובן, נסיעה להיפגש עם הנדבן הייתה הדבר האחרון שעלה בדעתו. ובכל זאת, קיימת מסורת בנוגע לתכנית שר' שמחה בונים רצה להציע למונטפיורי.[56]

ר' מנדל סיפר: "אני זוכר שכאשר הייתי בחור צעיר, ישבו זקנים ושוחחו על ארץ ישראל. אחד מהם סיפר: לאחר ששמו של ר' משה מונטפיורי התפרסם בעולם, ר' שמחה בונים שאל את החבורה מדוע אין משה מונטפיורי קונה את ארץ ישראל מהטורקים? קרא אחד מהנוכחים: 'מה נעשה אם הוא אכן יקנה כאשר ה' יתברך לא גזר שנחזור לארץ ישראל?'. ענה לו ר' שמחה בונים: 'אל תדבר ככה. כשהארץ רק תצא מידיהם ותעבור לידיים יהודיות, אז תבוא הישועה'".

יתכן שבהשפעת ר' יצחק מאיר [מגור], ר' מנדל אמנם התערב בעניין פוליטי מסוים. בזמן המרד הפולני נגד הכיבוש הרוסי, בשנת תקצ"א (1831), ר' מנדל ור' יצחק מאיר תמכו בפולנים, אך המרד דוכא על ידי הרוסים. ר' מנדל ור' יצחק מאיר נאלצו אז לשנות את שמות משפחותיהם; ר' מנדל הלפרן הפך למורגנשטרן, ר' יצחק מאיר רוטנברג הפך לאלטֶר. ר' יצחק מאיר, שאף חתם על מודעות של "קול קורא" להשתתפות במרד, נאלץ לברוח למשך זמן מסוים לעיר למברג, שהייתה נתונה אז תחת שלטון אוסטרי.

חסידי קוצק היו חדים; הם סברו שכולם נדרשים לסור למרותו של הרבי שלהם. מיד לאחר פטירתו של ר' אברהם משה [בנו של ר' שמחה בונים מפשיסחה], פגש חסיד קוצק אחד את ר' יצחק ואמר לו: "יצחק, לאן תיסע עכשיו? הלא אתה מוכרח לנסוע לקוצק. וכי לאיזה רבי תיסע? אם תתחיל לנסוע לקוצק (ותהיה חסיד של ר' מנדל), תיפסק המחלוקת".[57] אבל ר' יצחק השיב מיד: "אתה יודע שאני ניצב כיום במדרגה גבוהה יותר מהצדיקים שלך".

העצה שר' מנדל נתן לחסיד אחד בנוגע לארץ ישראל אופיינית לנטייתו להפנמה. ר' מנדל אמר ליהודי שרצה לנסוע לארץ ישראל: "עדיף לנסוע ליהודי של הארץ במקום לארץ של היהודי".[58]

ר' יצחק היה פעם בקוצק, לשם ביקור חולים אצל ר' מנדל. חסידים שלו באו ביחד אתו, ופרצה קטטה בינם לבין חסידי קוצק. אמר ר' חנוך לר' יצחק: "אתה אשם בקטטה". "אני?!", התפלא ר' יצחק, שהיה אוהב שלום ורודף שלום.[59]

ר' יצחק מאיר ור' מנדל

כבר בפשיסחה היה ר' יצחק מאיר [מגור] קרוב לר' מנדל. "הטעם העיקרי שבגללו אני נוסע לפשיסחה הוא כדי להתראות עם ר' מנדל", הוא אמר פעם.[60] ושנים מאוחר יותר אמר: "אני נוסע לקוצק כדי לקנות אמת".[61]

אחד הצדיקים שאל את ר' יצחק מאיר מדוע הוא ממשיך לנסוע לקוצק, הלא הוא עצמו ראוי להיות רבי. השיב לו ר' יצחק מאיר: "'אֱמֶת קְנֵה, וְאַל תִּמְכֹּר' (משלי כג, כג) - כל עוד אתה יכול לקנות אמת, קנה; כש'אל', כשאין למצאה - תמכור. והרי אני יכול עדיין לקנות, לכן אין לי כרגע שום דבר למכור".[62] פעם אחרת השיב: "מַיִם עֲמֻקִּים עֵצָה בְלֶב אִישׁ" - זה הרבי מקוצק; "וְאִישׁ תְּבוּנָה יִדְלֶנָּה" (משלי כ, ה).[63]

ר' יצחק מאיר החשיב את ר' מנדל כגאון גדול ב"נִגלה".[64] "הוא תנא מן הגמרא", אמר עליו.[65] אבל לא כל תלמידיו של ר' שמחה בונים

קיבלו עליהם מיד את הנהגתו של ר׳ מנדל. ר׳ יצחק מאיר השתדל למשוך אותם לקוצק. רבים הקשיבו לו, אחרים נותרו רחוקים.

ר׳ יצחק מאיר אמר לר׳ חנוך: ״בדיוק כפי שהיו קולות וברקים בשעת מתן תורה על הר סיני, כך מקבלים עכשיו את התורה בקולות וברקים בטומשוב״.[66]

ר׳ חנוך לא נכנע להפצרותיו. ואולם, פעם אחת הוא חלם שהוא נמצא בטומשוב, ר׳ מנדל יושב על כיסאו, ומאחורי הכיסא עומד ר׳ שמחה בונים. בחלומו, הוא רץ אל ר׳ שמחה בונים בבכי וצעק: ״רבי, היכן השארת אותי?״, ור׳ שמחה בונים הצביע על ר׳ מנדל. ר׳ חנוך התעורר, ומיד נסע לטומשוב. כשהגיע, הוא נכנס לחדרו של ר׳ מנדל. אמר לו ר׳ מנדל: ״עכשיו אתה כבר יודע מי הרבי אחרי פשיסחה?״.[67] ואכן, ר׳ חנוך נעשה לחסיד קוצק.

ר׳ יצחק מאיר שכנע את ר׳ פייבוש מגריצה ור׳ זושא משדלץ לנסוע לקוצק. כעבור זמן, השניים נפגשו עם ר׳ יצחק מאיר, ואמרו לו שלאחר לבטים רבים הם הגיעו למסקנה שטומשוב היא כמו ללמוד מהרש״א [פרשן תלמודי חריף] בלי לראות את הגמרא, ולא כל מוח מסוגל לתפוס את זה.[68]

ר׳ מנדל התייחס לר׳ יצחק מאיר בכבוד רב. פעם אחת, הוא הזכיר את שמו של ר׳ יצחק מאיר בעודו לבוש בציצית וכיפה. לפתע, יצא מהחדר ונכנס בחזרה לבוש בחליפה וכובע ספודיק לראשו. הוא אמר: ״אין זו דרך ארץ לדבר עליו ללא ׳מלבושי כבוד׳״.[69] ר׳ יצחק מאיר עמד לפני הרבי מקוצק ביראה ופחד.[70]

פטירתו

אין צורך לפחד מהמוות - סבור היה ר׳ מנדל. כל אחד חייב למות. אדרבה, יהודים נעלים השתוקקו למות במסירת הנפש, כלומר ב״מיתת נשיקה״. למרגלות הר סיני בני ישראל אמרו למשה רבינו: ״דַּבֵּר אַתָּה עִמָּנוּ וְנִשְׁמָעָה וְאַל יְדַבֵּר עִמָּנוּ אֱלֹהִים פֶּן נָמוּת״ (שמות כ, טו). אמר להם משה רבינו: ״אַל תִּירָאוּ כִּי לְבַעֲבוּר נַסּוֹת אֶתְכֶם בָּא הָאֱלֹהִים״

(שם כ, טז) - אַל תפחדו מהמוות; באמצעות המוות אלוהים רוצה לרומם את האדם. היראה נדרשת כדי שלא לחטוא - "וּבַעֲבוּר תִּהְיֶה יִרְאָתוֹ עַל פְּנֵיכֶם לְבִלְתִּי תֶחֱטָאוּ" (שם). עלינו לירא כדי שלא לפגום חס וחלילה ב"מרכבה הקדושה" ולא לקלקל את ה"צינורות" שבהם עוברת השפעתו של אלוהים בעולם הזה ובעולם הבא.[71]

"וָאֶתְחַנַּן אֶל ה' בָּעֵת הַהִוא לֵאמֹר" (דברים ג, כג) - עליך להתחנן שתוכל לומר "ה'" בעת ההיא.[72] "המוות אינו ולא כלום. עוברים מחדר אחד לאחר, ובוחרים בחדר יפה יותר".[73] ועל עצמו אמר: "אני בחור של בית מדרש, ואני נכנס ישר לבית המדרש הגדול".

בחג הפסח האחרון שלפני הסתלקותו, ר' מנדל ניגש אל ה"סדר" בחדווה עצומה, בשמחה שאין לשער, ואמר במפורש שבפסח של השנה הבאה הוא כבר לא יישב כאן.[74]

בכל ראש השנה, הוא היה נוהג לפתוח את דלת חדרו ולאחל לחסידים "לשנה [טובה תכתבו ותחתמו]". בראש השנה האחרון, הדלת נותרה נעולה. באותו ראש השנה ניתן היה לחוש גילויי נשיאות בהתנהגותו של ר' יצחק מאיר. החסידים הבינו שר' מנדל כבר לא הרבי שלהם ושהגיע הזמן שר' יצחק מאיר יהיה ממלא מקומו.[75]

ר' מנדל שנא רופאים, ולא היה מוכן לאפשר להם לטפל בו.[76] אחד החסידים לקה בעיניו, ורופא גדול נתן לו עצה לא לקרוא ספרים. הוא סיפר זאת לרבי. "מה?! לא ללמוד?! התורה דוקרת אותם בעיניים?!".

למרות התנגדותו לרופאים, ר' מנדל התעניין ברפואה, ואפילו היה בקיא בקריאת מרשמים, תחום שייתכן שלמד מר' שמחה בונים.[77]

בחורף של שנת תרי"ט, הרבי מקוצק חלה מאוד. בתחילה הוא לא אפשר לאף רופא להתקרב אליו, ועד שהוא כבר הסכים שרופא ייגש אליו, הוא לא לקח את כל התרופות שלו, למרות שהרופא אמר שהמחלה מסוכנת ושעליו לקחת את כולן. הרופא ציווה להשגיח שהרבי ינוח ויישן יותר שעות ביממה, אבל הרבי מקוצק ישן רק שעתיים. בני ביתו היו מודאגים מאוד, כיוון שעם הזמן הוא הלך ונחלש. ר' יצחק מאיר - שר' דוד, בנו של הרבי מקוצק, ביקש ממנו

לבוא - החליט שעל פי ההלכה יש לתת לו את התרופות בכוח. כשהרבי מקוצק שמע זאת, הוא אמר: "המצב כזה גרוע?".[78]

בימיו האחרונים הוא אמר "דיבורים" רבים שאיש לא הבין.[79] ואולם, נמסר שמילותיו האחרונות היו: "כל מי שיניח את ראשו בתורה, אני ערב לו, שייצא לו מזה הן בעולם הזה והן בעולם הבא, ואילו 'אנשים מטושטשים' (כלומר, בטלנים), ירדו לתהום".[80] אחרים סיפרו שמילותיו האחרונות היו: "פֶּה אֶל פֶּה אֲדַבֶּר בּוֹ... וּמַרְאֶה וְלֹא בְחִידֹת... וּתְמֻנַת ה' יַבִּיט" (במדבר יב, יח)[ט]...

גם ביום האחרון לפני הסתלקותו, לא הבחינו בשום שינוי בגופו; כל חושיו היו עמו. כשחתנו ראה שהוא עוסק ב"סוד היחוד בדיוקנא קדישא",[י] הוא הבין שאלו הן הדקות האחרונות. ואכן, מיד "נשמתו הזכה ריחפה ישר לשמיים".[81]

הוא הסתלק מן העולם בגיל שבעים ושתיים, בכ"ב בשבט, תרי"ט (1859).[82] אצל החסידים קיימת מסורת שהרבי מקוצק הסתלק מעולם המחשבה, אך לא מעולם העשייה.[83]

ר' מנדל ציין לגבי קבורתו, שמקומו הוא ליד היהודי הקדוש שקבור בפשיסחה. ואולם, למרות שהוא חש ששם מקומו, קברו אותו בקוצק.[84]

בשעת ההלוויה, כשנשאו את הארון אל בית העלמין, אמרו חסידים: "וַיְהִי בִּנְסֹעַ הָאָרֹן"... ור' יצחק מאיר אמר: "העולם בכלל לא יודע מה הוא איבד. אף אחד לא יכול לתפוס את מדרגתו הגבוהה ואת קדושתו הרמה. 'הַצַּדִּיק אָבָד וְאֵין אִישׁ שָׂם עַל לֵב' (ישעיה נז, א) - הצדיק אבד, אבל הדבר הגרוע יותר הוא שלא נשאר אף אחד שיוכל להכניס את דברי הצדיק לתוך הלבבות".[85]

ט. מילות הפסוק מובאות כאן ברצף המקורי; נראה שסימוני הדילוג מבטאים קטיעות בדיבור.

י. "סוד היחוד בדיוקן הקדוש" - אוסף של מאמרי זוהר שעוסקים במעבר הנשמה מעולם לעולם, ראו זוהר ח"א, צ ע"ב; רכז, ע"ב; רלג ע"ב. זוהר ח"ב, צו ב. זוהר ח"ג, סא ע"ב; קד ע"ב.

השבת הראשונה לאחר הפטירה. סעודה שלישית.
חשוך בבית המדרש. חשוך בעולם.
הרבי בעולם האמת, וכל אחד מהחסידים נמצא יחידי לבדו בעולם השקר.
שקט, הַס.
לפתע, נשמע ניגון, והמילים [בפולנית]:

Umarl, umarl stary kowal,
Kowal ktory bil nas.

מת, הסתלק הנפח הזקן,
הנפח שהיה מכה בנו וצורף אותנו.[86]

ר' יצחק מאיר

בליל שבת הראשון שבו ר' יצחק מאיר, תלמידו של ר' מנדל וממלא מקומו, נהג כרבי, הוא נעמד על גבי ספסל בבית המדרש, ואמר בקול רם: "כשהיצר הרע גונב מיהודי את שערות היושר שלו, הוא מותיר לו את כל השטויות: 'הודו' לפני 'ברוך שאמר', ואפילו לנסוע (לרבי)".

אי אפשר לשנות את האדם לחלוטין. אז לפחות שישמור בתוכו מעט אמת, "שערה אמיתית", כפי שר' יצחק מאיר, תלמידו של ר' מנדל, קרא לזה. "העיקר זה השערה האמתית". "יוסף היה מסלסל בשערו"[87] - זה מה שהציל אותו בחושך של מצרים.[88] ר' יצחק מאיר לא דרש הרבה: רק שערה אחת. הוא חשב, כנראה, שחיצוניות יש בשפע, אבל אמיתיות "ושערה אחת של יהודיות" - היא דבר יקר המציאות.

הסמכות לקבוע את לוח השנה - את ראשי החודשים או את ראש השנה - נתונה בידי בית דין. בבית דין של מטה קובעים מתי עורכים את הפסח, או מתי חל יום כיפור, וחלק ניכר מקיום המצוות בכלל. יש אפילו עיקרון שאם בית הדין טועה בחישוב, עדיין פסק דינו תקף; "'אתם' - אפילו שוגגים ואפילו מזידים".[89] נשאלת הקושיה:

"אפילו מזידים"? גם כשבית הדין התעלם בכוונה מן האמת, פסק הדין המסולף שלו יהיה תקף? הייתכן?! הסביר ר' יצחק מאיר: "אדם אינו יכול להשיג או אפילו להבין את האמת כפי שהיא בשמיים. בשמיים רוצים שלפחות האדם יראה את האמת כפי שהיא **בעולם הזה**. לכן אבינו שבשמיים "השליך אֱמֶת אַרְצָה" (על פי דניאל ח, יב) "מִמְּכוֹן שִׁבְתּוֹ הִשְׁגִּיחַ אֶל כָּל יֹשְׁבֵי הָאָרֶץ" (תהלים לג, יד) - ה' מסתכל באדם כפי שהוא יכול להיות **בעולם הזה**".[90]

ר' מנדל דיבר בסרקסטיות על היהודי הפשוט, שכאשר השבת מגיעה הוא רוצה להיות מחותן עם ה"לכה דודי".[יא] ר' יצחק מאיר אמר: "אבל אני אומר שיהודי הניגש אל השבת מתוך בושה ושואל את עצמו 'איך אני מגיע אל השבת?' - השבת גם היא מכניסה אותו פנימה".

התלמידים החשובים ביותר של הרבי מקוצק, כמו גם הציבור הגדול שהיה נוסע אליו, קיבלו עליהם את ר' יצחק מאיר כרבי שלהם.

למרות שהמנהיג החדש שמר על כמה יסודות של קוצק, הוא גם הכניס שינויים חשובים. גור היא המשך של קוצק; לא חיקוי של קוצק, אלא חידוש שלה.

אישיותו של ר' יצחק מאיר הייתה חמה, והוא היה נגיש לאנשים. בדרך שלו היו מסוגלים ללכת גם "בעליבתים", ואפילו גבירים.

יא. ראו **קוצק: במאבק למען חיי אמת**, עמ' 83.

פרק ט

להגביה את השמיים

כמעט עשרים שנה ר׳ מנדל חי מבודד מן העולם. מה היו הבעיות שבהן התחבט? מה היו המחשבות שאיתן חי? לא ניתן להשיב תשובה ודאית לשאלה הזו. ואולם, "דיבורים" מסוימים - שהוא הביע מדי פעם בפעם כשיצא מ"החדר המיוחד" שלו, ושאמר לפני שהסתגר - עוזרים לנו לגבש **השערה**[א] שבבדידותו הוא התייסר במאבק עם החידה העמוקה: מדוע אלוהים מאפשר ייסורים רבים בעולם הזה?

כל הזמן היו לר׳ מנדל טענות כלפי העולם וכלפי בני האדם. ואולם, היו לו טענות גם כלפי אלוהים. העולם הזה, שבו אנחנו מסתובבים סחור סחור, הוא עולם השקר. אז מי אשם בכך? האדם לבדו? ובשמיים הכול כשורה?

א. בספר **להט לאמת**, שהשל כתב באנגלית במקביל **לקוצק**, יש פרק מקביל לפרק זה, הנקרא "הקוצקר ואיוב". בשער הפרק שם השל הוסיף הערה: "פרק זה אינו הצגה של השקפות הקוצקר, אלא, ליתר דיוק, מסה על בעיית אמונה מרכזית הפוסעת בעקבות אמירותיו".

למרות שהרבי מקוצק חש היטב בקלקול האדם ובאפלת העולם, הספוגים בקנאה ובשנאה, הוא טען שהמטרה העליונה אינה לזכך את האדם, אלא להגביה את השמיים. הייסורים גדולים יותר מאשר קלקלתו של האדם. משהו לא בסדר בשמיים... וכי כדי לברוא את האדם לא הייתה לאל הכל יכול ברירה אחרת מאשר לקבור את האמת?

כשר׳ יעקב אריה מרדזימין היה פעם בקוצק, ר׳ מנדל שאל אותו: ״יענקל, בשביל מה נברא האדם בעולם הזה?״.
ר׳ יעקב השיב: ״האדם נברא כדי לתקן את נשמתו״.
קרא הרבי מקוצק בקול רם: ״יענקל, זה מה שלמדנו אצל הרבי בפשיסחה?! אדם נברא כדי להגביה את השמיים!״.[1]

אם תכלית בריאת האדם בעולם הזה היא כדי לתקן את נשמתו, משמע שכל עבודתו הרוחנית היא למען **עצמו**; שעבודת אלוהים היא בעצם עבודת עצמך. ואם כן, היכן האמת? וכי אין משמעות האמת לא להתרכז **בעצמך**? אם קיום מצווה מתוך התרכזות בעצמך היא צורה של עבודה זרה, הלא יוצא, חס ושלום, שהאדם בא לעולם הזה כדי לעבוד עבודה זרה...

מה על האדם לעשות כדי להגביה את השמיים? איך האדם יכול לקרוא תיגר על אלוהים?! אולי ר׳ מנדל סבר שאם רוצים ״בלב ונפש״, בגבורה ובעקשנות, יכולים אפילו להבקיע דרך כל שמי השמיים. ״אם היו אומרים לי, שאני לא מסוגל לשוב בתשובה כלל, הייתי מבקיע דרך כל שמי השמיים״, אמר פעם.[2]

״אני נחנק!״

ר׳ מנדל היה אדם שסבל מתכונה מציקה: הוא היה רווי כעס, מלא ברוגזה. כעסו נבע מכאב נורא, מייסורים איומים. לשונו הייתה זעקה, הוא זעק ״געוואלד!״. דרכו לא הייתה לפרש ולהסביר, אלא דווקא

למחות, לסתור, לערער, בשם נקודות מבט גבוהות יותר, ובשם ייסורים נסתרים.

אל מי הופנו טענותיו? אל אלוהים? אל האדם? מי אשם בכך שהעולם מושחת? הוא לא היה מרוצה מן האדם, אך גם לא מן השמיים.

ואולם, האם בשר ודם מסוגל להפוך את השמיים? להגיע כל כך גבוה? ואפילו לעשות סדר בעניינים קוסמיים־מיסטיים? ר׳ מנדל חי מתוך שכנוע, שאותו שאב הן מן התנ״ך והן מהגמרא והמדרשים. מאז שאברהם אבינו התווכח עם ריבונו של עולם על גורלם של סדום ועמורה, ומאז שיעקב אבינו נאבק עם המלאך ויכל לו, היו הרבה נביאים ולאחר מכן הרבה תַנאים ש״הביעו את דעתם״ בשמיים: לעתים קרובות הם חלקו על גזירות והחלטות שהתקבלו בשמיים, ואפילו ביטלו אותן. השמיים פתוחים לפני הצדיק הגדול, ואם הוא מצליח להתעלות, בכוחו לפעול רבות.

״חסיד הוא זה שמשליך מעליו את העולם״, אמר ר׳ מנדל. השלכה זו נובעת בעיקר מראיית הסתירה שבין העולם לבין האמת. אמירת ה״לא״ לָעולם נובעת מתחושה עמוקה של ״כן״ לאמת.

הנה ״וואָרט״ מפי תלמיד של הרבי מקוצק: ״כשיהודי קם בבוקר במחשבה ש׳בְּרֵאשִׁית בָּרָא אֱלֹהִים אֵת הַשָּׁמַיִם וְאֵת הָאָרֶץ׳ (בראשית א, א) – כל המציאות נראית בעיניו כ׳וְהָאָרֶץ הָיְתָה תֹהוּ וָבֹהוּ׳ (שם א, ב)״.[3]

לפי השקפתו של ר׳ מנדל, לחיות משמע להילחם כל הזמן, ללא מנוחה. אפילו עצם המחשבה על כניעה משמעה לנחול מפלה. הוא בז לפחדנים.

המאבק לא התנהל רק נגד ה״אני״ וה״שטיקים״ הבוגדניים שלו. אכן, כלפי חוץ, כשר׳ מנדל דיבר לתלמידיו, הוא הזכיר מאבק אחד בלבד, את המאבק נגד ה״אני״. אבל בצנעה וביחידות הוא ניהל מאבק נוסף: הוא נאבק מול השמיים.

האסון הרבה יותר גדול ממה שחושבים. אילו האדם בלבד היה לא בסדר, התיקון היה קל יותר. אך האסון החל עוד לפני שהאדם

נברא. אבינו שבשמיים אמר למשה רבינו: "וְרָאִיתָ אֶת אֲחֹרָי וּפָנַי לֹא יֵרָאוּ" (שמות לג, כג). הפירוש הוא: בעולם הזה הכול נראה הפוך, בניגוד למה שראוי להיות לפי השגתו של האדם. העולם עומד בגבו אל השכל. פניה של ההשגחה מוסתרים.[4] מי מסוגל לעמוד בכך?

כדי לסבול את העולם הזה זקוקים ללב מברזל. כיס המרה עלול להתפוצץ מהמחשבה על השקר, האכזריות והרשעות.

"כל העולם כולו אינו שווה שיוציאו עליו אפילו אנחה אחת. זהו עולם השקר".[5] "העולם מצחין ואני נחנק!",[6] הוא צעק. ר' מנדל הרגיש את האסון וחש בייסורים. אבל מהי התרופה?

אין תרופה. יש רק דרך אחת לשרוד: לחיות באי־נחת; "להיות ברוגז" עם השמיים; לא לחקות, לא לרמות את עצמך.

אולי הטרגדיה של הרבי מקוצק נעוצה בכך שהוא הציב לעצמו מטרות גבוהות מדי? "הַשָּׁמַיִם שָׁמַיִם לַה' וְהָאָרֶץ נָתַן לִבְנֵי אָדָם" (תהלים קטו, טז) - ר' חנוך, תלמידו של ר' מנדל, הסביר: ריבונו של עולם ברא את השמיים לעצמו, ואת הארץ הוא מסר לאדם כדי שהוא יעשה מהארץ שמיים.[7] לר' מנדל הייתה משימה עצומה: להפוך את הארץ לשמיים.

ר' חנוך סבר שמשה רבינו הצליח בכך. בשעת מתן תורה התרחש נס: אפילו לבבות אטומים הפכו לשמימיים. "וְהָהָר בֹּעֵר בָּאֵשׁ עַד לֵב הַשָּׁמַיִם" (דברים ד, יא) - ההר בער בלהבות במשך כל הזמן שנדרש, עד שהיהודים קיבלו "לב שמימי".[8]

ייתכן שבכך נעוצה מרירותו של ר' מנדל. אולי הוא עצמו שבער כאש - והיה כמו הר סיני, הר בוער בלהט - קיווה להפוך את היהודים הארציים ליהודים שמימיים? ולפתע הוא נוכח לראות: לבני האדם יש לבבות חמר, ומחמר אי אפשר להבעיר שום אש.

הכנעה?

פרדוקס עמוק התקיים בנשמתו של ר' מנדל. מצד אחד, הוא סבר שהאדם הוא לא־כלום ושאפילו לצדיק אסור "לומר את דברו" כלפי

השמיים, ולכן הוא סירב להשתמש בכוח של "צדיק גוזר והקדוש ברוך הוא מקיים". ומצד שני, הוא הסתובב עם טענות קשות כלפי בורא עולם. למרות שרוב הזמן הוא הסתיר את טענותיו תחת מעטה של שתיקה, היו כמה פעמים שבהן זעק את הקובלנות שלו כלפי אלוהים ב"דיבורים" חריפים, עוקצניים.

וכי זו דרכה של היהדות: להיות בקובלנה כלפי אלוהים, ועוד להעלות אותה על השפתיים?! על הבעיה הזו התנהלה מחלוקת הן בין התנאים והן בין האמוראים. רבי עקיבא, למשל, סבר שתמיד יש ללמד זכות על ריבונו של עולם. אפילו כשהכול מריר וחשוך, עלינו לקבל את הכול באהבה; זו עבירה לצאת בטענות נגד ריבונו של עולם. רבי ישמעאל, לעומתו, לא היה מוכן לקבל את צרותיו של עם ישראל באהבה, והוא עצמו העז להתרעם על ריבונו של עולם.[9]

ר' מנדל נהג לפי שיטת ר' ישמעאל. אדם שמבקש לחיות מתוך כנות לא ידחיק ולא יכחיש קושיה שבוערת בו בכאב.

יש אין ספור ניסיונות, אשליות, ותירוצים ריקים. אך ר' מנדל נהג לצעוק על תלמידיו: "שהלב יישבר, ששתי הכתפיים תבקענה, שייטחנו שמיים וארץ - ושהאדם לא ייכנע".

מוצאי ראש השנה, אחרי חצות הלילה. החסידים, עייפים ומותשים, שוכבים ומנמנמים על הספסלים בבית המדרש.
לפתע, הרבי פותח את הדלת וצועק בקול רם: "פָּנים! אמרו לי רק האם יש כאן פָּנים של מישהו שיכול לעמוד מול הפָּנים של אבינו שבשמיים?".
החסידים קופצים מהספסלים ונעמדים על רגליהם, רועדים.
הרבי שותק רגע, ומיד זועק בשנית: "אתם יודעים מה אני רוצה? אני רוצה שהשמיים יתכופפו, והאדמה תיבקע, ושהאדם - לא ייכנע! זה מה שאני רוצה!".
כל החסידים שבבית המדרש עונים: "כן! כן!".
והרבי צועק שוב: "דִּרְשׁוּ ה' בְּהִמָּצְאוֹ!" (ישעיה נה, ו).[10]

וכי לאדם שתובע את ריבונו של עולם יש סיכוי לנצח? האם בכלל יכולה להיות לו תקווה במאבק מול בורא העולם?

הרעיון של ניצחון על ריבונו של עולם מתאים לתפיסותיו של הרבי מקוצק ביחס לאלוהים כמו שאפונים נדבקים לקיר. הוא הרגיש, כנראה, שלמרות שהקושיה הנוראה גלויה לעין, התירוץ נותר נסתר. אדם בשר ודם פשוט לא מסוגל ולא נועד להבין את התירוץ האלוהי לקושיות האנושיות העמוקות ביותר. הסודות של אלוהים ושכלו של האדם - אינם הולכים יד ביד. האם אפוא העלאת הקושיה הנוראה והמאבק המר עליה - אינם אלא ברכה לבטלה?

הרבי מקוצק סבר שכנראה רצון ה׳ הוא שהאדם לא ייכנע, אלא ייאבק ויסעיר את השמיים. רמז לכך הוא מצא בטבע הבריאה שברא אלוהים. ״אַתָּה מוֹשֵׁל בְּגֵאוּת הַיָּם, בְּשׂוֹא גַלָּיו אַתָּה תְשַׁבְּחֵם״ (תהלים פט, י) - למרות שאתה מושל בגאות הים, כשגליו נישאים, אתה משבח אותם. האם לא טמונה כאן חידה? בורא העולם שם ״חוֹל גְּבוּל לַיָּם, חָק עוֹלָם וְלֹא יַעַבְרֶנְהוּ, וַיִּתְגָּעֲשׁוּ וְלֹא יוּכָלוּ, וְהָמוּ גַלָּיו וְלֹא יַעַבְרֻנְהוּ״ (ירמיה ה, כב) - אז למה הגלים רועשים, מכים את חופי הים, ומנסים בכל כוחם לגנוב את גבולותיו ולהציף את היבשה? מדוע הים מורד נגד רצונו של אלוהים ונאבק מתוך דחף, בשצף קצף, כמו ענק שלא מרפה? האם הוא לא יודע שסדר שאלוהים כונן אפילו הים לא יוכל להפר? הרי הים לא ינצח. היבשה לא תוצף. ולמרות זאת, בורא עולם משבח את הרצון המשתוקק לבטל את הגבול. הים יודע שהדבר למעלה מכוחותיו ושלעולם לא יוכל להשיגו, אבל המאבק נמשך...[11]

הכנעה, צייתנות עיוורת, עוררה בו הרגשה של גועל. הוא שנא את הלקקנים, את הכנועים והחנפנים. אפילו לפני אלוהים אין להתרפס. הוא רחש כבוד עצום לאנשי המרי, לאלו שאינם נותנים שידרכו עליהם.[ב]

ב. בפרק המקביל בספרו **להט לאמת**, השל הוסיף כאן שורה חריפה: ״אדם מוכרח להיות מורד בעצם קיומו; הוא מוכרח לסרב להיות מה שהוא״.

כבר ר' שמחה בונים שיבח מאוד את הרוח המהפכנית, כמו זו של ר' אברהם אבן עזרא: "אינני מבין כלל איך הכתפיים לא התנפצו לו מרוב יראת שמיים", אמר.[12]

ר' מנדל זעק פעם: "קורח לא היה סתם אדם מהרחוב!".[13] אפילו היכולת של פרעה מלך מצרים להקשות את ליבו מצאה חן בעיניו מאוד: "פרעה היה 'גבר'".[ג] אם מישהו כיום היה חוטף אפילו חצי מכה, הוא מיד היה צועק: "אלוהים צודק, ודינו דין צדק!"; פרעה ספג מכות רבות ונותר "גבר".[14]

בתיאור המכה האחרונה שבאה על מצרים, אומר הפסוק: "וַיָּקָם פַּרְעֹה לַיְלָה" (שמות יב, ל), אך רש"י מוסיף: הוא קם "ממיטתו". נשאלת השאלה: מה רש"י השיג בכך? מה ההבדל אם הוא קם מכיסאו או ממיטתו? ר' מנדל הסביר שרש"י מלמדנו דבר גדול. ה"משכילים" בימינו מתרברבים באפיקורסות שלהם, אבל האמת היא שהאפיקורסות שלהם חלשה מאוד. אם אחד מהם מקבל כאב ראש, הוא מיד מתחיל לומר תהלים, או שהוא רץ, להבדיל, לרופא אליל; הם סתם אנשים "חלשלושים", לא אפיקורסים. פרעה מלך מצרים היה שונה לגמרי. הוא היה אפיקורוס בכל מאודו. הוא הלא ראה במו עיניו איך כל המכות שמשה רבינו חזה מראש אכן התרחשו. והנה, באותו יום משה רבינו הזהיר אותו "כַּחֲצֹת הַלַּיְלָה... וּמֵת כָּל בְּכוֹר בְּאֶרֶץ מִצְרַיִם... וְהָיְתָה צְעָקָה גְדֹלָה בְּכָל אֶרֶץ מִצְרָיִם אֲשֶׁר כָּמֹהוּ לֹא נִהְיָתָה וְכָמֹהוּ לֹא תֹסִף" (שמות יא, ד-ו). ולמרות שפרעה עצמו היה בכור, הוא לא לקח את זה ללב; הוא נשכב לישון כרגיל, נרדם כמו אחרי ארוחת ערב טובה, והתעורר משנתו רק כשהייתה "צעקה גדולה במצרים".[15]

בניגוד לצדיקים אחרים, ר' מנדל לא לימד שהאדם הוא לא כלום ולכן עליו להיות שפל רוח, שקט מהמים ונמוך מהדשא. אדרבה, אדם צריך לזקוף את ראשו. כשנאבקים לטובת האמת, שפלות הרוח היא המידה הגרועה ביותר; אפילו כשמפסידים במלחמה, אין ליפול

ג. במקור מופיעה כאן המילה "איש" באוקראינית.

כמו כלב. בלעם אמר על עם ישראל: "כָּרַע שָׁכַב כַּאֲרִי" (במדבר כד, ט) - אפילו כשהוא נופל, הוא נופל כמו אריה.[16]

יש ייסורים שעלינו לקבלם באהבה, לסבול בשתיקה. אבל יש ייסורים שאסור לקבל, שאסור לסבול.

"וְהוֹצֵאתִי אֶתְכֶם מִתַּחַת סִבְלֹת מִצְרַיִם" (שמות, ו, ו) - מדוע אומר הפסוק "סבלות" ולא "עבדות"? השיב ר' שמחה בונים: "המהות החשובה ביותר של גלות מצרים הייתה שהם כבר יכלו 'לשאת' את הכל.[17] כמה שהעבודה הייתה קשה ומרה, בני ישראל התרגלו אליה בהדרגה. כשאבינו שבשמיים ראה שבני ישראל עובדים בפרך, בחומר ובלבנים, ונושאים זאת בסבלנות, הוא אמר למשה: 'אם הם הגיעו למצב שהם יכולים לסבול את העבדות, זה לא טוב, ועלינו לחלץ אותם במהירות ממצרים. אחרת, הם יישארו עבדי עולם לכל החיים'. השחרור החל בכך שהם איבדו את היכולת לסבול את העבדות". העיקר הוא המצב הפנימי של האדם, כיצד מרגישים ביחס לצרות.

קושיות על אלוהים

ר' מנדל מזכיר לנו, ללא הרף, קושיה אחת: האם ניתן להעלות על הדעת שכל העולם הגדול, השמיים והארץ, הם ארמון בלי בעל בית? הקושיה הזו רודפת ומייסרת את האדם.

כאשר הגמרא מזכירה קושיה קשה מאוד, היא אומרת בלשון תמיהה: "מריה דאברהם!" (אלוהי אברהם!). כשקושיה כזו מוצגת לאחד מבעלי המחלוקת, הוא מוכרח לשנות את דעתו. ר' מנדל הסביר זאת לאור המדרש הבא: "משל לאחד שהיה עובר ממקום למקום, וראה בירה אחת דולקת. אמר: 'תאמר שהבירה הזו בלא מנהיג?'. הציץ עליו בעל הבירה, אמר לו: 'אני בעל הבירה'. כך לפי שהיה אברהם אבינו אומר: 'תאמר שהעולם הזה בלא מנהיג?'. הציץ עליו הקדוש ברוך הוא ואמר לו: 'אני הוא בעל העולם'".[18] הביטוי "בירה דולקת" הוא דו משמעי. ניתן לפרשו הן כ"ארמון מלא אור" והן כ"ארמון בלהבות".[19] לפי המשמעות הראשונה, אברהם אבינו ראה לפניו עולם אינסופי,

עשיר בחכמה וביופי, ומתוך כך חשב: הייתכן שכזו תפארת נוצרה במקרה, ללא בורא? לפי המשמעות השנייה, הוא ראה לפניו עולם עולה בלהבות של רשעות וכזב, ומתוך כך חשב: הייתכן שאין בעל בית שאכפת לו מהאסון הזה? ר׳ מנדל, כנראה, אימץ את הביטוי "בירה דולקת" לפי המשמעות השנייה - העולם בוער! הוא גם סבר שהקושיה של אברהם אבינו היא הקושיה הראשונית והחמורה ביותר לכל מי שמבקש להשיג את מציאותו של אבינו שבשמיים. ולכן, מכנים קושיה קשה במיוחד "קושייתו של אברהם":[20] "תאמר שהבירה הזו בלא מנהיג?".

ברור שר׳ מנדל נשא עמו קושיות מייסרות על ה׳ יתברך. הוא - שלא נשא פניו לאיש ואמר לכל אחד את האמת "בפנים" - לא רימה את עצמו בתירוצים.

> בא אליו יהודי ושפך לפניו את לבו: אשתו מתה בלידתה, שבעה ילדים קטנים תלויים על צווארו, ועתה נוסף עליהם הרך הנולד שיש להניקו, והוא עצמו נראה קבצן, עם "חליפה של שבעה טלאים".
>
> "אני לא מסוגל לנחם אותך על אכזריות כזו. רק 'בעל הרחמים' האמיתי מסוגל לכך. פנה אליו".[21]

כשלומדים תורה, עולות קושיות רבות. כשאנשים אחרים נתקלים בקושיה, הם מוטרדים ממנה; הרבי מקוצק התייסר מקושיות, הן כאבו לו. כך אירע, למשל, בשבת פרשת "תולדות" בשנת ת"ר, עוד לפני ההסתגרות. ר׳ מנדל ערך "טיש" ושאל: "הייתכן?! מדוע רצה יצחק אבינו לתת את הברכות לעשיו הרשע?!". הוא כל כך התעמק בעניין, עד שהתעלף. כל החסידים שמסביב לשולחן נחרדו ביותר: הרבי התעלף ונפל, ראשו זרוק לאחור, מעבר לכיסאו. אחד החסידים הבכירים, ר׳ שמואל משינווה (מחבר הספר "רמתים צופים"), הרים את הרבי בזרועותיו, נשא אותו מבית המדרש, והניח אותו על מיטה. ר׳ מנדל נותר חולה ושכב במיטה שבועות אחדים.[22]

בגמרא מסופר שרבי יוסי הלך בדרך ורצה להתפלל, ונכנס לחורבה לשם כך. אליהו הנביא נגלה אליו שם ורמז לו שאסור להתפלל בחורבה (כי זה מסוכן). ר׳ מנדל שאל: ״מדוע הוא לא נגלה אליו לפני שהאיש נכנס לחורבה?״, והשיב: ״כך מנהיג אלוהים את העולם. תחילה נותן לאדם לעשות כרצונו, ואחר כך בא אליו בטענות: ׳מה עשית?!׳״.[23]

פעם אחת, הגיעה אליו שמועה שמישהו נפטר, אז הוא אמר: ״ריבונו של עולם, מה אכפת לך אם האדם הזה היה משלים את שנותיו?״.[24]

לפעמים עינו אותו ספקות מרים. ״יצחק מאיר״, אמר פעם לתלמידו החשוב ביותר, ״אילו הייתי בטוח שבעולם הבא ילקו אותי, הייתי יוצא לרחובות ורוקד משמחה. אילו רק הייתי בטוח בכך...״.[25]

אדם שיש לו ספקות בעבודת ה׳ יתברך, ואחר כך הוא מברר אותם, ניצב גבוה יותר מאדם שמגן על עצמו מפני כל הספקות - רעיון זה מצוי בספרו של תלמידו של ר׳ מנדל (שמאוחר יותר עזב אותו), ר׳ מרדכי יוסף. ואולם, הוא מזהיר שהכלל הזה מוגבל לנשמות מסוימות.[26]

ואולי המענה לכל הספקות טמון ברעיון שנרמז בחומש - אולי אנחנו חיים בתקופה שבה השערים נעולים במנעולים כבדים והשמיים הפכו לנחושת? הבורא יצר את השמיים עם דלתות פתוחות. אך כשחטאו של האדם גדול, כל השערים ננעלים, וכל השמיים נעשים כמו מִקשה אחת של נחושת, ששום גיבור לא יוכל לפרוץ. הנחושת קרה ואדישה, אפילו תטיח ראשך בקיר. לדעת ר׳ מנדל, מבין כל הקללות שמאיימות לפגוע בעם אם יסור מדרך הישר, המפחידה ביותר היא: ״וְהָיוּ שָׁמֶיךָ אֲשֶׁר עַל רֹאשְׁךָ נְחֹשֶׁת״ (דברים כח, כג).[27]

רגל אחת ברקיע השביעי, והשנייה בשאול תחתיות

בקוצק לא נבהלו בכלל מסכנות ומספקות. ודאות אמונית רדיקלית ניתנת להשגה רק לאחר חוויה עמוקה של חוסר ודאות רדיקלית, של

העדר אמונה עמוק. הראש חייב להיות פתוח. כל מחשבה מצריכה התבוננות. אין שום צנזורה בראש למחשבות של כפירה.

בא אליו [לר' מנדל] חסיד עם קושיות:

"רבי, יש לי מחשבות נוראות".

"דהיינו?".

"אני פוחד להעלות זאת על דל שפתיי. רע ומר לי כשאני חושב על זה. אפילו הגיהינום לא יכפר...".

"נו, תגיד".

"אוי ואבוי לי. אני חושב לפעמים, חס ושלום, שאין דין ואין דיין".

"אז מה אכפת לך?".

"מה זאת אומרת מה אכפת לי?", צעק החסיד, "אם אין דין ואין דיין, איזו תכלית יש לכל העולם?".

"אז מה אכפת לך שלעולם אין תכלית?".

"רבי, אם לעולם אין תכלית, איזה טעם יש לתורה?".

"ומה אכפת לך אם לתורה אין טעם?".

"אבוי לחיי, רבי, אם לתורה אין טעם, הרי שאין טעם לחיים. ומזה אכפת לי מאוד".

ענה ר' מנדל: "אם כל כך אכפת לך מזה, אתה יהודי ישר וכן; וליהודי ישר וכן - מותר שיהיו מחשבות כאלה".[28]

הרבי מקוצק ידע היטב שהדרך שלו מסוכנת. פעם אחת אמר על עצמו: "ברגל אחת אני עומד ברקיע השביעי, וברגל השנייה - בשאול תחתיות".[29] "אתה חושב שזה דבר קטן? קל יותר לקפוץ לתוך כבשן האש...".[30]

"אני ישר וכן! נבראתי להיות ישר וכן!", הוא קרא בקול. פעם אחרת אמר: "אפילו בשמיים אין לי חברים טובים. מלאכים ושרפים מתנגדים לי. אבל אני לא פוחד מהם. אני ישר וכן".[31]

מדוע המלאכים והשרפים התנגדו לו? ר' מנדל הרגיש, כנראה, שטענותיו כלפי שמיא היו חצופות מדי. ומן הסתם, מחשבותיו היו

חריפות מדיבוריו. הרי יש גישה בגמרא (של רבא), המבקרת כך את איוב: "בשפתיו לא חטא, בלבו חטא... ביקש איוב להפוך קערה על פיה... עפרא לפומיה דאיוב" [עפר לפיו של איוב].[32]

אמנות הדיבור של השתיקה

לאיוב היו תלמידים רבים, יורשים רבים. הרבי מקוצק היה אחד מהם. ואולם, דרכו של הרבי מקוצק לא הייתה לחזור על דברי אחרים. כל חיקוי הוא זיוף. חזרה על טיעוניו של הזולת דומה לכתיבת שטר חוב שכבר נחתם על ידי מישהו אחר.

מה כאב לאיוב? ומה כאב לר' מנדל? לאיוב כאב חוסר הצדק, הסבל של האדם. לר' מנדל כאב יותר הכזב, שקריו של העולם, יותר מאשר הסבל. הסבל לא היה בעייתו העיקרית. "גַּם חֹשֶׁךְ לֹא יַחְשִׁיךְ מִמֶּךָ [...כַּחֲשֵׁיכָה כָּאוֹרָה]" (תהלים קלט, יב) - כשרואים שהחשיכה באה "ממך", נעשית החשיכה לאורה.[33] הסבל והמכאוב - אינם הקושיה העיקרית. "רַבִּים מַכְאוֹבִים לָרָשָׁע" (תהלים לב, י) - הרשע מתרעם על כל דבר, שום דבר אינו מניח את דעתו; "וְהַבּוֹטֵחַ בַּה' חֶסֶד יְסוֹבְבֶנּוּ" - "הבוטח בה' רואה את כל מה שסובב אותו כחסד", אמר ר' מנדל.[34] "וְדֹרְשֵׁי ה' לֹא יַחְסְרוּ כָל טוֹב" (תהלים לד, יא) - למי שמחפשים את ה' לא חסר דבר, כי על כל מה שה' יתברך עושה, הם אומרים: "גם זו לטובה".[35] אם כן, על הסבל יש תשובה. אבל על קושיה אחת אין תשובה: שקר, כזב. מאיפה בא השקר לעולם?

המענה של דורות של יהודים לקושייתו הנוראה של איוב היא: "כל מה שאלוהים עושה הוא על פי היושר, למרות שלא תמיד ניתן להבין זאת. נדרשת אמונה". בפיוט לראש השנה נאמר: "סִתְרוֹ יושר [עצתו אמונה, פעולתו אמת]" - "היושר נסתר, מכוסה מאתנו, אין רואים אותו. העצה היחידה לכך היא: 'עצתו אמונה' - להיות בעל אמונה ולהאמין ש'פעולתו אמת'", אמר ר' מנדל.[36] "מִשְׁפְּטֵי ה' אֱמֶת צָדְקוּ יַחְדָּו" (תהלים יט, י) - בעולם הזה נראה לכאורה שהנהגתו של אלוהים לפעמים צודקת ולפעמים אינה צודקת, אבל לעתיד לבוא יראו

ש"צדקו יחדיו" - שכולן צודקות.[37] יהודי נקרא "יהודי" על שמו של יהודה, שעליו אמרה לאה: "הַפַּעַם אוֹדֶה אֶת ה'" (בראשית כט, לה). פירש רש"י: "שנטלתי יותר מחלקי, מעתה יש לי להודות" - על כל יהודי לדעת שהכול, כל מה שה' יתברך עושה עִמו, זה הרבה יותר ממה שמגיע לו.[38] לפי השקפה כזו, אי אפשר לבוא בטענות לריבונו של עולם.

ר' מנדל לא שקל או מדד את עבודת הבורא באמצעות המאזניים והמידה של שכר ועונש. "אפילו אם יתחולל שינוי בסדרו של ריבונו של עולם, כך שבתמורה לקיום מצווה אקבל עונש ובתמורה לעשיית עבירה אקבל שכר - לא אסור מהדרך שלי ואמשיך לעבוד את ה' יתברך!", כך אמר ר' אברהם מפוריסוב, חסיד קוצק.[39]

דומה שקבירת האמת על מנת לברוא את האדם[ד] היא הבעיה שייסרה את הרבי מקוצק יותר מכול. איך יכול היה אבינו שבשמיים לעשות כדבר הזה? שקר וכזב הם הבל, וכל העולם נרעד כשאלוהים אמר "לֹא תִשָּׂא אֶת שֵׁם ה' אֱלֹהֶיךָ לַשָּׁוְא" (שמות כ, ו). כיצד הוא יכול היה להשליך את האמת לארץ?[40]

קבירת האמת כדי לברוא את האדם נותרה קושיה נוראה, והיא התעצמה לנוכח השאלה מדוע האדם גם רוקד על קברה של האמת? מדוע הוא רוקד את מחול השֵׁדים, שאינו מאפשר לאמת לקום לתחייה?

ד. הפרק הראשון של **קוצק: במאבק למען חיי אמת** נפתח בציטוט של מדרש (בראשית רבה, פ"ח, ה): "אמר רבי סימון בשעה שבא הקדוש ברוך הוא לבראות אדם הראשון נעשו מלאכי השרת כיתים וחבורות, מהם אומרים יברא, מהם אומרים אל יברא. ההוא דכתיב [זה שכתוב]: 'חסד ואמת נפגשו צדק ושלום נשקו' (תהילים פה, יא). חסד אומר: יִברא - שהוא גומל חסדים; אמת אומר: אל יִברא - שכולו שקר; צדק אומר: יִברא - שעושה צדקות; שלום אומר: אל יִברא - דכוליה קטט [שכולו קטטה]. מה עשה הקדוש ברוך הוא? נטל אמת והשליכה לארץ. ההוא דכתיב [זה שכתוב]: 'אמת מארץ תצמח' (תהילים פה, יב)". והשל מוסיף שם: "המדרש הזה גילה לכול את הסוד: כס המלכות של האדם ניצב על קברה של האמת. האדם הוא קיסר - בגלל שהאמת קבורה עמוק באדמה".

הבעיה הזו הציקה לרבי מקוצק מפני שהיא נבעה מתוך נשמתו שחיה את האמת והאמונה יחדיו. אם הולכים עם האמת, רואים שהעולם מלא בשקר, ואם חיים עם אמונה, נוכחים לדעת שֶׁיֵשְׁנם גם "מֵי הַשִּׁלֹחַ ההולכים לאט" (ישעיה ח, ו) - מים שמטהרים ומושיעים אט־אט, בדממה יוצאת דופן.

יש הבדל נוסף בין איוב לבין הרבי מקוצק. איוב חשב בקול רם, ואילו מחשבותיו של ר' מנדל נותרו על קרקעית ליבו. הוא היה איש של מילים מעטות. ר' מנדל ידע שאדם עלול לעשות צחוק מעצמו בכך שהוא מתייחס לבורא עולם באמירות חריפות, בביקורת או ב"עשיית חשבון" עם בורא עולם. מילים שהאדם זורק לשמיים, נופלות בחזרה על ראשו כמו בומרנג. ר' מנדל, שהיה רווי בכל כך הרבה חכמה ו"יראת הרוממות",[ה] ידע היטב באיזו קלות הטיעונים החריפים ביותר נשמעים כפטפוטי סרק. תלמידו של הרבי מקוצק אמר: "להגות רעיון זה קל, אבל לבטא אותו במילים זה כבר לגמרי לא קל. לכן מבקשים בתפילה: 'פתחון פה למייחלים לך'".[41]

בקוצק למדו את אמנות הדיבור של השתיקה. תלמידו של הרבי מקוצק, ר' מנדל מוורקי, ערך "טיש" ובמשך כמה שעות אחדות ישב ושתק. היה שקט מאוד, ושררה שם הרגשת חרדה וכבוד עמוק. אפשר היה לשמוע זבוב על הקיר. אחרי ברכת המזון אמר אחד החסידים החשובים: "היום זה היה 'טיש'! הוא לימד אותי ולא הרפה ממני, ואני לא ויתרתי. עניתי על כל הדברים שהוא שאל אותי".[42]

עלינו לדבר כמה שפחות. כדאי לדחות את אמירתה של מילה אחת, או אפילו של הברה אחת, כמה שרק אפשר. "וַיֵּלֶךְ חָרָנָה" (בראשית כח, י), פירש רש"י (בראשית לב, ד): "כל תיבה שצריכה למ"ד בתחילתה הטיל לה הכתוב ה"א בסופה". שאל ר' מנדל: "מה ההבדל? מה מרוויחים מזה? זה מלמדנו לבלום את הדיבור. גם כשלא

ה. "יראת הרוממות" - שלא כ"יראת העונש" שבה האדם מפחד על עצמו נוכח אחרותו של אלוהים, יראה זו עולה מתוך עמידה עמוקה לפני אלוהים.

ניתן לדחות אלא את הבעתה של הברה אחת, ולוּ לרגע אחד - זה כדאי".[43]

יש לנעול את הפה במנעול. מי שלא יכול לשמור סוד, לא ילמד שום סוד. "אפילו אם הלב מתפקע אין להוציא אנחה".

"כשלאדם יש על מה לצעוק והוא רוצה לצעוק ואינו יכול לצעוק - זוהי הצעקה הגדולה ביותר".[44] כך הסביר ר' מנדל את דברי הגמרא: "הנכנס לבקר את החולה אומר: שבת היא מלזעוק ורפואה קרובה לבוא".[45]

בקוצק לא בוכים. גם ילד יכול לבכות. אפילו כשמאוד כואב, לא צועקים. "הצעקה הגדולה ביותר בעולם היא השתיקה", אמר ר' מנדל.[46]

"וַתִּפְתַּח וַתִּרְאֵהוּ אֶת הַיֶּלֶד וְהִנֵּה נַעַר בֹּכֶה, וַתַּחְמֹל עָלָיו וַתֹּאמֶר מִיַּלְדֵי הָעִבְרִים זֶה" (שמות ב, ו) - לא כתוב שבת פרעה שמעה; היא ראתה לפתע ילד בוכה, והוכתה בתדהמה. רחמיה נכמרו עליו, והיא אמרה: "בוודאי ילד עברי הוא. כי לבכות כך, בשקט, ללא צעקה, רק ילד יהודי יכול".[47]

כדי להבין אמת מוכרחים **להיות** אמת. להיות אמת חשוב יותר מאשר לדעת אמת. להיות אמת משמע קודם כול לא להתרכז **בעצמי**. טעותו של איוב באה לידי ביטוי בכך שצעק רק כשכאב לו, אך שתק כשהיה לו נעים וטוב. השאלה האמיתית אינה מדוע הולך לי כל כך רע? אלא גם מדוע הולך לי כל כך טוב?

האנושות היא כמו שלשלאות הכובלות את ידיו של אלוהים. זעקת איוב כיום ראויה שתהיה לשחרר את אלוהים מהשלשלאות.

מסופר בגמרא[48] שכאשר הרומאים עינו את רבי עקיבא בשיפודים לוהטים ["מקולין"], המלאכים [או משה רבינו] שאלו את הקדוש ברוך הוא: "זו תורה וזו שכרה?", והקדוש ברוך הוא השיב: "שתוק, כך עלה במחשבה". מה פִּשרה של תשובה הזו? על כך משיב "וואָרט" של הבעל שם טוב: ל"עולם המחשבה" אפשר להתעלות על ידי קידוש השם בלבד. אבינו שבשמיים אהב מאוד את רבי עקיבא ורצה להעלותו אל "עולם המחשבה", לכן הוא נדרש להקרבה עצמית.

"שתוק, כך עלה במחשבה" - בדרך השתיקה הגיע רבי עקיבא אל "עולם המחשבה", ושם יש תשובה לכל הקושיות.[49]

ואולם, מתקבל הרושם שר' מנדל הזדעזע מהחשיכה, ולא מצא נחמה לנוכח האסון.

הקוזק רוצה ניגון חדש

כנזכר לעיל, ודאי שהעובדה שהרבי מקוצק לא יכול היה לגבור על העצבות שלו, על המרה השחורה שלו, כאבה לו. "הצעקה הגדולה ביותר בעולם הזה היא השתיקה", אמר ר' מנדל. אבל קיימת מדרגה רוחנית גבוהה יותר מהשתיקה - הניגון.

כשאדם נמצא בצער, פתוחות לפניו שלוש דרכים. מי שנמצא במדרגה פשוטה - בוכה; מי שניצב במדרגה גבוהה יותר - שותק; מי שניצב במדרגה גבוהה מאוד - הופך את צערו לניגון.

יש "וואָרט" הרומז לכך שר' מנדל עצמו לא ראה בכוחה של השתיקה את המדרגה הכי גבוהה: "כשאירע האסון הנורא ושני בני אהרן הכהן מתו, כתוב: 'וַיִּדֹּם אַהֲרֹן' (ויקרא י, ג). זוהי אכן מדרגה גבוהה: להיות באבל ולשתוק. אך קיימת מדרגה גבוהה ממנה: 'לְמַעַן יְזַמֶּרְךָ כָבוֹד וְלֹא יִדֹּם' (תהלים ל, יג)".[50] האִמרה הזו של ר' שלמה מראדומסק עשתה רושם עמוק על הרבי מקוצק, וזו ראיה שהוא חיפש משהו גבוה משתיקה. האם השיג זאת?

הזמנים קשים. עגמת נפש לא חסרה. כל אחד סוחב "פקלֶה" משלו, וגם יודע שעל צרות אין "ברכה אחרונה". כשהלב מלא, העיניים מוצפות. אך חסידי קוצק לא בוכים. "יַעְלְזוּ חֲסִידִים בְּכָבוֹד יְרַנְּנוּ עַל מִשְׁכְּבוֹתָם" (תהלים קמט, ה) - אמר ר' שמחה בונים: "חסידים, אפילו כשהם מרותקים למיטה - ממשיכים לשיר".[51]

חסיד - שר; ושירה חסידית משמעה להלל את בורא עולם. שירה חסידית היא כמו ריקוד בחתונה של אלוהים וכנסת ישראל. מי שבא לחתונה עושה שמח, וגם נותן מתנה. אך מה אפשר להביא

כמתנה לחתונה כזו? - "ניגון",[ו] והחיים הם "ניגון". בורא העולם רוצה לשמוע "ניגון" טוב.

התירוץ על הקושיה הנוראה אינו ניתן לניסוח במילים; ניתן להביעו קמעא רק באופן של "ניגון".

לשיר אין משמע להביע שמחה ולחזור על תווים. לשיר משמע להעלות את כל הקיום למדרגה של שלמות. לשיר משמע להעלות את עצמך, גבוה יותר ויותר מכל המילים ומכל הרעיונות אל "עולם המחשבה", "כך עלה (ר' עקיבא) במחשבה". אי אפשר לשיר באמיתיות אם חוזרים על זמר ישן. "אלוהים אוהב חדשות",[52] אמר ר' מנדל, ובכל פעם יש לשיר מחדש, לשיר "ניגון" חדש.

ר' חנוך, תלמידו של הרבי מקוצק, אהב לספר סיפורים פיקנטיים. אלה שלא הכירו אותו היטב נקרעו מצחוק. אבל ר' יחיאל מאיר העיר: "ר' חנוך עומד ומתאבל על חורבן ירושלים, והם צוחקים...".[53]

כשר' חנוך שכב על ערש דווי, בא לבקרו חברו ר' אברהם מפוריסוב. ר' חנוך סיפר לו את הסיפור הבא:

בזמן שרוסיה כבשה את פולין (אחרי 1792), ולא כולם שם הבינו רוסית, נכנס קוזק אחד לבית של יהודי ושאל את בעל הבית: "אתה ה'כאַזאַין' (בעל הבית)?".

היהודי לא הבין רוסית, ואשתו הסבירה לו: "הקוזק אומר 'אתה החזן', שיר לפניו!".

אז היהודי החל לשיר את הפיוט "בני היכלא".

הקוזק לא היה מרוצה, כעס עליו והתחיל להרביץ לו.

אשתו שבה והסבירה: "אתה רואה, הוא לא אוהב את ה'ניגון' הזה. הוא רוצה 'ניגון' חדש".

במילים אלו נפח ר' חנוך את נשמתו.[54]

ו. "ניגון" - במלעיל. שירה של לחן חסידי ללא מילים.

האם ר׳ חנוך הרגיש שכל עבודת ה׳ שלו הייתה לשווא? שהקוזק כועס ומכה אותו? האם ה"קוזק" הוא כינוי לה׳ יתברך? האם הוא הודה בכך שהוא לא מבין את שפתו של ה׳? האם יהודי יכול לשיר את השיר שהקוזק רוצה לשמוע?

הרבי מקוצק למד עם תלמידיו שלהאמין באלוהים זה לא דבר של מה בכך, שאלוהים עלול לקיים את דבריו באופן הרסני.[55]

ריבונו של עולם מנהיג אולי את העולם מתוך רוגז, וגם לו יש טענות אלינו. עבודת ה׳ שלנו מורכבת מ׳ניגונים׳ ישנים וחבוטים. האם ר׳ מנדל חיפש ׳ניגון׳ חדש, דרך חדשה, ולא השיג זאת?[ז]

הטרגדיה קשה עוד יותר. האישה כלל לא הבינה את דבריו של הקוזק. תרגום המילה הרוסית "כאַזאַין" הוא לא "חזן", אלא בעל הבית. הקוזק רוצה לדעת מיהו **בעל הבית**, והאדם פוסח על השאלה ומזמר ׳ניגון׳.

מיהו בעל הבית?

חביות מחוררות

כאבו של ר׳ מנדל נבע לא רק מאכזבה אישית, מאכזבתו מבני אדם או ממנו עצמו. הכאב היה עמוק יותר. הוא נוכח לפתע לדעת שהעמל האנושי הוא "עבודה של סיזיפוס".[ח]

ר׳ מנדל נאבק כנראה עם השאלה המרה: האם לקיום האנושי יש בכלל משמעות? האם איננו מרמים את עצמנו כשאנחנו חושבים

ז. השורות הבאות של הפרק אינן מופיעות בגרסה המקבילה של **להט לאמת**, ונמסרו רק לקוראי היידיש.

ח. נראה שהשל רומז כאן לספרו של אלבר קאמי, "המיתוס של סיזיפוס" (1942), המהדהד את עונשו של המלך סיזיפוס, שעל פי המיתולוגיה היוונית נגזר עליו לאחר מותו לגלגל סלע ענק במעלה הר רק כדי לצפות בו נופל בחזרה למטה. בסוף הפרק המקביל שבספרו **להט לאמת** השל הזכיר במפורש את סיפורו של סיזיפוס.

שהשגנו משהו בעולם הזה? ואולי כל עמלנו לא שווה כלום, וכל פעולותינו אינן אלא קליפת ביצה ריקה?

פעם אחת עמדו ליד הרבי מקוצק ארבעה מתלמידיו: ר' יצחק מאיר מוורשה, ר' אליעזר מפולטוסק, ר' חנוך מאלכסנדר, והרב מגוסטינין. הרבי מקוצק פירש להם את המדרש הבא, על הפסוק "רָאמוֹת לֶאֱוִיל חָכְמוֹת" (משלי כד, ז) [המתפרש כאן: החכמה גבוהה מדי לאוויל]:

> משל למה הדבר דומה? לכיכר בשמי קורה [על קורה גבוהה] ואין אדם מגיע אליו, עד שבא חכם וקשר סולם בסולם והגיע אליו. דבר אחר, משל למה הדבר דומה? למים יפים בבור עמוק, ואין אדם יכול לדלות, עד שבא חכם וקשר חבל בחבל עד שהגיע אליהם. דבר אחר, משל למה הדבר דומה? למלך ששכר פועלים למדוד מים בחבית מלאה חורים וסדקים. התחילו הללו מהרהרים: "מה אנו עושים?", עד שבא חכם אחד ואמר: "מה אכפת לי? שכרי אני נוטל".[56]

מה ההבדל בין שלושת המשלים? כך מסביר זאת ר' מנדל: "ההיגיון של החכם הראשון היה פשוט. הוא ראה לחם מונח על קורה, והבין שהוא לא יהיה הראשון להגיע לשם. מישהו כבר היה שם. רמתו של החכם השני גבוהה יותר משל הראשון. ייתכן שאף אחד עדיין לא הגיע אל המים החיים. עליו למצוא דרך; הוא לפחות יודע שיש תכלית, עליו רק למצוא דרך לשם. השלישי הוא חכם באמת. לא רואים שום יעד, לא רואים שום תכלית: מה ההגיון ביציקת מים לחבית שכל כולה חורים? לכן הוא הסביר לפועלים שהתכלית אינה למלא את החבית במים. עיקר התכלית הוא לעשות את רצון המלך". והרבי מקוצק סיים את דבריו: "אתם מבינים מה אני חושב?".[57]

מה ר' מנדל חשב? כל מה שאנחנו עושים זה ליצוק מים לתוך חביות מחוררות. אין הגיון בעשייה, החיים הם אבסורד, המעשים שלנו הם "הבל הבלים". אך מוכרחים לעשות, כי כך רוצה אלוהים.[ט]

ט. בפרק המקביל שבספרו **להט לאמת**, השל הוסיף כאן דיון השוואתי על קירקגור והעמיק לבאר את פירושו של הרבי מקוצק למדרש. אך לבסוף הוא חתם בפסקה

בתוך הקושיה שוכן התירוץ

האם זו "השורה התחתונה", המסקנה הסופית, שאליה הגיע בחשיבתו ר' מנדל, האדם הסוער? שאין ברירה, האמונה הכרחית; שאין שום מוצא אחר ולכן עלינו להיכנע, לציית, לשמוע, לקבל את הכול באהבה?

עבור הוגה כר' מנדל, שתמיד דרש לחיות מתוך תעוזה, ולחזור ולחקור - מסקנה שכזו נראית ותרנית מדי, חלשה מדי ופשרנית מדי. זה נראה כמו הנחת טלאי על הקרע הנורא שבין אלוהים לאדם.

אשליות לא התעו את ר' מנדל, נחמות לא הניחו את דעתו. האדם יכול לעמול בפרך יומם וליל, ולא להשיג דבר. החבית מלאה חורים. לכאורה, אין שום טעם בכל העמל. יש אך ורק דבר אחד שיש בו הגיון: אמת. ולחיות אמת משמע לא לרמות את עצמך, לא לזרות חול בעיניך שלך, לא להשלות את עצמך שלמאמץ יש משמעות.

חשוב לשים לב לעובדה שבמשל שהובא לעיל הפועלים יודעים שהמלך שכר אותם, ושהוא אפילו משלם להם על העבודה הזאת. האחריות על מתן ההוראה לביצוע העבודה הזו היא של המלך, ואם כן, **עליו** מוטל לדאוג לשאלה: מהו הכיוון? מה התכלית?

אלוהים הוא אמת. אנחנו מקיימים את מה שהוא מצווה - לצקת מים לתוך החביות - ואנחנו חושבים שלפעולתנו יש איזשהו ערך. וכי ניתן להעלות על הדעת שאלוהים, שהוא אמת, מרמה אותנו ומתעה אותנו בשקרים? ושוב, אם אפילו כמה יחידים מבינים שהם אינם משיגים דבר, שעמלם נטול הגיון, הלא היתר, רוב בני האדם, בטוחים שיש הגיון במה שהם עושים. כיצד, אם כן, נוכל לקבל את זה שהאמת דוברת שקר, שאלוהים מרמה את העולם?

הבאה: "אך האם ייתכן שאנו טועים בהבנת מטלת המלך? שכוונתו הייתה כי אנו נתקן את החביות במקום שנמשיך ונשפוך מים לכלים שבורים?"

האמת אינה מסוגלת לשקר.[58] יש דבר אחד שאלוהים בוודאי לא יעשה: הוא לא ירמה את העולם. יש משמעות אלא שהיא נסתרת מאתנו. בדיוק כמו האמת, גם המשמעות הזו מוטלת בקבר.

האמת כאן. היא אמנם טמונה באדמה, אך קבורה אינה כיליון. יהודים מאמינים בהישארות הנפש, בתחיית המתים. נשמתה של האמת חיה - לא בעולם הזה; וגם גופה של האמת יקום - בתחיית המתים.

ר' מנדל רצה לפתֵח בחסידיו רגישות להשגות גבוהות יותר. לעתים קרובות, אפילו מושגים מופשטים הם מגושמים מדי, ארציים מדי. השגות גבוהות יותר אין להבין אלא בקריצת עין. לא ניתן לתפוס אותן באמצעות החושים, או בעזרת משלים רדודים. ציפורים אינן מתעופפות מן השמיים אל תוך הפה. כל מה שנותנים מלמעלה, הוא קריצה, רמז, סימן. עיקר הלימוד של האדם הוא ללמוד כיצד לחוש, לשמוע את מה שהחושים והשכל הישר משמיעים לו. ר' מנדל פירש את הכתוב "וַיִּשְׁמַע יִתְרוֹ" (שמות יח, א) - יתרו **הצליח לשמוע**. ואחד מהתלמידים אמר על כך פירוש במשך שעתיים.[59]

ר' מנדל רצה, שהאדם יוכל לחשוב בעולם הזה במונחים של העולם הבא. "וְיִקְחוּ לִי תְּרוּמָה" (שמות כה, ב) - "שתיקחו אותי בנבדלות [מלשון מרומם]".[60] ביחס לאלוהים, הגישה, ה"נוסח", ואופן החשיבה מוכרחים להיות שונים מאופן החשיבה על עניינים ארציים.

"הַאֲזִינוּ הַשָּׁמַיִם" - הבינו אותי באופן שמימי,[61] לא באופן אנושי, לא פשוט. "אל שכֹל טיפה סרוחה מבינה את דרכיו, הוא אל שלא הייתי מאמין בו", אמר ר' מנדל. הרבי מקוצק לא חיפש תשובות של בני אנוש לקושיותיו העצומות. נותרה אפוא רק ברירה אחת: לחיות עם הקושיות. זה אולי אחד מהטעמים שבגללם ר' מנדל הסתגר והתבודד מבני אדם. מי שחי עם קושיות, חייב לחיות לבד.

העולם הזה מורכב מחביות מחוררות, האמת האנושית מלאה בשקרים. המשמעות העמוקה ביותר, הכוונה האמתית, נסתרת, כי האמת מוטלת בקבר. וכיצד יכול להיות לאמת קיום בחיי האדם כל עוד היא טמונה בקבר? ואולם, על הקבר ניצבת מצבה: עיקר התכלית הוא לעשות את רצון המלך.

הרבי מקוצק כנראה סבר שכדי להביא את המשיח צריכים תחילה להחיות מחדש את האמת. אך האם אפשר להחיות בתחיית המתים את האמת, שאלוהים בעצמו קבר אותה?

אין לעמול כדי למצוא תירוץ; יש לעמול כדי לתקן את השמיים. מה כבר ייצא מזה שיבינו את העוולה, את האסון של העולם הזה? וכי תירוץ הקושיה הזו יכול לסלק את הייסורים הנוראים שהעולם מתפתל בהם?

עיקר ההבנה אינו בידיעת ה"למה", בתפיסת הטעם לקיום. עיקר ההבנה טמון בהרגשה ודאית, שיש "לָמָה", שקיים טעם.

לא ניתן להגיע לשום תירוץ, מפני שכל תירוץ שיתקבל על דעת השכל האנושי, הוא ממילא התאמה של סוד האין־סוף לשכלו צר המוחין של האדם. אבל אולי זה אכן רצונו של אלוהים - שהאדם לא יניח לו?

למרות הכול, יש לעמול רבות על הקושיה הזו. במידה רבה נראה שזהו רצונו של אלוהים: שהאדם יעזור להגיע לתיקון, לתירוץ על הקושיה הגדולה ביותר בעולם.

על השאלה הנוראה הזו לא קיימת תשובה המניחה את הדעת. יש רק מוצא אחד: לציית ולשאול. ומי שאינו מציית, אין לו זכות לשאול.

השאלה "למה ולשם מה?" אינה סתם שאלה. אי אפשר להפנות את השאלה הזו אלא למלך עצמו. אם אין בכלל מלך, אין שום היגיון בשאלת השאלה ובתקווה לקבלת תשובה. משמעותו של הסירוב לציית היא חוסר אמון במלך. ואם אין אמון, אין היגיון לשאול את המלך "למה ולשם מה?".

ושוב, אם אין אפילו היגיון לשאול, מי מסוגל לסבול את זה? קל לומר "לחיות בייאוש...", אבל לחיות בייאוש באמת - זה גרוע מהמוות.

מה בני האדם חושבים לעצמם: שהעולם מונהג על דרך הפשט? וכי אין יודע כל בר דעת שמי שחושב על דרך הפשט הוא טִפש? טענות לריבונו של עולם? וכי לריבונו של עולם אין טענות כלפי עצמו? למה לזרות מלח על פצעיו של אלוהים?

ואולי ר׳ מנדל חשב פעם: איך אפשר לבוא בטענות לאלוהים? הרי אלוהים בעצמו הוא האיוב הגדול ביותר, ״בְּכָל צָרָתָם לוֹ צָר״ (ישעיהו סג, ט). הוא אינו רוצה חקיינים, ״אנשי איוב״, אלא שותפים, לוחמים חשוקי שפתיים. הפסיקו לרקוד על הקבר, אל תתרכזו **בעצמי**, הקימו לתחייה את האמת! ר׳ מנדל הסתלק מן העולם בצעקה הרועמת מכולן: שתיקה.

נספח: אחריותו של האדם כלפי אלוהים[י]

בדרך כלל אנו מנסחים את הדילמה של איוב כסתירה בין הצדק של אלוהים לבין נוכחות הרוע בחיי האדם. ואולם, בחינה זהירה של ראיית התנ״ך את ההיסטוריה חושפת את ניסיונותיו של האדם לגירושו של ה׳ מעולמה של האנושות, ואת הסתלקותו ההדרגתית של ה׳. זו אפוא הבעיה העיקרית: כיצד ליישב את כל־יכולתו של אלוהים עם מאמציו של האדם להביסו?

הרעיונות המרכזיים בתנ״ך הם הברית שבין אלוהים לאדם והשפעת התנהגות האדם על יחסו של אלוהים כלפיו. ההשגחה אינה מגדל שן שמיימי או נישה שמעבר להשגת כל מה שבני אדם חושבים, אומרים או עושים.

בעולם שבו אלוהים מוכחש, שבו ממרים כנגד רצונו - האמת[יא] מבוזה, הרחמים מושלכים אחרי גוום, האלימות זוכה לתשואות; בעולם שבו אלוהים נותר ללא בעלי ברית - האם עוד נותרה משמעות לכך שהאדם מעמיד אותו למשפט? המודעות הגוברת למצוקה הטרגית של

י. בניגוד לחתימת הפרק ב״שורה אחרונה״ של שתיקה, בפרק המקביל שבספר **להט לאמת** עולה אמירה משמעותית נוספת. האם סיום זה נשמט מהפרק שלפנינו או שהשל יצר בכוונה שני סיומים כה שונים? כתב היד שבידינו משקף שלב קדום של הספר היידי - האם ייתכן שהרחבתו שרדה אפוא רק באנגלית? מכיוון שלא ניתן להכריע בשאלות אלו, צירפנו כאן כנספח את פרק המשנה הנוסף שבפרק המקביל (בתרגום מאנגלית).

יא. לאורך כל הקטע המקורי מופיעה המילה Truth באות גדולה.

ההיסטוריה מולידה את האינטואיציה שלאדם הייתה אחריות כלפי אלוהים כפי שלאלוהים הייתה אחריות כלפי האדם.

לנוכח התלות המסתורית של אלוהים באדם, לא ניתן להפריד בין בעיית הצדקת האדם לבין בעיית הצדקת האל. סוגיית היסוד: מדוע אלוהי הצדק והרחמים מאפשר לרוע להתקיים? - כרוכה בבעיה: כיצד האדם נדרש לעזור לאלוהים כדי שצדקתו ורחמיו יגברו על הרוע?

בחלקים רבים בתנ"ך קיימת זיקה מרומזת לזעקתו של איוב. כמה מנביאי ישראל נאבקו ליישב בין שתיקתו של אלוהים אל מול הרוע לבין הוודאות שלהם בטובו. הכאב המתמשך שלהם לנוכח האלימות והשחיתות מהדהד את התהיות הבלתי כתובות: "איפה אלוהים?", "למה הוא שומר על שתיקה?", "מדוע הוא מאפשר לרשעות לפרוח?".

תגובתו של אלוהים לאיוב קשורה לרצון להבין את ה"למה" של הרוע. תשובתו של אלוהים לנביאים התייחסה לסוגיה של "איך" לבטל את הרוע. אין פתרון אנושי לבעייתו של אלוהים, ותשובתו היחידה של אלוהים היא ההבטחה לגאולה משיחית.

הקוצקר לא ביקש אחר תשובה תיאולוגית, המעניקה פשר לבעיית צידוק האל; אלא אחר תשובה משיחית, אחר תבוסת השקר. כפי שציינתי קודם לכן, האכפתיות שלו כלפי האמת הייתה קיומית (איך לחיות את האמת); לא תיאורטית (איך לדעת אותה). עיקר תביעתו לא היה מכוון כלפי קבלת הסבר לשאלה מדוע בבריאת האדם לא הייתה ברירה אלא לקבור את האמת; הוא השתוקק לשימת קץ לשקר, לתחיית האמת.

ואכן, השאלה המייסרת אותנו היא: האם לא יהיה סוף לייסורים, לכזב? אנו מתעלים מעבר לכל הדיונים התיאורטיים כיצד ליישב את האמונה בהשגחה האלוהית עם הנחשולים העצומים של הטירוף והזוועות. ומתוך כך, האכפתיות שלנו אינה נתונה עוד ללימוד זכות על אלוהים אלא, אדרבה, לשימת סוף לרוע, סוף לאפילפסיה של נוכחות אלוהים.

בשעה שאיוב שאל **מדוע** יסבול החף מפשע, הנביאים התמסרו לשאלה **מתי** הסבל ייפסק. הסדר העכשווי שלנו אינו אלא זמני; באחרית הימים, בימות המשיח, אז יהיה סופם של הכזב והאלימות, כמו גם של המוות.

הגאולה המשיחית היא הבטחה נפלאה: הכאוס הנוכחי לא יימשך לנצח. ואולם, הגשמתה לא הגיעה במהלך חייו של הקוצקר, אף לא בשנים הרבות שחלפו מאז. כל שהיה לו, כמו כל שיש לנו היום, זו הבטחה וציפייה. ההמתנה הולכת ונמשכת.

ואולם, ציפייה גרידא עלולה להיות דחיית פירעון, הליכה במקום, השהיית המענה שלנו לאתגר. המשימה היא כי לעולם לא נשכח שבאמצעות כל מעשה מקודש שאנו עושים, באמצעות כל מילה שאנו מקדשים, באמצעות כל מחשבה שאנו שרים, אנו תורמים את חלקנו הצנוע לצמצום הצער ולקידום הגאולה.

אמר רבי יוסי:
פעם אחת הייתי מהלך בדרך, ונכנסתי לחורבה אחת מחורבות ירושלים להתפלל. בא אליהו... ושמר לי על הפתח (וחיכה לי) עד שסיימתי תפלתי...
אמר לי בני, "מה קול שמעת בחורבה זו?".
אמרתי לו: "שמעתי בת קול שמנהמת כיונה ואומרת 'אוי לי, שהחרבתי את ביתי, ושרפתי את היכלי, והגליתי את בניי לבין האומות'".
אמר לי: ... "לא שעה זו בלבד אומרת כך אלא בכל יום ויום שלש פעמים אומרת כך ולא זו בלבד אלא בשעה שישראל נכנסין לבתי כנסיות ולבתי מדרשות ועונין 'יהא שמיה הגדול מבורך!', הקב"ה מנענע ראשו ואומר 'אשרי המלך שמקלסין אותו בביתו'".[62]

כל כאב נחווה כייסורים משותפים. צידוק האל הוא בעיה עבור אלוהים, לא רק עבור האדם. מדוע חביות המלך מלאות חורים?

המוטיבציה של הפילוסופים היהודים בימי הביניים נבעה מההכרח למגר תפיסות נבערות של הגשמת האל, שטופחו על ידי חזיונות התעתועים שנותרו מספרות האפוקליפסה. מתוך התמודדות עם המצב הזה, הם קידמו תיאולוגיה של טרנסצנדנטיות רדיקלית. תורת השכינה - השיטה העמוקה על אודות האימננטיות של אלוהים, שנוסחה בנחרצות על ידי רבי עקיבא ותלמידיו בתקופת המשנה - לא זכתה להד בדברי רס"ג, הראב"ד הראשון (אבן דאוד), הרמב"ם, הרלב"ג, וחבריהם.

תהא זו טעות להניח שמטרת ההתמודדות של הרבי מקוצק ושאר צדיקי החסידות הייתה להגיע לתשובה שכלתנית לחידה מייסרת. מה יושג בתשובה כזו? האם יש איזשהו הסבר שיכול למנוע את הייסורים הנוראים שהעולם מתפתל בהם?

אף שאנו שקועים בהתבוננות עמוקה על המסתורין הנישא מכול, אנו מוצפים לפתע בבושה ורעדה. איך אנחנו יכולים להפנות תוכחה כלפי ה'? וכי הוא לא מפנה תוכחה כלפי עצמו? אלוהים עצמו הוא האיוב האולטימטיבי. "בְּכָל צָרָתָם לוֹ צָר" (ישעיהו סג, ט). כאשר האדם נמצא במצוקה, עולה זעקת ייסורים בשמיים. אלוהים אינו זקוק רק לסימפתיה ולנחמה אלא גם לשותפים, ללוחמים שקטים.

המבוכה מוכרחת להחזיק מעמד. כשנראה שהמצוקה סותרת את הוודאות בנוגע לצדק של אלוהים, הצדיקים בוחרים בהתרסה על פני ההשלמה. אולי זה רצונו של אלוהים שהאדם לא ייתן לו מנוח... שהוא ישתף עמו פעולה בחיפוש אחר מוצא מהתסבוכות הטרגיות.

החיים בזמננו היו חלום בלהות עבור רבים מאתנו, שלווה הייתה לאפיזודה חולפת, שמחה לזיוף. מי יכול היה לנשום בזמן שבו האדם היה עסוק ברצח העדות הקדושה לאלוהים שישה מיליון פעמים?

ועדיין, אלוהים אינו זקוק לאלו המשבחים אותו בשעה שיש מצב של אופוריה. הוא זקוק לאלו המאוהבים בו בשעה של צער, שלו ושלנו כאחד. זו היא המשימה: בלילה האפל ביותר להיות בטוח בשחר, בטוח בכוח להפוך קללה לברכה, ייסורים לניגון. להכיר את זעמה של המפלצת, ואף על פי כן, לקרוא בקול בפניה (ואפילו מפלצת

תהפוך למלאך); ללכת דרך הגיהינום ולהמשיך לתת אמון בטובו של אלוהים - זהו האתגר וזוהי הדרך.

"אלוהים כותב ישר בקווים עקומים", והאדם לא יכול להעריך אותם כיוון שהוא חי במדרגה אחת ויכול לראות רק מנקודת מבט אחת. אנחנו לא הפוסק האחרון של המשמעות. מה שנראה אבסורדי בגבולות הזמן עשוי להיות זוהר בטווח הנצח.

התהיות המטלטלות ממשיכות להגיע במפל כה מציף, הייסורים מצטברים בצורה כה נוראית, עד שהם סוחפים הרחק את יכולת הדיבור.

להתראות נוחות, שלום שלווה. אמונה היא ראשיתם של הרחמים, רחמים על אלוהים. כאשר הלב מתפקע מאנחות הכאב של אלוהים, אז אנו נסערים מן המודעות **שמעבר לכל האבסורדיות** קיימת משמעות, אמת, ואהבה.

ייסורי בעייתנו עומדים להתפרץ כמו הר געש, ורק טיפש יחפש תשובות סופיות לייסורים אינסופיים. דליי מים לא יכבו את חמתם. הכאב עז כמוות, אכזרי כקבר. אך אולי יהיה זה בקבר, מקום משכנה של האמת, שמותנו שלנו יזרז במשהו את תחייתה. לפעמים אנו מוכרחים להאמין בו כנגד רצונו, להמשיך לשאת עדות אף על פי שהוא גנז את עצמו. את שהחוויה נכשלת מלמסור במילים, התפילה מחוללת. התפילה גוברת על הייאוש.

האמונה עולה מתוך התנגשות שבין אין סוף להט לאמת לבין הכישלון להשיגה בכוחות עצמך.

ידיד שלי, מר ש"ז שרגאי, נסע לפולין כנציג הסוכנות היהודית בסוף שנות הארבעים, כשפולין עדיין ניהלה יחסים טובים עם מדינת ישראל. הוא נשלח במסגרת משימה רשמית בנוגע לעלייתם של ניצולים יהודים ממחנות ההשמדה הנאציים. לאחר שסיים את עבודתו בוורשה, יצא לפאריס וכאח"מ קיבל תא שלם ברכבת. היא הייתה עמוסה בנוסעים.

הוא הבחין שבחוץ ניצב יהודי רזה, בלבוש דל, שלא מצא מקום ברכבת, והזמין אותו להצטרף אליו לתא שלו. התא היה נוח, נקי

ונעים, והבחור המסכן נכנס עם הצרור שלו, הניח אותו על המדף שמעל המושב והתיישב.

ידידי ניסה לשוחח איתו, אבל הוא לא רצה לדבר. כשהגיע הערב, ידידי, שהינו יהודי שומר מצוות, התפלל ערבית, ואילו הבחור לא אמר מילה אחת של תפילה. למחרת בבוקר, ידידי הוציא את הטלית והתפילין ואמר את תפילתו; הבחור, שנראה כה אומלל וקודר, לא אמר מילה ולא התפלל.

לבסוף, כשהיום כמעט נגמר, הם פתחו בשיחה. הבחור אמר: ״אני לעולם לא אתפלל יותר בגלל מה שקרה לנו באושוויץ... איך אוכל להתפלל? בגלל זה לא התפללתי כל היום״.

בבוקר שלמחרת - זו הייתה נסיעה ארוכה מוורשה לפריז - ידידי הבחין שהבחור פתח לפתע את הצרור שלו, הוציא את הטלית והתפילין שלו והתחיל להתפלל. כשסיים, ידידי שאל אותו: ״מה גרם לך לשנות את דעתך?״. הבחור אמר: ״פתאום הִפציעה בראשי המחשבה עד כמה אלוהים בודד בהכרח; תראה עם מי הוא נותר. חשתי רחמים כלפיו״.

פרק י

שיטתו של ר׳ מרדכי יוסף

כפי שהוזכר, הסיבה העיקרית לעזיבתו של ר׳ מרדכי יוסף את הרבי שלו טמונה בחילוקי דעות עמוקים. ההשקפות שלהם עמדו בסתירה חריפה זו לזו. מוזר הדבר שהכותבים שהתמסרו לתיאור ההסתלקות הדרמטית של ר׳ מרדכי יוסף, לא טרחו ללמוד את ספרו ״מי השִׁלוח״. שני כרכיו של הספר כוללים שלל רעיונות, המציבים שיטה הפוכה ממש לדרכו של ר׳ מנדל.[א] בפרטים רבים ר׳ מרדכי יוסף חוזר לשיטתו של הבעל שם טוב.

כאמור, הרבי מקוצק הזכיר לעתים נדירות את ה״דיבורים״ של הבעל שם טוב.[1] לעומת זאת, בחלק השני של ״מי השלוח״, הבעל שם טוב מצוטט יותר פעמים מכל אחד אחר מגדולי החסידות.

א. בפתח הפרק הזה השל הוסיף את ההערה הבאה: ״בפרק הזה אין המחבר מבקש לינוק מן המעיין העשיר של השקפתו של ר׳ מרדכי יוסף. כדי להבינו חשוב לנתח את הפירוש לדבריו שכתב בנו, ר׳ יעקב מראַדזין, ה״בית יעקב״, כמו גם את ספרי תלמידו ר׳ צדוק הכהן, שיסודם במשנתו של ר׳ מרדכי יוסף״.

בניגוד לדרכו של ר' מנדל - שסבר שיסוד היסודות הוא האמת, ושעיקר עבודת ה' הוא לעקור את השקר - ר' מרדכי יוסף סבר שהיסוד העיקרי הוא אהבת ישראל,[2] ושעיקר עבודת ה' הוא לעמול על אהבת ישראל ועל עקירת מידת הכעס מתוך העצמי. כל התורה כולה מסתכמת בפסוק אחד: "כִּי חֵלֶק ה' עַמּוֹ, יַעֲקֹב חֶבֶל נַחֲלָתוֹ" (דברים לב, ט).[3]

אהבת ישראל של ר' מרדכי יוסף משתקפת בעצתו שאף פעם אין לכעוס יותר מדי על בעלי עבירה;[4] שאף פעם אין להרחיק יהודי שיש בתוכו תשוקה ללכת בדרכיו של אלוהים, אפילו אם הוא עדיין מבולבל ולא לגמרי ברור לו מה הוא רוצה.[5]

כשר' מרדכי יוסף הביט באדם מסוים, הוא לא ראה רק את החסרונות והתאוות שלו - הוא גם שמע את אנחתו. "ה' נֶגְדְּךָ כָל תַּאֲוָתִי וְאַנְחָתִי מִמְּךָ לֹא נִסְתָּרָה" (תהלים לח, י) - פירש ר' מרדכי יוסף: ריבונו של עולם, אתה מכיר היטב את כל התאוות שבי, אבל הרי אתה גם מכיר את אנחתי כשאני רוצה לשוב תשובה.[6]

בקוצק דרשו כל הזמן מסירות נפש. כדי להיות אדם שלם עליך לנהל מלחמה כל הזמן, עליך להיכנס לאש, ואף פעם לא לוותר, תמיד להיאבק. ואילו ר' מרדכי יוסף סבר שאין למסור את הנפש על כל דבר; חייו של היהודי יקרים מאוד לה' יתברך.[7]

ר' מנדל סבר שתשובה אמיתית אינה אפשרית אלא מתוך צער נוראי וחרטה מרה על החטאים שנעשו. רק כשמרגישים כמה מר וחשוך, יכולים להגיע לידי תשובה. ככל שמרגישים את הצער עמוק יותר, כך התשובה טהורה יותר וקרובה יותר לאמת. הייסורים וחוויית הייאוש הם צורך רוחני הכרחי. ר' מרדכי יוסף סבר להיפך. אהבת ישראל שלו - הבנויה על תפיסתו שהשכינה סובלת ייסורים כשהאדם מדוכדך - הובילה אותו להשקפה הפוכה. החרטה שיש לאדם על חטאיו גורמת לו צער, ולכן כשהוא שב בתשובה על החטאים, עליו גם לשוב בתשובה על הצער שהרגיש. הצער עצמו הוא שמץ של חטא. שכן כשאדם סובל, השכינה סובלת עמו. הרי שגרם כביכול צער לשכינה.[8]

האינדיבידואליזם של ר׳ מנדל דרש מן האדם להיות מסוגל להפנות פעמיים ״פייג״:[ב] אחת כלפי עצמו, ואחת כלפי העולם. אל תשאל אף אחד ואל תתחשב באף אחד. כוונתך כנה, האמת בראשך, אז מה אכפת לך מה אומרים אנשים אחרים? עבור ר׳ מנדל, העובדה שהמרגלים [ששלח משה רבינו לתור את הארץ], חשבו איך הם נראים בעיני אחרים - הייתה עוולה. מה אכפת לך איך אתה נראה בעיני מישהו אחר?

ר׳ מרדכי יוסף דחה אינדיבידואליזם שכזה. הוא הלך בעקבות השיטה המקובלת: ״וִהְיִיתֶם נְקִיִּם מֵה׳ וּמִיִּשְׂרָאֵל״ (במדבר לב, כב). ״כשם שחייב אדם לצאת ידי שמיים, כן חייב לצאת ידי הבריות״.[9]

ר׳ מרדכי יוסף אימץ את עצתו של רבי יהודה הנשיא: ״רבי אומר: איזה דרך ישרה שיבור לו האדם? כל שהיא תפארת לעושיה ותפארת לו מן האדם״[10] - ׳תפארת לעושיה׳ משמע שמעשיו ימצאו חן בעיני אנשים אחרים, ׳ותפארת לו מן האדם׳ משמע שמעשיו יהיו טובים במובן העמוק, כלומר טובים להוויה המהותית של האדם.[11] עליך להיות טוב לאלוהים ולאנשים. גישה כזו היא ההיפוך הגמור מזו שר׳ מנדל לימד.

כדי לחיות לפי השיטה הקוצקאית יש להיות עשויים מברזל, עקשנים, קשי עורף, עיקשים. ר׳ מרדכי יוסף לא צידד בנוקשות כזו. לפעמים, יש להיות גמישים, לוותר, ואפילו לסור מכללים ודינים נוקשים.[12]

נגד כעס

ר׳ מנדל כעס מאוד על העולם. הוא סבר שבני האדם שקועים בתוך השקר ואפילו לא יודעים שהם חיים בצביעות. זה כאב לו מאוד. הוא

ב. ״פייג״ - תאנה. תנועת גנאי יידית באמצעות תחיבת האגודל בין האצבע והאמה, והפנייתה לאחר; מעין מקבילה ל״אצבע משולשת״. ראו **קוצק: במאבק למען חיי אמת**, עמ׳ 200, וכן ראו שם את הערתו על חטא המרגלים, שתובא מיד.

סבר שכדי לעזור להם מוכרחים לתת להם תרופות מרות, לנקר את גידיהם ולכרות מהם את השקר. אבל טיפול שכזה גורם כאב. עלינו, אם כן, להיות קשוחים, קפדנים וחדים.

ואכן, ר' מנדל הטיל אימה באנשים. הוא רצה להדריך את החסידים שלו באמצעות זעם, והוא דיבר בכעס. בא ר' מרדכי יוסף והפנה עורף לקשיחות הזו, לחומרה שכזו. הוא דיבר לעתים קרובות על הנזק שבכעס, ומהרמזים שלו ברור מאוד למה הוא מתכוון.

כתוב בתורה שאיש נוכרי לא יהיה מלך על בני ישראל (דברים יז, טו) - פירש ר' מרדכי יוסף: "נוכרי" הוא אדם שיש בו כעס; לכעס אין מקום אצל יהודים.[13]

"וִישַׁלְּחוּ מִן הַמַּחֲנֶה כָּל צָרוּעַ" (במדבר ה, ב) - היינו כעסן.[14] הכעס, הצרעת, מצויים בעיקר אצל אנשים גדולים, כיוון שאין להם נחת רוח מהעולם הזה, ושכרם בעולם הבא נסתר מהם לעת עתה.[15] בגלל כעס, אדם עלול שלא להיות מעורב בין הבריות.[16]

ובכל זאת, ר' מרדכי יוסף גם השתדל ללמד זכות על דרך הקפדנות. לדבריו, הצדיק הגדול, שהוא עמוד התווך של הדור, משקף את מידותיו של ה' יתברך, ובזמנים שבהם ה' יתברך לובש את לבוש הכעס והקפדנות, הדבר משתקף בצדיקים, כמו, למשל, אצל פנחס ואליהו.[17] הכעס והעצבות הם חסרונות המצויים דווקא באנשים גדולים מאוד, והם אינם יכולים להשתחרר מהם.[18]

אך כדי להיות מנהיג ישראל, עליך להיות סבלן, עליך ללמד זכות על יהודים, אסור שיהיו לך שום תרעומות עליהם. לכן משה רבינו נדרש להשתלם במידת הסבלנות. הסנה בוער ללא הרף, ובסנה נמצאת השכינה ("וּרְצוֹן שֹׁכְנִי סְנֶה", דברים לג, טז), כסמל לכך שכשהאדם סובל מצרות בוערות, גם השכינה סובלת איתו.[19]

ואולם, היו זמנים שבהם ר' מרדכי יוסף לא יכול היה בשום אופן ללמד זכות על מידת הזעם. הוא אמר אז שמנהיג הדור, האדם שהאנשים חפצים להיות כפופים לו, חייב להיות נקי מכעס, זעם וקפדנות.[20] על אדם שצובר בקרבו הרבה כעס וזעם - אומרת התורה:

"מֵעִם מִזְבְּחִי תִּקָּחֶנּוּ לָמוּת" (שמות כא, יד). הוא יכול להיות צדיק ועובד ה', אך כל זכויותיו לא יעזרו לו. כעס שכזה אינו יהודי![21]

בדרך כלל, בספרי חסידות יש מעט התייחסות לכעס. מדוע דווקא ר' מרדכי יוסף האריך כל כך בעניין הזה?[22] האם אין כאן אלא התקפה חריפה על קוצק?

למרות הביקורות החריפות שלו על דרכה של קוצק, נראה שר' מרדכי יוסף האמין שר' מנדל הוא מנהיג ישראל ושהוא "יחיד בדורו". כשהוא החליט להיות בעצמו מנהיג ישראל, הוא קיבל עליו בכך את הפרדוקס שלפיו ישנם שני "יחיד בדורו", שכל אחד מהם ניצב גבוה לפי שיטתו. ר' מרדכי יוסף לא פחד מהתנגדות, כי הוא חש שמנהיגותו באה מאת ה'.[23]

נגד קיצוניות

ר' מרדכי יוסף התנגד לקיצוניות, ולפרישות מרובה. "דּוֹר עִקֵּשׁ וּפְתַלְתֹּל" (דברים לב, ה) - "עיקש" הוא זה שחושב רק על הנאות אישיות; ולהיפך, "פתלתל" הוא זה, שתמיד מענה את עצמו ובורח מפני הרגשת הנאה, אפילו כשלגמרי אין צורך בכך. גם התנהגות שכזו היא עבירה. "וְעֹכֵר שְׁאֵרוֹ אַכְזָרִי" (משלי יא, יז) - האכזר מאמלל את גופו שלו.[24]

ברור כשמש בצהריים שאם אדם עומד על המשמר, שומר על עצמו מכל עבירה ונמנע אפילו מספק עשיית עבירה - הוא יכול להגיע לשלווה. אך האדם הוא בשר ודם, ואי אפשר לחיות תמיד בפחד ולדקדק על הכול כחוט השערה. בעולם הזה מוכרחים לחיות מתוך אהבה, ולעשות מעשים שאין בהם ודאות מלאה.[25]

יעקב אבינו אמנם חשב לאמץ לו דרך כזו של הישמרות - וזאת המשמעות של "ביקש יעקב לישב בשלווה"[26] - כך שאף פעם הוא לא יגיע אפילו לספק עבירה. ואולם, דרך כזו בעולם אינה לפי רצון ה' יתברך.[27]

זה חלום נאה להיות טהור וצח בשלמות, ללא רבב וללא סִרחה, "לא שרוף ולא צלוי אלא עשוי היטב". ואולם, בן תמותה אינו מלאך.

ר' מרדכי יוסף סבר שהיהודים מרגישים השתוקקות להשתחרר... לחיות כפי שלבם חפץ, לא להיות אסורים בגדרים וסייגים רבים כל כך. כך הם יוכלו לחיות ב"רחבות", ליהנות מתענוגי העולם הזה. בקוצק הסתכלו על כך בביטול, אך תענוגים דווקא לא נועדו "לאכול ולירוק" (דברים חסרי ערך). ר' מרדכי יוסף סבר, כמו הבעל שם טוב, שעלינו ליהנות מתענוגי העולם הזה, אך, כמובן, הכול צריך להיות בקדושה.[28]

אחרי שמשתחררים לגמרי מכל הנגיעות האישיות, ועדיין מרגישים חשק להנאות העולם הזה, סימן שהוא בא מה' יתברך.[29]

לפי דרכו של ר' מנדל, על האדם לחיות במתח מתמיד עם עצמו, לנהל כל הזמן מלחמה ב"עצמי". האדם נושא באחריות על כל מה שהוא עושה ומרגיש, והכול תלוי ברצונו של האדם. בניגוד לר' מנדל, ר' מרדכי יוסף סבר שעל האדם לחשוב גם על עצמו. המאבק המוחלט שבין אלוהים לבין ה"עצמי", לא קיים אצלו.[30]

ר' מרדכי יוסף הזהיר את חסידיו שלא ייפלו ל"יראה של שטות". כשצדיקים אמיתיים, שלבם נמשך תמיד אחר רצונו של ה' יתברך, חשים שנכנס בהם חשק לדבר מה, אל להם לעסוק ב"התחשבנות יראה" רבה מידי; מוטב שישׂביעו את חשקם, ויסמכו על ה' שהוא לא ייתן שיקרה להם משהו לא כשר.[31]

ר' מנדל סבר שמי שעושה מצווה עם "פנייה" או "נגיעה",[ג] הריהו מוסיף כוח ל"סִטרא אחרא". כך הוא הטיל פחד ביהודים שמא בעת קיום מצווה הם חושבים על עצמם, ומקווים לקבל מעט שכר או קצת נחת רוח. בניגוד חריף אליו, ר' מרדכי יוסף דן לכף זכות כאלה "נטיות" ו"פניות". הוא ידע היטב שליבו של האדם מלא ב"נגיעות".[32] יש יהודים רבים שמקיימים את התורה שלא לשמה, רק כדי לקבל שכר בעולם הזה, ולמרות זאת, אל להם לחשוש ולהרגיש

ג. "פנייה" – מניע זר; "נגיעה" – אינטרס.

מדוכדכים. על האדם לדעת שאפילו כשכוונתו לטובת עצמו, הוא מקיים את מצוותו של אלוהים, כי אלוהים הלא רוצה לעשות טובה לאדם. מובן מאליו, שיש לשאוף לכתחילה לעבוד את אלוהים מתוך אהבת ה׳, אבל לאחר שעשה מעשה מצווה, אפילו כדי שתהיה לעצמו טובה בעולם הזה, עליו לדעת שגם זה לרצון אלוהים.[33]

עדיף שיטפון על שידפון

ר׳ מרדכי יוסף התנגד לדרישתו של ר׳ מנדל "להשליך את העולם" ולמאוס בתאוות המין.[34] גדרים וסייגים נדרשים לפני שהאדם הגיע להשגת דברי תורה. אך כשהוא הגיע לכך בשלמות, הוא לא זקוק להם. אי אפשר להגיע לדברי תורה אלא באמצעות פרישות גדולה, אך הפרישות אינה העיקר. אין חיוב להיות רחוקים מכל תשוקה של העולם הזה. אדרבה, אין להיות יבשים לגמרי; טוב להיות טבול מעט בתאוות.

"עדיף שיטפון על שידפון".[35] "תַּאֲוַת אָדָם חַסְדּוֹ, וְטוֹב רָשׁ מֵאִישׁ כָּזָב" (משלי יט, כב) - הסביר ר׳ מרדכי יוסף: "התאווה המצויה באדם היא חסד מה׳ יתברך. אם הוא מכניס את תאוותו לקדושה, הוא מתעלה מבחינה רוחנית. אך אם הוא מניח אותה במקום כוזב - טוב ממנו אדם ללא תאווה."[36] הדרך הנכונה היא דרך האמצע.[37]

ר׳ מנדל סבר כי חייבים לנהל את המלחמה כנגד תאוות המין ללא הרף. יש להמאיס את העניין הזה ולדכא את התאווה הזו. בניגוד לרבי מקוצק, לר׳ מרדכי יוסף הייתה הערכה חיובית למה שקורה בין איש לאשתו. לדבריו, המטרה של פריה ורביה היא להפיץ ולגלות קדושה השרויה בעומק הלב. כיצד יכולה נשמה קדושה להופיע מתאוותו של איש לאשתו - זהו מסתורין שאדם לא מסוגל להבין. ברור שמצוי באישה כוח נסתר שהוא עמוק מאוד. באמצעות הולדת ילד מתגלית הקדושה הזו והיא מתפשטת ונפוצה.[38]

הפרדוקס מתבטא בכך שכדי לאפשר לילד להיוולד, חייבים לשכוח לרגע, להפסיק לחשוב על אלוהים... כיוון שברגע שבו האיש מתייחד עם אשתו, הוא מפסיק בכלל לחשוב; יכולת המחשבה שלו

נעצרת. לו האדם היה חושב תמיד, ללא הרף, על אלוהים, ההסתרה והשכחה לא היו מתאפשרות, ובלעדיהן לא ניתן להביא חיים לעולם.[39]

גישה חיובית שכזאת להתייחדות האינטימית של איש ואישה מצויה לעתים נדירות בספרות היהודית. נועזותה בולטת יותר כשזוכרים את השתדלותו של ר׳ מנדל לעורר בצעירים גועל עמוק ביחס לתאווה הטבעית הזו.

בקוצק העריכו מאוד את פנחס ואת קנאותו. "בְּקַנְאוֹ אֶת קִנְאָתִי בְּתוֹכָם" (במדבר כה, יא) - בכך שפנחס הראה קנאה לה׳ והרג את זמרי, הוא הכניס בלבבות של כל היהודים - "בתוכם" - את מידת הקנאות, שלא יוכלו לסבול עוברי עבירה. כך חוזרים ומספרים בשמו של ר׳ מנדל.

היו שניסו אפילו לפרש שהרבי מקוצק הלך בדרכו של פנחס. כך הסביר ר׳ שמואל משינווה (מחבר הספר "רמתים צופים") לחסיד נסכיז את קפדנותו של ר׳ מנדל: הגמרא אומרת "לא נתכהן פנחס עד שהרג את זמרי".[40] הרי זה סותר את הדין ש"כהן שהרג נפש אפילו בשגגה פסול לכהונה"?[41] ואולם, פנחס הרג את זמרי מתוך אהבת ישראל, כמו שרופא כורת איבר אחד כדי להציל את כל הגוף. ובדומה לכך קוצק: הקנאות שלה נובעת מאהבת ישראל.[42]

ר׳ מרדכי יוסף לא החזיק מקנאות, והשקפתו ביחס לבעלי עבירה מסוימים שמוזכרים בתורה - נועזת מאוד. הוא סבר, למשל, כי זמרי בן סלוא, שפנחס המית אותו מתוך קנאות מפני שזנה עם אישה מדיינית, באמת לא חטא כלל, ושקנאותו של פנחס הייתה מעשה של נער צעיר שלא הבין את עומק התנהגותו של זמרי.[43]

פרשנות זו היא היפוכה הגמור של ההשקפה המסורתית, הסבורה, למשל, ש"פנחס הוא אליהו". בעלי האגדה העריכו מאוד את פנחס. הם סברו, ש"עשה לו המקום שישה ניסים... שעמדו ממנו בבניין ראשון שמונה עשר כוהנים גדולים...". "וַיְכַפֵּר עַל בְּנֵי יִשְׂרָאֵל" (במדבר כה, יג) - "לכפר לא נאמר אלא 'ויכפר על בני ישראל' - שעד עכשיו לא זז אלא עומד ומכפר עד שיחיו המתים".[44]

אפילו על ער ואונן הוא לימד זכות.[45] כשבני ישראל חשבו לקיים יחסים עם בנות מדיין, כוונתם הייתה להכניס אותן לקדושה.[46]

בספרי המוסר מקובלת הדעה שהתאווה נובעת מה"סטרא אחרא". מה שמתחשק - אסור. פרישותו של ר' מנדל נבעה מגישה כזו. בניגוד לכך, ר' מרדכי יוסף סבר שכוחה של התשוקה בא מה' יתברך, והוא התכוון בהקשר זה לתשוקה[ד] אל אישה לא יהודייה.[47]

יהא זה סילוף לפרש שעל פי השקפתו של ר' מרדכי יוסף, האדם נדרש לספק את כל תאוותיו, ושהשקפתו היא אנטינומית.[48] על האדם שמרגיש תאווה לשאול את עצמו שוב ושוב, אם סיפוקה עולה בקנה אחד עם רצונו של אלוהים. הדעה שמה שמתחשק לאדם הוא רצונו של אלוהים - שגויה.[49]

ר' מרדכי יוסף, בדומה לצדיקים נוספים, סבר שתרי"ג המצוות הן 'עצות' להתגברות על התאוות הרעות המושרשות בלב, כי העולם הזה הוא מקום טומאה.[50] הוא כתב כי יש לוותר על הנאות העולם הזה כדי לעשות את רצון ה',[51] ושהשכינה שורה על מי שמואס בתאוות העולם הזה.[52]

מקרה לילה

גם דעתו בעניין העבירה של הוצאת שכבת זרע לבטלה הייתה שונה מאוד מזו של הקוצקאי. הקוצקאי אימץ את הפסק של ספר הזוהר, והוא אפילו הסביר מדוע ספר הזוהר צודק.[53] בא ר' מרדכי יוסף והתנגד לתפיסה הקיצונית של ספר הזוהר. לדבריו, תשובה מכפרת על הכול, וה' יתברך יכול לתקן את הכול.[54]

ד. בכתב היד הקדום שלפנינו מופיעה בקשתו של השל למתן כאן את הניסוח ולכתוב "לתשוקה של 'כי תצא'". בהיעדר כתב יד מתקדם יותר, אין בידינו להכריע כיצד נבחר הנוסח שהודפס.

יהודים רעדו מפחד שמא יארע להם קרי חס וחלילה בליל יום כיפור, וכסגולה נגד זה נהגו לומר לאחר "כל נדרי" ארבעה פרקי תהלים מסוימים.

גם בעניין הזה הייתה לר' מרדכי יוסף, כפי הנראה, גישה אחרת. החשש מפני קרי ביום כיפור מבוסס על המשנה בפרקי אבות: "עשרה ניסים נעשו לאבותינו בבית המקדש", וביניהם "ולא אירע קרי לכהן גדול ביום הכיפורים".[55] ר' מרדכי יוסף אמר ש"קרי" כאן פירושו מקרה. הנס היה שביום הקדוש הכהן הגדול חשב כל הזמן על אלוהים ואף פעם לא עלה בדעתו, חס וחלילה, שקורה בעולם דבר מה שהוא מקרה, שאינו בגלל השגחה פרטית.

השיטה הקוצקאית מתייחסת לאדם בחומרה ובנוקשות. קל מאוד לקלקל, קשה מאוד לתקן. האחריות עצומה, ההישגים עלובים. "הגזלן", יצר הרע, הולך אחרי האדם לכל מקום כמו צל. ר' מרדכי יוסף ביקש להקל על מצפונם של המתהלכים כל ימיהם בחשש שמא ייכשלו, חס וחלילה, בתאווה שלא מדעת.

דבר ראשון, הוא סבר שאפילו לחסיד הגדול ביותר אין ערובה מלאה מפני ניסיונות, ושכך ה' יתברך שולח ישועה ועורך "בירור"[ה] למעשיו של היהודי.[56]

בניגוד לדעה המקובלת שהקרי נובע מהרהורי עבירה של תאוות המין, ר' מרדכי יוסף סבר שזה בכלל נובע מכך שאדם מהרהר בדברי תורה שאין לו שייכות פנימית אליהם.[57]

ר' מרדכי יוסף, בניגוד חריף לר' מנדל, קיבל את שיטתו של הבעל שם טוב, שאפילו לתענוג שנובע מעבירה, יש מקור משלו, והוא ניצוץ מתענוג רוחני.[58] הוא סבר שאפילו בניאוף, שיהודים אדוקים תמיד התייחסו אליו בתיעוב, נמצא היבט חיובי.[59]

ה. "בירור" - מלאכת ההפרדה בין טוב לרע. מונח שמקורו באיסור מלאכת "בורר" בשבת. בקבלת האר"י המונח יוחד ל"בירור הניצוצות" בידי האדם, וכאן משמש ל"בירור" מעשי האדם על ידי אלוהים.

הכול בידי שמיים

היסוד העיקרי שעליו בנויה שיטתו של הקוצקאי היא ההנחה שבכוחו של האדם להיות שונה מכפי שהוא. אם רוצים - יכולים! הרצון האנושי עוצמתי מאוד, ועלינו ללמוד כיצד לשלוט על העצמי.

לפי ה"דיבורים" של ר' מרדכי יוסף, נראה שבתוכו הוא ערך ויכוח עם ר' מנדל: "אל תהיה כל כך מרוגז, אל תכעס כל כך על אנשים, מה אתה רוצה מהם? וכי הכול תלוי ברצון האדם? הרי הבחירה וחירות הרצון האנושי עומדות, בסופו של דבר, על חוד הסכין. וכי יש לאדם הרבה אפשרויות למשול בעצמו? הרי הכול מונח בידי אלוהים, הלא הכול תלוי ברצונו של אלוהים".

הגמרא אומרת: "הכול בידי שמיים, חוץ מיראת שמיים"[60] - אבל אם לומר את האמת, הכול בידי שמיים, וגם יראת שמיים, אלא שבעולם הזה נדמה לאדם שהוא מגיע בכוחות עצמו ליראת שמיים.[61]

ר' מרדכי יוסף לא היה מסוגל לתאר לעצמו שיהודי אינו מסוגל להדוף התנפלות של היצר הרע, שיהודי חסר יכולת לעמוד בניסיון. אם קרה שיהודי נכשל ועשה עבירה, חס וחלילה, הדבר נראה לר' מרדכי יוסף כה מתמיה, כל כך קשה לקליטה, שהוא החליט שזה לא יכול היה להיות אלא ככה; שזה היה "מעשה ההשגחה", שלא הייתה שום ברירה אחרת.

ושוב, אם הכול מאלוהים, אי אפשר לראות את האדם כאשם כשלפעמים קורה והוא לא יכול בשום אופן לגבור על היצר הרע.[62] אדרבה, כפי הנלמד מהדין של "אשת יפת תואר", שעליו חז"ל אמרו: "לא דיברה תורה אלא כנגד יצר הרע" - במקרה כזה סימן הוא שזה בא מה' יתברך, ואל לו לאדם ליפול ברוחו בגלל זה.[63]

ר' מרדכי יוסף סבר שהכול בא מן השמיים, אפילו כשאדם חש יראת שמיים; הבחירה החופשית ממלאת תפקיד קטן ביותר.[64]

אלוהים נמצא בכל המעשים. ללא רצונו, שום דבר לא מתרחש.[65] אם מתחזקת באדם התאווה, והיא עלולה להובילו לידי עבירה - אין אלא עצה אחת: לראות כיצד ניתן להכניס את אותה התשוקה לתוך

קדושה. אם זה לא עוזר, אז צריך לחשוב על יום המיתה.[66] ואולם אם התאווה גם מתגברת על זה, אות היא כי באה מאת ה׳ יתברך והיא תתקיים לעד.[67]

ניתן להסתכל על העולם בשני אופנים: בעיניים אנושיות או לפי העיקרון של האמת. באופן הראשון, נדמה שלאדם יש בחירה: הוא יכול לעשות כרצונו והוא אכן עושה הרבה. אבל לפי העיקרון של האמת, הכול בא מאת ה׳ יתברך. העולם הזה הוא חלום שחייב להיות לו פתרון, והפתרון הוא: הכול בא מאלוהים. אפילו יכולת הבחירה, שהאדם חושב שיש לו, באה לו מאת ה׳ יתברך.[68]

טובו וגדלותו של אלוהים מבהיקים, זוהרים, אז למה לחשוב על חסרונותיו של האדם? אור־טור־טו בא המשיח, ואפילו דברים פשוטים, אפילו עבירות - יתבררו כהבזקי אור.[69]

"וַיְצַו ה׳ אֱלֹהִים עַל הָאָדָם לֵאמֹר מִכֹּל עֵץ הַגָּן אָכֹל תֹּאכֵל, וּמֵעֵץ הַדַּעַת טוֹב וָרָע לֹא תֹאכַל מִמֶּנּוּ..." (בראשית ב, טז-יז) - אבל אדם הראשון אכן אכל, ומחטאו זה החלו, לפי הקבלה והחסידות, האסון והשחתת המידות האורבים לכל אחד ואחד עד עצם היום הזה. בא ר׳ מרדכי יוסף ואמר שכאשר יבוא המשיח והעבירה של אדם הראשון תתוקן, אז יקראו את הפסוקים הנ״ל אחרת לגמרי: "מכל עץ הגן אכל תאכל ומעץ הדעת טוב. ורע לא תאכל ממנו" - ה׳ יתברך יסביר, שאדם הראשון אכל רק טוב; נדמה היה לו שחטא, אבל באמת הוא לא חטא.[70]

עבירות

השקפותיו של ר׳ מרדכי יוסף בנושא ה"עבירה" חשובות ביותר, והן מבוססות על שתי הנחות. כבר ר׳ מנדל סבר שכאשר אדם החי בדבקות עובר עבירה - אין מדקדקים איתו.[71] נראה שעל פי הנחה זו, אין זה נכון להעריך את חומרת העבירה בפני עצמה, ללא ההקשר של האדם העובר את העבירה.

ההנחה השנייה היא שאלוהים נמצא בכל מקום, בכל הדברים ובכל המעשים. אפילו בתוך עבירה, אמר הבעל שם טוב, נמצא

כוחו של אלוהים, אלא שהוא נסתר.[72] כמו האות אל"ף במילה חטא - ה"אלף" (כלומר, אלוהים) קיימת, אבל אין מבטאים אותה.[73]

ר' מרדכי יוסף הלך בדרכו של הבעל שם טוב, שסבר שמה שאנחנו תופסים כרע הוא אחיזת עיניים, ובאמת אין עוד מלבד אלוהות.[74]

לפי השיטה של ר' מנדל, האמת כמעט אינה מצויה בעולם הזה, והשקר מתגלגל בכל מקום. במילים אחרות: הטוב כמעט ואינו בנמצא, הרוע מצוי בכל מקום. בניגוד לכך, ר' מרדכי יוסף טען שמעשים טובים נובעים מעומק הלב. הרע הוא רק הצבע, החיצוניות, ה"לבוש". חטאים ורוע הם רק גוון, תופעה שטחית.[75] בעומק קיים רק הטוב. מה שנראה עכשיו כרע, יתגלה לאחר ה"בירור" המשיחי כטוב.[76]

השיטה הפרדוקסלית של ר' מרדכי יוסף - לפיה כל מה שנראה עכשיו כרע, כעבירות, יתגלה אחרי ה"בירור" המשיחי כטוב - מיוסדת על המאמר הפרדוקסלי בגמרא: "העושה תשובה מאהבה - זדונות נעשו לו כזכויות",[77] זאת אומרת, שבאמצעות עשיית התשובה מאהבה לא רק שהעבירות נמחקות, אלא שהן אפילו 'מתגלגלות' והופכות למצוות!

ישנן שתי מציאויות, אחת שנדמית בעיני האדם ואחת שתתגלה רק לאחר הגאולה השלמה. **העולם הזה**, שבו אנו חיים עתה, **הוא חלום**. כדי להבין את החיים - ר' מרדכי יוסף חזר ושינן תדיר - עלינו לפתור את החלום. ומהו הפתרון לחלום הזה? שהכול נובע מה' יתברך. אפילו מעשיו של אדם - מקורם בה' יתברך.[78]

הוא גם סבר שכאשר יבוא המשיח יתברר שהיהודים מעולם לא היו בגלות בין הגויים. הם היו משועבדים תמיד לה' יתברך. שכן הכול הרי בא ממנו.[79]

מעלתו של יצחק אבינו הייתה בידיעה שאורו של אלוהים נמצא אפילו בחשיכה, שככל שרבה החשיכה כך חזק יותר האור הנסתר שבתוכה, שממתין ל"בירור". תקוותו של יצחק לגבי עשיו הייתה שה' יתברך יסכים "לברר" את עשיו. אז היה מתגלה שמעשיו של עשיו גדולים...[80]

אדם יכול לחטוא אפילו כשהוא עושה מצווה, אמר ר' מנדל;[81] אדם יכול לפעמים לעשות מצווה אפילו כשהוא חוטא, טען ר' מרדכי יוסף. "מהעבירות של דור המדבר נהיו פסוקים בתורה; מהמצוות שלנו לא נוצרה שום תורה". ר' מרדכי יוסף דחה את ההשקפה הסטטית על העבירות, ואת הערכת מעשי האדם באופן חד־צדדי.

בניגוד לנטייתו של התנ"ך להזכיר שאפילו הדמויות החשובות ביותר אינן נקיות מכל חטא, קיימת בתלמוד שאיפה לְזַכּוֹת את גיבורי התנ"ך, ולומר שמעשים הנראים לכאורה חטאים אינם באמת כאלה. שאיפה זו הפכה להיות מאמצו [הפרשני] העיקרי של ר' מרדכי יוסף. הוא רצה להסביר את השאיפה הזו ואפילו להרחיב אותה. לכן, הוא הבין בדרך חדשה את העבירות שעליהן מסופר בתורה. לדבריו, לקורח בעצם הייתה אהבת ה', וכוונתו הייתה לשם שמיים;[82] המרגלים התכוונו לשם שמיים בהוציאם את דיבת הארץ, ובדבריהם גרמו נחת רוח בשמיים;[83] והוא אמר על מנשה המלך שהוא נולד עם כזו יראת שמיים עצומה, שהיא הייתה מעבר למה שכוחותיו האנושיים יכלו לשאת.[84]

יחידי סגולה או העם כולו

ר' מנדל לא היה מעוניין להתמסר אלא ל"בני עלייה", לנשמות גבוהות. לאדם פשוט לא היה מקום בקוצק. על יהודי עם הארץ לשבת מאחורי התנור ולומר תהלים.[85] ר' מרדכי יוסף הסתכל לגמרי אחרת על יהודים. הכלל שלו היה: "יפתח בדורו כשמואל בדורו" (יפתח, האיש הפשוט, השפיע בדורו כפי ששמואל הנביא הקדוש השפיע בדורו שלו).[86]

אַתֶּם נִצָּבִים הַיּוֹם כֻּלְּכֶם, לִפְנֵי ה' אֱלוֹהֵיכֶם ... רָאשֵׁיכֶם שִׁבְטֵיכֶם... כֹּל, אִישׁ יִשְׂרָאֵל. טַפְּכֶם נְשֵׁיכֶם וְגֵרְךָ אֲשֶׁר בְּקֶרֶב מַחֲנֶיךָ: מֵחֹטֵב עֵצֶיךָ עַד שֹׁאֵב מֵימֶיךָ (דברים כט, ט–י).[87] אין זה נכון שצריך לְקרב אל ה' יתברך רק תלמידי חכמים; יש להתמסר גם ליהודים פשוטים.[88]

הניגוד שבין ר׳ מנדל לבין ר׳ מרדכי יוסף

הניגוד בין שיטתו של הרבי מקוצק לבין שיטתו של ר׳ מרדכי יוסף, משתקף בפירושים שונים שהם נתנו לאותם הפסוקים. נביא שתי דוגמאות.

"כִּי תֵצֵא לַמִּלְחָמָה עַל אֹיְבֶיךָ וּנְתָנוֹ ה׳ אֱלֹהֶיךָ בְּיָדֶךָ וְשָׁבִיתָ שִׁבְיוֹ, וְרָאִיתָ בַּשִּׁבְיָה אֵשֶׁת יְפַת תֹּאַר וְחָשַׁקְתָּ בָהּ וְלָקַחְתָּ לְךָ לְאִשָּׁה" (דברים כא, יא-יב). דין זה התפרש בגמרא כך: "לא דיברה תורה אלא כנגד יצר הרע".[89] כלומר, התורה התירה לקחת "אשת יפת תואר", מפני שהתאווה המינית כה חזקה שאפילו איסור תורה לא יעכב בעד האדם. פירוש זה של הגמרא נראה לרבי מקוצק מוזר מאוד: מה זאת אומרת?! ממתי התורה עושה פשרות עם היצר הרע? הלא כתוב פעם אחת ולתמיד: "וְלֹא תָתֻרוּ אַחֲרֵי לְבַבְכֶם" (במדבר טו, לט) - "זה זנות".[90] אסור להיכנע לתאווה המוליכה לחטא!

הקושיה מתחזקת עוד יותר כשזוכרים את פירושו של ספר הזוהר: "כִּי תֵצֵא לַמִּלְחָמָה עַל אֹיְבֶיךָ" - מי הם שונאיך האמיתיים? היצר הרע.[91] התורה מדברת כאן [זהו הפסוק הפותח של דין אשת יפת תואר] על המלחמה ביצר הרע. "הפירוש הזה אינו דרש", אמר ר׳ שמחה בונים, "אלא הפשט של הפסוק".[92] והנה, באה הגמרא ואומרת להיכנע במלחמה הזו! מה זאת אומרת?! איך זה מתקבל על הדעת?! אלא שכך יש לפרש: אילולא היה כאן היתר, לא הייתה כאן **בחירה**. יהודי יחשק באשת יפת תואר?! לא זה לא! לכן, יש היתר, ולעולם היהודי יכול היה לקחתה אליו, אלא שהוא מחליט לא לעשות כך מפני שההיתר נובע מהיצר הרע. היצר הרע אומר שמותר. "לא דיברה תורה אלא כנגד יצר הרע" - הפירוש הוא: התורה אומרת כאן מה שהיצר הרע חושב, והיא מצווה עלינו להיות **נגד** היצר הרע.[93]

ואולם, ר׳ מרדכי יוסף סבר אחרת: התשוקה שהיהודי מרגיש אל האישה השבויה היא ראיה לכך שיש בה משהו טוב שיש להביאו לתוך היהדות. החשק אליה נובע מה׳ יתברך. לכן, התורה התירה לפעמים,

כשהיצר הרע מתגבר עד כדי כך שבשום אופן לא ניתן להתגבר עליו, שכן אז ברור שהחשק הוא מן השמיים.[94]

מהלך מחשבה זה ואפילו דרשה דומה לכך, נמצאים כבר בספרים מוקדמים, שוודאי אי אפשר לחשוד בהם כבעלי נגיעה בשבתאות, פראנקיסטיות או אנטינומיות.[95]

אחרי המלחמה של בני ישראל נגד מדיין, נאמר: "וַיֹּאמֶר אֶלְעָזָר הַכֹּהֵן אֶל אַנְשֵׁי הַצָּבָא הַבָּאִים לַמִּלְחָמָה... כָּל דָּבָר (כל הכלים) אֲשֶׁר יָבֹא בָאֵשׁ תַּעֲבִירוּ בָאֵשׁ וְטָהֵר" (במדבר לא, כא-כג). שאל ר' מנדל: "מדוע נאמר 'הבאים למלחמה', הלא נכון יותר היה לומר "הבאים מהמלחמה"? הסביר זאת ר' מנדל: "אחרי ניצחונם על המדיינים, בני ישראל הצילו את בנות מדיין והתכוונו לחטוא עמן. בא אלעזר הכהן וחידש שלא רק שאסור לחטוא בפועל ממש, אלא אפילו המחשבה לחטוא גם היא עבירה. הכלים הם טריפה כי הם ספגו אל תוכם את הטעם של מאכלי הטריפה. חייבים להלהיט אותם באש כדי להכשירם. כך אצל אדם ההרהור כמעשה, ולחשוב מחשבת חטא זה כמו לעבור עבירה ממש. וכך התחילה מלחמה חדשה לבני ישראל, מלחמה נגד הרהורי עבירה".[96]

אותה קושיה, על אותו הפסוק, שאל גם ר' מרדכי יוסף. תשובתו הייתה: "'הבאים למלחמה' - בני ישראל רצו לנהל מלחמה כנגד משה רבינו. כשמשה זעם עליהם על שהצילו את בנות מדיין, הם רצו לענות לו: בת יתרו [כהן מדיין] מי התיר לך? אלעזר רצה למנוע כעס ומריבה, ולכן לימד אותם את הדין של הלהטת כלי טריפה - שלא רק הכעס בפועל הוא עבירה, אלא גם הכעס במחשבה".[97]

הסברו של ר' מרדכי יוסף הוא מעין התפלמסות עם דרכו של ר' מנדל. לפי ר' מנדל, החטא כאן הוא המחשבה לשכב עם בנות מדיין, לפי ר' מרדכי יוסף החטא כאן הוא אפילו המחשבה להיות בכעס.

חומרות

היהדות אף פעם לא עומדת במנוחה. או שיהודים מחמירים יותר או שהם מקילים יותר. במשך דורות רבים, השאיפה לשמרנות יתירה הוסיפה

על תרי"ג המצוות הרבה מאוד חומרות. בתחילה ראו בהן מנהגים, אך בהדרגה המנהגים התקדשו, וזה נהיה בכלל לא קל לבטל מנהג. לכן, היהודים נשאו את כובד משקלן של החומרות ביראת כבוד, ומי יעז לומר שחומרות מסוימות הרחיקו לכת יתר על המידה? אדרבה, כל רב גדול משתדל להנהיג מנהגים חדשים, חומרות חדשות, כי השיטה המקובלת סבורה שככל שנזהרים ביותר חומרות, כך בטוחים יותר ביראת שמיים.

רבנים ו"מגידים" שיבחו את המחמירים: "וכל המחמיר תבוא עליו ברכה" - הייתה אמירה פופולרית; הזהירות בחומרות היא סימן לאצילות. בא הבעל שם טוב והפך את הגלגל. אל תיכנס ליותר מדי חומרות - הוא אומר ב"צוואת הריב"ש" - שכן שאיפה זו נובעת מהיצר הרע, המחפש כיצד להכניס פחד בלב האדם, שמא הוא אינו יוצא ידי חובתו בקיום המצווה, וכך לגרום לו עצבות, שהיא מה שמפריע יותר מכול לחיות כיהודי.[98]

תלמידיו החשובים של הבעל שם טוב הזהירו בתקיפות מחומרות. ר' פנחס מקוריץ התלונן שהאחרונים החמירו יותר מהראשונים, ובכל פעם שהדפיסו ספר חדש, נוספו חומרות חדשות. להקפיד על ה"שולחן ערוך" - כן; אבל יותר מזה - לא.[99] לעתים תכופות הוא אמר לתלמידו האהוב ר' רפאל מברשט: "אתה צריך ללכת בדרך הנזכרת ב'צוואת הריב"ש', שלא להיכנס לחומרות. זה מה שקיים אותי בצעירותי".[100]

ר' יעקב יוסף מפולנאה סבר שזו דרכו של היצר הרע: להוסיף עוד מצוות, וכך להביא בני אדם לידי עבירה, כי לפי התורה אסור להוסיף על תרי"ג מצוות (דברים ד, ב).[101] גם ר' נחמן מברסלב התנגד לחומרות.[102]

הזהירות בחומרות הייתה סימן ליראת שמיים יתירה, אך מנהיגים מסוימים בתולדות החסידות לא רק שביטלו את חשיבותן של החומרות, אלא שאפילו הסתכלו עליהן בביטול. כך, למשל, סבר ר' שמחה בונים שאדם שיראת השמיים שלו אינה שלמה נאלץ להזדקק להרבה חומרות, אך מי שליבו מלא יראת שמיים - לא צריך את זה.[103] גם ר' מנדל סבר שכדי להסב נחת רוח לה' יתברך חייבים לפעמים לנטות מדיני השולחן ערוך.

ר' מנדל אמר פעם אחת על צדיק מסוים: "רחמנות גדולה עליו. עלינו להתפלל שיאריך ימים. הוא לקח על עצמו עבודה קשה - הוא רוצה להפגיש את 'מעגלי צדק' עם 'למען שמו'" (ע"פ תהלים כג, ג). וכך הסביר זאת הרבי מאיזביצה: "ההקפדה על דיני השולחן ערוך, ללא כל נטייה מהם אפילו כחוט השערה - נקראת 'מעגלי צדק'. ואילו עבודה רוחנית המבקשת בעיקר לגרום נחת רוח לה' יתברך, גם אם זה דורש לפעמים לנטות מדיני השולחן ערוך (כמו איחור התפילה) - נקראת 'למען שמו'".[104]

זהו פרדוקס חשוב בתולדות החסידות שלמרות שלבעל שם טוב ותלמידיו היה דעה שלילית על "חומרות" - לא הייתה לכך כמעט השפעה. מהר מאוד התברר שהחסידים הקפידו על חומרות יותר מה"מתנגדים", ואפילו יצרו מספר רב של חומרות חדשות.

החסידים התעלמו מכך שמנהיג כה חשוב כמו החוזה מלובלין אמר לעתים קרובות ששמירת הדינים והחומרות מפריעה תכופות להגיע לדבקות בה' יתברך.[105] בדרך כלל מקובל שיראת ה' ואהבת ה' חיוניות כאחת, ושהיראה והאהבה משלימות זו את זו. אך החוזה מלובלין סבר שמי שאינו רוצה לוותר על היראה, לא יגיע לעולם לאהבה. בין השתיים קיים מתח.[106]

ר' מרדכי יוסף דיבר על המתח הזה לעתים קרובות. גם הוא סבר שלעתים קרובות הזהירות נובעת מתוך "יראה של שטות"; ביטוי חריף שאינו מוכר לי משום מקור אחר.

ר' מרדכי יוסף הבדיל באופן חד בין "תורה ומצוות", שבלעדיהן לא ניתן לתפוס את עמקות רצונו של אלוהים, לבין ה"חומרות", הגדרים והסייגים שהופיעו מאוחר יותר. תרי"ג המצוות חלות על כל אחד ללא יוצא מן הכלל, וללא שום שינוי. הגדרים אמנם חיוניים, והם מתקבלים ברצון על ידי ה' יתברך, אך ר' מרדכי יוסף קיווה שיגיע יום שבו יוכלו לחיות בלי גדרים וסייגים ואפשר יהיה להתענג בתענוגי העולם הזה, בתנאי המובן מאליו שהכול יהיה בקדושה.[107]

אלוהים והתורה

בדומה לרבי מקוצק, ניחן גם ר' מרדכי יוסף באומץ לב, בגבורה רוחנית. אצל היהודים מקובל שהתורה כה קדושה, כל כך אלוהית, שאסור לערוך שום הבדל בין חלקיה ולומר שפרשה **זו** נאה והפרשה **ההיא** לא כל כך "איי־איי־איי". הפסוק "וְתִמְנַע הָיְתָה פִילֶגֶשׁ לֶאֱלִיפַז בֶּן עֵשָׂו" (בראשית לו, יב) קדוש בדיוק כמו הפסוק שבו מתחילות עשרת הדיברות: "אָנֹכִי ה' אֱלֹהֶיךָ" (שמות כ, ב).[108]

בא ר' מרדכי יוסף ואמר שהמרחק בין פרשת "יתרו", שבה מדובר על מעמד הר סיני וקבלת התורה, לבין פרשת "משפטים" [הסמוכה אליה], שבה מדובר, למשל, על דיני עבד עברי (על יהודי שגנב ונתפס, ובית הדין מכר אותו לעבד) - הוא כה רחוק כמו "מאיגרא רמא לבירא עמיקתא".[109]

אחד הכללים החשובים ביותר בחסידות הוא שאלוהים והתורה אינם אחד ואינם אותו הדבר.[110] אפשר לקיים את כל המצוות ולהיות מנוול, "נבל ברשות התורה".[111] לר' מרדכי יוסף היה האומץ לומר שאלוהים ניצב גבוה מן התורה, שרצונו עמוק לאין ערוך יותר ממה שכתוב ב"שולחן ערוך". לכן, אף אדם אינו יכול לדעת בוודאות אם הוא מקיים את התורה בהתאם לעומק רצונו של אלוהים. ייתכן שאדם יקיים את כל הדינים שב"שולחן ערוך" ועדיין הוא לא יוכל להיות בטוח אם הוא אכן חי לפי רצונו של אלוהים.[112]

דחיית זיהויה של התורה עם אלוהים, והשכנוע העמוק בכך שאלוהים ניצב גבוה יותר מהתורה, מובילים לתפיסה חדשה של היחס אל ההלכה והאגדה. בדרך כלל, מקובל שההלכה היא העיקר, והאגדה היא תוספת מסוג של "מהיכא תיתי" [נו, שיהיה]. רש"י פותח את פירושו על החומש בשאלה, "אמר רבי יצחק: לא היה צריך להתחיל את התורה אלא מ'החודש הזה לכם' שהיא מצווה ראשונה שנצטוו ישראל. ומה טעם פתח ב'בראשית'?" (כלומר, התורה הייתה צריכה להתחיל באמצע פרשת "בא", בדיני קרבן הפסח; ואילו סיפורי בריאת

העולם, האבות וכן הלאה - הם הרי שוליים, ומדוע נכללו כחלק מן התורה?). ואולם, ר׳ מרדכי יוסף סבר בדיוק להיפך: הסיפורים המתארים את מעמד הר סיני גבוהים ללא שיעור מן הדינים שבפרשת "משפטים".

דעתו של ר׳ מרדכי יוסף על סיטואציות שבהן יש סתירה בין ההלכה לאגדה, בין הדין לבין רצונו של ה׳ יתברך - חשובה ביותר. לפי השיטה שיצר, ביהדות ישנן שתי דרכים שמנהלות מחלוקת ביניהן: דרך "אפרים" ודרך "יהודה". יהודי הדורות ההולכים בדרך "אפרים" סומכים תמיד על מה שאומר הדין, על ההלכה, ואף פעם אינם נוטים ממנה. ואולם, בדרך ההפוכה, יהודים שהולכים בדרך "יהודה" אינם מסתפקים בהלכה. הם מתעמקים תמיד ברצונו של ה׳ יתברך, ולמרות שהם מבינים היטב מהי הפסיקה ההלכתית, הם מתבוננים עמוק יותר. שכן לפעמים קורה שהפסיקה ההלכתית צודקת לפי שיקול הדעת האנושי, ולמרות זאת היא אינה על פי האמת. הם לא סומכים על עצמם, על ההשגות שלהם, וה׳ יתברך מאיר את עיניהם לראות מחדש את רצונו; במקרה כזה, יש לפעמים לעשות מעשה העומד בסתירה להלכה, לפי הכלל של "עֵת לַעֲשׂוֹת לַה׳ - הֵפֵרוּ תּוֹרָתֶךָ" (ע"פ תהלים קיט, קכו).[113]

פעם אחרת, ר׳ מרדכי יוסף הציג סמלים אחרים כמשלים לשתי הדרכים של "אפרים" ושל "יהודה" - "תורה" ו"אישה".[114]

ר׳ מרדכי יוסף חלק על הדעה שהתקבלה במסורת שדבר ה׳ זהה למילות התורה, ושאנחנו כבר השגנו את דבר ה׳ לחלוטין. הוא סבר להיפך, שמילותיו של אלוהים מאירות לפעמים בלבבות בני האדם, ועל כן אפשרי להתעמק ולהשיג אותם מחדש.[115]

דוגמא לאופן שבו מגן אלוהים על האדם מפני הקפדנות הנוקשה של הדין, מצא ר׳ מרדכי יוסף במדרש המסביר את תחינתו של דוד המלך (תהלים ג, ב-ד): "ה׳, מָה רַבּוּ צָרָי, רַבִּים קָמִים עָלָי, רַבִּים אֹמְרִים לְנַפְשִׁי אֵין יְשׁוּעָתָה לּוֹ בֵאלֹהִים סֶלָה. וְאַתָּה ה׳ מָגֵן בַּעֲדִי, כְּבוֹדִי וּמֵרִים רֹאשִׁי". [על פי המדרש, דוד אמר:] "בתורה כתוב: 'וְאִישׁ אֲשֶׁר יִנְאַף אֶת אֵשֶׁת אִישׁ... מוֹת יוּמַת' (ויקרא כ, י), ולמרות זאת הגנת עלי

ומחלת לי". שיטת "יהודה" ניצבת גבוה יותר מכל הכללים והדינים של התורה, ואין לנו להתנהג אחרת מאשר רצונו של ה' יתברך.[116]

למרות שר' מנדל קיבל בדרך כלל את העיקרון שהתורה ואלוהים אינם אחד ואינם אותו הדבר, הוא לא יכול היה בשום אופן להסכים עם המסקנות שר' מרדכי יוסף הסיק מכך.[117] ר' מנדל הביט בחשדנות על שיקול הדעת האנושי, הוא תמיד חשש שסברותיו של האדם רוויות ב"נגיעות". אסור לנו לסמוך על עצמנו; אפשר לסמוך רק על מה שאומרת התורה. לעומת זאת, ר' מרדכי יוסף סבר שאדם יכול לגבור על ה"נגיעות" שלו, להבין בעזרת ליבו מהו רצונו של אלוהים, ולפעמים אפילו לנטות מן התורה. הוא הרבה לצטט את הפסוק, "עֵת לַעֲשׂוֹת לַה' הֵפֵרוּ תּוֹרָתֶךָ" (תהלים קיט, קכו).

"כָּעֵת יֵאָמֵר לְיַעֲקֹב וּלְיִשְׂרָאֵל מַה פָּעַל אֵל" (במדבר כג, כג) - בכל רגע יודע כל יהודי, מקטון ועד גדול, מה בורא העולם רוצה עכשיו. יהודים יודעים באופן "אינטואיטיבי" שכך הוא רצונו של ה' יתברך.[118]

ר' מנדל סבר שהאדם ניצב רחוק מאוד מה' יתברך. מה שמתחשק לאדם הוא בדרך כלל הפוך ממה שה' חפץ. אף פעם אסור לאדם לסמוך על נטיית ליבו או על מחשבות ראשו. בניגוד לרבי מקוצק, ר' מרדכי יוסף הדגיש את קרבת האדם לאלוהים. השראה אלוהית ממלאת תפקיד חשוב בחייהם של יהודים ישרים. אלוהים ממלא את תודעתם באור. הוא משפיע עליהם דברי תורה אפילו כשהם ישנים.[119]

הירושה

הדרך הקוצקאית הייתה מרד נגד סדר העולם. אלוהים ברא את העולם במידת הרחמים, קוצק דרשה את מידת הדין.[120]

קוצק רצתה ליצור מחדש את האדם. אלוהים יצר בשר ודם, קוצק רצתה שהאדם יהיה מלאך. ואולם, יש מספיק מלאכים בשמיים.

היו יהודים בדורות קודמים שניסו לשנות את האדם, אך הם הגיעו למסקנה: זה לא הולך, אפילו אם תתפרק לחתיכות. אבל קוצק אמרה: כן - ותתפרק!

האדם והאמת אינם יכולים להתקיים יחדיו. לדברי המדרש, קיימת ברירה עתיקת יומין: אחד מן השניים - או האדם או האמת.[121] מז'יבוז' בחרה באדם, קוצק בחרה באמת: שהאנושיות תלך לכפרות! - העיקר שתהיה האמת.

קוצק זעקה: שיילך לכפרות ים של כמות, למען טיפה אחת של איכות. אבל בעולם הזה הטיפה מתאדה מהר מאוד.

מז'יבוז' ידעה שהאדם אינו יכול לטפס על קירות חלקים, שאי אפשר לעקור את האנושיות, שאסור "להשליך את העולם".[122] אבל אוי ואבוי לעולם הטובע במבול של אכזריות, ואוי ואבוי לאנושיות, כשהיא רוויה בגאווה, כשהיא מלאה בסיגי שקר. קוצק הייתה סטירת לחי לכל ה"בעלבתים" מדושני העונג, ל"יהודים של צורה". קוצק הייתה זעקת שבר של נביא נגד אלה העושים מהשגותיהם ומהישגיהם עבודה זרה.

קוצק הותירה אחריה ירושה: **אי־נחת** בנשמה היהודית. קוצק מזכירה לנו כל הזמן שיהודיותו היא מעבר לאנושיות. הכלל הראשון הוא - "שְׁלַח לְךָ אֲנָשִׁים" (במדבר יג, ב) - שַׁלַח מעליך את האנושיות.[123] שכן מהי המשמעות להיות יהודי? דם ולֶבֶּן?![ז] - יהודי הוא הר סיני, הר שבוער באש. "ה' אֱלֹהָיו עִמּוֹ" - אלוהים בכל מקום; "וּתְרוּעַת מֶלֶךְ בּוֹ" (במדבר כג, כא) - ההתפרצות של מלכות שמיים קיימת בו, ביהודי.[124] "וְהָהָר בֹּעֵר בָּאֵשׁ עַד לֵב הַשָּׁמַיִם" (דברים ד, יא) - מתי ההר בוער? כשהלב נעשה שמיים.[125] שכן לא ניתן לתפוס את אלוהים בהבנה אנושית, "הַאֲזִינוּ הַשָּׁמַיִם" - הבינו כשמיים.[126] אל תתאים את אלוהים להשגות שלך, התאם את עצמך אליו.

פרשת "קדושים" מתחילה במילים "קְדֹשִׁים תִּהְיוּ" (ויקרא יט, ב), ומסיימת במילים "דְּמֵיהֶם בָּם" (שם כ, יג) - תצטרכו לירוק דם כדי להיות קדושים.[127]

ו. "יהודיות" (תרגום ל"יידישקייט") - יהדות כחיים, על מגוון היבטיהם; לא רק "יהדות" - כתיאוריה.

ז. "דם ולֶבֶּן" - ביטוי ביידיש שמשמעותו כאן "בשר ודם".

קוצק הייתה מהפכה שלא החזיקה מעמד זמן רב. אחרי פטירת ר׳ מנדל, ר׳ יצחק מאיר מגור, תלמידו האהוב, נהיה ממלא מקומו. למרות נאמנותו לעיקרי שיטת ר׳ מנדל, החל המנהיג החדש להנהיג דרך חדשה,[128] ערך בדק בית לשיטה הקוצקאית וסילק הרבה מיסודותיה. חסידות קוצק הייתה מהפכנית, ואילו חסידות גור היא "בעלבתית". ר׳ יצחק מאיר עצמו אמר: "ר׳ שמחה בונים הנהיג את העדה עם אהבה, הרבי מקוצק הנהיג עם יראה, ואני מנהיג עם תורה".[129]

מספרים שאחד מחסידי קוצק לא יכול היה לקבל עליו את הדרך החדשה. בקוצק הוא תמיד שמע דברים שפשטו מעליו את עורו; בגור, ר׳ יצחק מאיר דיבר עם כל אחד ברכות, בעדינות. החסיד שפך את ליבו בפני ר׳ יצחק מאיר, אך הוא השיב לו כך: "׳יהודי טוב׳ [רבי] הוא ההלכה. כשבא ׳יהודי טוב׳ חדש, הוא עתה ההלכה, אך את ההלכה הישנה יש לארוז היטב. כשהישנה אינה ארוזה היטב, החדשה לא מוצאת חן".[130]

בפסח תרי"ט, התאסף ציבור גדול בוורשה סביב ר׳ יצחק מאיר. הוא ערך "טיש" ואמר דברי תורה. דברי התורה הללו השתמרו:

> אינני רבי׳לה. איני דורש כסף. הכוונה שלי אינה לשם כבוד. אין לי עכשיו מעלה יתרה על מה שהיה עד עכשיו. אבל זו דרישתי: שבמשך השנים האחדות שאהיה כאן, אוכל לכוון את לבבות היהודים לשמיים ולהכניס בהם קצת אמת. מי שלא רוצה זאת, אני מבקש שלא יבוא אליי. מי שבא אליי אך ורק בגלל העדר פרנסה, ילדים או בריאות - עדיף שייסע לצדיקים אחרים. ואולם, מי שמרגיש שחסר לו משהו בעבודת הבורא, ושעגמת הנפש מעיקה על היהודיות שלו - יוכל לקבל ממני עזרה בשני הדברים הללו.[131]

מי היה ר׳ מנדל? התרחש פלא: נשמת האמת, שהייתה טמונה בקבר מאז יצירת אדם הראשון, קמה מקברה והתגלגלה בבן אדם אחד. ר׳ מנדל היה הוגה הדעות הרדיקלי ביותר בהיסטוריה היהודית. הוא

היה קריאת קרב - מרגע שנשמע קולו, שיטות אחרות נשמעות כמו פשרות בלויות.

"הַשָּׁמַיִם שָׁמַיִם לַה' וְהָאָרֶץ נָתַן לִבְנֵי אָדָם" (תהלים קטו, טז) - תלמידיו של ר' מנדל פירשו: השמיים כבר שמימיים, ואת הארץ הוא נתן לבני אדם, כדי שיעשו את הארץ שמימית.[132]

יש הרבה טענות קשות נגד שיטתו של הקוצקאי. מי יכול לעמוד בדרך כזאת? במבט מעשי, מנקודת מבטה של הפילוסופיה הפרגמטית, ולפי מה שמקובל בעולם בכלל - אין לכל השיטה הזו ממשות. ולמרות זאת, עד היום הזה, שיטתו של הקוצקאי היא כמו רוח סערה שטענות לוגיות מנסות לשווא להפיג בנשיפה.

ר' מנדל היה דמות חד־פעמית: לוחם, מורד, איש מרי, קושר קשר, רדיקלי, מקורי וטרגי. כמו ברק, הוא הבליח פתאום בעולם היהודי, היכה בסנוורים את עיניהם של יחידים חשובים ואפילו של ההמון הרב - וכמו ברק, הוא נעלם בתוך לילה של הסתגרות ומפח נפש.

דבריו מטלטלים עד היום הזה, והכאב שלו מעיק עלינו ומציק לנו.

הערות

* למספור הפרקים באותיות נוסף כאן בסוגריים מספורם במהדורה המקורית.

פרק א (ט)

שנות ילדותו של ר' מנדל

1. פיינקינד, **גוטע יידן**, ראו עמ' 26 ואילך.
2. **שיח שרפי קודש**, ג, עמ' 9.
3. אוריין, **סנה בוער בקוצק**, עמ' 50.
4. **אמת ואמונה**, סימן תשכג.
5. **שיח שרפי קודש**, א, עמ' 59; ג, עמ' 16; פיינקינד, שם.
6. גליקסמאַן, **דער קאָצקער רבי**, עמ' 11 ואילך; **שיח שרפי קודש**, א, עמ' 131.
7. ר' מנדל למד רוקחות בלמברג, גליקסמאַן, **דער קאָצקער רבי**, עמ' 12; **אמת ואמונה**, סימן רעז. לפי סברה אחרת, ר' מנדל למד רוקחות אצל ר' שמחה בונים, **אמת ואמונה**, סימן קכד.
8. **שיח שרפי קודש**, ג, עמ' 13.
9. **שיח שרפי קודש**, א, עמ' 72; **אמת ואמונה**, סימן תשצא. גם ר' נחמן מברסלב אמר שעיקר ההתעוררות לעבודת ה' החל אצלו מפני שבשנות נעוריו הוא הִרבה לשמוע סיפורי מעשיות על צדיקים, **שיחות הר"ן**, אות קלה.
10. **נפלאות היהודי**, עמ' 53; **נפלאות הרבי**, עמ' 34.

11. **שיח שרפי קודש**, ג, עמ׳ 26.

החוזה מלובלין

12. **אם לבינה**, עמ׳ 28.
13. **גבורות אריה**, הקדמת המביא לבית הדפוס.
14. **עשר אורות**, עמ׳ 83.
15. **זאת זכרון**, עמ׳ 38.
16. **זאת זכרון**, עמ׳ 4, 7, 10.
17. ושיהא ״קשה בעיניו שום צער לשום נפש (ישראל, והנביא אפילו צער של אומות נצטער), אפילו מהשונאים המדברים עתק״, **זאת זכרון**, עמ׳ 75.
18. **זאת זכרון**, עמ׳ 42.
19. ״תראה להיות להם פרנסה ברווח, כי אם אין קמח אין תורה, כדאיתא בחובות הלבבות, ריש הפרישות תיקון הפרנסה״, **זאת זכרון**, עמ׳ 76. ״להמשיך להם כל שפע טוב... בני חיי ומזוני״, שם, עמ׳ 77.
20. **זאת זכרון**, עמ׳ 46.
21. הצדיק ״יכול לעשות אותות ומופתים״, **זאת זכרון**, עמ׳ 26. הוא ״מגלה כבוד שמיים בתפילתו, שפועל ניסים נגלים״, שם, עמ׳ 27. ״כי יעזור לצדיקים שבכל דור לפעול נפלאותיו להגדיל אהבתו בלב ישראל לשוב על ידי זה מאהבה״, שם, עמ׳ 31. ״יעזור להבאים להטהר עזר גדול לפעול ניסים ונפלאות, על ידי זה (?) יתקרבו ישראל מאהבת הנס כמו בימי מרדכי ואסתר״, **זאת זכרון**, פרשת לך לך. ״הצדיק... מגלה כבוד שמיים בתפילתו שפועל ניסים נגלים... מחזיר למוטב את העולם ומקרבם לו יתברך״, **זאת זכרון**, פרשת בשלח. ״הצדיק צריך... להגביר קדושתו יתברך בעולם ולפעול תשועות ישראל וניסים ונפלאות״, **זאת זכרון**, פרשת פקודי. ״לפעול ניסים ונפלאות להחזיר האמונה״, **זאת זכרון**, עמ׳ 88.
22. **זאת זכרון**, עמ׳ 41.
23. בשם ר׳ מיכל מזלוטשוב, **זאת זכרון**, עמ׳ 38.
24. **זאת זכרון**, עמ׳ 4.
25. **זאת זכרון**, עמ׳ 9.

ר׳ מנדל אצל ״החוזה״

26. **שיח שרפי קודש**, ג, עמ׳ 16; **אביר הרועים**, סימן רמח; **אמת ואמונה**, סימן שנד.

27. **שארית ישראל**, עמ' 181 [הפניה מסופקת. לא נמצאה המהדורה]. **אור הנפלאות**, עמ' 6.
28. **נפלאות היהודי**, עמ' 52. ראו גליקסמאַן, **דער קאָצקער רבי**, עמ' 13. **שיח שרפי קודש**, א, עמ' 59.
29. **נפלאות היהודי**, עמ' 52 [נראה שהפניה זו משובשת. ראו **אמת ואמונה**, סימן ריט].
30. **נפלאות היהודי**, עמ' 53.
31. **נפלאות היהודי**, עמ' 53.

פרק ב (י)

"היהודי" בלובלין

1. ראו רבינוביץ, **רבי יעקב יצחק מפשיסחה**, עמ' 9.

המרד

2. **שפתי צדיק**, במדבר, עמ' 89. כבר ר' שניאור זלמן התפלא על כך, ואת ר' נחמן מברסלב זה אפילו ציער, שאנשים מטרידים אותם עם הבלי העולם הזה שלהם. "זכור ימות עולם, בינו שנות דור ודור, ההייתה כזאת מימות עולם? ואיה אפוא מצאתם מנהג זה באחד מכל ספרי ישראל הראשונים והאחרונים להיות מנהג ותיקין לשאול בעצה גשמית, כדת מה לעשות בענייני העולם הגשמי, אף לגדולי חכמי ישראל הראשונים כתנאים ואמוראים אשר כל רז לא אנס להו, ונהירין להון שבילי דרקיע, כי אם לנביאים ממש אשר היו לפנים בישראל, כשמואל הרואה אשר הלך אליו שאול לדרוש על דבר האתונות שנאבדו לאביו, כי באמת כל ענייני אדם לבד מדברי תורה ויראת שמיים מושגים רק בנבואה", **אגרות בעל התניא**, סא. "איני יודע איך יש לכם לב כזה לבלבל אותי בהבלי עולם הזה? הלא אני דומה למי שהולך יומם ולילה במדבר, וחותר ומבקש לעשות ממדבר ישוב, כי לכל אחד מכם בלבו מדבר שממה מאין יושב ואין שם מדור לשכינה, ואני חותר ומבקש בכל עת לעשות איזה תיקון ומקום בלבבכם להיות שם מדור לשכינה", **שיחות הר"ן**.
3. **שיח שרפי קודש**, ב, עמ' 120. ראו **קוצק: במאבק למען חיי אמת**, עמ' 210.
4. "בכל דור ודור מי שהוא צדיק הדור רואה רצון השם יתברך, כמו שכתוב: 'שִׂפְתֵי **צַדִּיק** יֵדְעוּן רָצוֹן' (משלי י, לב). והיהודי הקדוש זה"ה בדורו ראה רצון

השם יתברך באיחור זמן תפילה, ונסמך על מאמר הכתוב: 'לֹא תַעֲשֶׂה כֵּן לַה' אֱלֹהֶיךָ' (דברים יב, לא) - רומז על קביעות בלי חיים. וכשראה רצון השם יתברך בזה, לכן התאחר בתפילתו. ונשמתו מאירה בגן עדן מזה, כי כיוון לאור רצון השם יתברך. אף כי יכול זאת בשינוי זמנים להשתנות, מכל מקום נאמנה את אל רוחו עד עת קץ", **מי השלוח**, ח"ב, בהעלותך, כט ע"א.

5. **בכורי אבי"ב**, הקדמה.
6. לחומר חשוב לסעיף זה ראו בספר **שיחות חיים**, האוסף "דיבורים" של ר' חיים מאיר יחיאל ממוגליניץ, ובייחוד עמ' 6-12.

מתיחות בין "החוזה" לבין "היהודי"

7. **שפתי צדיק**, בראשית, עמ' 105.
8. **בכורי אבי"ב**, הקדמה.
9. **אור הנפלאות**, עמ' 10.
10. **אור הנפלאות**, עמ' 7.
11. **נפלאות חדשות**, עמ' 15.
12. **אור הנפלאות**, עמ' 10.
13. **נפלאות הרבי**, סימן רד.
14. "אם מעמידים בן צדיק, בזה לא יופסק עבודתם, כי הוא כאילו אינו מת, פירוש: אינו מסולק מן העולם הזה, כי כוח האב בבן. וכאשר הבן עובד עבודתו ונרצה לפני השם, כאילו האב בעצמו עדיין עובד עבודתו", **לקוטי מהרי"ל**, וירא, עמ' 11.
15. **שיחות חיים**, עמ' 47.
16. **שיח שרפי קודש**, ה, עמ' 73-74.
17. מכות, י ע"א.
18. **אהל נפתלי**, עמ' 28.

"החוזה" רוצה להביא את המשיח

19. **תולדות אדם**, עמ' 141.
20. **תולדות אדם**, עמ' 157.
21. **אור הנפלאות**, עמ' 6.
22. **אור הנפלאות**, עמ' 2 [הפניה מסופקת].
23. "שבאמת נמצאים בכל דור ודור צדיקים שיכולים להביא הגאולה", **מלין יקירין**, עמ' 31.

24. **אמרי אלימלך**, עמ' 338; עיינו גם **באר משה**, בהר, עמ' 227.
25. **אמרי אלימלך**, עמ' 338.
26. בראשית רבה, פמ"ב, ז.
27. **בארות המים**, סוף הספר.
28. "כל התפילות שהצדיק מתפלל על בני ישראל עינינו הרואות שהצדיק גוזר והקדוש ברוך הוא מקיים, ומשביע לכל חי רצונו. וזאת התפילה על ביאת משיחנו, הנה עינינו כלות כל היום שאנו בגלות ובערך הידוע, ואין קול ואין עונה", **יקר מפז**, חוקת.
29. את ה"וואָרט" הזה שמעתי לעתים קרובות בשנות נעוריי, וגם מידידי יהודה יערי נ"י.
30. עיינו **אגרא דכלה**, בא, פרשה טו.
31. **שיח שרפי קודש**, ד, עמ' 44.
32. בראשית רבה, פצ"ו, א.
33. **אמת ואמונה**, סימן תתכא.

ימות המשיח

34. **שיח שרפי קודש**, א, עמ' 14.
35. **ליקוטים חדשים**, עמ' 93; **אמת ואמונה**, סימן קמב.
36. **שיח שרפי קודש**, א, עמ' 61; **אמת ואמונה**, סימן תשלו.
37. **שיח שרפי קודש**, א, עמ' 123. מקור הביאור בבראשית רבה, ריש פרשת ויחי.
38. **שיח שרפי קודש**, א, עמ' 64.
39. **אמת ואמונה**, סימן קלח.
40. **אבות**, פ"א, ב.
41. פסחים, קיז ע"ב.
42. **אמת ואמונה**, סימן שיט.
43. **שיח שרפי קודש**, א, עמ' 129.

הדרך החדשה

44. **רשפי אש השלם**, עמ' 49.
45. **כתר היהודי**, עמ' ג.
46. **שיח שרפי קודש**, א, 14; בנוסח אחר: **תפארת היהודי**, סימן נב.
47. **ליקוטים חדשים**, עמ' 114.

48. "התורה מרמזת בכאן על כת שקרנים ומתדמים לשלומי אמוני ישראל... שמראים עצמם כצדיקים, והוא שאמרו 'ונלבנה לבנים', היינו נלבש בגדים לבנים כדמיון הצדיקים הטהורים, 'ונשרפה לשריפה' להכות כף אל כף בהתלהבות...", **דגל מחנה אפרים**, סוף פרשת נח. עיינו וישלח, ד"ה "הצילני נא".
49. **שיח שרפי קודש**, ג, עמ' 12.

מחמיר בחסידות

50. **תולדות אדם**, משפטים.
51. **נפלאות היהודי**, עמ' 53; **אמת ואמונה**, סימן תשלט.
52. **שיח שרפי קודש**, ג, עמ' 109.
53. **דער קאָצקער רבי**, עמ' 14 [**אמת ואמונה**, סימן תתלח].

להשתנות ל"יהודי"

54. **שיח שרפי קודש**, ה, עמ' 42; **אמת ואמונה**, סימן תרעג.
55. לוין, **בית קוצק**, עמ' 177.
56. **רמתים צופים**, ח"א, עמ' 220.
57. **תולדות אדם**, עמ' 59.
58. **אור הנפלאות**, עמ' 48. שם מצוטט הרעיון הזה גם משמו של המגיד ממזריץ'.
59. ראו אוריין, **סנה בוער בקוצק**, עמ' 43.

אישיותו של "היהודי"

60. **משמרת איתמר**, בהעלותך, קה ע"ד.
61. **מאיר עיני הגולה**, סימן עג.
62. **מאיר עיני הגולה**, סימן עו.
63. **נפלאות היהודי**, עמ' 10.
64. **מאיר עיני הגולה**, סימן עא.
65. **מאיר עיני הגולה**, סימנים עה, עו.
66. **משמרת איתמר**, ח ע"א-ע"ב; קה ע"ג.

חיצוניות

67. **כתר היהודי**, עמ' נה.

68. **גאולת ישראל**, ח"ב, טז ע"א. ר' בעריש מוולבוז' אמר שהנימוק לאכילת געפילטע פיש בשבת הוא "שיחוש וירגיש עם מה הוא התעסק במשך השבוע" (**עבודת יששכר**, לקוטים, עמ' 4).
69. **רמתים צופים**, ח"א, עמ' 162.
70. **חשבה לטובה**, עמ' 46.
71. **תפארת היהודי**, עמ' 52.
72. האמונה הזו קושרה למקור "מצילין תיק הספר עם הספר".
73. ראו לעיל **קוצק: במאבק למען חיי אמת**, עמ' 151.
74. **מאיר עיני הגולה**, עמ' 128; **שיח שרפי קודש**, ג, עמ' 11. ראו מאהלר, **החסידות וההשכלה**, עמ' 350 ואילך.
75. **היכל קאצק**, עמ' תקמט.

מופתים

76. ראו לעיל, עמ' 6.
77. **שמחת ישראל**, עמ' 107.
78. **שיח שרפי קודש**, ד, עמ' 67.
79. **שפתי צדיק, מהד' ווארשא**, דברים, עמ' 75.
80. **שיח שרפי קודש**, א, עמ' 57.
81. **שיח שרפי קודש**, ה, עמ' 62-63.
82. **שיח שרפי קודש**, א, עמ' 88.
83. **מאור ושמש**, בלק.
84. על פי השמועה.

לימוד ה"נִגלה"

85. **היכל קאצק**, עמ' שפר.

לא לשגרה

86. **שיח שרפי קודש**, א, עמ' 14-15.
87. **משמרת איתמר**, ויקהל, עד ע"ג.

פטירתו של "היהודי"

88. **אמת ואמונה**, סימן לו.

89. שם.
90. הוא היה אצל צדיקים שונים, **אור פני יצחק**, עמ׳ ג. עוד שנים קודם לכן, ר׳ מנדל היה זמן מסוים בקוז׳ניץ, אצל המגיד ר׳ ישראל. הוא נהג להתפלל שם בעליית הגג של בית המדרש, בזמן שבבית המדרש ערכו את סעודת השבת. המגיד הורה לשמש להשאיר לו אוכל, מפני שהוא התפלל בחיוניות רבה. **שיח שרפי קודש**, ג, עמ׳ 16.
91. **אמת ואמונה**, סימן לו. אך ראו **תפארת היהודי**, כד ע״ב.
92. **אמרי יהושע**, חלק ב, ״עטרת אבות״, עמ׳ 7.

פרק ג (יא)

ר׳ שמחה בונים הופך לרבי

1. **שמחת ישראל**, עמ׳ 37.
2. **רמתים צופים**, ח״א, עמ׳ 133, 242.
3. ראו רבינוביץ, **ר׳ שמחה בונם מפשיסחא**, עמ׳ 16 ואילך.
4. **רמתים צופים**, ח״א, עמ׳ 182-183.
5. **שיח שרפי קודש**, א, עמ׳ 48-49.
6. מאהלר, **ההשכלה והחסידות**, עמ׳ 315.

אישיותו של ר׳ שמחה בונים

7. **רמתים צופים**, ח״א, עמ׳ 230.
8. **עשר זכיות**, עמ׳ 4.
9. **שיח שרפי קודש**, ה, עמ׳ 34.
10. **רמתים צופים**, ח״א, עמ׳ 85.
11. **רמתים צופים**, ח״א, עמ׳ 51.
12. **חשבה לטובה**, עמ׳ 18.
13. **חשבה לטובה**, עמ׳ 72. ר׳ שמחה בונים כתב: ״ראש השנה השמחה והדאגה מסותרת בפחד יזכהו השם להיות לו שניהם יחד״, **רמתים צופים**, ח״א, עמ׳ 195.
14. **שיח שרפי קודש**, א, עמ׳ 50.
15. לוין, **בית קוצק**, עמ׳ 113. גם ר׳ אורי מסטרליסק מפרש את תהלים קיט, לז: מוטב שאאבד את הראייה, בטרם אראה דבר שווא (**אמרי קדוש** השלם, עמ׳ 35).
16. **רמתים צופים**, ח״א, עמ׳ 243.

חכמה

17. וואָרט זה מצוטט לעתים קרובות בשמו של ר' שמחה בונים וגם בשמו של ר' נפתלי מרופשיץ, **אהל נפתלי**, עמ' 114.
18. **שיח שרפי קודש**, ג, עמ' 20.
19. **זכרון שמואל**, שמות.
20. **קול שמחה השלם**, בראשית.
21. **התגלות הצדיקים**, עמ' 67–68.
22. **שמחת ישראל**, עמ' 52–53. המשל הזה דומה מאוד למשל המפורסם של לה-פונטיין, *Les Animaux malades de la peste*. ר' שמחה בונים, ששלט בשפות זרות, וודאי לא הגביל את קריאתו לתחום הרוקחות בלבד, ונראה שהוא הכיר ספרות לא-יהודית. ר' שמחה בונים ערך את המשל בנוסח יִידִי אופייני ועם תוספות.
23. **היכל קאצק**, עמ' שכ.
24. **רמתים צופים**, ח"א, עמ' 136.

"הבנה" ניצבת במדרגה גבוהה יותר מ"עשייה"

25. **שיח שרפי קודש**, א, עמ' 103.
26. **רמתים צופים**, ח"א, עמ' 54.
27. **שיח שרפי קודש**, ג, עמ' 143.
28. "העיקר העבודה הידיעה למי עובדין", **קול שמחה השלם**, בראשית, עמ' 5.
29. "הבינה תגדל מהמעשה, כי המעשה רז והבינה אור, ושניהם דומים", ר' שמחה בונים במכתב, **רמתים צופים**, ח"א, עמ' 199.
30. אוריין, **סנה בוער בקוצק**, עמ' 226.
31. **עשר זכיות**, עמ' 5.

לא תחקה

32. ביצה, ד ע"א.
33. בבא מציעא, פג ע"ב.
34. ראו "ר' נחמן מקוסוב", עמ' קכח.
35. חולין, קה ע"א.
36. **רמתים צופים**, עמ' 129–130.
37. **שמחת ישראל**, עמ' 110.

תפקידו של הצדיק

38. **אור לשמים**, יתרו, כט ע"ב.
39. **אור לשמים**, מצורע, לה ע"א.
40. **אור לשמים**, חוקת, מה ע"ב.
41. **תולדות אדם**, בחוקותי.
42. כלים פי"ב, מ"ב.
43. **רמתים צופים**, ח"א, עמ' 61.
44. **תולדות אדם**, עמ' 87.

אלוהים שם ולא כאן?

45. **רמתים צופים**, ח"א, עמ' 92, 136; **קול שמחה השלם**, עמ' 65.
46. גיטין, נב ע"א.
47. **שמחת ישראל**, עמ' 49.
48. **שפתי צדיק, מהד' ווארשא**, במדבר, עמ' 95.
49. **קול שמחה השלם**, עמ' 47.
50. **רמתים צופים**, ח"א, עמ' 129 [זו כנראה הפניה שנועדה למקור אחר, אך חסר כאן עמוד בכת"י. ייתכן שהיא נועדה להפנות למקור: "כלל גדול בעבודת השם יתברך שלא לילך בגדולות שאינו בערכו"].
51. **חדושי הרי"ם על התורה**, לד [הפניה שגויה].
52. **שיח שרפי קודש**, ג, עמ' 46.

תורה וחסידות

53. **חשבה לטובה**, עמ' 68.
54. **מאיר עיני הגולה**, סימן עה.
55. "כד הוינא טליא הייתה תשוקה לעשות ספר, פירוש על סדר קדשים... ואחר כך כשבא לי הרבה טרחא דצבורא צרכי בני ישראל המרובים, הן ליעץ והן לתפילות ובקשות, ואני הייתי מתיירא לדחות אותם, כיון שהשם יתברך עזר לי לפעול טובת ישראל גם אני נעשיתי טרוד מאוד לא מבעיא לעשות פירוש בעצמי, אפילו לי בעצמי היה קשה לי, מפני שלא היה לי פנאי לעיין...", הסכמה לספר **צאן קדשים**, נדפס בתוך **אסיפת זקנים**, וארשה תרס"ב.
56. **שמחת ישראל**, עמ' 29.
57. **שפתי צדיק**, בראשית, עמ' 10; דברים, עמ' 13.

יש לי די קדושה לכל יהודי

58. **רמתים צופים**, ח"א, עמ' 115.
59. **שיח שרפי קודש**, ב, עמ' 61.
60. **שיח שרפי קודש**, ד, עמ' 23.
61. **חשבה לטובה**, עמ' 23.
62. שיר השירים רבה, פ"ה.
63. **חשבה לטובה**, עמ' 6.
64. ע"פ ברכות, כח ע"ב.
65. **רמתים צופים**, ח"א, עמ' 120.

ההתנגדות לר' שמחה בונים

66. **שם משמואל, תש"ט-תשכ"ב**, עמ' שמג.
67. **רמתים צופים**, ח"א, עמ' 97; **עבודת ישראל**, חדושי תורה על ראש השנה.
68. **שיח שרפי קודש**, ד, עמ' 15.
69. פיינקינד, **גוטע יידן**, עמ' 205.
70. **עשר זכיות**, עמ' 9.
71. **מאיר עיני הגולה**, עמ' 63.
72. **שיח שרפי קודש**, ג, עמ' 93. למרות ההתנגדות, ר' שמחה בונים כיבד מאוד את ר' מאירל מאפטא, **חדושי מהאר"ך**, "עץ אבות", עמ' 3.
73. **שיח שרפי קודש**, א, עמ' 54.
74. **אמרי קדוש**, סימן סח.
75. פיינקינד, **גוטע יידן**, עמ' 205; **שמחת ישראל**, עמ' 56.
76. **שמחת ישראל**, עמ' 22.
77. **שמחת ישראל**, עמ' 13.
78. **שיח שרפי קודש**, ד, עמ' 17.

החבורה של פשיסחה

79. **זכותא דאברהם**, עמ' פט.
80. עיינו **חובות הלבבות**, שער יחוד המעשה, פ"ה.
81. Verus, *Der Chassidismus*, p. 174; מרקוס, **החסידות**, 133; **עבודת ישכר**, עמ' 24.

יחידים

82. **שיח שרפי קודש**, ד, עמ׳ 44-45.
83. **שיח שרפי קודש**, ג, עמ׳ 60.
84. **שיח שרפי קודש**, ד, עמ׳ 43.
85. **רמתים צופים**, עמ׳ 40-41.

ההתנגדות לפשיסחה

86. **שיח שרפי קודש**, ג, עמ׳ 112.
87. כך מספרים.
88. ״לפי מה שראינו בדורנו יש שמדברים על צדיקי הדור ואומרים שאינם במדריגה כמו הצדיקים שלפנינו. ואפילו שכן הוא האמת, אף על פי כן אנו מחויבים לנהוג... כבוד בצדיקי דורנו דיפתח בדורו כשמואל בדורו. ולזה שהוא מן השמיים להיות מנהיג הדור מסתמא שהוא באמת צדיק גדול, אלא שאין אנו מבינים אותו, ומחויבים אנו לכבדו... שאל תאמר: הצדיקים לפנים היו יותר צדיקים ומתוך כך באים לדבר על הצדיק עתק...״, **יסוד אמונה**, מא ע״ב.
89. **מאיר עיני הגולה**, סימן קעח.
90. **היכל קאצק**, עמ׳ רמד.
91. ר׳ שמחה בונים רצה להרגיע את ההתנגדות והורה לתלמידו, הגאון ר׳ יצחק מאיר, שיסע לגליציה כדי להוכיח שישנם למדנים גם בקרב החסידים וגם מבין הצדיקים. הוא נסע לברוד, סטרי ולמברג, שם שאל אותו ר׳ יעקב אורנשטיין: ״האם בין חסידי פשיסחה יש עוד למדן כמוך?״. ״כן, השיב ר׳ יצחק מאיר (והתכוון לר׳ מנדל)״. ״אילו ידעתי זאת, לא הייתי מתנגד לפשיסחה״, אמר (**שיח שרפי קודש**, ג, עמ׳ 14).
92. **אמת ואמונה**, סימן שמא.
93. **מאיר עיני הגולה**, סימנים קמ-קסו.

ר׳ שמחה בונים על עצמו

94. **תפארת ישראל**, עמ׳ קכא.
95. **יכהן פאר**, עמ׳ עט.
96. **שיח שרפי קודש**, ה, עמ׳ 58.
97. **רמתים צופים**, ח״א, עמ׳ 84.

חיקויי צדיקים

98. פאה פ"ח, מ"ט.

99. **שמחת ישראל**, עמ' 56-57.

100. על פי השמועה.

פרק ד (יב)

אצל ר' שמחה בונים בפשיסחה

1. **שיח שרפי קודש**, ד, עמ' 57; **אמת ואמונה**, סימן קכג; **אור פני יצחק**, "קונטרס אחרון", סימן כא.
2. **שיח שרפי קודש**, ב, עמ' 101; **אמת ואמונה**, סימן רלב.
3. **אמת ואמונה**, סימן קכד.
4. **אמת ואמונה**, סימן סז, עיינו סימן תתיח.
5. **אמת ואמונה**, סימן שמד, ראו סימן שמג.
6. **שיח שרפי קודש**, ג, עמ' 18.
7. עיינו לוין, **השרף**, עמ' 33-34.
8. **נפלאות הרבי**, עמ' 35; **שיח שרפי קודש**, ג, עמ' 9; **אמת ואמונה**, סימן תתלז, ראו גם סימן תשכד.
9. **שיח שרפי קודש**, ג, עמ' 10.
10. על פי השמועה.
11. **שיח שרפי קודש**, ג, עמ' 15; **אמת ואמונה**, סימן שמח.

ר' מנדל נהיה לרבי

12. **שיח שרפי קודש**, א, עמ' 71.
13. **אמת ואמונה**, סימן תתכט.
14. **מאיר עיני הגולה**, עמ' קצ; **אמת ואמונה**, סימן נח.
15. **אמת ואמונה**, סימן תתלג.
16. **שמחת ישראל**, עמ' 24.
17. **אמת ואמונה**, סימנים תתל, תתלא.
18. **מאיר עיני הגולה**, סימן ר.
19. אורייך, **סנה בוער בקוצק**, עמ' 59-60.
20. **ליקוטים חדשים**, עמ' 50; **זכותא דאברהם**, עמ' עא.

21. **מאיר עיני הגולה**, סימן קצו.
22. **אביר הרועים**, סימן מט.
23. **שיח שרפי קודש**, ג, עמ׳ 40 [הפניה שגויה. ראו אוריין, **סנה בוער בקוצק**, עמ׳ 199].
24. **וילקט יוסף**, עמ׳ סח.
25. **שם משמואל, תש״ט-תשכ״ב**, עמ׳ שמג.
26. ברכות, לא ע״א.
27. **שיח שרפי קודש**, ב, עמ׳ 107; **אמת ואמונה**, סימן רמה.
28. **חמדת צבי ושפתי צדיקים**, עמ׳ כה.
29. **אור פני יצחק**, עמ׳ כט. לעתים רחוקות שמעו ממנו בדיחה, ראו **שיח שרפי קודש**, א, עמ׳ 70 (שנג); **אמת ואמונה**, סימנים קסט, תשיד, תשיח, תשפד.

מהו רבי?

30. **אמת ואמונה**, סימן תמה.
31. **אהל תורה**, סימן סג.
32. **אמת ואמונה**, סימן רנד.
33. **שיח שרפי קודש**, ג, עמ׳ 10. ראו ספרי **השבת**, פ״ד.
34. **אמת ואמונה**, סימן קנז.
35. לבי״א, **פנת יקרת**, עמ׳ 74.
36. **אמת ואמונה**, סימן תתצג.
37. **אמת ואמונה**, סימן רנו.
38. **אמת ואמונה**, סימן תרמד.
39. **אמת ואמונה**, סימן תתקג.
40. **שיח שרפי קודש**, ד, עמ׳ 101.
41. **שיח שרפי קודש**, ד, עמ׳ 44.
42. **שיח שרפי קודש**, ד, עמ׳ 124-125.
43. **שיח שרפי קודש**, ד, עמ׳ 144.
44. **נפלאות חדשות**, עמ׳ טו.

מה משמעות המונח ״חסיד״?

45. **היכל קאצק**, עמ׳ תקמד; **שיח שרפי קודש**, ג, עמ׳ 78.
46. **שיח שרפי קודש**, ה, עמ׳ 51.
47. **שיח שרפי קודש**, א, עמ׳ 92.

48. **שיח שרפי קודש**, ה, עמ׳ 47.
49. **היכל קאצק**, עמ׳ תפא.
50. **ליקוטים חדשים**, עמ׳ 41; **שיח שרפי קודש**, ג, עמ׳ 19; **אמת ואמונה**, סימן תרכד.
51. **אהל תורה**, סימן שג; **אמת ואמונה**, סימן תרכג.

טומשוב

52. **אמת ואמונה**, מהד׳ שלישית, עמ׳ ח.
53. **שיח שרפי קודש**, ב, עמ׳ 109.
54. **אמת ואמונה**, סימן שפא.
55. **אהל תורה**, סימן רנז.
56. **אהל תורה**, סימן רסט.
57. אבות, פ״א, מי״ד.
58. **אמת ואמונה**, סימן תרסט.
59. **שיח שרפי קודש**, ג, עמ׳ 9.
60. **שיח שרפי קודש**, ג, עמ׳ 10.
61. אבות, פ״ה, מי״ד.
62. **שיח שרפי קודש**, ב, עמ׳ 20.
63. **אמת ואמונה**, סימן תלט.
64. כתובות, ט ע״ב.
65. **אמת ואמונה**, סימן שפו.
66. גליקסמאַן, **דער קאָצקער רבי**, עמ׳ 11. ראו גם פיינקינד, **גוטע יידן**, עמ׳ 29 ואילך.
67. **תפארת ישראל**, עמ׳ ל.
68. עוד לפני שר׳ מנדל נהיה לרבי, ר׳ יוסף יורצ׳וור רדף אותו בגלל שהוא התפלל מאוחר, וזאת - בבית המדרש של ר׳ יוסף. ואולם ר׳ מנדל לא התייחס לכך, **אמת ואמונה**, סימן תשכד. כדי לחזק את ההתנגדות לר׳ מנדל, ר׳ יוסף הזמין שני גדולי דור (ר׳ אברהם יהושע השל ממזיבוז׳ ור׳ צבי אלימלך מדינוב) לראות במו עיניהם את התנהגותם הפרועה של אנשי ר׳ מנדל, כך מסופר בספר **פנת יקרת**, עמ׳ 73. ואולם, הרב מאפטא [ר׳ אברהם יהושע השל ממזיבוז׳] נפטר בשנת תקפ״ה, ואילו ר׳ מנדל החל להנהיג רק בשנת תקפ״ז.
69. **שיח שרפי קודש**, ג, עמ׳ 9.
70. **אמת ואמונה**, סימן תכז.

הדרך של ר' מנדל

71. אוריין, **סנה בוער בקוצק**, עמ' 92.
72. **שיח שרפי קודש**, א, עמ' 74.
73. שבת, לג ע"ב.
74. **גדולת מרדכי וגדולת הצדיקים**, עמ' 33.
75. **אמת ואמונה**, סימן תתעה.
76. **שיח שרפי קודש**, א, 66; **אמת ואמונה**, סימן תשמה.
77. **אמת ואמונה**, סימן תשעז.
78. **שיח שרפי קודש**, ג, עמ' 118.
79. **אמת ואמונה**, סימן שנ.
80. **אמת ואמונה**, סימן תתסו.
81. **אמת ואמונה**, סימן תתקא.
82. **אמת ואמונה**, סימן כא.
83. **אמת ואמונה**, סימן תרפח.
84. **שיח שרפי קודש**, ה, עמ' 53.
85. **נפלאות הסבא קדישא**, עמ' 43-44.
86. **שיח שרפי קודש**, ג, עמ' 101.
87. **גדולת מרדכי וגדולת הצדיקים**, עמ' 26.
88. **היכל קאצק**, עמ' תסו.

פרק ה (יג)

ההתנגדות לדרך של קוצק

1. יאצקאן, "פרק מתולדות החסידות", עמ' 340.
2. ראו **בית צדיק**, עמ' 34; **היכל קאצק**, עמ' קסה.
3. התפרסמו אז "בעלי מופת" רבים, כמו למשל ר' ירחמיאל מפשיסחה, בנו של היהודי; ר' יוסף ברוך מניישטט, בנו של ה"מאור ושמש"; ר' חיים מאיר יחיאל ממוגלניצה; וה"סבא קדישא", ר' יששכר בר מרדושיץ.
4. **אמת מקאצק תצמח**, עמ' רעה-רעו.
5. Verus, *Der Chassidismus*, p. 180. המעשה הזה הושמט בתרגום העברי. ראו מרקוס, **החסידות**, עמ' 138.
6. צדרבוים, **כתר כהונה**, עמ' 133.
7. **שיח שרפי קודש**, ג, עמ' 17; לבי"א, **פנת יקרת**, עמ' 88 ואילך.

8. **היכל קאצק**, עמ' תקעב.
9. לר' שלמה לייב מלנצ'נה הייתה "קפידא" על חסידי קוצק, ולכן ר' יצחק מוורקי, בעדינותו, נסע ללנצ'נה כדי לפייס אותו (**שיח שרפי קודש**, ג, עמ' 18).
10. מרקוס, **החסידות**, עמ' 179. גם ר' חיים מאיר יחיאל ממוגלניצה היה מתנגד של קוצק (**שיח שרפי קודש**, ד, עמ' 86). ואולם, ר' מנדל פעם שיבח "וואָרט" שלו (**אמת ואמונה**, סימן שז).
11. לפי מרקוס, **החסידות**, עמ' 160, רבי ישראל מרוז'ין סבר שמול כל שיטה ניצבת דרך נגדית. "נגד סבי, ר' אברהם המלאך, ניצב רבי נחמן מברסלב; נגדי - הרבי מקוצק".
12. **אביר הרועים**, סימן כח.
13. מרקוס, **החסידות**, עמ' 187.
14. שם, עמ' 186.
15. **שיח שרפי קודש**, א, עמ' 65.
16. **שיח שרפי קודש**, ה, עמ' 91.
17. **היכל קאצק**, עמ' קסה.
18. **שיח שרפי קודש**, א, עמ' 65; ב, עמ' 107.
19. **שיח שרפי קודש**, א, עמ' 72.
20. **שיח שרפי קודש**, ג, עמ' 13.
21. **שיח שרפי קודש**, ה, עמ' 7 ואילך. **סדר הדורות החדש** אינו מזכיר אפילו את שמותיהם של ר' שמחה בונים ור' מנדל (לבקורת על הדרך של פשיסחה-קוצק ראו קאמעלהאר, **דור דעה**, עמ' רעח).

רגש ההערכה כלפי ר' מנדל

22. **שיח שרפי קודש**, ג, עמ' 110; **אמת ואמונה**, סימנים סב, תתעה.
23. **בית צדיק**, עמ' 39.
24. **זאת זכרון**, טז ע"ד; **זכרון זאת**, פנחס. ראו **בית צדיק**, שם.
25. **נפלאות הסבא קדישא**, עמ' 45.
26. לוין, **השרף**, עמ' 168.
27. לוין, **בית קוצק**, עמ' 161.

ר' מנדל - על מתנגדיו

28. **שיח שרפי קודש**, ג, עמ' 15.

29. **אמת ואמונה**, סימן שיא.
30. **שיח שרפי קודש**, ג, עמ׳ 14; **אמת ואמונה**, סימן קנו.
31. **שיח שרפי קודש**, ב, עמ׳ 26.
32. **מאיר עיני הגולה**, סימן שפ; **שיח שרפי קודש**, ג, עמ׳ 18.
33. **שיח שרפי קודש**, ב, עמ׳ 107; **אהל תורה**, סימן רלח.
34. **שיח שרפי קודש**, א, עמ׳ 75.
35. **עמוד האמת**, עמ׳ יא.
36. **אמת ואמונה**, סימן תקכג.
37. **אהל תורה**, סימן רמ.

לא מקרבים אנשים

38. **שיח שרפי קודש**, ג, עמ׳ 13.
39. **שיח שרפי קודש**, ג, עמ׳ 13.
40. **שיח שרפי קודש**, ה, עמ׳ 40.
41. **אמת ואמונה**, סימן רכה.
42. **אמת ואמונה**, סימן תא.
43. **אמת ואמונה**, מהד׳ שנייה, סימן מה.
44. **אמת ואמונה**, סימן תרפח [סיפור זה מופיע גם בפרק הקודם. הבדלי הנוסח נעוצים בתרגומו של השל מעברית ליידיש, וזאת למרות שבשני המקומות הוא מפנה לאותו מקור. כתבי היד אינם מאפשרים להכריע בין הנוסחים, ונראה שהשל התכוון להביא את שניהם].
45. **שיח שרפי קודש**, ג, עמ׳ 14; **אמת ואמונה**, סימן קנה.
46. **היכל קאצק**, עמ׳ תקנה, תקסז.

החבורה

47. לוין, **השרף**, עמ׳ 167.
48. **שיח שרפי קודש**, ג, עמ׳ 10.
49. **שיח שרפי קודש**, ג, עמ׳ 19.
50. **אמת ואמונה**, סימן תרנ.
51. **היכל קאצק**, עמ׳ שפב.
52. **שיח שרפי קודש**, ג, עמ׳ 10–12.
53. **שיח שרפי קודש**, ג, עמ׳ 18.
54. מרקוס, **החסידות**, עמ׳ 183.

55. **היכל קאצק**, עמ' רטו.
56. ברכות, ה ע"ב.
57. משנה מנחות, סוף.
58. **ויצבור יוסף**, עמ' לד.
59. **ליקוטים חדשים**, עמ' 50.
60. **שיח שרפי קודש**, א, עמ' 34.
61. **אביר הרועים**, סימן שיד.
62. [ע"פ משנה ברכות, פ"ה, מ"א]
63. בירנבוים, "לצורתה של החסידות הקוצקית", עמ' 520–521 [במהדורה הקודמת סדר ההערות כאן שובש וכלל גם הפניה שנועדה כנראה להוסיף קטע נוסף לגוף הטקסט: **שיח שרפי קודש**, ב, עמ' 13].
64. [השל השמיט את פירוט אופן השתייה: "ב' שלישים יי"ש חריף (ספירט) מהול בשליש יי"ש פשוט"]
65. [השל השמיט כאן את המילים: "כלכלו את בית הרבי בכל פאר והדר ומרכבות מרקדות, וגם". וראו את הפסקה שהוסיף מיד לאחר הציטוט]
66. [השל השמיט את המילים "וחכם לב, מורינו הרב"]
67. צדרבוים, **כתר כהונה**, עמ' 130–132.
68. גרויבאַרט, **יביע אומר**, עמ' 80.

שמחה

69. **שיח שרפי קודש**, ג, עמ' 12.
70. **תפארת ישראל**, עמ' יא.
71. **זכותא דאברהם**, עמ' קיא.
72. **דרך צדיקים**, עמ' 50.
73. **יכהן פאר**, עמ' פה.
74. [הפניה חסרה. וראו **קוצק: במאבק למען חיי אמת**, עמ' 113]
75. ראו **אמת ואמונה**, סימן קפא.
76. לוין, **השרף**, עמ' 93; **עמוד האמת**, עמ' קיג.
77. **אמת ואמונה**, סימן תקפז.
78. **אמת ואמונה**, סימן תקפג.
79. השורש רע"ע פירושו להישבר, כמו למשל "רֹעָה הִתְרֹעֲעָה הָאָרֶץ" (ישעיה כד, יט).
80. **רמזי אש**, אליהו רבה, עמ' 135.

81. **אמת ואמונה**, סימן תקלח.
82. **שיח שרפי קודש**, ב, עמ' 97.
83. **היכל קאצק**, עמ' תרג [בנוגע לברכת שהחיינו על פרי האדמה, ראו מגן אברהם על שולחן ערוך, אורח חיים, סימן רכה, סעיף ו, סעיף קטן יד, בשם השל"ה].
84. **בית אהרן**, עמ' 292.
85. לוין, **בית קוצק**, עמ' 111.

תשעה באב

86. **זכרון שמואל**, מסעי, עמ' 133.
87. **שיח שרפי קודש**, א, עמ' 105–106.
88. שם.
89. על פי השמועה.
90. **שפתי צדיק, מהד' ווארשא**, סוכות, סימן מג.
91. **שיח שרפי קודש**, א, 52.

ריקוד ונגינה

92. **שיח שרפי קודש**, ה, עמ' 51.
93. על פי השמועה.
94. על פי השמועה.
95. **היכל קאצק**, עמ' ש [ביאורנו למשמעות הביטוי "ויצמח" מרחיב את מה שכבר נאמר במקור זה].
96. **נפלאות חדשות**, עמ' 79; **אמת ואמונה**, סימן תקסא. "וואָרט" דומה מקורו במגיד ממזריץ'.
97. **שיח שרפי קודש**, ד, עמ' 39.
98. **שיח שרפי קודש**, ג, עמ' 12.

שורפים כתבים

99. **מאיר עיני הגולה**, סימן רנט; **אמת ואמונה**, סימן רפה. **היכל קאצק**, עמ' תקמד.
100. **שפתי כהן**, חושן משפט, סימן לג, סעיף קטן ט.
101. **מאיר עיני הגולה**, סימן רנו.

היחסים עם צדיקים אחרים

102. **שיח שרפי קודש**, ג, עמ׳ 11.
103. **רמזי אש**, אליהו רבה, עמ׳ 183.
104. **אמת ואמונה**, סימנים תשכז, נג, תתקו; **שיח שרפי קודש**, ב, עמ׳ 92; ג, עמ׳ 110.
105. **שיח שרפי קודש**, ד, עמ׳ 54; **אמת ואמונה**, סימנים קיב, תשלג.
106. **שיח שרפי קודש**, א, עמ׳ 64; **אמת ואמונה**, סימן תשמג.
107. **אמת ואמונה**, סימן תתפ.
108. **שיח שרפי קודש**, ג, עמ׳ 11.
109. **נפלאות התפארת שלמה**, עמ׳ 29.
110. **אמת ואמונה**, סימן תתעח.
111. **שם משמואל**, שמות, כרך ב, עמ׳ 153.
112. **אמת ואמונה**, סימן נג, עיינו סימן נו.

הרושם על החסידים

113. **אמת ואמונה**, סימן תתלו.
114. **אמת ואמונה**, סימנים שכה, תתקב.
115. **אמת ואמונה**, סימן שכו.
116. **אמת ואמונה**, סימן רצב.
117. **אמת ואמונה**, סימן רעה.
118. **אמת ואמונה**, סימן תתעז.
119. **אמת ואמונה**, סימן קלא.
120. **אמת ואמונה**, סימן תשסב.
121. **אמת ואמונה**, סימן קמא; ראו לעיל עמ׳ 256.
122. **תלפיות**, נדפס בשנחאי תש״ו, חוברת א-ב, עמ׳ לג [העברית במקור].
123. ״ממנו דרכי העיון למדתי, וממנו נתוודעתי מה ייקרא חידושי תורה באמת״, **אגלי טל**, הקדמה.
124. **אביר הרועים**, סימן רסז.
125. **שיח שרפי קודש**, א, עמ׳ 39; עיינו שם, ה, עמ׳ 14.
126. **אמת ואמונה**, סימן תרסז.
127. **אמת ואמונה**, סימן רלט.
128. **היכל קאצק**, עמ׳ קפ.
129. **אור פני יצחק**, עמ׳ מב.

130. **אביר הרועים**, סימן שיב.
131. **אביר הרועים**, סימן עג.
132. **אמת ואמונה**, סימן תנב.

מופתים

133. **שיח שרפי קודש**, ד, עמ׳ 62.
134. **אמת ואמונה**, סימן רעד.
135. **אמת ואמונה**, סימן שסט.
136. [שמות יח, א; ירושלמי מגילה, פ״א הי״א]
137. **אהל תורה**, סימן נט; **אמת ואמונה**, סימן שצא; בעניין ערכם של מופתים, **רמתים צופים**, ח״א, עמ׳ 247.
138. **אהל תורה**, סימן רנג.
139. **אביר הרועים**, סימן רלט.
140. **שיח שרפי קודש**, ד, עמ׳ 50.
141. **אמת ואמונה, מהדורה שנייה**, סימן תשו.
142. **אמת ואמונה**, סימן קצב.
143. **אמת ואמונה**, סימן צט; **שיח שרפי קודש**, ג, עמ׳ 110.
144. **שיח שרפי קודש**, ב, עמ׳ 20; **אמת ואמונה**, סימן קצ.
145. **אמת ואמונה**, סימן תתפ.

מתים

146. **וילקט יוסף**, עמ׳ יד.
147. **אמת ואמונה**, סימן שנג.
148. על פי השמועה.
149. **אמת ואמונה**, סימן קמד.
150. **אמת ואמונה**, סימן תתכ.
151. **אמת ואמונה**, סימן תתצ.
152. **אמת ואמונה**, סימן תכו.
153. **אמת ואמונה**, סימן תיט; ראו סימן תתצג.
154. **אמת ואמונה**, סימן שנב.
155. **אמת ואמונה**, סימן שנג [הכפילות של הערה זו וההערה השנייה לפרק-משנה זה, וכן בגוף הטקסט, קיימת גם בכתבי היד].
156. **שיח שרפי קודש**, ד, עמ׳ 68.

פרק ו (יד)

אימה

1. על פי השמועה.
2. **אמת ואמונה**, סימן שמב.
3. **אמת ואמונה**, סימן לג.
4. **אביר הרועים**, סימן רטו.
5. **אביר הרועים**, סימן מט.
6. **אביר הרועים**, סימן עא.
7. **אביר הרועים**, סימן עא; **שם משמואל**, בהעלותך, שנת תר״ע, ד״ה וישובו; **אמת ואמונה**, סימן רסט.
8. ״יש צדיקי הדור המנהיגים עם תלמידיהם באהבה וחיבה, ומקרבים אותם ומראים להם פנים שוחקות, ובזה הדרך מקרבין את לבם לאביהם שבשמיים... אמנם, יש גם כן צדיקי הדור, מנהלי עדת ישורון, אשר מטילין אימה על הציבור לשם שמיים, ואין דעתן מעורבת עם הבריות, ואינם מקרבין את תלמידיהם״ (**בית יעקב, קאריב**, עמ׳ 114–115).
9. **מרום הרי״ם**, בכי הרי״ם, עמ׳ 27.
10. אוריין, **סנה בוער בקוצק**, עמ׳ 148.
11. **חדושי הרי״מ על התורה**, פרשת יתרו.

קפדנות

12. [ראו **קוצק: במאבק למען חיי אמת**, עמ׳ 24]
13. **אהל תורה**, סימן קסח; **אמת ואמונה**, סימן רכג.
14. **אמת ואמונה**, סימן תשלו, עיינו סימן תרמה.
15. **ספר התניא**, שער היחוד והאמונה, פ״א.
16. **אהל תורה**, סימן רנה.
17. **שיח שרפי קודש**, א, עמ׳ 73; **אמת ואמונה**, סימן תשצח.
18. מסופר לעתים תכופות.
19. **אמת ואמונה**, סימן תנד.
20. **אהל תורה**, סימן קלה.
21. **שיח שרפי קודש**, ב, עמ׳ 23; **אמת ואמונה**, סימן רא.
22. **אמת ואמונה**, סימן תתכו.
23. **אמת ואמונה**, סימן תתפז.

24. **אמת ואמונה**, סימן תתיג.
25. **אמת ואמונה**, סימן רצג.
26. [הפניה חסרה]

ר' מנדל על עצמו

27. **עמוד האמת**, עמ' יא; גם נזכר לעיל.
28. **שיח שרפי קודש**, א, עמ' 26.
29. **אמת ואמונה**, סימן תרלז.
30. **אמת ואמונה**, סימן תשלט.
31. **שיח שרפי קודש**, א, עמ' 69; ג, עמ' 19; **אמת ואמונה**, סימן קס [ראו **קוצק: במאבק למען חיי אמת**, עמ' 29–30].
32. **שיח שרפי קודש**, א, עמ' 69; **אמת ואמונה**, סימן תשסב.
33. ראו **קוצק: במאבק למען חיי אמת**, עמ' 16.
34. ראו שם, עמ' 138.
35. **אמת ואמונה**, סימן שמז.
36. **נפלאות חדשות**, עמ' 55 ואילך.
37. **אמת ואמונה**, סימן רלא.
38. **אביר הרועים**, סימן מט.
39. **יכהן פאר**, קונטרס "הבן יקיר לי אפרים", עמ' ו; **אמת ואמונה**, סימן תתלב.

האחֲרוּת שלו

40. מרכוס, **החסידות**, עמ' 187.
41. **אמת ואמונה**, סימן תשסח. **שיח שרפי קודש**, א, עמ' 70.
42. **שיח שרפי קודש**, ד, עמ' 51; **אמת ואמונה**, סימן קה.
43. **שיח שרפי קודש**, ה, עמ' 103; **אמת ואמונה**, סימן תשג.
44. **אביר הרועים**, סימן מט; **אמת ואמונה**, סימן שצח.
45. **אהל תורה**, סימן כז.
46. **שיח שרפי קודש**, א, עמ' 126; **אמת ואמונה**, סימן תתכב.
47. **חדושי מהרא"ך**, קונטרס "עץ אבות", עמ' 8. גליקסמאַן, **דער קאָצקער רבי**, 137.
48. שמעתי בילדותי מחסיד שהיה נוהג לנסוע לקוצק.
49. **אור פני יצחק**, הקדמה, עמ' 10.
50. **שיח שרפי קודש**, ג, עמ' 17; **אמת ואמונה**, סימן תתכב.
51. **שיח שרפי קודש**, ג, עמ' 80; ראו שם ד, עמ' 57.

52. **שיח שרפי קודש**, ג, עמ' 15.
53. ר' זליג משרנצק, **מרום הרי"ם**, עמ' 18.
54. **שיח שרפי קודש**, ג, עמ' 15.
55. **אור פני יצחק**, עמ' יז, ראו עמ' כח.
56. **אמת ואמונה**, סימן שג.
57. **שיח שרפי קודש**, ד, עמ' 27.

גבורתו הרוחנית

58. **אמת ואמונה**, סימן תשכד; **מרום הרי"ם**, בכי הרי"ם, עמ' 27 [הפניה שגויה. ראו פרק א, הע' 1].
59. **שיח שרפי קודש**, ב, עמ' 22.
60. **שיח שרפי קודש**, ג, עמ' 25.
61. **ליקוטים חדשים**, עמ' 6.
62. אוריין, **סנה בוער בקוצק**, עמ' 140.
63. **אמת ואמונה**, סימן תשי.

חירות

64. **אמת ואמונה**, סימן תרנג.
65. ראו גליקסמאַן, **דער קאָצקער רבי**, עמ' 33.
66. **אמת ואמונה**, סימן תרפ.
67. פיינקינד, **גוטע יידן**, עמ' 34.

חוש הריח של ר' מנדל

68. עיינו גליקסמאַן, **דער קאָצקער רבי**, עמ' 32 ואילך.
69. **שיח שרפי קודש**, א, עמ' 28; **אמת ואמונה**, סימן תשטו.
70. **שיח שרפי קודש**, א, עמ' 28; **אמת ואמונה**, סימן תשטז.
71. **אמת ואמונה**, סימן קו.
72. **שיח שרפי קודש**, ה, עמ' 43.
73. בספרו **דרך חיים**, אבות, פ"ה, כב.
74. **שיח שרפי קודש**, ה, עמ' 94; **אמת ואמונה**, סימן תרצה.
75. **אמת ואמונה**, סימן שכב.
76. ראש השנה, טז ע"ב.
77. **שם משמואל**, מועדים, עמ' 31.

פרק ז (טו)

מדוע ר׳ מנדל הסתגר מהעולם?

1. **אמת ואמונה**, סימנים תרצ, תרצב, תרצט, תשז, תשיד, תשלד, תשמ, תשצה. האם ר׳ מנדל נתן סגולה למחלת השושנה? ראו שם, סימן תשצד. בשעת מגיפה הוא נתן קמיע, שם, סימן תרפב.
2. לוין, **בית קוצק**, עמ׳ 70.
3. לוין, **השרף**, עמ׳ 107.
4. ״לא מש מתוך אהלו כידוע״, **ליקוטים חדשים**, עמ׳ 111.
5. **היכל קאצק**, עמ׳ תצז.
6. בשם הבעש״ט: ״הדורש ברבים נמשל למרה וחצינא, שמשליך הזבל מהבית לנקות את הבית ונתלכלך בעצמה, כך הוא השליח ציבור, הן בעת הדרשה, הן בעת עומדו לפני העמוד, שמזכך בני אדם שמתעוררים בתשובה על ידיו, והוא נופל קצת ממדריגתו על ידי זה מחמת שמחשבות של העולם נופלים עליו״ (**מאור ושמש**, שמיני, קכב ע״ב). גם המגיד ממזריטש אמר: ״מוכיח הוא כמו מרה וחצינא, שמשליך זבל לנקות, והיא בעצמה מתטנפת״ (**זכרון זאת**, עמ׳ 18).
7. **אמת ואמונה**, סימן תסג.
8. **אמת ואמונה**, סימן קפב.
9. **שיח שרפי קודש**, ה, עמ׳ 77.
10. **שיח שרפי קודש**, א, עמ׳ 56; פיינקינד, **גוטע יידן**, עמ׳ 130 ואילך.
11. לוין, **בית קוצק**, חלק ב, עמ׳ 107.
12. **אור פני יצחק**, עמ׳ יח.

התיש הקדוש מסתובב ללא קרניים

13. סופר על ידי ר׳ אברהם מרדכי אלתר, הרבי מגור.
14. **אביר הרועים**, סימן עא; **שם משמואל**, בראשית, ב, עמ׳ 233; **שם משמואל**, בהעלותך. ר׳ אברהם נולד בשנת תקצ״ט (1839). השמועה נוצרה שנים רבות לאחר ההסתגרות.
15. על פי השמועה.
16. **שיח שרפי קודש**, ד, עמ׳ 21; **אמת ואמונה**, סימן צב.

האחד והיחיד

17. **שיח שרפי קודש**, א, עמ׳ 60.

18. **אמת ואמונה**, סימן תרעו.
19. **היכל קאצק**, עמ' שמח.
20. **מאיר עיני הגולה**, סימן קצט.

אכזבה ומרה שחורה

21. **נפלאות חדשות**, עמ' 45.
22. **אהל תורה**, סימן רלד; **אמת ואמונה**, סימן תקע.
23. **אהל תורה**, סימן לד.
24. בבא מציעא, כא ע"ב.
25. ראו **קוצק: במאבק למען חיי אמת**, עמ' 173.
26. **אהל תורה**, סימן רל.
27. **עמוד האמת**, עמ' נג.
28. **שיח שרפי קודש**, ג, עמ' 25.
29. **אמת ואמונה**, סימן תתנח.
30. **רמתים צופים**, ח"ב, עמ' 9.

עצבות

31. **שיח שרפי קודש**, ג, עמ' 20; **אמת ואמונה**, סימן קסג; **תפארת היהודי**, עמ' 29.
32. **יכהן פאר**, עמ' קיז.
33. **שם משמואל**, בראשית, ח"א, עמ' 105.
34. **שיח שרפי קודש**, א, עמ' 70; ב, עמ' 97.
35. **אמת ואמונה**, סימן רס; **שיח שרפי קודש**, א, עמ' 126 ("התרחבות הקדושה").
36. **אמת ואמונה**, סימן תתמד.
37. **נפלאות היהודי**, עמ' 53.
38. ראו להלן, בפרק ח, לאחר כותרת המשנה "פטירתו".
39. Kierkegaard, *Stages on Life's Way*, p. 336
40. **אהל תורה**, סימן קנא; **אמת ואמונה**, סימנים תתקד, רעג, תצח. "אֱלֹהֵי הָרוּחֹת" (במדבר כז, טז) – "מנה עליהם מנהיג שיהא סובל כל אחד ואחד לפי דעתו", רש"י שם.
41. אמת ואמונה, סימן שעג.

מצב נפשי

42. **שיח שרפי קודש**, ג, עמ' 108.

43. **שיח שרפי קודש**, ג, עמ' 110; ד, עמ' 34. ראו פרק ה, הע' 10, עמ' 143.
44. **שיח שרפי קודש**, ד, עמ' 51.
45. בראשית רבה, פס"ג, ה.
46. **שיח שרפי קודש**, ג, עמ' 110.
47. **אהל תורה**, סימן רכד.
48. **אביר הרועים**, סימן שיז.
49. **שיח שרפי קודש**, א, עמ' 43.

ההסתגרות

50. החסידים כינו את החדר שלו "קדשי קדשים", **שיח שרפי קודש**, ד, עמ' 68.
51. **אמת ואמונה**, סימן רפ.
52. **שיח שרפי קודש**, א, עמ' 60; **אמת ואמונה**, סימן תשכו.
53. **וילקט יוסף**, עמ' יד.
54. **שיח שרפי קודש**, ה, עמ' 94.
55. **דער קאָצקער רבי**, עמ' 33–34.
56. **היכל קאצק**, עמ' תקכו.
57. כתב העת **כתובים**, תר"צ, גליון קעז.
58. **אמת ואמונה**, סימן רפג.

מה אומרים החסידים?

59. **שיח שרפי קודש**, ב, עמ' 81.
60. **היכל קאצק**, עמ' תקכו. שלמה וינריב, "חסידות קוצק", עמ' קסא ואילך [בכתב היד נשמט כאן עמוד של גוף הטקסט, שכלל כנראה את המקור שאליו מפנה הפניה זו: "בשנים האחרונות יש שהיה מסוגר בחדרו למשך כמה שבתות. גדול היה אז הצער. לב כל אחד ואחד היה נשבר ונדכא. איש איש היה מחשב את חשבונה של נפש, ובודק עצמו..."].
61. פסחים, כב ע"ב.
62. **היכל קאצק**, עמ' תקכו.
63. **היכל קאצק**, עמ' תצז-תצח.
64. אוריין, **סנה בוער בקוצק**, עמ' 138.
65. **חשבה לטובה**, עמ' 56.
66. אוריין, **סנה בוער בקוצק**, עמ' 127–128.
67. צייטלין, "קאָצקער חסידות".

פרק ח (טז)

עזיבתו של ר׳ מרדכי יוסף

1. **גדולת מרדכי וגדולת הצדיקים**, ח״א, עמ׳ 28 ואילך.
2. **בית יעקב**, הקדמה, ט, א.
3. **גדולת מרדכי וגדולת הצדיקים**, ח״א, עמ׳ 28.
4. **גדולת מרדכי וגדולת הצדיקים**, עמ׳ 29.
5. **היכל קאצק**, עמ׳ תקמה.
6. **שיח שרפי קודש**, ה, עמ׳ 75.
7. גליקסמאַן, **דער קאָצקער רבי**, עמ׳ 53.
8. **שיח שרפי קודש**, ג, עמ׳ 18; עיינו רש״י, איוב לט, א.
9. פיינקינד, **גוטע יידן**, עמ׳ 212.
10. גליקסמאַן, **דער קאָצקער רבי**, עמ׳ 53, שמעתי מר׳ שמואל. **תפארת אדם**, עמ׳ יג.
11. גליקסמאַן, **דער קאָצקער רבי**, 53, על פי השמועה.
12. **היכל קאצק**, עמ׳ תקמו.
13. [הפניה שגויה].

מה אירע?

14. עיתון **המזרחי**, תר״פ, גיליון 14 [המאמר חתום בשם העט ״יהודה עלזעט״, ששימש את הרב זלוטניק, שעיברת מאוחר יותר את שמו לאבידע].
15. שמחה פיעטרושקאַ, **דער היינט**, 26 בספטמבר, 1927.
16. יוסף קלוזנר, **היסטוריה של הספרות העברית החדשה**, כרך ד, עמ׳ 121.
17. צדרבוים, **כתר כהונה**, עמ׳ 132.
18. Hilary Nussbaum, *Szkice Historyczne z Zycia Zydow w Warszawie*, Warszawa 1881, p. 127
19. אוריין, **סנה בוער בקוצק**, עמ׳ 120–121.
20. שמעתי מר׳ א״מ בורנשטיין, בנו של ה״**שם משמואל**״ [מיקום ההערה הזו בספק].
21. שמחה פיעטרושקאַ, **דער היינט**, 7 באוקטובר, 1927.
22. שמעתי מר׳ א״מ בורנשטיין, בנו של ה״**שם משמואל**״ [מיקום ההערה הזו בספק].

23. עזריאל נתן פרענק, **מחיי החסידים בפולין**, ווארשא תרנ"ו, עמ' 80-83. יצחק ניסנבוים, **עלי חלדי**, וורשה תרפ"ט, עמ' 304-305 מתאר את פרענק כאישיות שלילית ביותר. למרות שהיה סופר עברי, הוא לא העניק לילדיו חינוך יהודי ושלח אותם ללמוד הרחק מסביבה יהודית. מוצאו חסידי, אך הוא התייחס לחסידים ולחסידות בשנאה, ונלחם בהם בקנאות רבה.

24. צייטלין, "קאָצקער חסידות". אחד מנכדיו של ר' מרדכי יוסף כותב ש"המאורע של ליל שבת הידוע" גרם למחלוקת בין קוצק לאיזביצה: "ויען כי אנכי מבני-בניו, מצאתי לחוב קדוש לכתוב שורות אלו להעמיד את האמת על תלה ולהצדיק את הצדיק. והריני להעיד באמונה על פי מסורת אבותי הקדושים ז"ל שכל זה הוא שקר מוחלט, ולא היו דברים מעולם, לא היה שום 'מאורע ליל שבת', לא מניה ולא מקצתיה. בוודאי שנחלקו חכמי ישראל אלו בדרכיהם ושיטותיהם, אבל גם במחלוקתו זו לא הטיל בו חס ושלום שום שמץ פסול, והעריצו לקדוש ישראל, צדיק ונשגב. המשכילים והכופרים שבאותו הדור, שכל מגמתם הייתה לבזות את קדושי ישראל ולדבר על צדיק עתק, הוציאו דיבת שקר, שזו הייתה הסיבה למחלוקתם, אבל זה שקר גמור ולא היה ולא נברא" (**תפארת ירוחם**, עמ' קמט ואילך). חסיד של בעל ה"בית יעקב", בנו של ר' מרדכי יוסף כתב: "אל תזכרו את המחלוקות אשר היו בין הרב בעל התניא ובין הגר"א, ובין הרב הצדיק מקוצק ובין הצדיק מאיז'ביצא... כי אנו מוכרחין להרכין את ראשינו ולאמור בפה מלא: כולם גאונים, כולם קדושים וכולם צדיקים, ומחלוקות לשם שמיים היו ביניהם והשעה הייתה צריכה לכך" (**שמחה שלמה**, הקדמה). לדברי ר' לייב ציוויאק, ה"שפת אמת" קרא לבנו בכורו, לימים הרבי מגור, על שמו של ר' מרדכי יוסף, ולא על שם אביו שלו [אף ששמו היה כשמו, אברהם מרדכי].

25. מרקוס, **החסידות**, עמ' 224.

26. אהרן זאב אשכלי, **החסידות בפולין**, בית ישראל בפולין, חלק ב, עמ' 124. א' אהרנשטיין, "אורות מאופל", **האור**, מאסף חדשי, תרמ"ב; הורודצקי, **החסידות והחסידים**, ח"ג, עמ' קכה; **המליץ**, תרכ"ט, עמ' 27.

27. **מאיר עיני הגולה**, סימן שנט.

28. פיינקינד, **גוטע יידן**, עמ' 34.

29. **דער היינט**, 7 באוקטובר, 1927 [ייחוס הסיפור לאיציק סטנוב תמוה, כיוון שהוא נפטר ב-1805, ואילו ר' מנדל נהיה לרבי רק ב-1827, והגיע לקוצק רק ב-1829].

30. יהודה לייב גרויבַרט, "והצדיקו את הצדיק" עיתון **המזרחי**, תר"פ, גיליון 17. גליקסמאַן, **דער קאָצקער רבי**, עמ' 62.

31. עירובין, סג ע"א, ועוד מקומות.
32. **חדושי מהרא"ך**, קונטרס "עץ אבות", עמ' 7.

טעם הלוואי שנותר מעזיבתו של ר' מרדכי יוסף

33. **אמת ואמונה**, סימן קנז.
34. אבות פ"ד, מי"ב.
35. **אמת ואמונה**, סימן קלב.
36. פיינקינד, **גוטע יידן**, עמ' 212. ראו **שיח שרפי קודש**, א, עמ' 68; **אמת ואמונה**, סימן תשנז.
37. **גדולת מרדכי וגדולת הצדיקים**, עמ' 30.
38. **שיח שרפי קודש**, ה, עמ' 62.
39. **שיח שרפי קודש**, א, עמ' 63; **אמת ואמונה**, סימן תשמא.
40. **גדולת מרדכי וגדולת הצדיקים**, ח"ב, עמ' 21.
41. **תפארת הצדיקים**, עמ' 54 [כך מובא נוסח בן סירא ג, יט, בחגיגה, יג ע"א].
42. **שיח שרפי קודש**, א, עמ' 125.
43. **מאיר עיני הגולה**, סימן שכב.
44. **שיח שרפי קודש**, ג, עמ' 15.

יראת הכבוד כלפי הרבי מקוצק נמשכה

45. **בית יעקב, איזביצה**, בראשית, הקדמה, עמ' 20.
46. **תורת אמת**, חלק שלישי, שבת בין יום כיפור לסוכות, תרמ"א, סעודה שלישית, עמ' 72.
47. **בית צדיק**, עמ' 35.
48. צדרבוים, **כתר כהונה**, עמ' 132-133.

ההיסטוריה חוזרת

49. "כל תשוקתו של הרבי ר' אלימלך הייתה להיפרד מעולם הזה החומרי, ולעמוד במקור הקדושה, מבלי לבוש החומר העב", **עבודת ישראל**, חיי שרה.
50. **אהל אלימלך**, סימנים קסה, רעה, קכב; איידלבוים, **רבי אלימלך מליזענסק**, עמ' 137 ואילך.

גם ר' שמחה בונים רצה להסתגר

51. **חדושי מהרא"ך**, קונטרס "עץ אבות", עמ' 4.

52. **זכותא דאברהם**, עמ' מא, עז. לר' נפתלי מרופשיץ הייתה "קפידא" על תלמידו ר' הירש אלימלך מדינוב, שהחל להנהיג כשר' נפתלי עוד היה בחיים (**אהל נפתלי**, עמ' 94).
53. מרקוס, **החסידות**, עמ' 119.

ר' יצחק מוורקי

54. **נפלאות חדשות**, עמ' 41; **אמת ואמונה**, סימן תתלט, ראו סימן תתצז.
55. **אמת ואמונה**, סימנים תתצז, קלו.
56. **שיח שרפי קודש**, ה, עמ' 9; **אמת ואמונה**, סימן תשכא. **היכל קאצק**, עמ' תקמה.
57. **גדולת מרדכי וגדולת הצדיקים**, ח"ב, עמ' 10.
58. **אמת ואמונה**, סימן תשפז.
59. **גדולת מרדכי וגדולת הצדיקים**, ח"ב, עמ' 25 ואילך.

ר' יצחק מאיר ור' מנדל

60. **אמת ואמונה**, סימן תתלג.
61. **אמת ואמונה**, סימן רפד.
62. **אמת ואמונה**, סימן תשעב.
63. **אמת ואמונה**, סימן תתיד.
64. **אמת ואמונה**, סימן תתלב.
65. **אמת ואמונה**, סימן תתקב; עיינו סימן רצב.
66. **אמת ואמונה**, סימן שצט.
67. **אמת ואמונה**, סימן רצה.
68. **אמת ואמונה**, סימן רצח.
69. **אמת ואמונה**, סימן רפא.
70. **אור פני יצחק**, עמ' כא.

פטירתו

71. **רמתים צופים**, ח"ב, עמ' 43. "נסות" פירושו גם להגביה.
72. **אמת ואמונה**, סימן תתיב.
73. **שיח שרפי קודש**, ב, עמ' 94; **אמת ואמונה**, סימן רכ. "אין אני דואג על עצמי, כי יודע אני בבירור שאצא מפתח זה ותיכף אכנס בפתח אחר" (**שבחי הבעש"ט**, עמ' קיח).

74. **אמת ואמונה**, סימן תכד.
75. **אור פני יצחק**, עמ' מ.
76. **שיח שרפי קודש**, ג, עמ' 17.
77. **היכל קאצק**, עמ' תרכד.
78. **מאיר עיני הגולה**, ח"ב, עמ' 27; גליקסמאַן, **דער קאָצקער רבי**, עמ' 84 ואילך.
79. **שיח שרפי קודש**, א, עמ' 43.
80. **שם משמואל**, תרומה, שנת תרע"ב, ד"ה במד"ר; **אמת ואמונה**, סימן רנה.
81. **אביר הרועים**, סימן עו.
82. **אמת ואמונה**, סימן תרצז.
83. שמעתי מהר"ר נחום פרלוב, חתנו של הרבי מסוקולוב.
84. **שיח שרפי קודש**, ה, עמ' 93.
85. **מאיר עיני הגולה**, ח"ב, סימן תעא; גליקסמאַן, **דער קאָצקער רבי**, עמ' 86; **שיח שרפי קודש**, א, עמ' 70.
86. אוריין, **סנה בוער בקוצק**, עמ' 162 [במקור מופיעה גרסה אחרת לשורה השנייה, שמתורגמת שם: "שאת המגפיים לנו פירזל"].

ר' יצחק מאיר

87. [תנחומא, וישב, פ"ח; במקור במשמעות שלילית]
88. **שיח שרפי קודש**, א, עמ' 92.
89. ראש השנה, כה ע"א.
90. **שיח שרפי קודש**, ג, עמ' 66.

פרק ט (יז)

להגביה את השמיים

1. **שיח שרפי קודש**, ג, עמ' 71. ר' מנדל לא רצה להשתמש בכוח של "הקדוש ברוך הוא גוזר והצדיק מבטל" לגבי עניינים קטנוניים, אבל השקפתו הייתה שונה ביחס לתיקון העולמות.
2. **חשבה לטובה**, עמ' 73.

"אני נחנק!"

3. **חשבה לטובה**, עמ' 9.

4. **שיח שרפי קודש**, ב, עמ׳ 23.
5. גליקסמאַן, **דער קאָצקער רבי**, עמ׳ 128; **אביר הרועים**, סימן רטז; עיינו **אמת ואמונה**, סימן שנה.
6. ראו **שיח שרפי קודש**, ג, עמ׳ 110.
7. **חשבה לטובה**, עמ׳ 73.
8. **חשבה לטובה**, עמ׳ 13; **שיח שרפי קודש**, א, עמ׳ 102.

הכנעה?

9. **תורה מן השמים**, עמ׳ 189–192.
10. **אביר הרועים**, סימן שכה. במקור הזה כתוב: ״אמרו נא לי היש פנים של אחד אשר ידמה עצמו אל פנים של מעלה״, אך המילים ״אשר ידמה עצמו״ מתרגמות שם כנראה את המילים ״קאָן זיך פאַרמעסטן״ [שתרגמנו ״שיכול לעמוד מול״]. הצירוף ״זיך פאַרגלייכן״ [להגיע לידי הסכם/פשרה] משמש לעתים תכופות כמונח-נרדף ל״זיך פאַרמעסטן״ [וזה כנראה מקור השיבוש]. בצעקתו ״דרשו ה׳ בהמצאו!״, הוא תרגם, כנראה, את המילה ״דרשו״ במנעד המשמעויות ״בקשו/תבעו/דרשו״.
11. על פי השמועה.
12. **שמחת ישראל**, עמ׳ 99.
13. **אמת ואמונה**, סימן תקטז.
14. על פי השמועה.
15. **אמת מקאצק תצמח**, עמ׳ תקעו.
16. על פי השמועה. לפי **שפתי צדיק**, במדבר, עמ׳ 50, ה״וואָרט״ הזה שייך לר׳ שמחה בונים.
17. **שיח שרפי קודש**, א, עמ׳ 104.

קושיות על אלוהים

18. בראשית רבה, פל״ט, א.
19. ראו ספרי **אלוהים מבקש את האדם**, עמ׳ 88, הע׳ 7.
20. **רמזי אש**, אליהו זוטא, עמ׳ 7.
21. על פי השמועה.
22. **וילקט יוסף**, עמ׳ יג.
23. **אהל תורה**, סימן רעא; דורש טוב, עמ׳ 21.
24. **שיח שרפי קודש**, ג, עמ׳ 17.

25. אוריין, **סנה בוער בקוצק**, עמ' 85.
26. "ובאמת בכל מקום שהאדם מכניס את עצמו בספיקות בעבודת השם יתברך ובדברים הצריכים בירור, אם יתברר לטוב אז הוא גדול ממי שסילק עצמו מספיקות, רק זאת היא בזרע יעקב לפי שיש להם מבטח עוז בהשם יתברך שיברר הכול לטוב זה מותר לו להכניס עצמו בספק, אבל מי שאין לו מבטח עוז אסור להכניס עצמו בספק... וכן גם בישראל נמצאו נפשות שמותרים להכניס עצמם יותר בספיקות מנפשות אחרות אף שאלו ואלו מזרע יעקב" (**מי השלוח**, ח"א, תולדות, יט ע"ב). "שלש מתנות טובות נתן הקדוש ברוך הוא לישראל, וכולן לא נתנן אלא על ידי יסורים (ברכות, ה ע"א). שצריך האדם ליגיעות ובירורים וספיקות" (שם, ח"ב, בא, יג ע"ד).
27. אוריין, **סנה בוער בקוצק**, עמ' 178.

רגל אחת ברקיע השביעי, והשנייה בשאול תחתיות

28. על פי השמועה.
29. **שיח שרפי קודש**, ג, עמ' 32. בעל **דגל מחנה אפרים**, בסוף, שמע מהבעל שם טוב: "בזאת אני נשבע לכם, שיש איש בעולם ששומע תורה מפי קודשא בריך הוא ושכינתיה, לא מפי מלאך ולא מפי וכו', ואינו מאמין בעצמו שלא ידחה מאת הקדוש ברוך הוא, חס ושלום, כי בקל יכול לדחות לנוקבא דתהומא רבה, רחמנא ליצלן".
30. **שיח שרפי קודש**, ג, עמ' 19 ואילך.
31. **היכל קאצק**, עמ' שכ.
32. בבא בתרא, טז ע"א.

אמנות הדיבור של השתיקה

33. **אמת ואמונה**, סימן תתנח.
34. **זכותא דאברהם**, עמ' סג.
35. **שיח שרפי קודש**, ב, עמ' 106.
36. **אהל תורה**, סימן קצד.
37. על פי השמועה.
38. **וילקט יוסף**, עמ' יד.
39. [חסרה הפניה]
40. **שיח שרפי קודש**, ג, עמ' 19.
41. **חשבה לטובה**, עמ' 6.

42. **שיח שרפי קודש**, ד, עמ' 86.
43. **נפלאות חדשות**, עמ' 23.
44. **אהל תורה**, סימן רפב.
45. שבת, יב ע"א.
46. על פי השמועה.
47. על פי השמועה.
48. [ראו ברכות, סא ע"ב ומנחות, כט ע"ב]
49. **שיח שרפי קודש**, ד, עמ' 19.

הקוזק רוצה ניגון חדש

50. **שיח שרפי קודש**, ב, עמ' 92. ראו לעיל עמ' 183.
51. **שיח שרפי קודש**, ב, עמ' 106; בשינוי קל, עמ' 98.
52. [ראו **קוצק: במאבק למען חיי אמת**, עמ' 72–74]
53. **שיח שרפי קודש**, ב, עמ' 106.
54. **היכל קאצק**, עמ' רנג.
55. ראו **קוצק: במאבק למען חיי אמת**, עמ' 181.

חביות מחוררות

56. ראו שיר השירים רבה, פ"ה, יא; ויקרא רבה, פי"ט, ב, בשינויים [נוסח המדרש המובא כאן מהווה עיבוד המופיע במקורות החסידיים שבהערה הבאה].
57. **אהל תורה**, סימן קח; **נפלאות חדשות**, עמ' 88; **אמת ואמונה**, סימן תרנו.

בתוך הקושיה שוכן התירוץ

58. "מצינו שהכול ברא הקדוש ברוך הוא בעולמו חוץ ממדת השקר שלא ברא", פסיקתא רבתי, פכ"ד.
59. **שיח שרפי קודש**, ב, עמ' 108.
60. **מדרש משה**, ח"ב, עמ' 86.
61. **אהל תורה**, סימן ר.

נספח: אחריותו של האדם כלפי אלוהים

62. ברכות, ג ע"א.

פרק י (יח)

שיטתו של ר' מרדכי יוסף

1. [ראו **קוצק: במאבק למען חיי אמת**, פרק א]
2. "שכל התורה היא אהבת ישראל" (**מי השלוח**, ח"ב, תשא, כ ע"א).
3. "כל התורה היא שירת האזינו... וצורתא דשמעתא של שירת האזינו הוא הפסוק הזה" (**מי השלוח**, ח"ב, מ ע"ב).
4. **מי השלוח**, ח"ב, שופטים, לו ע"ד - לז ע"א.
5. **מי השלוח**, ח"ב, שופטים, לז ע"א.
6. **מי השלוח**, ח"ב, תהלים, מח ע"ב.
7. "שהאדם לא ימסור נפשו על כל דבר... כי אצל השם יתברך יקר מאוד חיים של ישראל, ואולי אין בכוחו לפעול ויכול לאבד החיים שלו. והשם יתברך חפץ חיים" (**מי השלוח**, ח"ב, בהר, כז ע"ב).
8. **מי השלוח**, מקץ, לא ע"ב.
9. תנחומא, פקודי, ה.
10. אבות, פ"ב, מ"א.
11. **מי השלוח**, וישב, ל ע"א-ע"ב; שלח, צז, ע"א.
12. **מי השלוח**, קדושים, עד ע"א.

נגד כעס

13. "היינו מי שיש בו כעס, כי מדת הכעס אין לה חלק בישראל" (**מי השלוח**, שופטים, קיט ע"ב; ראו נח, ט ע"א).
14. **מי השלוח**, נשא, צב ע"א; בהעלותך, צד ע"ב.
15. "הכעס - וזאת המידה נמצא ביותר באנשים גדולים, מפני שאינו מגיע להם שום נייחא בעולם הזה, והטוב המוכן להם לעולם הבא, זה הוא בהסתר מהם בעולם הזה" (**מי השלוח**, תזריע, סט ע"ב).
16. **מי השלוח**, מצורע, ע ע"א. "ענין עכו"ם הוא כעס" (**מי השלוח**, ח"ב, סו ע"ב).
17. "יש לבושים להשם יתברך שמראה מידת קנאותו. ובעת שהשם יתברך הוא במידה הזאת, גם הצדיק, כגון פנחס בדורו ואליהו בדורו, כי הצדיק הוא לבוש להשם יתברך. ואז נראים כמקטרגים על ישראל..." (**מי השלוח**, תשא, נח ע"ב).

18. "זעף ועצבות... שצמיחת החסרון נמצא אף באנשים גדולים מאוד. כי מאן מלכי רבנן וחכמים ראשי אלפי ישראל ילאו מזה להשלים עצמם שלא ימצא מזה שורש בלבם" (**מי השלוח**, לקוטים מכתובים, קמז ע"א).
19. שמות לט, ב.
20. "ומן הצאן - להוציא את הנוגח. שלא יהיה בו שום כעס ורציחה וקפדנות. וכן מנהיג הדור שאדם ירצה להיות כפוף תחתיו צריך להיות נקי מדברים האלו" (**מי השלוח**, ח"ב, ויקרא, כב ע"ב).
21. "איש שמכנס ומאסף כעסו לצבור כעס וזדון רב... על זה נאמר 'מעם מזבחי תקחנו למות', שאף צדיק ועובד את השם יתברך לא יועילו לו כל זכויותיו ללמד זכות עליו, כי כעס כזה אינו חלק ישראל כלל" (**מי השלוח**, ח"ב, משפטים, יז ע"ב).
22. "ששורש עכו"ם הוא כעס" (**מי השלוח**, ח"ב, תשא, כ ע"א). "בעומק לא נמצא שום כעס אצל השם יתברך" (**מי השלוח**, ח"ב, כח ע"ב). עיינו שם ח"א, בהעלותך, יב; קרח, לב ע"א; מסעי, לג ע"א; תצא, לז ע"ב, לח ע"ב; תהלים, נ ע"א; עירובין, נז ע"א.
23. "ובעניין התנשאות נמצא עומק שאין להבין האיך השם יתברך נותן התנשאות לשני צדיקים בדור אחד, וכל אחד הוא מנושא בחלקו ובמעלתו על כל, והיינו גם השני. וכעניין משה ואהרן שהיה כל אחד ואחד חד בדרא בחלקו..." (**מי השלוח**, נשא, צב ע"ב). "וישם לך שלום - היינו התנשאות ביותר, אף אם יהיה לך התנגדות לא תירא מהם, כי השם עמך" (שם, צג ע"א). "כל התנשאות לא יבוא רק מהשם יתברך" (שם, שופטים, קיז ע"א).

נגד קיצוניות

24. "עיקש היינו מי שמתעקש נגד השם ואינו עושה רצון השם מחמת שנמשך תמיד אחר הנאת עצמו. ופתלתל הוא להיפך, שמסגף ומגדיר את עצמו יותר מדאי, והוא גם כן עבירה, כמו שכתוב: ועוכר שארו אכזרי" (**מי השלוח**, האזינו, קכח ע"א).
25. "כשאדם מנהיג את עצמו להסתלק מכל ספק ולשמור מכל מעשה רע, אז הוא בשלווה. ועל זה אמר לו השם יתברך כי בעוד האדם בגוף אין באפשר להתנהג בכל כך שמירה ויראה וענווה... כי בעולם הזה צריך להתנהג באהבה ומעשה שאינה מבוררת כל כך" (**מי השלוח**, וישב, כז ע"ב).
26. בראשית רבה, פפ"ד, א.
27. "בקש יעקב לישב בשלווה - היינו להשמר מכל מעשה לבל יכנס בשום ספק. והנה זאת אין רצון השם יתברך בעולם הזה..." (**מי השלוח**, וישב, כז ע"ב).

28. "שבכל עניינים שהאדם עושה שמגיע לו הנאה מהם צריך לחשוב דרכיו ולברר בשלושה בירורים, שלא ימצא במעשה הזה שום נטייה מרצון השם יתברך, אף נגד גדר מדברי סופרים... וגם צריך לברר נגד כלל ישראל, שלא יגיע להם שום רעה מזה... וגם צריך לברר נגד עצמו שגם להאדם העושה לא יגיע רעה בשום צד מזה המעשה" (**מי השלוח**, קדושים, עג ע"א; במדבר, פט ע"א-ע"ב).

29. "'אל תפנו אל האלילים' (ויקרא יט, ד) - היינו יראה של שטות, כי אליל הוא מלשון אליה, שהוא היותר רחוק מהראש מכל האברים, והדעת נקטן בה. וזה נאמר רק לצדיקים גמורים שלבם נמשך אחר רצון השם יתברך, כשיבא בלבם איזה חשק לדבר לא יצמצמו את עצמם בהרבה ישובים של יראה, רק יעשו ויבטחו בהשם שלא יאונה לידם דבר רע, חס ושלום, כמו שכתוב: 'אל תהי צדיק הרבה ואל תתחכם יותר למה תשומם' (קהלת ז, טז)" (**מי השלוח**, קדושים, עד ע"א).

30. "וישראל מבקשים שיוכל להתפשט... בכל חשק לבם, ולא נצטרך לגדרים וסייגים כל כך... אז יהיו מותרים להתפשט בכל תענוגים מעולם הזה. רק הכול יהיה בקדושה" (**מי השלוח**, שופטים, קכ).

31. **מי השלוח**, קדושים, עד ע"א.

32. "שלבו של אדם מלא נגיעה" (**מי השלוח**, ח"ב, מגילה, סא ע"ג).

33. "שבאם כוונת האדם בשמירת התורה רק למען להיטיב לו בזה העולם לא ייפול עליו לבו כיוון שרק לגרמיה הוא דעביד. רק ידע האדם שגם בזה קיים מצוות השם יתברך שחפץ להיטיב לברואיו... אכן האדם צריך להתחזק לעבוד את השם יתברך באהבה ויראה שלימה... אכן על העבר אם עבד האדם את השם יתברך והתפלל רק למען טובת העולם הזה בזה גם כן עשה רצון השם יתברך" (**מי השלוח**, ח"ב, ואתחנן, לד ע"ב - לה ע"א). עיינו שם ח"א, קדושים, עג.

עדיף שיטפון על שידפון

34. [ראו **קוצק: במאבק למען חיי אמת**, עמ' 202 ו-210 ואילך]

35. "'לא בשמיים היא'... אף שצריך האדם לגדרים וסייגים בעוד שלא השיג דברי תורה, אבל כשהאדם בשלימות אינו צריך לזה, 'ולא מעבר לים' - היינו אין צריך להיות רחוק מכל חמדת עולם הזה שנקרא ים, כי ים מורה לתאווה. רק מתחילה אי אפשר לבוא לדברי תורה רק בפרישות גדול, אבל אין זה עיקר, כי עיקר הוא העשייה... וזה דאיתא בגמרא 'טובעני ולא יובשני' (תענית י, א) - היינו שטוב להיות מוטבע מעט בתאוות ולא יהיה יבש לגמרי" (**מי השלוח**,

נצבים, קכו, ע"א-ע"ב). ר' מרדכי יוסף לא תמיד עקבי בכך. במקום אחר הוא אומר: "האדם יכול לתקן גם כן החטא הנולד בו אשר יבוא לאדם משורשו ושורש אביו ואמו... היינו תשוקת אביו ואמו שהייתה להם בשעת זווג" (שם, וילך, קכו ע"א).

36. "התאווה שנמצאת בלב האדם גם זה חסד מהשם יתברך, כי 'כל הגדול מחברו יצרו גדול ממנו' (סוכה נב, א), ואם יכניס את כח חשקו ותאוותו לתוך הקדושה אז יגדל מעלתו יותר... אם מוציא את תאוותו במקום זר זה נקרא 'איש כזב'. היינו שמכזב בה, אז טוב ממנו הרש שלא נברא בכח תאווה כזה, מאחר שאינו משתמש בה כפי הצורך" (**מי השלוח**, לקוטים מכתובים, קמה ע"ב).

37. "ולא יטה לצד אחד רק ילך בדרך הממוצע" (**מי השלוח**, ח"ב, לך לך, ה ע"ב; תולדות, ז ע"א; משלי, נא ע"א).

38. "עניין פריה ורביה הוא להתפשט ולפרסם הקדושה הנמצאת בעומק הלב... שלא יתפלא האדם היאך יכול להולד נפש קדוש שמקודש יותר מן המולידו מתשוקת אשה שהיא הסתרה, ומכל שכן מצד האשה, לא יבין האדם זאת. אכן בזה יתברר שבטח נמצא כח כמוס בה, והוא עמוק מאוד. ובלידת הנפש נתפרסם ונתפשט הקדושה" (**מי השלוח**, ח"ב, תשא, יט ע"ד).

39. "כל הולדה לא תבוא רק על ידי הולדה ושכחה... כי בזה הרגע נפסק ונשכח דעת האדם. ובאם היה האדם עומד תמיד בדעתו נגד בוראו, לא היה יכול לבוא לידי הסתר ושכחה שיבא ממנו הולדה" (**מי השלוח**, וישב, לד).

40. זבחים, קא ע"ב; ברכות, לב ע"ב.

41. טור, אורח חיים, סימן קכח.

42. לוין, **בית קוצק**, חלק ב, עמ' 178.

43. "ולא יעלה חס ושלום על הדעת לומר שזמרי היה נואף, חס ושלום, כי מן הנואף לא עשה הקדוש ברוך הוא פרשה בתורה, אך יש סוד בדבר זה, דהנה יש עשר נקודות בזנות, הנקודה הראשונה מי שמקשט עצמו והולך במזיד לדבר עבירה, היינו שהאדם בעצמו מושך עליו היצר הרע, ואחרי זה יש עוד תשע מדרגות, ובכל המדרגות שניטל מהאדם כח בחירתו ואי אפשר לו להימלט מעבירה, עד המדריגה העשירית, היינו מי שמרחיק עצמו מן היצר הרע ושומר עצמו מן העבירה בכל כוחו עד שאין ביכולתו לשמור את עצמו יותר מזה, ואז כשנתגבר יצרו עליו ועושה מעשה, אז הוא בודאי רצון השם יתברך, וכענין יהודא ותמר, ואיהי בת זוגו ממש. וזה העניין היה גם כאן, כי זמרי היה באמת שומר עצמו מכל התאוות הרעות, ועתה עלתה בדעתו שהיא בת זוגו מאחר שאין בכוחו לסלק את עצמו מזה המעשה. ופנחס אמר להיפך שעדיין יש בכוחו לסלק עצמו מזה... וזה שכתוב 'ושם איש ישראל המוכה', היינו

שהקדוש ברוך הוא הראה לפנחס אחר מעשה שעשה עם מי הייתה המלחמה שלו, שאל יחשוב כי נואף גמור היה, חס ושלום, ופנחס מחמת שהיה בא מזרע יוסף שנתברר בסיגופים ונסיונות בעניין זה ולכך הרע בעיניו מאוד על מעשה זמרי. ועל זה נאמר 'כי נער ישראל ואוהבהו' (הושע יא, א), וזה ממש ענין פנחס שהיה דן את זמרי לנואף בעלמא, על כן דן אותו, קנאין פוגעין בו, ונעלם ממנו עומק יסוד הדבר שהיה בזמרי, כי היא הייתה בת זוגו מששת ימי בראשית, כמו שמבואר בכתבי האר"י ז"ל, עד שמשה רבינו עליו השלום לא הכניס את עצמו בזה לדונו במיתה, ונמצא שפנחס היה במעשה הזה כנער, היינו שלא יודע עמקות הדבר רק על פי עיני שכל אנושי ולא יותר, ואף על פי כן השם יתברך אוהבו והסכים עמו, כי לפי שכלו עשה דבר גדול בקנאותו ומסר את נפשו. לכן 'אמור הנני נותן לו את בריתי שלום', משה לא היה ראוי לקנאות כי באורו הגדול היה מעניש אותו עם הנפש, אבל פנחס חכים ויניק לא ענשו רק בגוף, ועל ידי זה ראוי ליתן לו את בריתי שלום" (**מי השלוח**, פנחס, קה, ע"א-ע"ב; תולדות, יט ע"ב).

"ואיש כי ישכב את אשה והוא שפחה נחרפת לאיש" (ויקרא יט, כ) - "בכאן נרמז עומק חטא של זמרי עם כזבי בת צור" (**מי השלוח**, קדושים, עה). "איתא בכתבי האר"י ז"ל כי שכם נתגלגל בזמרי בן סלוא בן דינה" (שם, וישלח, כה; ח"ב, משלי, נב, ע"ד; לג, ע"א). ר' אברהם אזולאי, **חסד לאברהם**, מעין ה, נהר כה, מביא זאת בשם ר' חיים ויטאל. לפי מקור אחר: "כזבי, בת נשיא מדין, היא גלגול דינה ממש. על כן חשק אותה" (**קהלת יעקב**, בערך "זמרי").

44. ספרי, בלק, סוף.
45. **מי השלוח**, וישב, ל.
46. **מי השלוח**, מטות, קז ע"ב.
47. "כח התשוקה אינו רק מהשם יתברך" (**מי השלוח**, תצא, קכ ע"א).
48. "וצריך לחזק את עצמו במצוות ומעשים טובים בכדי שיצא ממנו הפסולת" (**מי השלוח**, בראשית, ז ע"א). "שלא יהיה האדם חכם בעיניו לעבור על דברי תורה אף כחוט השערה" (שם, שלח, צז ע"א).
49. "שבמקום שישתוקק האדם לדבר, יראה אם הוא רצון השם יתברך. לא יאמר מאחר שאני משתוקק בטח הוא רצון השם יתברך" (**מי השלוח**, לקוטים מכתובים, קלח ע"ב).
50. "תרי"ג מצוות שהם עצות לישראל איך יוציא ממחשבתו תאוות הרעות שהם משורשים בלבו, מחמת שהוא בעולם הזה הנקרא מקום טומאה" (**מי השלוח**, וילך, קכו ע"א). "שאין יכולים לבוא לעומק רצון השם יתברך רק על ידי

התורה והמצוות" (**מי השלוח**, חקת, קא ע"א). "התרי"ג מצוות הם נצרכים בכל עת ובכל זמן לכל אדם, הכול בלי שינוי ותמורה בשום עניין" (שם, מטות, קו ע"ב).

51. "שישראל עוזבים כל טובות והנאות עולם הזה כדי לקיים רצון השם יתברך" (**מי השלוח**, אמור, פב ע"ב); "ואהבת את השם אלהיך" - "היינו שיוכל האדם לעזוב כל חמדת העולם הזה בשביל אהבת השם יתברך" (**מי השלוח**, ואתחנן, קיב ע"א).

52. "מי שממאס כל חמדת העולם הזה עליו שוכן השם יתברך" (**מי השלוח**, וזאת הברכה, קכח ע"ב). "צריך כל נפש מישראל להביט להשם ושלא ישוקע בתאווה וחמדה, שלא ישכח חס ושלום בהשם, רק לחשוב דרכיו" (**מי השלוח**, ואתחנן, קיא ע"ב). "שאף בדבר המותר לאדם לא יהיה משוקע בהתאווה ולא יעשה שום דבר הנאת עולם הזה רק בישוב הדעת" (שם, קדושים, עב ע"ב).

מקרה לילה

53. [ראו **קוצק: במאבק למען חיי אמת**, עמ' 212]

54. "שאין לך דבר שעומד בפני התשובה ויש להשם יתברך עצות לבל ידח ממנו נדח... והנה כוונת ר' שמעון בן יוחאי הייתה בספר הזוהר במה שמחריד את האדם כל כך בחטא הידוע כדי שהאדם יחרד ויבטח מהשם יתברך, וישפוך שיחו לפני השם יתברך. כי הוא חטא גדול עד מאוד, וממילא נולד להאדם שמחה גדולה כשלא יארע לו זאת" (**מי השלוח**, נשא, צב ע"א). "שרב היה אומר מסתפינה מחטא מקרה לילה הנראה כנאבד מאדם שלא יוכל לתקן. ועל זה השיבו לו... שיש כח ביד השם יתברך להחזיר הכול לקדושה... חטא הבא על הארמית שנראה יותר שמרוחק מתקון. ועל זה השיבו לו... השם יתברך (יוכל) לתקן גם את זה, שיברר כי בשורש לא היה שום חטא, חס ושלום" (שם, בחוקותי, פז ע"ב). מקרה לילה "ענין מכשול הזה בא לאדם מפני שמביט בדברי תורה שאינם שייכים לו" (שם, תצא, קכא ע"ב).

55. אבות פ"ה, ז.

56. "במצווה הזאת (פריה ורביה) אין אף אחד שיאמר זכיתי לבי. כמאמר הגמרא אפילו חסיד שבחסידים אין ממנין אותו אפוטרופוס על העריות (ירושלמי כתובות, פ"א, ה"ח). וראיה לזה... שנמצא בושה במעשה הזאת. כי באם היה האדם מזוכך בזה לא הייתה נמצא בזה בושה, רק הייתה כשאר מצוות. ועם כל זה מוציאין ממנו בקולי קולות. היינו שעינינו הרואות שכמה נפשות יקרות יולדו מזה. ואין זה רק מה שהקדוש ברוך הוא מוכיח בחמלתו שכל כוונת אדם בזה המעשה הייתה לשם שמיים. ונוכל ללמוד מזה כל שכן במקום שימצא

צעקה בלב האדם להשם יתברך על שאירע לו שלא מדעת שזה נקרא שאול, שמכניסין בו בקולי קולות. הוא שהאדם צועק ומרעים להשם יתברך שיושיע לו, אינו דיו שיוציאו ממנו בקולי קולות. היינו שהשם יושיע ויברר את מעשי ישראל לבלתי ידח ממנו נדח" (**מי השלוח**, לקוטי הש"ס, קנ ע"ב). תלמידו של ר' מרדכי יוסף, ר' צדוק הכהן, הולך בשיטת רבו בספרו **תקנת השבין**, וראו במיוחד עמ' 129 ואילך.

57. **מי השלוח**, כי תצא, קכא ע"ב.

58. "וכאשר שמעתי ממורי כי גם תענוג העבירה רחמנא ליצלן נמשך בסוד השבירה בו בניצוץ תענוג רוחני" (**צפנת פענח**, א ע"ב).

59. "ושורש הניאוף אף שהוא רע מכל מקום נמצא בו צד טוב, כי חסרון הניאוף הוא שמטיב במקום שאין רצון השם יתברך" (**מי השלוח**, תולדות, כא ע"ב). "זה עניין הזב שהדבר בעצמו הוא טוב, רק צריך להיות בעתו, היינו לקיים מצות פריה ורביה" (שם, מצורע, עא ע"א).

הכול בידי שמיים

60. ברכות, ג ע"ב.

61. "מה דאיתא בגמרא: הכול בידי שמיים חוץ מיראת שמיים - הוא רק לפי גבול תפיסת שכל האדם, אבל באמת הכול בידי שמיים ואף יראת שמיים, ורק בעולם הזה הסתיר השם יתברך דרכו" (**מי השלוח**, וירא, טו ע"ב). "המעשים הם מיד השם יתברך, והמחשבות הם מצד האדם... כי הכול בידי שמיים. ומעשה המצוות או היפך הם ביד השם יתברך, ורק לפעמים יתלה אותם באדם" (שם, וישב, כז ע"א). "בעולם הזה... נקראים המצוות ומעשים טובים וכן ההיפך על שם מעשה אדם, היינו שאי אפשר בלא עבודה... היה החטא של נדב ואביהו שהיו חושבים בעולם הזה שהכול בידי שמיים" (שם, לקוטי הש"ס, קנט ע"ב). עיינו שם, ח"ב, סה ע"ב.

רעיון זה נמצא כבר במקורות קדומים יותר. "וכמה שהראה הרב הגאון מורי מניקלשבורג שפירש רש"י: על הכול בידי שמיים חוץ מיראת שמיים פירושו: הכול בידי שמיים חוץ מיראת שמיים שהוא נמי בידי אדם, אבל כל שכן שהוא ביד שמיים" (**זכרון זאת**, בהר, ד"ה אחרי נמכר). המקור ברש"י הוא כנראה במגילה, כה ע"א: "חוץ מיראת שמיים - אותה מסורה בידי אדם, שיהא הוא עצמו מכין לבו לכך. אף על גב שהיכולת בידו להכין לבבנו אליו, דכתיב: 'כי הנה כחומר ביד היוצר, כן אתם בידי בית ישראל' (ירמיה יח, ו), ואומר: 'והסירותי את לב האבן מבשרכם' (יחזקאל לו, כו)". בין יהודי הדורות לא שררה תפיסה אחידה בנוגע לבעיה של הבחירה. לפי יוסף בן-מתתיהו,

האיסיים סברו שהכול בידי שמיים, והפרושים האמינו בבחירה. ראו בספרי **תורה מן השמים**, עמ' 275, שגם ר' ישמעאל ור' עקיבא נחלקו בנוגע לכך. מחלוקת זו המשיכה בפילוסופיה של ימי-הביניים בין הרמב"ם לבין ר' חסדאי קרשקש.

62. "אין לאדם שום חיוב במה שאינו יכול להתגבר על יצרו, כי כל כחו הוא מהשם יתברך" (**מי השלוח**, קרח, צח ע"ב).

63. "כי נמצא לפעמים אשר יצר האדם מתגבר עליו עד שלא יוכל לזוז בשום אופן, ואז ברור הדבר כי מהשם הוא כמו שמצינו ביהודא, ולזאת גילתה התורה זאת שלא יפול דעת האדם העושה" (**מי השלוח**, תצא, קכ ע"ב).

64. "שהכול בידי שמיים אפילו יראת שמיים... ובחירת האדם אינה רק כקליפת השום" (**מי השלוח**, קרח, צח ע"א; וילך, קכז ע"א). "הכול בידי שמיים ואף יראת שמיים ורק בעולם הזה הסתיר השם יתברך דרכו" (שם, וירא, טו ע"ב).

65. "שהשם יתברך הוא תוך כל המעשים שנעשו מבריאת העולם ועד סופו, ובלתי רצונו לא יעשה השם שום דבר" (**מי השלוח**, שמיני, סו ע"א). "אף קיום המצוות הוא ביד השם כי יתן כח באדם שיוכל לקיימם" (שם, עקב, קיד ע"א). "כי כל מעשה שאתם עושים, הכול הוא ממנו יתברך" (שם, האזינו, קכז ע"ב).

66. [על פי ברכות, ה ע"א]

67. "ובעת שהתאוה מתגברת אין עצה כנגדה רק להראות כי נמצא כזאת בקדושה, ואז הפסק... ואם לאו יזכיר לו יום המיתה... ובאם אחר כל אלה נשאר עוד בלבו החמדה או השמחה, ראיה כי מהשם היא ותתקיים לעולמי עד" (**מי השלוח**, ויגש, לד ע"ב - לה ע"א).

68. **מי השלוח**, מקץ, לב ע"א-ע"ב.

69. "לעתיד יברר ויצרף השם יתברך את מעשה ישראל אשר לא היה בהם שום שמץ חטא" (**מי השלוח**, לקוטים מחמש מגילות, קלד ע"א).

70. **מי השלוח**, בראשית, ז ע"ב.

עבירות

71. [ראו **קוצק: במאבק למען חיי אמת**, עמ' 225]

72. "זה כלל גדול בכל מה שיש בעולם יש ניצוצים הקדושים... אפילו בכל המעשים שאדם עושה, אפילו עבירה שאדם עושה יש בה ניצוצות השבירה" (**צוואת הריב"ש**, עמ' 33).

73. [ראו **קוצק: במאבק למען חיי אמת**, עמ' 22]

74. [ראו **קוצק: במאבק למען חיי אמת**, עמ' 10]

75. ״בישראל... מה שנדמה על הגוון שסרו מרצון השם יתברך הוא רק על הלבוש... הטוב... הוא מעומק, והרע אינו רק לבוש... לפי שבעומק לב ישראל הוא רצוף אהבת השם יתברך״ (**מי השלוח**, ח״ב, ברכות, נו ע״א; שלח, ל ע״א).

76. ״כי לעתיד שזדונות נעשו כזכיות, אז יראה השם יתברך לנפש הבעל תשובה שכיוון לעומק עמוק מכל דעת שהאדם יכול להשיג״ (**מי השלוח**, ח״ב, ברכות, נו ע״א). תלמידו של ר׳ מרדכי יוסף, ר׳ צדוק הכהן כותב: ״עיקר התשובה הוא עד שיאיר השם עיניו שיהיו זדונות כזכיות, רצה לומר: שיכיר ויבין **שכל מה שחטא היה גם כן ברצון השם יתברך**, כמו שאמרו רבותינו זכרונם לברכה: אלמלא שלש מקראות הללו נתמוטטו רגליהם של שונאי ישראל: ׳ואשר הרעתי׳ (מיכה ד, ו) (ואני גרמתי להם, שבראתי יצר הרע, רש״י), ׳הנה כחומר ביד היוצר כן אתם בידי בית ישראל׳ (ירמיה יח, ו), ׳והסירותי את לב האבן מבשרכם ונתתי לכם לב בשר׳ (יחזקאל לו, כו). וכטעם ידיעה ובחירה, שביאר האר״י זכרונו לברכה בסוף ספר ארבע מאות שקל כסף, ששניהם אמת כל אחד במקום בפני עצמו. במקום הבחירה שם אין מקום לידיעה, ובמקום הידיעה שם באמת אין מקום לבחירה. וכשמשיג לאור זה העצום אז שבו כל זדונותיו בלתי יוצאים מעומק ידיעת השם יתברך, והוא ודעתו ורצונו הכול אחד. ומאחר שהשם יתברך רצה כן, הרי הכול זכיות... **וכל העבירות וההסרות מרצון השם יתברך**״ (**צדקת הצדיק**, סימן מ).

77. יומא, פו ע״ב.

78. **מי השלוח**, מקץ, לב ע״א-ע״ב. ״הכול ברצון השם יתברך״ (שם, ח״ב, בא, יג ע״ב); ״וגם המעשה הוא ביד השם יתברך״ (שם, ח״ב, יתרו, טו ע״א; טז ע״א-ע״ב). ״שאין האדם יכול לפעול כלום בעולם הזה, רק הכול הוא מהשם יתברך, וממילא גם חטאו היה ברצון השם יתברך, רק שהיה למעלה מדעתו״ (שם, ח״ב, בראשית, ה ע״א).

79. ״בגלות מתפארים ישראל נגד אומות העולם שלא היה להם שום עול תחתם בשום פעם, כי יבינו שהכול מיד השם יתברך... שמעולם לא היו תחת שום שעבוד, רק השם יתברך מושל עליהם לבדו״ (**מי השלוח**, חוקת, ק, ע״א-ע״ב).

80. **בית יעקב**, **איזביצה**, תולדות, קא ע״א, בשם ר׳ מרדכי יוסף.

81. [ראו **קוצק: במאבק למען חיי אמת**, עמ׳ 230]

82. **מי השלוח**, עקב, קטו. עיינו **נועם אלימלך**, קרח: ״(עדת קרח) שכוונתם הייתה גדולה מאוד לשם שמיים״.

83. "המרגלים... שמחו את השם יתברך במעשה הזאת... אחר שסברו שחטאו עד עומק חיותם... כי באמת כוונו לרצון השם יתברך... ובאמת היה ביכלתם לשבח את הארץ, רק שהייתה להם בינה בלבם מאת השם, שבזה שגינו אותה כוונו לרצון השם יתברך...ששמחו את השם במה שהיו מניחים את עצמם להיות מנוצחים מהשם יתברך" (**מי השלוח**, שלח, צז ע"א-ע"ב; קרח, צט ע"א). ר' שמחה בונים מכנה אותם "המרגלים הצדיקים", **בית יעקב, קאריב**, עמ' 117.

84. **מי השלוח**, ויקרא, סד ע"ב.

יחידי סגולה או העם כולו

85. [ראו **קוצק: במאבק למען חיי אמת**, עמ' 20]

86. ראש השנה, כב ע"ב.

87. **מי השלוח**, נצבים, קכד ע"א [וראו שם: אתם נצבים היום וכו' מחטב עציך עד שאב מימיך וכו' - על זה אמר שלמה המלך עליו השלום "דרך גבר בעלמה" (משלי ל ,יט), היינו כעניין יפתח שאמרו חז"ל יפתח בדורו כשמואל בדורו (ראש השנה, כה ע"ב). ביאר זה, כי יפתח השלים בעולמו כל מה שרצה השם יתברך ממנו כשמואל בדורו, ועל זה תמה שלמה המלך עליו השלום ואמר "שלושה המה נפלאו ממני וארבעה לא ידעתי, דרך גבר בעלמה... (משלי ל, יח) - היינו המובחר בישראל, כמו שהוא משלים רצון השם יתברך, כמו כן ב"עלמה", היינו הקטן בישראל, וזה פירוש "אתם נצבים" - היינו שאתם מקושרים בהשם יתברך; "ראשיכם" - היינו מדרגה גדולה עד "שואב מימיך" שהוא מדרגה הקטנה, כולכם אתם מקושרים בהשם יתברך; "חטב עציך" - היינו מי שיש לו יראה פחותה, "שואב מימיך" היינו אהבה פחותה].

88. "שלא ירצה אדם לקרב להשם יתברך רק גדולי דעה ותלמידי חכמים, רק אפילו גם אנשים פשוטים" (**מי השלוח**, ח"ב, בשלח, יד ע"ב).

הניגוד שבין ר' מנדל לבין ר' מרדכי יוסף

89. ראש השנה, כב ע"ב.

90. [על פי ספרי, שלח, פסקא קטו]

91. [על פי זוהר חדש, ריש כי תצא]

92. בתקופות קדומות התורה התכוונה כאן למלחמה על פי הפשט, ולמאבק ביצר הרע על פי רמז; בדורותינו, כשאין אנו מנהלים מלחמות, הפשט הוא אכן להיאבק ביצר הרע (בשם רבותינו הקדושים, **יכהן פאר**, עמ' קמז; **אהל תורה**, סימן קלד).

93. **אהל תורה**, סימן קפד; **אמת ואמונה**, סימן תקלג.

94. **מי השלוח**, כי תצא, קכ ע"א.

95. אשת יפת תואר - "נשמה הקדושה הנקראת יפת תואר... על ידי שאתה רואה שאתה חושק בה בזמן שאתה דבוק בשכינה... זה יעירך שלדבר טוב חשקת... כי לא לאשה אתה חושק אלא למה שבה... חלק הטוב" (**אור החיים על התורה**, כי תצא). המגיד ר' ישראל לבל, מתנגדם החריף של החסידים, כתב בסגנון שיטתו של "אור החיים": "וזמרי חשק לנאף אותה ורצה לעשות תאותו, אמר להם: שהוא רואה אצלה קדושה וחושק לקדושה שבה..." (**ספר ויכוח**, כב ע"א, בתוך מרדכי וילנסקי, **חסידים ומתנגדים**, ירושלים 1970, ח"ב, עמ' 323).

96. **אהל תורה**, סימנים קנב, קנג.

97. **מי השלוח**, מטות, קח, ע"א-ע"ב.

חומרות

98. **צוואת הריב"ש**, ה ע"א.

99. הוא עצמו "הקפיד שלא להחמיר יותר מדי, כי מזה ממשיכים חס ושלום על עצמם הגלות, כי החומרות הן מסטרא דדינא. והראיה: ספרי האחרונים מחמירים יותר מספרי הראשונים, וכל מה שנתווסף ספר חדש יש בו כמה חומרות חדשות, וזה מפני תוקף הגלות, שבכל פעם היא (נעשית יותר) כבדה מפני עוונותינו הרבים. לכן אין לאדם להחמיר יותר מן השולחן ערוך, ואף אם יש איזו דעה בשולחן ערוך להחמיר, אם אין מסקנה כך אין להחמיר. רק בפסח יש להחמיר כל החומרות הנזכרים בשולחן ערוך, אבל חומרא שלא נזכר בשולחן ערוך לא רצה להחמיר אף בפסח" [**אמרי פנחס**, עמ' קעח]. "יש בחינת חסד ובחינת גבורה, והתורה... כוללת את שתיהן (החומרות הן מבחינת גבורה). ואם האדם מחמיר ביותר הוא חס ושלום אינו... בבחינת חסד" (**מדרש פנחס, תשי"ג**, עמ' 41). "אין ראוי לאדם להחמיר ולהיות לו מורא ביותר כי חס ושלום מעורר דינים. המחמירים בתורה מורידים את התורה לבחינת דינים" (**גאולת ישראל**, ח"ב, יא, ע"ב).

100. עיינו מאמרי "ר' פנחס מקוריץ", עמ' 219. על פי **מדרש פנחס, תרל"ו**, כא ע"א, אות כו, ר' פנחס אמר כמה פעמים לר' רפאל: "אתה צריך לילך בדרך זה שכתוב בספר צוואת הריב"ש - אל ירבה בדקדוקים - זה החזיק אותי בילדותי".

101. **כתונת פסים**, יב ע"א.

102. **לקוטי מוהר״ן**, תניינא, ח״ב, סימן מד.

103. ״בשם ר׳ שמחה בונים: כשאין אדם בשלימות ביראת השם אזי צריך גדרים הרבה, לכן נתווספו עלינו כמה חומרות וגדרים, אבל מי שלבו שלם ביראת השם, אין צריך לזה. וזה כי כתוב: ׳ואתם הדבקים בהשם׳ (דברים ד, ד)... (ובאותה הפרשה כתוב): ׳לא תוסיפו על הדבר אשר אנכי מצווה אתכם׳ (דברים ד, ב) - שאל תצטרכו לתוספת גדרים ודו״ק״ (**יקר מפז**, עמ׳ קב; **שיח שרפי קודש**, ה, עמ׳ 70).

104. **זכותא דאברהם**, עמ׳ יא-יב.

105. ״מי שכל עצמותו הוא רצון לפעול אל ברוך הוא מאהבתו אותו, אפשר אין מדקדקין עמו על כך. כי אם ירצה לדקדק בדקדוקים כאלה, יבולבל מדביקות הבורא ברוך הוא... למשל, מי שהוא עובד מאוד בדביקות גדולה בפסוקי דזמרא ובהתלהבות גדולה ופחדו הגדול, אינו חושש אם יעבור הזמן קריאת שמע בזה״ (**זכרון זאת**, סוף פקודי, עמ׳ 39).

106. יש ״שעובד את הבורא ברוך הוא ביראה ויש באהבה. והנה מן היראה באה לאדם אהבה... יש טיפשים שאינם רוצים לסור מיראה כי (איש) האהבה לפעמים אינו מדקדק דווקא בחומרות וכיוצא בזה. וכמו שאיתא באבות (פ״ב, מי״ז), רבי יוסי שקראוהו חסיד אמר: ׳כל מעשיך יהיו לשם שמיים׳, ורבי שמעון בן נתנאל שקראוהו ירא חטא אמר: ׳הוי זהיר בקריאת שמע ובתפילה׳... כי חסידות אהבה והיא בכל הנפש. אפילו נוטל את הנפש ממש... ואינו חושש דווקא בקריאת שמע ותפילה, פירוש: אם מזדמן לו לאחר הזמן בשביל אהבת הבורא יתברך ברוך הוא, והוא עוסק בדביקותו או בשבחים, או אם נראה לו שיפעול לפניו נחת רוח יותר אם לא יקרא קריאת שמע ותפילה, הגם שיצר הרע מוכיחו אינו חושש על שום עונש בשביל אהבת הבורא לפעול רצונו יותר. והאמת ׳רחמנא ליבא בעי׳ וגדולה עבירה לשמה. וזה: כל מעשיך יהיו לשם שמיים. והנה מי שאינו רוצה להתלמד ולזוז מיראת חטא כלל, אי אפשר לו לבוא לאהבה״ (**זכרון זאת**, פנחס). ״אם משיג מדריגת אהבה אינו חושש כל כך לפעמים לדקדק... ולפעמים נראה לבני אדם שאינו מתנהג כשורה, כי אהבה מקלקלת השורה״ (שם, עמ׳ 49).

״יש אדם בשביל יראת חטאו אין לו שום אהבה, כי תמיד דואג ומתפחד אולי חוטא בזה. והנה זה צריך לפעמים. מה שאין כן כשאפשר לעבוד באהבה יותר טוב הרבה. כי זה עיקר רצונו. וזה: לית פולחנא קמי קודשא בריך הוא אלא רחימה... ואם מזכיר אותו היצר הרע באהבתו שום עבירה קטנה או גדולה להפחידו ולבטלו מאהבה, יחשוב כן: הלא אוהב בכל נפשך אפילו נוטל באהבה את נפשו, ולא יבטל משום זה״ (**זכרון זאת**, בא). הנביאים עבדו את

השם ביראה ופחד, לא ביראת חטא, כי אם בפחד... "באהבתו יתברך פעמים אינו חושש כל כך בחשש חטא, שלא להתבלבלו מאהבתו ודביקותו יתברך... אהבה היא בלב, ואינו ניכר במעשיו, אם מדקדק הוא במצוות, כי עיקר הוא בלב אהבתו" (שם; עיינו שם, סוף פקודי).

כך פירש החוזה מלובלין את המילים "הרואה ירק בכרם" (כלאים פ"ה, מ"ו): "כרם נקרא בדביקות בו יתברך... וירק... נקרא יראת חטא, שממנה בא עצבות, אם הוא בתמידות בלא אהבה. ומעצבות בא לידי קרי" (**זכרון זאת**, בא).

107. "ובאמת כפי מה שהאדם מקרב עצמו להשם כן זוכה להתגלות אור השם מבלי לבושים שהם גדרים וסייגים, כי באור הברור שם לא נמצא שום סייג ואיסור, ושם כל מעשה האדם מבוררים שהם להשם. וזה עניין קטורת שהיה סוד ואסור להתחכם בזה, כי רק רבי עקיבא ירד בשלום" (**מי השלוח**, שמיני, סו ע"א).

אלוהים והתורה

108. **פירוש המשניות להרמב"ם**, הקדמה לפרק חלק, היסוד השמיני. "המרחק מפרשת יתרו לפרשת משפטים הוא מאגרא רמה לבירא עמיקתא, שבפרשת יתרו כתוב קבלת התורה וקרבת אלהים, והפרשה הזאת מתחלת 'כי תקנה עבד עברי', שהלך וגנב ונתפס ונמכר בבית דין..." (**מי השלוח**, ח"ב, משפטים, יז ע"א).

109. "שאחר התגלות האור של מתן תורה אחר כן נסתר כל כך עד שיצא בפועל על כי תקנה עבד עברי" (**מי השלוח**, ח"ב, ויקרא, כב ע"א).

110. ראו לעיל **קוצק: במאבק למען חיי אמת**, עמ' 45–46.

111. רמב"ן, ויקרא יט, ב.

112. "אם בחקותי תלכו" (ויקרא כו, ג) - "אם הוא לשון ספק, כי מי יודע אם מקיים את התורה כעומק רצון השם יתברך... שיש עומק בדברי תורה יותר ממה שנכתב על הלבוש, והשם יתברך האיר לחכמינו ז"ל בזו המצווה עומק רצונו יתברך. ולכן כתוב כאן לשון ספק. שאף שאדם נזהר לקיים כל השולחן ערוך, עדיין הוא בספק אם כיוון לעומק רצון השם יתברך, כי רצון השם יתברך הוא עמוק מי ימצאנו" (**מי השלוח**, ח"ב, כז, ע"ב-ע"ג).

113. "וזה שנאמר 'אפרים לא יקנא את יהודה ויהודה לא יצור את אפרים' (ישעיהו יא, יג), כי באמת אלו השני שבטים הם תמיד מתנגדים זה לזה, כי עניין החיים שנתן הקדוש ברוך הוא בשבט אפרים הוא להביט תמיד בכל דבר מעשה על הדין וההלכה, מבלי לזוז ממנו. ולכן כשהכתוב מזהיר את ישראל לבלתי

יחטאו מטרת התורה, אז יאמר 'פן תצלח כאש בית יוסף' (עמוס ה, ו) - היינו שתראו כי לא יהיה מתנגד למעשיכם. ושורש החיים של יהודה הוא להביט תמיד להשם יתברך בכל דבר מעשה אף על פי שרואה האיך הדין נוטה, עם כל זה מביט להשם יתברך שיראה לו עומק האמת בהדבר, כי יוכל להיות אף שהדין אמת הוא לפי טענות בעלי דינים, אך אינו לאמיתו. כי פן יטעון אחד טענה שקרית כמו שמצינו ב'קניא דרבא' (שבועות כט ע"א), וכמו כן נמצא בכל עניינים. וזאת הוא שורש החיים של יהודה להביט להשם בכל דבר ולא להתנהג על פי מצות אנשים מלומדה, אף שעשה אתמול מעשה כזו, מכל מקום היום אינו רוצה לסמוך על עצמו, רק שהשם יתברך יאיר לו מחדש רצונו יתברך. ועניין הזה יחייב לפעמים לעשות מעשה נגד ההלכה, כי עת לעשות להשם הפרו תורתך. ולזה אלו השני שבטים מתנגדים זה לזה, ולעתיד נאמר 'אפרים לא יקנא את יהודה ויהודה לא יצור את אפרים', היינו שלאפרים לא יהיה טענה על יהודה במה שיוצא חוץ להלכה ולא יצר לו מזה, כי יראה השם יתברך לאפרים את כוונת יהודה שהוא מכוון לשם שמיים ולא להנאת עצמו, וממילא יהיה שלום ביניהם" (**מי השלוח**, וישב, כח ע"ב - כט ע"א). ראו ספרי **אלוהים מבקש את האדם**, עמ' 270-271.

114. "על זאת יתפלל כל חסיד אליך לעת מצוא" (תהלים לב, ו) - "רב חנינא אמר: 'לעת מצוא' זו אישה, ורבי נתן אמר: 'לעת מצוא' זו תורה (ברכות, ח ע"א) - "היינו כשעושה איזה מעשה יתפלל להשם שיאיר לו את דרך התורה, אם על פי דרך התורה מותר לעשות. וחד אמר זו אישה, היינו שיהיה השם יתברך לנוכח תמיד, שידע גם כן 'עת לעשות לה' הפרו תורתך, וזהו ענין אישה" (**מי השלוח**, חיי שרה, יז ע"א). "כאשר ברא השם את חווה וניתנה לאדם לעזר, היינו שילך אחר דעתה, כמו שנאמר לאברהם אבינו עליו השלום: 'כל אשר תאמר אליך שרה שמע בקולה' (בראשית כא, יב)" (שם, בראשית, ח ע"ב).

115. "אף על פי שנראה לעין אנושי כדבר מפורש שאין להעמיק ולחדש עוד בדברי השם יתברך מאחר שנאמרו בפירוש, מכל מקום דברי השם יתברך כן יאיר (יאירו) בלבות בני אדם" (**מי השלוח**, לקוטי הש"ס, קעה ע"א). "שהאדם צריך לשאוב בכל רגע חדשות, ולראות בכל רגע איך השם יתברך משפיע. וזה 'צא מדירת קבע ושב בדירת עראי'" (שם, ח"ב, סוכה, כט ע"א). "שלא יסמוך האדם על כללי דברי תורה לבד, רק יביט להשם יתברך בכל פרט מעשה ולפי העת מה שהשם יתברך חפץ, וזאת אין ביכולת האדם לכוון בלתי עזר השם יתברך, וכיון שכן הוא, אם כן מה יתרון לעושה? כיון שכל העבודות עובד להשם יתברך הכול הוא מרצון השם יתברך שהשפיע לו, ולא נקרא על שמו, אם כן מה יתרון לעושה? על זה אמר באשר הוא עמל שזה יתרונו מה

שמייגע עצמו שרוצה מצדו לקיים רצון השם יתברך זה נשאר לו לעולמי עד, ועל ידי זה יסכים השם יתברך על כל מעשיו שיקראו על שם האדם העושה. וזה שנאמר (קהלת יב, יב) 'ויתר מהמה בני הזהר עשות ספרים הרבה אין קץ' היינו כיון שהאדם צריך להביט לרצון השם יתברך בכל פרט וצריך להזהר עוד למעלה מכל כללי דברי תורה, אם כן אין לפרש הכול רק צריך להיזהר ולהבין ולעשות ולכוון רצון השם יתברך בכל עת והשם יגמור בעדו" (שם, ח"ב, קהלת, מב ע"ב-ע"ג). עיינו לוין, **האדמו"רים מאיזביצא**, עמ' 36-37.

116. "רבים אומרים לנפשי אין ישועתה לו באלהים סלה. ואתה השם... מגן בעדי" (תהלים ג, ג-ד) - "אמר דוד: ואתה ריבון העולמים הסכמת בתורתך עמהם ואמרת: מות יומת הנואף והנואפת (ויקרא כ, יא)" (מדרש תהלים ג, ו). "מכל מקום חלק יהודה הוא למעלה מכל כללי דברי תורה, ולכן צריך לראות שלא יפעול במידתו בלתי כרצון השם יתברך ואז הוא טוב" (**מי השלוח**, ח"ב, לט ע"ב).

117. ראו **קוצק: במאבק למען חיי אמת**, עמ' 45-46.

118. "היינו בכל רגע ורגע יודע כל נפש אדם מישראל מקטן ועד גדול מה שהשם יתברך חפץ עתה, ויבינו על פי בינת לבבם שעתה רצון השם יתברך הוא כך" (**מי השלוח**, בלק, קד ע"א). המסורת הרווחת מפרשת את כוונת הפסוק הזה על ימות המשיח.

119. "לידיד השם משפיע השם יתברך דברי תורה בלבו אף בעת שהוא ישן" (**מי השלוח**, ח"ב, דברים, לד ע"א). "כשהאדם דבוק בהשם יתברך... מאיר לו השם יתברך רצונו" (שם, ח"ב, מגילה, סא ע"ד).

הירושה

120. ראו **קוצק: במאבק למען חיי אמת**, עמ' 26.
121. בראשית רבה פ"ה, ה.
122. ראו **קוצק: במאבק למען חיי אמת**, עמ' 17-18.
123. **אמת ואמונה**, סימן תתה.
124. **אמת ואמונה**, סימנים כב, תתפה.
125. "ההר הכניס בהם אש עד שזו עשתה להם לב שמימי" (**שיח שרפי קודש**, א, עמ' 102).
126. **אהל תורה**, סימן ר.
127. **אמת ואמונה**, סימן תתנג.
128. **שיח שרפי קודש**, ב, עמ' 26.
129. **אמת ואמונה**, סימן רפח.

130. **שיח שרפי קודש**, א, עמ' 82.
131. **מאיר עיני הגולה**, סימן תצח; גליקסמאַן, **דער קאָצקער רבי**, עמ' 108.
132. **שם משמואל** פקודי, תרע"ב, ד"ה במכילתא; **שם משמואל, תש"ט-תשכ"ב**, דברים, עמ' צח [הפניה שגויה]; **חשבה לטובה**, עמ' 75; **שיח שרפי קודש**, א, עמ' 99.

ביבליוגרפיה

ספרות ראשונית וספרי מאסף

אביר הרועים	צבי יהודה הלוי מאמלאק, **אביר הרועים**, פיעטרקוב תרצ״ה.
אגלי טל	רבי אברהם מסוכצ׳וב, **אגלי טל**, פיעטרקוב תרס״ה.
אגרא דכלה	רבי צבי אלימלך שפירא מדינוב, **אגרא דכלה**, פרעמישלא תר״ע.
אגרות בעל התניא	**אגרות בעל התניא**, ירושלים תשי״ג.
אהל אלימלך	אברהם חיים שמחה בונים מיכלזאהן, **אהל אלימלך**, פרמישלה תר״ע.
אהל נפתלי	אברהם חיים שמחה בונים מיכלזאהן, **אהל נפתלי**, לעמבערג תרע״א.
אהל תורה	אליעזר צבי ציגעלמאן ואברהם נייערמאן, **אהל תורה**, לובלין תרס״ט.
אור הנפלאות	משה מנחם מענדל וואלדען, **אור הנפלאות**, בתוך: **אהל הרבי**, פיעטרקוב תרע״ג.
אור לשמים	רבי מאיר הלוי מסטובניץ, **אור לשמים**, לבוב תר״י.

אור פני יצחק	יצחק פייגענבוים, **אור פני יצחק**, ווארשא תרצ"ט.
אם לבינה	יקותיאל אריה קאמעלהאר, **אם לבינה**, ורשה תרפ"ח.
אמרי אלימלך	רבי אלימלך מגרודזיסק, **אמרי אלימלך**, ווארשא תרל"ו.
אמרי יהושע	אורי יהושע אשר אלחנן רבינוביץ, **אמרי יהושע**, פיעטרקוב-ווארשא תרפ"ו-תרפ"ט.
אמרי פנחס	רבי פנחס מקוריץ, **אמרי פנחס השלם**, תל אביב תשל"ד.
אמרי קדוש השלם	בנימן זאב שעהנבלום, **אמרי קדוש השלם**, לבוב תרפ"ח.
אמת ואמונה	ישראל יעקב ארטן, **אמת ואמונה**, ירושלים ת"ש.
אמת ואמונה, מהד' שנייה	ישראל יעקב ארטן, **אמת ואמונה**, מהד' שנייה, ירושלים תש"ח.
אמת ואמונה, מהד' שלישית	ישראל יעקב ארטן, **אמת ואמונה**, מהד' שלישית, ירושלים תשכ"ט.
אמת מקאצק תצמח	משה שנפלד, **אמת מקוצק תצמח**, תל אביב תשי"ט.
באר משה	רבי משה אליקים בריעה מקוז'ניץ, **באר משה**, לבוב תרי"ח.
בארות המים	אברהם אבלי קנרפוגל, **בארות המים**, פרעמיסלא 1888.
בית אהרן	רבי אהרן (השני) מקרלין, **בית אהרן**, בראדי תרל"ה.
בית יעקב, איזביצה	רבי יעקב ליינער, **בית יעקב**, ורשה-לובלין תר"ן-תרצ"ז.
בית יעקב, קאריב	רבי יעקב אהרן מקאריב, **בית יעקב**, פיעטרקוב תרנ"ט.
בית צדיק	אליעזר צבי ציגעלמאַן, **בית צדיק**, פיעטרקוב תר"ע.
בכורי אבי"ב	רבי יעקב אריה מראדזימין, **בכורי אבי"ב**, לונדון תש"ח.
גאולת ישראל	**גאולת ישראל**, אוסטרהא תקפ"א.
גבורות אריה	רבי אריה לייב מלנצוט, **גבורות אריה**, למברג תר"ל.
גדולת מרדכי וגדולת הצדיקים	משה יחיאל סטאשעווסקי, **גדולת מרדכי וגדולת הצדיקים**, ווארשא תרצ"ד.
דגל מחנה אפרים	רבי משה חיים אפרים מסדילקוב, **דגל מחנה אפרים**, פיעטרקוב תרע"ב.
דורש טוב	רבי מרדכי מוטל לנדא מסטריקוב, **דורש טוב**, מהד' תניינא, ווארשא תרע"ד.
דרך צדיקים	אברהם יעלין, **דרך צדיקים**, פיעטרקוב תרע"ב.

היכל קאצק יחזקאל רוטנברג ומשה שנפלד, **היכל קאצק**, תל אביב תשי"ט.

התגלות הצדיקים רבי שלמה גבריאל מקאלביעל, **התגלות הצדיקים**, ווארשא תרס"ה.

וילקט יוסף יוסף בן יצחק מאיר מנדלקרן, **וילקט יוסף**, ירושלים תשט"ו.

ויצבור יוסף יוסף בן יצחק מאיר מנדלקרן, **ויצבור יוסף**, ירושלים תשכ"א.

זאת זכרון רבי יעקב יצחק מלובלין, **זאת זכרון**, ווארשא תרמ"ג.

זכותא דאברהם אריה מרדכי רבינוביץ, **זכותא דאברהם**, ירושלים תש"ט.

זכרון זאת רבי יעקב יצחק מלובלין, **זכרון זאת**, ווארשא תרכ"ט.

זכרון שמואל רבי שמואל שמריה מאוסטרוב, **זכרון שמואל**, ווארשא תרס"ח.

חדושי הרי"מ על התורה רבי יהודה אריה לייב מגור, **חדושי הרי"ם על התורה**, בילגורייא תרע"ג.

חדושי מהרא"ך רבי אלעזר הכהן, **חדושי מהרא"ך**, ווארשא תרע"ג.

חמדת צבי ושפתי צדיקים צבי דוד גלאזער, **חמדת צבי ושפתי צדיקים**, ירושלים ותל אביב תרצ"א-תש"ו.

חשבה לטובה רבי חנוך העניך הכהן מאלכסנדר, **חשבה לטובה**, פיעטרקוב תרפ"ט.

יכהן פאר רבי חנוך צבי הכהן מבנדין, **יכהן פאר**, ירושלים תשכ"ד.

יסוד אמונה רבי חנוך הכהן מוורשה, **יסוד אמונה ומדת ענוה**, ווארשא תקפ"א.

יקר מפז רבי אלכסנדר זושא הכהן, **יקר מפז**, ווארשא תרצ"ב.

כתונת פסים רבי יעקב יוסף מפולנאה, **כתונת פסים**, ניו יארק תש"י.

כתר היהודי אריה מרדכי רבינוביץ, **כתר היהודי**, ירושלים תרפ"ט.

ליקוטים חדשים רבי יחיאל משה גרינולד, **ליקוטים חדשים**, ווארשא תרנ"ט.

לקוטי מהרי"ל רבי יהודה לייב מזקילקוב, **לקוטי מהרי"ל**, לובלין תר"ס.

לקוטי מוהר"ן רבי נחמן מברסלב, **לקוטי מוהר"ן**, ניו יארק תשי"ח.

מאור ושמש רבי קלונימוס קלמן הלוי, **מאור ושמש**, לבוב תרי"ט.

מדרש משה	רבי משה מרדכי מורגנשטרן, **מדרש משה**, ווארשא תרצ"א-תרצ"ה.
מדרש פנחס, תרל"ו	רבי פנחס מקארץ, **מדרש פנחס**, ווארשא תרל"ו.
מדרש פנחס, תשי"ג	רבי פנחס מקארץ, **מדרש פנחס**, ירושלים תשי"ג.
מי השלוח	[ח"א:] רבי מרדכי יוסף מאיזבצא, **מי השלוח**, ירושלים תשט"ז. [ח"ב:] רבי מרדכי יוסף מאיזבצא, **מי השלוח**, חלק שני, לובלין תרפ"ב.
מלין יקירין	אברהם יצחק דזובאס, **מלין יקירין**, פיעטרקוב תרס"ב.
מרום הרי"ם	יעקב חיים זליג גולדשלג, **מרום הרי"ם**, ווארשא תרנ"ב.
משמרת איתמר	רבי איתמר מקנסקיוולי, **משמרת איתמר**, ווארשא תר"ל.
נועם אלימלך	רבי אלימלך מליז'נסק, **נועם אלימלך**, לעמברג תרכ"ו.
נפלאות היהודי	יועץ קים קדיש ראקאץ, **נפלאות היהודי**, ווארשא (תר"ץ?).
נפלאות הסבא קדישא	ראובן חיים אלכסנדר מראדישיץ, **נפלאות הסבא קדישא**, פיעטרקוב תרפ"ט-תרצ"ז.
נפלאות הרבי	משה מנחם וואלדען, **נפלאות הרבי**, בילגוריא תרע"א.
נפלאות התפארת שלמה	אברהם שמואל צבי הירש זילברשטיין, **נפלאות התפארת שלמה**, פיעטרקוב תרפ"ג.
נפלאות חדשות	יחיאל משה גרינולד, **נפלאות חדשות**, פיעטרקוב תרנ"ז.
סדר הדורות החדש	מנחם מנדל בודק, **סדר הדורות החדש**, לעמבערג 1897.
ספר התניא	רבי שניאור זלמן מלאדי, **לקוטי אמרים**, סלאוויטא תקנ"ו.
עבודת ישראל	רבי ישראל מקוז'ניץ, **עבודת ישראל**, לעמבערג תרל"ה.
עבודת יששכר	רבי יששכר דב בריש הכהן, **עבודת יששכר**, לאדז תרע"ב.
עמוד האמת	**עמוד האמת**, תל אביב תשט"ו.
עשר אורות	ישראל בערגער, **עשר אורות**, פיעטרקוב תרס"ז.
עשר זכיות	עזריאל חיים זמלונג, **עשר זכיות**, פיעטרקוב תרצ"א.
צדקת הצדיק	רבי צדוק הכהן מלובלין, **צדקת הצדיק**, לובלין תרע"ג.
צוואת הריב"ש	**צוואת הריב"ש**, ווארשה תרע"ג.

צפנת פענח	רבי יעקב יוסף מפולנאה, **צפנת פענח**, קעראץ תקמ"ב.
קהלת יעקב	רבי יעקב צבי יאליש, **קהלת יעקב**, לעמבערג תר"ל.
קול שמחה השלם	אהרן וואלדען, **קול שמחה השלם והמתוקן**, פיעטרקוב תרס"ג.
רמזי אש	רבי אהרן שמחה מגמבין, **רמזי אש** - פירוש על **תנא דבי אליהו**, ווארשא תרע"ב.
רמתים צופים	רבי שמואל משינוה, **רמתים צופים** (פירוש על תנא דבי אליהו), ווארשא תרמ"א.
רשפי אש השלם	רבי מרדכי מנשכיז, **רשפי אש השלם**, פיעטרקוב תרס"ז.
שבחי הבעש"ט	**שבחי הבעש"ט** (ערך: ש"א הורדוצקי), ברלין תרפ"ב.
שיח שרפי קודש	יועץ קים קדיש ראקאץ, **שיח שרפי קודש**, פיעטרקוב תרפ"ג.
שיחות הר"ן	רבי נתן שטרנהרץ, **שבחי הר"ן עם שיחות הר"ן**, וארשא תרפ"ז.
שיחות חיים	שלמה זלמן ברייטשטיין, **שיחות חיים**, פיעטרקוב תרע"ד.
שם משמואל	רבי שמואל מסוכצ'וב, **שם משמואל**, פיעטרקוב תרפ"ז-תרצ"ד.
שם משמואל, תש"ט-תשכ"ב	רבי שמואל מסוכצ'וב, **שם משמואל**, תל אביב תש"ט-תשכ"ב.
שמחה שלמה	ר' שמחה שלמה יונגר-לוי, **קהלת עם פירוש שמחה שלמה**, ווארשא תרנ"ה.
שמחת ישראל	ישראל בערגער, **שמחת ישראל: אור שמחה; מאמרי שמחה; תורת שמחה**, פיעטרקוב תר"ע.
שפת אמת	רבי יהודה אריה לייב מגור, **שפת אמת**, פיעטרקוב תרס"ו.
שפתי צדיק	רבי פנחס מנחם אליעזר יוסטמן, **שפתי צדיק**, בילוגרייא תרפ"ה-תרצ"ט.
שפתי צדיק, מהד' ווארשא	רבי פנחס מנחם אליעזר יוסטמן, **שפתי צדיק**, ווארשא תרצ"ז.
תולדות אדם	רבי יהושע מאוסטרובה, **תולדות אדם**, יוזעפאף תרל"ה.
תורת אמת	רבי יהודה לייב איגר, **תורת אמת**, לובלין תרמ"ט-תר"ן.

תפארת אדם	פינחס זליג גליקסמן, **תפארת אדם**, לודז תרפ"ג-תרפ"ד.
תפארת היהודי	יועץ קים קדיש ראקאץ, **תפארת היהודי**, פיעטרקוב תרע"ב.
תפארת הצדיקים	שמואל גבריאל ראזענטאל, **תפארת הצדיקים**, ווארשא תרס"ט.
תפארת ירוחם	ירוחם ליינער, **תפארת ירוחם**, ברוקלין תשכ"ח.
תפארת ישראל	מנשה פרימן, **תפארת ישראל**, לאדז תרצ"א.
תקנת השבין	רבי צדוק הכהן מלובלין, **תקנת השבין**, פיעטרקוב תרע"ו.

ספרות משנית

Verus, Der Chassidismus	Verus, *Der Chassidismus: eine kulturgeschichtliche Studie*, Pleschen 1901.
אוריין, **סנה בוער בקוצק**	מאיר אוריין, **סנה בוער בקוצק**, ירושלים תשכ"ב.
איידלבוים, **רבי אלימלך מליזענסק**	מאיר איידלבוים, **רבי אלימלך מליזענסק: האיש פעלו וזמנו**, תל אביב 1970.
בירנבוים, "לצורתה של החסידות הקוצקית"	א"ב בירנבוים, "לצורתה של החסידות הקוצקית", **העולם**, שנה א (1907), גליון מג, עמ' 520-521.
גליקסמאַן, **דער קאָצקער רבי**	פנחס זליג גליקסמאַן, **דער קאָצקער רבי**, פיעטרקוב תרצ"ח-תרצ"ט.
גרויבאַרט, **יביע אומר**	יהודה לייב גרויבאַרט, **יביע אומר**, לודז' 1936.
הורודצקי, **החסידות והחסידים**	שמואל אבא הורודצקי, **החסידות והחסידים**, ברלין תרפ"ג.
וינריב, "חסידות קוצק"	שלמה וינריב, "חסידות קוצק", בתוך: יחזקאל רוטנברג ומשה שנפלד, **היכל קאצק**, תל אביב תשי"ט, עמ' קנג-קפב.

יאצקאן, "פרק מתולדות החסידות"	שמואל יעקב יאצקאן, "פרק מתולדות החסידות בפולוניא", **ספר היובל לכבוד מו"ה נחום סאקאלאוו**, ווארשא תרס"ד, עמ' 340–345.
לבי"א, **פנת יקרת**	שלום לבי"א, **פנת יקרת: והוא ספר זכרונות דברי הימים של קהילה קדושה בעיר טאמאשוב לובעלסקי מיום הוסדה ועד חורבנה**, ברוקלין תשכ"ח.
לוין, **בית קוצק**	יהודה לייב לוין, **בית קוצק**, ירושלים תשי"ט.
לוין, **האדמו"רים מאיזביצא**	יהודה לייב לוין, **האדמו"רים מאיזביצא**, ירושלים תשכ"ט.
לוין, **השרף**	יהודה לייב לוין, **בית קוצק**, כרך ב, "השרף", ירושלים תשי"ט.
מאהלר, **החסידות וההשכלה**	רפאל מאהלר, **החסידות וההשכלה**, מרחביה 1961.
מרקוס, **החסידות**	אהרן מרקוס, **החסידות** (תרגם מגרמנית: מ' שנפלד), תל אביב תשי"ד.
פיינקינד, **גוטע יידן**	משה פיינקינד, **גוטע יידן אין פוילן**, וארשה 1936.
צדרבוים, **כתר כהונה**	אלכסנדר צעדערבוים, **כתר כהונה**, אדעסא תרכ"ז.
צייטלין, "קאצקער חסידות"	הלל צייטלין, "קאצקער חסידות אין מאדערן קינסטלערישער בעלויכטונג", **דער מאָמענט**, 2 בספטמבר, 1921, עמ' 6.
קאמעלהאר, **דור דעה**	יקותיאל אריה קאמעלהאר, **דור דעה**, בילגוריי תרצ"ג.
רבינוביץ, **רבי יעקב יצחק מפשיסחה**	צבי מאיר רבינוביץ, **רבי יעקב יצחק מפשיסחה: היהודי הקדוש – תולדות חייו, תורתו ותקופתו**, תל אביב תש"ך.

לקריאה נוספת: רשימה נבחרת של כתבי השל

אי־בטחונה	Abraham Joshua Heschel, *The Insecurity of Freedom: Essays in Applied Religion,* Farrar, Straus and Giroux, New York 1966.

אלוהים מאמין באדם	אברהם יהושע השל, **אלוהים מאמין באדם – היהדות, הציונות והצדק החברתי של אברהם יהושע השל** (תרגם וערך: דרור בונדי), דביר 2012.
אלוהים מבקש את האדם	אברהם יהושע השל, **אלוהים מבקש את האדם – פילוסופיה של היהדות** (תרגם מאיר־לוי עזן), מאגנס, ירושלים תשס"ג.
בשעה זו	Abraham Joshua Heschel, *In This Hour: Heschel's Writings in Nazi Germany and London Exile* (Stephen Lehmann, trans.), Philadelphia 2019
גדולה מוסרית	Abraham Joshua Heschel, *Moral Grandeur and Spiritual Audacity* (Susannah Heschel, ed.), Farrar, Straus & Giroux, New York 1996.
האדם אינו לבדו	Abraham Joshua Heschel, *Man is not Alone: A Philosophy of Religion,* Farrar, Straus &Young, New York 1951.
הנביאים	Abraham Joshua Heschel, *The Prophets*, Harper and Row, New York & Evanston 1962.
השם המפורש	אברהם העשל, **דער שם המפורש: מענטש**, פארלאג אינדזל, ווארשא 1933. לתרגום לאנגלית ראו: Abraham Joshua Heschel: *The Ineffable Name of God: Man* (Morton M. Leifman, transl.), Continuum, London & New York 2004.
התפילה	אברהם יהושע השל, **התפילה: תשוקת האדם לאלוהים: עיון בתפילה ובסמליות** (תרגם: דרור בונדי), ראשון לציון 2016.
ישראל	**ישראל: הווה ונצח** (תרגם דוד בר־לבב ריינהלץ), ההסתדרות הציונית, ירושלים תשל"ג.
כתבי יסוד	Abraham Joshua Heschel, *Essential Writings*, ed. Susannah Heschel, New York 2011
להט לאמת	Abraham Joshua Heschel, *A Passion for Truth*, Farrar, Straus and Giroux, New York 1973.
מזרח־אייראפעישער ייד	אברהם יהושע העשל, **מזרח־אייראפעישער ייד**, שאקען בוקס, ניו־יורק 1946.

מיהו האדם? Abraham Joshua Heschel, *Who Is Man?*, Stanford University Press, Stanford 1965.

קאצק אברהם יהושע העשל, **קאצק: אין געראנגל פאר אמתדיקייט**, המנורה, תל אביב תשל״ג.

קוצק: במאבק למען חיי אמת אברהם יהושע השל, **קוצק: במאבק למען חיי אמת** (תרגם: דניאל רייזר), מגיד, ירושלים 2015.

״ר׳ גרשון קוטובר״ אברהם יהושע השל, ״ר׳ גרשון קוטובר: פרשת חייו ועליתו לארץ ישראל״, *Hebrew Union College Annual*, 23, 2, חלק עברי (1950–1951), עמ׳ 17–71.

״ר׳ מנדל מקוצק״ אברהם יהושע השל, ״ר׳ מנדל מקוצק״, **הדאר**, 5 ליוני 1959, עמ׳ 519–521.

״ר׳ נחמן מקוסוב״ אברהם יהושע השל, ״ר׳ נחמן מקוסוב, חבירו של הבעש״ט״, **ספר היובל לכבוד צבי וולפסון למלאת לו שבעים וחמש שנה**, האקדמיה האמריקנית למדעי היהדות, ירושלים תשכ״ה, עמ׳ קיג-קמא.

״ר׳ פנחס מקוריץ״ אברהם יהושע השל, ״לדרכו של ר׳ פנחס מקוריץ״, **עלי עי״ן: מנחת דברים לשלמה זלמן שוקן אחרי מלאות לו שבעים שנה**, שוקן, ירושלים תש״ח-תשי״ב, עמ׳ 213–244.

״רב פנחס קאריצער״ אברהם יהושע העשל, ״רב פנחס קאריצער״, **ייווא בלעטער**, 33 (1949), עמ׳ 9–48.

שמים על הארץ אברהם יהושע השל, **שמים על הארץ** (תרגם וערך פנחס פלאי), מוסד אברהם יהושע השל, ירושלים תשל״ו.

תורה מן השמים אברהם יהושע השל, **תורה מן השמים: באספקלריה של הדורות** (עורך: דרור בונדי), מגיד, ירושלים תשפ״א.